피케티, 어떻게 읽을 것인가

이 도서의 국립중앙도서관 출판예정도서목록(CIP)은
서지정보유통지원시스템 홈페이지(http://seoji.nl.go.kr)와
국가자료공동목록시스템(http://www.nl.go.kr/kolisnet)에서 이용하실 수 있습니다.
(CIP제어번호: CIP2015014103)

피케티, 어떻게 읽을 것인가

『21세기 자본』과 한국 사회

지식협동조합 좋은나라 기획 | 유종일 엮음

유종일·윤석준·주상영·이진순 지음

한울
아카데미

차례

서 문   **피케티 어떻게 읽을 것인가**   · 7

제1부 피케티는 무엇을 말하고 있나   유종일

제1장   **1 : 99 사회를 발견하다**   · 16
우리는 99%다! 17 ┆ 1 : 99 현상의 발견 19 ┆ 진실을 가리는 통계와 진실을 드러내는 통계
21 ┆ 노동소득과 자본소득의 구분 25 ┆ 자본의 개념과 구성 28 ┆ 세계화와 1 : 99 현상 30 ┆
슈퍼매니저와 최저임금 33 ┆ 재산과 상속 37 ┆ 소득불평등의 미래 41

제2장   **자본축적과 소득분배의 역사적 동학**   · 43
역사적 시각의 중요성 44 ┆ 또 하나의 발견: U자형 자본/소득 비율 46 ┆ 자본주의 제1근본법
칙 49 ┆ 자본주의 제2근본법칙 51 ┆ 자본의 귀환 53 ┆ 21세기의 경제성장과 자본의 미래 56 ┆
자본수익률과 자본소득분배율의 역사 61 ┆ 자본소득분배율의 미래 64 ┆ 자본주의의 중심모
순과 부의 양극화 67

제3장   **세습자본주의의 재림과 정책 대응**   · 69
'부익부'의 동학 70 ┆ $r-g$의 역사와 예외적인 20세기 73 ┆ 세습자본주의의 재림? 77 ┆ 글로
벌 자본주의의 '부익부' 현상 81 ┆ 시장경제와 사회국가의 수호를 위하여 85 ┆ 누진소득세 강
화의 필요성 88 ┆ 글로벌 자본세와 경제민주화 93

제4장   **피케티가 옳다!**   · 97
불평등과 민주주의 98 ┆ 1%를 위한 변명 101 ┆ 피케티는 위험한 과격분자인가? 106 ┆ 피케
티는 반(反)성장론자인가? 109 ┆ 재분배정책의 역효과? 112 ┆ 피케티의 숫자들은 정확한가?
115 ┆ 자본의 귀환에 관한 피케티의 이론은 올바른가? 119 ┆ 자본주의의 중심모순에 관한
피케티의 이론은 올바른가? 124 ┆ 피케티 이론과 한국 경제 128 ┆ 문제는 정치야, 이 바보야!
131

제2부 피케티와 미국, 프랑스, 유럽연합　　윤석준
'피케티 신드롬'의 배경과 맥락

제5장 **2014년 세계는 왜 피케티에 열광했는가** ・136
『21세기 자본』 첫 출판 당시, 프랑스 사회의 반응 136 ┃ 미국 사회는 왜 피케티의 『21세기
자본』에 열광했는가 142

제6장 **피케티와 프랑스, 그리고 유럽연합** ・151
피케티와 프랑스 조세제도의 개혁 151 ┃ 피케티와 유럽연합, 그리고 유로존 156

제7장 **불평등의 경제학에서 불평등의 정치학으로** ・162
불평등의 사회과학 162 ┃ 불평등의 정치학 ① : 플루토크라시 164 ┃ 불평등의 정치학 ② : 불
평등에 대한 관용도 167

제8장 **'피케티 신드롬'에 대한 우려와 기대** ・172
'지식 수입상' 문제에 대한 우려 172 ┃ 『21세기 자본』 한국어판 번역의 문제 178

제9장 **피케티와 '그의 친구들': 피케티의 과거, 현재, 그리고 미래** ・182
카망베르치즈를 넣은 인앤아웃 버거 182 ┃ 이매뉴얼 사에즈, 미국 버클리 대학 경제학과 교
수 184 ┃ 에스테르 뒤플로, 미국 MIT 경제학과 교수 185 ┃ 카미유 랑데, 줄리아 카제, 가브리
엘 주크먼 187

제3부 피케티 이론에 비추어본 한국의 현실　　주상영

제10장 **피케티 이론을 한국에 적용할 수 있는가** ・192
문제는 분배다! 192 ┃ 한국은 왜 피케티가 필요한가 196 ┃ 피케티 이론의 적용: 제3부 요약
199

제11장 **노동의 몫과 자본의 몫** ・203
기능적 분배와 개인별 분배 203 ┃ 한국의 노동소득분배율: 한국은행 기준 207 ┃ 보정된 노동
소득분배율 211

제12장 **한국 경제의 피케티 비율 I** ・218
한국 경제의 대차대조표 218 ┃ 자본의 개념과 측정 219 ┃ 자본의 구성 222 ┃ 한국의 자본/소
득 비율 225 ┃ 자본주의 제2근본법칙과 중심모순의 이해 232

제13장 **한국 경제의 피케티 비율 II**   · 237

한국 경제의 α 237 ┊ 한국 경제의 $r-g$ 238 ┊ 적정한 β의 값은? 240 ┊ 한국의 β는 왜 높은가 242 ┊ 가계조사로 본 자본/소득 비율 245 ┊ α와 β의 동반 상승 248 ┊ 자본으로 대체되는 노동: 대체탄력성 논쟁 250 ┊ 피케티 비율의 평가 252

제14장 **불평등의 축소와 관리**   · 254

불평등의 측정 254 ┊ 소득의 불평등 255 ┊ 자산의 불평등 258 ┊ 불평등이 초래하는 문제들 260 ┊ 불평등과 인적자본 261 ┊ 불평등과 경제적 이동성 262 ┊ 불평등과 수요 265 ┊ 불평등과 장기적 성장 269 ┊ 불평등의 관리 272

제4부 피케티의 『21세기 자본』과 한국 경제   이진순
　　　　자수성가형 사회에서 세습자본주의로의 퇴화

제15장 **피케티의 자본주의 내재적 불평등화 법칙**   · 280

쿠즈네츠의 '역U자 가설' 비판 280 ┊ 세습자본주의의 경향성 282 ┊ 자본주의의 두 가지 근본 법칙 283 ┊ 세습자본주의로의 복귀 289 ┊ 피케티의 처방 290 ┊ 피케티의 '자본'에 대한 애쓰모글루·로빈슨의 비판 291

제16장 **피케티 이론, 한국 경제에의 적용**   ·294

한국의 저량경제화와 최상층으로의 소득 집중 294 ┊ 자본수익률과 경제성장률의 추이 299 ┊ 상위계층으로의 소득 집중도의 추이 301 ┊ 피케티 가설의 검증 305 ┊ 상속이 지배적인 세습 사회의 도래 308

제17장 **세습사회로의 퇴화를 저지하기 위한 정책 제안**   ·312

소득세제에 50%의 최고세율 계급 신설 313 ┊ 종합부동산세를 부유세로 확대 개편 315 ┊ 민주주의의 건강성을 담보하기 위한 정보공개의 의무화 318

주 ┊ 320
참고문헌 ┊ 340
후기 ┊ 349
찾아보기 ┊ 352

서문

피케티, 어떻게 읽을 것인가

2014년 봄 토마 피케티Thomas Piketty의 『21세기 자본Capital in the Twenty-First Century』이 미국의 지성계를 강타한 후, 피케티 열풍은 전 세계로 퍼져갔다. 한국도 미국 못지않게 피케티 열풍에 휩싸였다. 정점은 한국어판 번역본이 출간된 2014년 9월이었다. 이를 계기로 피케티 본인이 한국에 와서 ≪매일경제≫가 주최한 세계지식포럼에 참여하고 대학에서 강연도 하면서 그 열풍은 최고조에 달했다. 언론은 큰 관심을 보였고, 각종 모임이나 술자리에서도 화제가 되었다. 그동안 수많은 칼럼과 관련 논문이 발표되었고, 해설서와 비판서도 발간된 바 있다. 그러나 과연 한국 사회가 피케티를 올바르게 이해하고, 피케티가 제기한 문제에 대해 성숙한 고민을 하고 있는지에 대해서는 의심이 든다.

피케티의 주장을 한마디로 요약하자면 자본의 수익률이 경제성장률보다 높다는 사실, 즉 자본주의의 중심모순 때문에 자본주의 경제는 불평등이 누적되어 세습자본주의화하는 경향이 있으며, 이를 방지하기 위해서는 특단의 정책적 개입이 필요하다는 것이다. 『21세기 자본』이 미국과 한국에서 특별히 큰 반향을 불러일으킨 것이 결코 이상한 일이라거나 우연의 일치는 아니다. 미국과 한국은 고소득 국가들 중에서 가장 불평등이 심한 편이고, 세습자본주의의 그림자가 어른거리는 경제다. 특히 교육을 통한 부의 대물림이 두드러져 '개천에서 용 나는' 일이 거의 불가능해진 대표적인 나라들이다. 절대 금액으로 대학 등록금이 가장 비싼 나라가 미국이고 그다음이 한국이며, 1인당 국민소득 대비 대학 등록금 부담으로 보면 한국이 일등, 그다음이 미국이다. 게다가 사교육이나 학군, 특목고나 사립고 등 다양한 메커니즘에 의해 고소득층 자녀들이 명문대학에 갈 확률이 압도적으로 높은 것도 한국과 미국의 공통점이다. 노벨경제학상 수상자이며 미국 대통령 경제자문회의 의장과 세계은행 부총재를 지낸 조지프 스티글리츠 Joseph Stiglitz 는 미국이 선진국들 중 사회적 이동성이 가장 낮다는 사실을 지적하며 아메리칸 드림은 이제 신화에 지나지 않는다고 탄식하고 있다.

재벌의 세습경영이 공고화되어 있는 한국에서 기회균등은 꿈같은 말이다. 대졸 신입사원이 대기업에서 임원까지 올라가는 데 평균 22년이 넘는 시간이 걸리고 그나마 거기까지 올라갈 확률은 극히 적다. 반면, 총수의 자녀들은 3~4년 만에 전원 임원이 되고 40대에 최고경영자가 된다. 부모에게 상속재산을 물려받을 뿐만 아니라 불공정 경쟁으로 권력까지 물려받는다. '땅콩회항' 사건 같은 황당한 일이 벌어지는 배경이다. 이재용 씨 등 삼성가 삼 남매가 편법 상속으로 일거에 대한민국 최고 부자 순위 상단에 올라가는 것이 현실이다. 한국의 100대 주식 부자 중에 85명이 상속 부자라는 충격적인 사실도 있다. 불공평은 불평등 자체보다 훨씬 더 심각한 문제다. 능력과 노력, 심지어는 운에 의해 생기는 불평등이라면 어느 정도 용인할 수 있으나, 부모의 부와 지위에 의해 대물림되는 불평등은 민주주의 사회에서 받아들이기 어렵다. 이는 기회균등의 원칙에 어긋나고 사회정의에 어긋나는 일이기 때문이다. 나아가 태생에 의해 기회가 제한된다면 많은 젊은이들이 마음껏 꿈을 키우고 노력함으로써 생겨나는 역동성과 성장 동력마저 약화될 것이다. 근래에 급격하게 한국 경제의 역동성이 저하되는 까닭은 선진국 따라잡기, 즉 추격형 성장의 가능성이 많이 소진된 탓도 있지만 불평등과 불공평의 심화도 중요한 요인이라는 것이 필자의 판단이다. 시장경제에 대한 부정적인 인식이 확산되는 것도 걱정이다.

이러한 맥락에서 피케티가 한국 사회에 던지는 메시지는 참으로 중요한 것이 아닐 수 없다. 필자는 위에 언급한 세계지식포럼의 패널 토론자로서 피케티와 만난 이후 가끔 이메일을 교환하고 있는데, 실제로 피케티 본인도 한국 경제에 대해 깊은 관심을 가지고 있으며 자신의 이론이 한국에 얼마나 잘 적용되는지 매우 궁금해하고 있다. 깊은 연구도 없이 너무나 간단하게 한국에는 피케티 이론이 적용되지 않는다는 식의 주장을 내놓는 것은 정말 삼가야 할 일이다. 미국과 유럽의 역사를 설명하기 위해 피케티가 구축한 이론이 한국 경제에 그대로 들어맞지 않는 것은 지극히 당연하다. 문제는 그가 제시한 성장과 분배의 법칙들이 한국 경제에서도 일정하게 작동하고 있는가 하는 것이다.

필자는 피케티와 관련된 여러 토론회에 참여한 경험이 있는데, 놀랍게도 상당수의 학자들이 『21세기 자본』을 읽어보지도 않고 강도 높은 비판을 하는 것을 목격했다. 피케티는 세습된 부에 의한 불평등의 심화를 능력주의 관점에서 비판하며, 개방적이고 경쟁적인 시장경제를 지키기 위해 정책 처방을 내리고 있다. 그런데도 피케티를 계급 갈등을 선동하는 마르크스주의자로 매도하기도 하고, 시장경제나 경제성장을 반대하는 무조건적 평등주의자로 오해하기도 한다. 『21세기 자본』이 보통의 경제학 전문서적과는 달리 수리모형을 담지 않고 역사적 분석과 서술에 치중한 것만 보고 세계 정상급의 수리경제학자인 피케티가 경제이론에는 능통하지 않다는 터무니없는 착각을 하는 경우도 있다. 재계와 보수진영에서 나온 비판들은 대개 오류투성이거나 성장주의 사고방식에 젖어서 피케티의 논리 자체와는 무관한 이념적 주장을 늘어놓을 뿐이다. 이념 갈등이 심하고 진영논리가 횡행하는 한국의 현실에서 자본주의의 모순을 지적하고 과감한 재분배정책을 옹호하는 피케티의 주장은 보수진영의 입장에서 보면 차분하게 곱씹어보고 근거를 따져볼 대상이 아니라, 퇴치해야 할 위험한 사상일 따름인 것이다. 한편, 피케티는 재분배정책을 통한 불평등의 완화를 주장할 뿐 시장경제 자체를 부정하지 않으며, 오히려 개방적이고 경쟁적인 시장과 능력주의를 신봉한다. 피케티는 자본주의를 부정하고 자본주의 타도를 외친 마르크스보다는 자본주의의 모순을 완화해 자본주의를 살려낸 케인스에 가깝다. 이러한 피케티의 사고방식은 교조적인 진보진영에게도 거부의 대상일 뿐이다.

최근 일부 언론에서 피케티가 자신의 주장에 오류가 있었음을 인정하고 이를 수정한다는 보도가 나와 많은 이들을 혼란에 빠뜨렸다. 필자가 제4장에서 자세히 설명하는 바와 같이 이는 이념 과잉에 의한 잘못된 보도였다. 피케티는 2014년 1월 열린 전미경제학회에서 그레고리 맨큐^{Gregory Mankiw}와 논쟁을 했는데, 당시 자신의 주장을 변호하기 위해 발표한 논문이 ≪전미경제학회지^{American Economic Review} 5월호에 실리게 되었다. 그런데 정식 출간을 앞두고 지난 3월 초에 그 인터넷판이 공개된 것을 계기로 미국의 일부 보수언론이 악의적으로 피케티를 공격하는 기사와 칼럼들을 실었고, 한국의 보수언론은 이를 인용해 보도하면서 오보성 기사들을 쓰게 된 것이었다. 사실 논란이 된 피케티의 논문은 지난 전미경제학회에서 발표한 것과 내용이 본질적으로 동일하고, '오류 수정'이 아니라 기존 주장에 대한 '부연설명'으로 되어 있다. 독자분들의 오해가 없기 바란다.

필자가 이 책을 구상하게 된 동기는 두 가지다. 하나는 한국 사회가 위에서 언급한 것과 같은 피상적인 진영논리를 떠나 피케티의 메시지를 좀 더 진지하게 검토하고 숙고하는 데 기여하고자 함이다. 또 하나는 피케티를 제대로 이해하고 싶어 하는 많은 비전문가들을 위한 충실한 안내서를 제공하고자 함이다. 피케티의 책이 방대한 내용을 담고 있고 아무래도 경제학도가 아니면 이해하기 어려운 부분도 많이 있는 것이 사실이기 때문에 적절한 안내서가 필요하다고 보았고, 실제로 필자는 많은 이들에게서 이 같은 요청을 접했다. 이러한 동기에서 책을 구상하고, 필자가 이사장으로 있는 지식협동조합 좋은나라에서 필진을 구성해 집필하기로 한 지 10개월여 만에 이 책이 탄생하게 되었다. 이 책이 애초의 목적을 다소나마 달성했기를 바랄 뿐이다.

이 책의 구성과 내용을 간략하게 설명하자면, 제1부와 제2부는 피케티를 올바르게 이해할 수 있도록 해설하고 있으며, 제3부와 제4부는 피케티의 이론을 적용해서 한국 경제를 분석하고 정책적 함의를 도출하는 내용으로 되어 있다. 필자가 집필한 제1부는 『21세기 자본』에서 전개되는 피케티의 주요한 주장들과 이를 뒷받침하는 경험적 증거와 이론을 요약하고 가급적 이해하기 쉽게 설명하고 있다. 제1장에서는 피케티가 발견하고 부각시킨 '1:99 사회'라는 현상과 이러한 발견을 가능하게 해준 소득분배 연구의 새로운 방법론을 설명한다. 조세자료의 활용, 분배 양상의 입체적 기술, 노동소득과 자본소득의 구분 등을 강조하는 피케티의 방법론이 어떻게 소득분배 연구의 흐름을 바꾸어놓았는지 살펴본다. 그리고 1:99라는 극심한 불평등이 나타난 원인에 대한 피케티의 분석과 이론을 소개한다. 제2장에서는 피케티가 강조하는 역사적 연구에 의거해서 밝혀낸 자본/소득 비율의 대폭적인 변동을 살펴보고, 이 변동이 소득분배에 미치는 영향과 이 변동을 초래하는 메커니즘을 자본주의 제1근본법칙과 제2근본법칙에 입각해서 설명한다. 그리고 이러한 이론에 기초해서 추론되는 21세기의 소득분배에 대한 비관적인 전망을 소개한다. 제3장은 피케티가 자본주의의 중심모순이라고 부르는 것, 즉 자본수익률이 경제성장률보다 높다는 사실이

어떻게 '부익부'의 동학을 초래하는지 살펴보고, 세습자본주의가 발생하기 위한 조건을 설명한다. 그리고 세습자본주의의 재림을 방지하기 위해 피케티가 제안하는 글로벌 부유세 등 정책 대안을 살펴본다. 제4장은 그레고리 맨큐부터 빌 게이츠^{Bill Gates}까지 피케티의 이론과 주장에 대해 제기한 수많은 비판과 반론을 몇 가지 범주로 묶어서 살펴보고 평가한다.

제2부는 프랑스의 명문대학 시앙스포에서 정치학 박사학위를 취득하고 최근 귀국해 서강대에 연구원으로 있는 윤석준 박사가 집필했다. 『21세기 자본』이라는 책을 제대로 이해하기 위해 필요한 몇 가지 중요한 맥락을 미국, 프랑스, 유럽연합, 그리고 한국이라는 공간적 배경을 중심으로 설명한다. 제5장은 2013년 가을 『21세기 자본』이 처음 출간되던 프랑스 사회의 모습과 2014년 봄 불평등 심화에 대한 대중의 우려가 분출하면서 '피케티 신드롬'이 일어난 미국 사회의 모습을 다룬다. 제6장에서는 피케티의 정책 제언들의 배경이 되고 있는 프랑스와 유럽연합의 정치적 상황과 동학을 살펴본다. 특히 실현 가능성 측면에서 많은 비판을 받아온 글로벌 차원의 자본과세는 사실 유럽연합 혹은 유로존 차원에서 처음 제기된 것임을 설명한다. 제7장은 피케티가 『21세기 자본』을 통해 전 세계에 던진 '불평등'이라는 화두를 경제학 이외의 다른 사회과학, 특히 정치학이 어떻게 받아 안아 발전시켜 나갈 수 있을지에 대한 고민을 담고 있다. 제8장에서는 『21세기 자본』이 국내에 소개되는 과정에서 나타난 몇 가지 문제점을 지적한다. 소위 '지식수입상' 혹은 '서구중심주의'와 관련한 문제들, 그리고 한국어판 번역 과정에서 나타난 문제들을 검토한다. 마지막으로 제9장에서는 피케티의 과거, 미래, 그리고 현재를 구성하는 그의 학계 동료들과 제자들을 소개한다. 이는 영미권과 불어권 학계의 전통을 모두 수용한 혼성적 정체성을 가진, 이른바 경제학계의 '피케티 사단'을 처음으로 소개하는 것이다.

제3부는 건국대학교 경제학과에 재직 중인 주상영 교수가 집필했는데,

소득분배의 동학에 관한 피케티의 분석 틀을 한국 경제에 적용해본 하나의 시도라고 할 수 있다. 한국의 소득분배가 외환위기 이후 급격하게 악화된 것은 주지의 사실이다. 과연 피케티의 이론으로 이를 얼마나 설명할 수 있는가 하는 것이 주상영 교수의 관심이다. 제10장에서는 왜 한국에서 피케티가 중요한지 논의하고, 제11장에서는 피케티의 방법론에 따라 노동소득과 자본소득을 나누어 그 추세를 살펴본다. 외환위기 이후 한국의 자본소득분배율은 급격하게 올라갔으며, 현재는 주요 선진국을 상회하는 수준에 와 있음을 보여준다. 자본소득은 노동소득에 비해 훨씬 더 불평등하게 분포되어 있으므로 노동의 몫과 자본의 몫이 이렇게 변화한 것은 외환위기 이후 개인별 소득분배의 악화를 일정 부분 설명해준다. 제12장과 제13장에서는 최근 발표된 국민대차대조표를 포함한 한국은행의 국민계정체계를 이용해 한국의 자본/소득 비율을 추계한 결과, 주요 선진국에 비해 높은 수준임을 보여준다. 이는 높은 저축률도 원인이지만 자산의 가격이 일반 물가에 비해 빠르게 상승해 발생한 자본이득capital gain 이 선진국에 비해 더 컸던 것도 원인이라고 한다. 그리고 피케티가 주목하는 자본수익률과 소득증가율의 격차를 추정한 결과 주요국에 비해 그 정도가 크지 않은 것을 확인한다. 따라서 최근에 급격하게 악화된 소득 및 자산의 불평등은 이 격차보다는 자본소득/비율과 자본소득분배율의 급격한 상승과 관련성이 더 높다는 것이 주상영 교수의 평가다. 제14장에서는 한국 경제의 불평등이 이미 심각한 상태여서 경제적 이동성과 역동성을 떨어뜨릴 뿐만 아니라 소비를 제약해 성장에도 악영향을 미치고 있음을 지적하며, 단계적 증세를 통한 재분배의 확대를 주장한다. 소득세의 누진성을 강화하고, 노동소득보다 자본소득에 대한 과세를 강화하고, 자산 보유에 대한 과세를 강화하는 방향으로 나아가야 한다는 것이다.

제4부는 과거 김대중 정부 시절에 한국개발연구원KDI 원장을 역임했고

현재 숭실대학교 경제학과에 재직 중인 이진순 교수가 최근 발표한 논문을 수정·보완한 것이다. 당초에 이 책을 기획할 때 포함된 것이 아니고 이 책의 초고가 이미 완성된 상태에서 추가했기 때문에 일부 내용이 앞부분과 겹치는데도 불구하고, 피케티의 이론을 적용해 한국 경제를 분석한 참신한 시도라고 판단해 이 책에 싣기로 했다. 제15장은 피케티의 이론을 압축적으로 설명한 것으로서 이 책의 제1부와 중복되는 부분이기는 하지만 피케티의 그야말로 핵심 논리만을 간추린 설명으로서 가치가 있다. 제16장은 피케티의 이론을 적용해 한국 경제를 분석한 내용으로서 부분적으로는 이 책의 제3부와 중복되기도 하지만 독특한 시각과 새로운 시도를 담고 있다. 특히 자본/소득 비율의 상승을 초래한 요인으로 지가 인플레이션에 주목하고 있으며, 한국 경제에서 자본수익률과 경제성장률의 차이를 추정하고, 최상층의 소득점유율도 살펴본다. 나아가 '자본수익률이 경제성장률보다 높으면 불평등도가 상승하는 경향이 있다'는 피케티의 핵심 가설을 검증하기 위해 간단한 회귀분석을 시도하고 통계적으로 유의한 결과를 얻는다. 그리고 한국 사회가 계층이동성이 줄어들고 세습이 중요한 사회로 변모하는 상황을 살펴본다. 마지막으로 제17장은 한국 경제의 불평등화 경향에 대항하기 위한 이진순 교수의 정책 제안을 담고 있다. 최상층 0.1%에 대한 50%의 최고세율 계급 신설과 종합부동산세를 부유세로 확대 개편하는 조세정책과 아울러 정보공개의 대폭적인 확대를 제안한다.

끝으로 이 책에 귀중한 글을 주신 필자 여러분들에게 다시 한 번 깊은 감사를 표한다. 또한 기획에 참여하고 원고를 검토해주신 우리 조합의 교육출판위원장 조애리 교수님과 꼼꼼한 편집을 해준 도서출판 한울의 편집자들께도 감사의 마음을 전한다.

2015년 7월

유종일

제1부

피케티는 무엇을 말하고 있나

_유종일

제1장

1:99 사회를 발견하다

2013년 12월 어느 날, 미국 버락 오바마Barack Obama 대통령이 백악관을
나섰다. 그가 찾아간 곳은 백악관에서 멀지 않은 워싱턴의 빈민가. 그는 한
비영리 단체가 마련한 이 자리에서 도발적인 연설을 했다. 누구나 열심히
일하면 잘살 수 있다는 '아메리칸 드림'은 붕괴되고 있으며 빈부격차의 확
대야말로 "우리 시대의 결정적인 도전defining challenge of our time"이라고 주장한
것이다. 미국 정치에서 빈부격차나 소득불평등을 문제 삼는 것은 터부시되
어왔던 일이라 이 연설은 큰 논란거리가 되었다. 공화당과 보수세력은 오
바마가 '계급전쟁'을 부추기고 있다며 공세를 펼쳤다. 마치 한국에서 걸핏
하면 '종북몰이'를 하듯이 미국에서는 계급전쟁이라는 말로 상대의 입을
막는다. 이를 무릅쓰고 오바마가 불평등 문제를 정면으로 거론한 것은 미
국의 현실이 도저히 더 이상 방치할 수 없는 상황에 이르렀다는 판단 때문
이었다. 이러한 상황에서 토마 피케티Thomas Piketty 의 『21세기 자본Capital in
the Twenty-First Century』이 출간되었고 엄청난 반향을 불러일으켰다. 사실 피케
티는 이 책이 출간되기 훨씬 이전부터 앞장서서 미국의 극심한 소득불평등

문제를 분석하고 고발한 장본인이다.

우리는 99%다!

　2008년 9월 15일 월가Wall Street의 5대 투자은행 중 하나였던 리먼 브라더스Lehman Brothers가 파산 신청을 했다. 세계금융시장은 순식간에 와르르 무너졌고, 세계 경제는 글로벌 금융위기 와중에서 '거대한 침체Great Recession'로 빠져들었다. 미국의 실업률은 10%를 넘어섰고 일자리를 구하지 못한 젊은이들의 좌절은 깊어갔다. 반면, 정부의 구제금융으로 살아난 월가의 대형 은행들은 또다시 사상 최대의 이익을 구가하면서 천문학적 보너스 잔치를 즐기고 있었다. 이러한 사태를 용납할 수 없었던 분노한 대중이 2011년 9월 17일 월가에 위치한 주코티 공원Zuccotti Park에 모여들었다. 이렇게 시작된 '월가 점령운동Occupy Wall Street'이 한창 달아오르던 10월 7일, 제프리 색스Joffrey Sachs 컬럼비아 대학 교수가 주코티 공원에 나타났다. 이내 그는 시위 군중 앞에서 연설을 시작했다.

　　먼저 여러분께 감사의 말씀을 드리고 싶습니다. 여러분은 이 나라가 가는 방향을 바꾸고 있습니다. 이 나라가 가는 방향은 바뀌어야 합니다. 여러분의 주장은 옳습니다. 우리는 99%입니다. 정말로 우리는 99%입니다. 1%는 아직도 뭘 모르고 있습니다. 그러므로 우리는 계속해서 그들에게 진실을 알려주어야 합니다. …… 1980년에는 최상위 1%가 가계소득의 9%를 가져갔습니다. 지금은 최상위 1%가 소득의 23%를 가져갑니다. 최상위 1% 부자가 하위 90%보다 더 많은 부를 소유하고 있습니다. 최상위 0.01%, 그러니까 1만 2000가구가 가계소득의 6%를 가져가고 있습니다. 하위 2000만 가구보다도 많은 부를 가져가는 겁니다. 미국이 이 정도로 불평등했던 때는 1929년이었습니다. 당시 어떤 일이 일어났는지는 여러분도 잘 아실 것입니다. 재앙이 일어났습니다. 이제 우리는 또다시 재앙이 일어나지 않도록 막아야 합니다.

필자가 하버드 대학에서 공부할 때 은사였던 색스 교수는 하버드 대학 최고의 스타 교수로 많은 시간을 워싱턴과 여러 나라를 돌아다니며 경제개혁 정책을 자문하던 분이다. 그는 동구권의 체제 전환기에 소위 '충격요법shock therapy'을 설계했으며, 오랫동안 UN사무총장의 경제고문을 지내면서 '새천년발전목표Millenium Development Goals'의 실현을 위해 노력해왔다. 컬럼비아 대학으로 옮긴 후에는 '지구연구소Earth Institute'를 창립해 지구촌의 빈곤 퇴치와 환경보전에 앞장서 왔다. 어찌 보면 기득권 중의 기득권이며 세계 최고 파워 엘리트의 일원이라고 할 수 있는 그가 시위 현장에 나타난 이 사건은 충격적이었으며 그 자체가 하나의 현상이었다.

색스 교수의 연설은 매우 선동적이었다. 그는 1% 특권층을 향해 "우리는 99%다"라고 외치며 미국의 극심한 사회경제적 불평등을 규탄했다. 실제로 월가 점령운동이 내세운 대표적인 슬로건인 '우리는 99%다We are the 99%'는 역사상 가장 효과적인 구호 중의 하나로 평가된다. 최상위 1%에 의한 부의 독점과 소득 집중이라는 객관적 현실을 반영하는 것이었다. 1% 특권층이 점점 더 많은 몫을 차지하는 사회, 그래서 중산층은 갈수록 삶이 빠듯해지고 저소득층은 생활의 기반이 흔들리는 사회, 이러한 사회적 현실을 고발하는 강력하면서도 호소력 있는 구호가 바로 '우리는 99%다'였던 것이다. 월가 점령운동 이후 소득불평등 문제는 미국 사회의 가장 큰 쟁점으로 떠올랐다.

1:99 현상의 발견

미국에서 소득분배가 사회문제로 등장한 것은 1980년대 중반, 로널드 레이건Ronald Reagan 대통령의 부자감세와 규제완화 정책으로 소득분배가 악화되기 시작한 시기부터이다. 노조에 대한 공격과 복지 축소 등으로 사회적 연대는 약화되었고, 시장만능주의가 횡행하면서 '승자독식Winner-Take-All'에 대한 비판이 등장했다. 탐욕의 화신과도 같은 기업사냥꾼의 이야기를 그린 〈월스트리트Wall Street〉라는 영화가 제작된 것이 1987년이었다. 1990년대에도 신자유주의의 정책 기조가 유지되는 가운데 북미자유무역협정NAFTA과 대폭적인 금융규제 완화 등이 이루어졌고, 소득분배의 악화는 지속되었다. 대졸자와 고졸자 사이의 임금 격차 확대, 중산층의 몰락 등이 심각한 문제로 떠올랐고, 세계화가 소득분배에 미치는 부정적인 영향에 주목하면서 '20:80 사회'라는 담론이 제기되었다.[1]

소득분배 문제를 대체로 도외시하던 경제학계에서도 2000년대에 들어서면서부터 본격적인 연구와 논의가 시작되었다. 불평등이 심화하는 현상에 대한 통계적 분석과 그 원인에 관한 이론적·경험적 연구가 이어졌다. 과거에 경제학에서 정설로 받아들여졌던 것은 사이먼 쿠즈네츠Simon Kuznets의 역U자 가설Inverted U Hypothesis이었다. 경제발전의 초기 단계에서는 경제성장이 분배의 악화를 초래하지만 일정한 단계 이상으로 경제가 성장하면 그 이후에는 분배가 개선된다는 내용의 이 가설은 1980년대 이후 불평등이 증가하면서 무너졌다. 경제학자들은 세계화의 진전, 기술의 변화, 노동조합의 약화 등 다양한 각도에서 소득분배의 악화 원인을 찾고자 했다. 그런 가운데 전통적인 연구방법을 넘어서서 새로운 접근법을 활용한 몇몇 학자들이 불평등의 실상에 관해서 놀라운 사실들을 밝혀내기 시작했다. 프랑스에서 활동하는 토마 피케티를 필두로, 미국에서 활동하는 이매뉴얼 사에즈Emmanuel Saez와 영국에서 활동하는 앤서니 앳킨슨Anthony Atkinson이 대표적인 연구자들이다. 그들은 1980년대 이후 미국의 불평등이 매우 가파르게 증가해왔고 증가세는 멈출 줄 모르고 계속되고 있으며, 무엇보다도 미국의 불평등 증가는 대부분 극소수 최상위계층으로 소득이 집중된 결과임을 보여주었다. 월가 점령운동을 통해 널리 퍼진 1:99 프레임을 처음 제기한 것은 바로 피케티였다.

피케티는 소득불평등이 쿠즈네츠의 역U자 가설을 따르는 것이 아니라 정반대로 U자 모양을 하고 있음을 보여준다. 20세기 초반에는 불평등이 매우 높았으나 1930년대와 1940년대에 대공황과 2차 세계대전을 겪으면서 '대압착Great Compression'이라고 불리는 급격한 불평등의 감소가 있었다. 쿠즈네츠는 1950년대에 소득분배의 역사를 연구했기 때문에 역U자 가설

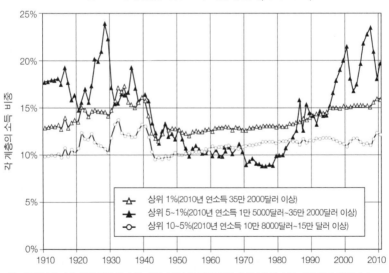

그림 1.1 **미국 상위 10% 소득 비중의 분해(1910~2010)**

주: 1970년대 이후 상위 10%의 소득 비중이 상승한 것은 주로 상위 1%의 소득 비중 증가 때문이다.
자료: piketty.pse.ens.fr/capital21c

을 주장했던 것이다. 1950년대에서 1970년대까지는 소득분배가 거의 변하지 않고 안정적이었다. 하지만 1980년대 이후 상위 10%의 소득 비중이 현저하게 증가했는데, 이를 다시 분해해서 보니 상위 10~1% 계층의 소득 비중은 매우 완만한 증가세를 보였고 최상위 1%의 소득 비중만 폭발적으로 증가한 것이다.

그림 1.1은 지난 100년간 미국의 상위 10%가 전체 소득에서 차지한 비중을 최상위 1%, 상위 5~1%, 상위 10~5%로 분해해 보여주고 있다. 그 결과 1970년대만 하더라도 상위 1%의 소득이 상위 10~5%의 소득보다 작았는데, 1990년대 중반 이후에는 상위 5~1%의 소득보다도 높아졌고, 그 차이는 점점 커지고 있다. 그림 1.1은 미국이 1:99 사회가 되었음을 적나라하게 보여준다.[2]

진실을 가리는 통계와 진실을 드러내는 통계

아무도 보지 못했던 1:99 현상을 어떻게 피케티는 볼 수 있었을까? 아니, 피케티 이전에는 왜 아무도 최상위계층으로 소득이 집중되는 현상을 보지 못했을까? 영어에 "거짓말, 지독한 거짓말, 그리고 통계"라는 표현이 있다. 통계는 때로 진실을 드러내는 것 못지않게 진실을 가리는 기능도 하는바, 소득분배의 불평등 정도를 하나의 지표로 요약하는 경우도 여기에 해당한다.

불평등의 정도를 나타내는 대표적인 지표가 바로 지니GINI계수다. 지니계수는 완전평등을 나타내는 0에서 완전불평등을 나타내는 1 사이의 숫자를 취한다. 소득분배의 지니계수가 0.3 미만이면 양호한 편이며 0.3~0.4는 일반적인 수준이고 그 이상이면 불평등이 심하다고 할 수 있다. 자산의 분배는 훨씬 불평등해 0.6~0.9에 이르는 것이 보통이다. 지니계수 외에도 여러 가지 합성지표가 있지만, 이러한 지표들은 모두 분배의 불평등한 정도를 하나의 숫자로 표시하려는 시도다. 이러한 합성지표들은 편리하기는 하지만, 복잡다단한 분배의 양상을 단 하나의 숫자로 요약하려는 과정에서 불가피하게 많은 중요한 정보를 누락시킨다.

피케티는 지니계수에 대해 문제를 제기한다. 피케티에 의하면, 저소득층과 중간층 간, 중간층과 상위층 간, 상위층과 최상위층 간의 불평등처럼 소득분포의 여러 수준에서 나타나는 불평등이 의미하는 사회적 현실과 경제적·정치적 의미는 매우 다르기 때문에 이를 나누어 소득 수준마다 각각 분석하는 것이 중요하다. 또한 지니계수나 다른 합성지표들은 노동과 관련한 불평등과 자본과 관련한 불평등이 경제적 메커니즘이라는 면에서나 불평등을 정당화하는 논리라는 면에서나 매우 다른데도 불구하고 이 둘을 구분하지 않는다. 피케티는 이러한 이유들 때문에 지니계수 같은 합성지표 대신에 각각의 10분위 혹은 100분위 계층이 전체 소득 혹은 전체 부에서 차지하는 비중을 보여주는 표에 입각해서 불평등을 분석하는 것이 훨씬 나은 방법이라고 말한다.

피케티가 말한 것처럼 여러 소득계층의 소득 비중을 한꺼번에 보여주는 것이 표 1.1이다. 그는 일차적으로 상위 10%, 그다음 40%, 하위 50%, 세 수준으로 소득계층을 나누었고, 상위 10%는 다시 최상위 1%와 그다음 9%로 세분했다. 이러한 방법론을 통해 그는 1:99 현상을 발견할 수 있었다. 표 1.1은 불평등의 정도를 네 단계로 나누어 예시하고 있는데, 최상위 1%와 그다음 9%의 소득 비중을 보면, 불평등이 낮은 경우(1970~1980년대 스칸디나비아)는 각각 7%와 18%, 중간일 경우(2010년 유럽)는 10%와 25%, 높을 경우(2010년 미국, 1910년 유럽)는 20%와 30% 정도라는 것이다. 지금까지 그랬듯이 미국의 불평등이 앞으로도 계속해서 악화한다면 2030년경에는

표 1.1 시대별·지역별 소득의 불평등

각 집단의 소득 비중	낮은 수준의 불평등 (스칸디나비아 1970~1980년대)	중간 수준의 불평등 (유럽 2010년)	높은 수준의 불평등 (미국 2010년, 유럽 1910년)	매우 높은 수준의 불평등 (미국 2030년?)
상위 10% ('상류층')	25%	35%	50%	60%
상위 1% ('지배층')	7%	10%	20%	25%
다음 9% ('부유층')	18%	25%	30%	35%
중간 40% ('중산층')	45%	40%	30%	25%
하위 50% ('하류층')	30%	25%	20%	15%
해당하는 지니계수 (불평등 합성지표)	0.26	0.36	0.49	0.58

주: 소득불평등이 비교적 낮은 사회(1970~1980년대 스칸디나비아 국가들)에서는 소득이 가장 많은 상위 10%가 전체 소득의 약 25%를 가져간다(소득 하위 50%는 약 30%를 가져간다). 이에 해당하는 지니계수는 0.26이다.
자료: piketty.pse.ens.fr/capital21c

불평등이 매우 높은 경우가 되어 최상위 1%와 그다음 9%의 소득 비중이 각각 25%와 35% 정도가 될 것이라고 전망하고 있다. 이는 결국 상위 10%가 60%의 소득을 차지하게 될 것이라는 뜻이다. 표 1.1의 맨 아랫줄은 각각의 소득분배에 해당하는 지니계수를 계산한 것이다. 피케티는 표 1.1과 같은 방식을 사용해 하나의 숫자로 표시된 합성지표에 뭉뚱그려져 가려진 계층별 분배의 실상을 좀 더 입체적으로 드러냈다. 그는 특히 최상위 1%나 0.1% 등 사회의 지배적 위치에 있는 최상위층을 집중적으로 연구했고, 이러한 과정에서 1:99 현상을 발견하게 되었던 것이다.

피케티는 경제협력개발기구^{OECD} 같은 국제기구나 각국 정부에서 흔히 사용하는 P90/P10 비율에 대해서도 진실을 가리는 통계라고 비판했다. 이 비율은 상위 10%에 속하기 위해 필요한 최소 소득과 하위 10%에 속하기 위한 최대 소득의 비율을 의미한다. 예를 들어 연간 소득이 1억 원 이상이면 상위 10%, 1000만 원 이하이면 하위 10%에 속한다고 하면, P90/P10 비율의 값은 10이 된다. 이 비율도 나름 의미 있기는 하지만, 각 계층 내부에 불평등이 큰 경우와 그렇지 않은 경우 존재하는 사회적 격차의 현실에 관해서 아무것도 말해주지 않는다. 예를 들어 P90/P10의 비율이 같아도 최상위 1%로의 소득 집중이 극단적으로 진행된 경우는 그렇지 않은 경우에 비해 상위 10%가 전체 소득에서 차지하는 비중이 훨씬 클 것이다.

국제기구나 각국 정부가 이렇게 애매한 통계를 사용하는 이유는 무엇일까? 공식적으로는 데이터가 불완전하기 때문이라는 것이다. 하지만 최상위층의 소득 비중에 관한 진실을 가리는 지표가 과연 가치중립적인 것인지 묻지 않을 수 없다. 최상위층의 소득 파악이 쉽지 않은 것은 사실이지만 피케티는 조세자료를 이용해 이를 파악하는 방법을 개발했다. 이후 사에즈와 앳킨슨 등 약 30명의 동료 연구자들과 함께 이 방법을 사용해 여러 나라의 역사적 데이터를 추정했다. '세계 최상위소득 데이터베이스World Top Incomes Database: WTID'는 이렇게 구축되었으며, 피케티는 이 데이터에 입각해 『21세기 자본』을 쓴 것이다.[3] 최근에는 OECD에서도 이 데이터를 사용해 매년 불평등보고서를 내고 있다.

과거 쿠즈네츠가 그랬던 것처럼 피케티가 세금신고 자료를 사용한 소득분배를 연구한 것이 왜 중요한지 살펴보자. 소득분배에 관해서 정부가 통계를 발표하거나 경제학자들이 연구할 때 보통 사용하는 데이터는 가계소득에 관한 샘플조사 자료다. 연구자들이 이 자료를 사용하는 것은 조세자료에는 탈루소득의 문제가 있는 데 반해, 샘플조사에서는 비밀이 보장되므로 거짓말을 할 필요가 없어 더 우월한 자료라고 판단하기 때문이다. 하지만 실제로는 샘플조사로 얻은 자료의 문제가 더 크다. 최상위층의 소득이 심각하게 축소되거나 아예 누락되는 경우가 많기 때문이다. 빌 게이츠Bill Gates나 이건희를 찾아가서 가계소득에 관한 조사를 하는 것을 상상할 수 있을까? 아무리 비밀이 보장된다고 하더라도 최상위층일수록 조사를 회피하거나 소득을 축소해서 답할 것은 자명하다. 굳이 거짓말을 해야 할 유인도 없겠지만, 성실하게 답을 해야 할 유인은 더더구나 없기 때문이다. 반면 법적 강제에 기초한 조세자료는 탈루 소득이 있을 수 있다는 문제에도 불구하고 샘플조사에 비해 최상위층의 소득을 훨씬 정확하게 파악할 수 있다. 따라서 모든 나라에서 조세자료에 입각해서 추정한 최상위층의 소득 비중이 샘플조사 자료에 기초해서 산출한 소득 비중보다 훨씬 더 크게 나온다. 한국의 경우에도 통계청의 샘플조사 자료에 입각한 소득불평등도는 OECD 중간 수준으로 나오는 데 반해 국세청의 조세자료를 이용해 추정한 불평등도는 미국, 영국과 함께 가장 높은 수준으로 나타난다.

이 외에도 조세자료에는 또 하나의 중요한 이점이 있다. 가계소득에 관한 샘플조사는 대체로 1970년대에 시작되었기 때문에 그 이전 시기의 데이터를 구할 수가 없다. 그러나 조세자료를 이용하면 소득세가 도입된 시기부터 소득분배를 추정할 수 있다. 독일과 일본은 1880년대부터, 미국 등 다른 선진국들은 대체로 1910~1920년 사이에 소득세를 도입했다. 따라서 조세자료를 활용하면 100년이 넘는 장기간의 역사적 변화를 추적할 수 있다. 역사적 연구를 중시하는 피케티에게는 이것이 매우 중요한 이점이 되었을 것이다.

노동소득과 자본소득의 구분

피케티는 불평등을 측정하는 합성지표로는 알 수 없는 불평등의 또 하나의 측면을 부각시킨다. 그는 사회 현실을 제대로 이해하기 위해서는 노동소득의 불평등과 자본소득의 불평등을 정확히 구분해서 분석할 필요가 있다고 강조하며, 각각의 분배를 표 1.1과 같은 방식으로 따로따로 살펴보고 있다. 노동소득이란 임금, 보너스, 성과급 등 일을 한 대가로 얻는 소득을 모두 합한 것이고, 자본소득이란 이윤, 배당금, 이자, 임대료, 로열티 등 자본의 소유자에게 지급되는 돈을 말한다. 노동소득과 자본소득을 구분해서 보아야 하는 이유는 크게 다음 세 가지다.

첫째, 노동소득과 자본소득은 규범적 혹은 도덕적 차원에서 불평등을 정당화하는 논리가 완전히 다르다. 노동소득의 경우 상당 부분을 능력과 노력의 대가로 정당화할 수 있으며, 여기에는 기회의 평등이나 노동시장의 효율성과 관련한 논란이 있을 수 있다. 자본소득의 경우에는 그것이 현명한 또는 과감한 투자 결정의 결과인지, 아니면 이미 축적된 재산의 자기 증식에 지나지 않는 것인지의 구별이 필요하다. 소위 '돈이 돈을 버는' 것에 대해서는 사회적 정당성이 떨어질 것이다. 특히 축적된 재산이 자수성가해서 일군 재산이 아니라 상속으로 물려받은 재산이라면 더더욱 그에 기초한 자본소득의 정당성은 약화된다.

둘째, 노동소득과 자본소득은 불평등이 발생하는 경제적 혹은 사회정치적 메커니즘 또한 완전히 다르다. 노동소득의 경우에는 다양한 숙련에 대한 수요와 공급, 교육제도, 노동시장 관련 제도 등이 중요한 메커니즘이며, 자본소득의 경우에는 저축 및 투자 행태, 상속과 증여에 관한 제도, 부동산 시장과 금융시장의 작동 등이 중요한 메커니즘이다. 따라서 불평등의 성격과 원인을 규명하고자 할 때 노동소득과 자본소득을 구분해 분석해야 한다. 설사 전체 소득의 불평등 정도가 유사할지라도 그 불평등이 주로 노동소득의 불평등에서 비롯된 것인지 아니면 자본소득의 불평등에서 비롯된 것인지에 따라 불평등의 성격과 원인은 완전히 다를 것이다. 예를 들어 현재 미국의 소득불평등은 19세기 말~20세기 초 유럽의 벨에포크^{Belle Époque} 시대와 비슷하게 높은 수준이지만, 그 내용을 들여다보면 상당한 차이가 있다.[4] 벨에포크 시대의 부자들이 대부분 상속받은 유산에서 자본소득을 얻는 사람이었다면, 최근 미국의 부자들은 대부분 노동시장에서의 성공으로 거대한 연봉을 받거나 엄청난 소득을 얻는 사람들이다. 소득불평등의 원인이 완전히 다른 것이다. 최근 미국의 높은 소득불평등은 주로 노동소득의 불평등이 극단적으로 증가한 결과이며, 자본 소유 측면에서는 벨에포크 시대와 비교해서 불평등이 덜한 편임을 알 수 있다.

셋째, 일반적으로 자본소득은 노동소득에 비해 훨씬 더 불평등하다. 전체 소득에서 노동소득만 따로 떼어내 계층별 소득 비중을 보면 중간 정도의 불평등 수준을 보여주는 2010년 유럽의 경우 표 1.1의 불평등이 낮은 경우와 유사한 분포를 보인다. 즉, 노동소득의 분배는 전체 소득의 분배에 비해 더 평등하다. 반대로 자본 소유, 즉 부의 불평등은 표 1.1에서 불평등이 매우 높은 경우와 유사한 분포를 보인다. 노동소득과 자본소득을 합친 전체 소득의 불평등은 노동소득의 불평등과 자본소득의 불평등 사이에 위치한다.

이론적으로는 자본 소유의 불평등이 노동소득의 불평등보다 반드시 더 높은 것은 아니지만 현실 경제에서는 예외 없이 압도적으로 자본 소유의 불평등 정도가 높은 것이 사실이다. 노동소득은 하위 50% 계층도 상당한 몫을 가져가지만, 재산 소유에서 하위 50% 계층은 대체로 재산이 거의 없는 무산자다. 게다가 자본소득은 자본 소유보다 더 불평등하다. 재산이 클수록 수익률이 더 높은 경향이 있기 때문이다. 이렇듯 자본소득이 매우 불평등하다고 하더라도 노동소득이 많은 사람들의 자본소득이 적고 노동소득이 적은 사람의 자본소득이 많다면, 전체 소득의 불평등이 노동소득의 불평등보다 낮아질 수도 있다. 그러나 이것도 현실 경제에서는 일어나지 않는다. 노동소득 없이 연금과 금융소득 등으로 살아가는 은퇴자들을 제외하면 노동소득이 낮은 사람들은 대부분 재산이 거의 없다. 또한 엄청난 자본소득을 올리는 극소수 최상위층을 제외하면 자본소득이 많은 사람들은 노동소득도 많은 편이다.

자본소득의 불평등이 노동소득의 불평등에 비해 훨씬 심하다는 사실에서 전체 소득에서 자본소득이 차지하는 비중이 증가할수록 소득불평등이 커질 것이라고 유추할 수 있다. 피케티는 미국의 경우 자본소득 비중의 증가와 더불어 자본소득의 불평등 자체가 증가했으며, 이러한 요인들이 전체 소득불평등 증가의 약 1/3가량을 설명한다고 말한다.

자본의 개념과 구성

피케티가 사용하는 자본의 개념은 경제학에서 흔히 사용하는 개념과는 다르기 때문에 이를 명확히 해둘 필요가 있다. 피케티는 자본을 광의의 자본으로 정의한다. 그의 자본은 보통 부wealth 혹은 재산이라고 부르는 것과 동일하다. 국부 혹은 국민총자본은 특정 국가의 거주자와 정부가 소유한 것들로 시장에서 거래가 가능한 모든 것을 포함한다. 이는 토지, 주택, 건물, 재고, 기계 및 장비, 사회기반시설, 특허권 등의 비금융자산과 은행계좌, 뮤추얼펀드, 주식, 채권, 보험증권, 연금기금, 각종 금융투자상품 등 금융자산을 모두 합한 것에서 부채를 뺀 것이다. 국부는 소유 주체에 따라서 민간자본 혹은 민간부문의 부와 공공자본 혹은 공공부문의 부로 나눌 수 있다.

피케티의 자본에는 소위 인적자본이 포함되지 않는다. 인적자본은 시장에서 거래될 수 없기 때문이다. 노예제도가 존재하는 경우에는 당연히 노예가 재산으로 거래되기 때문에 이는 자본에 포함된다. 이러한 예외적인 경우를 제외하면 인적자본은 자본의 일부라기보다는 노동의 일부로 보아야 할 것이다. 불평등 확대의 과정에서 자본과 상속의 중요성을 인정하지 않는 보수적 성향의 경제학자들은 인적자본을 부각하고 싶어 한다. 하지만 피케티는 단호하다. 인적자본과 비인적자본은 불평등의 동학에 있어 매우 다른 역할을 한다는 것이다. 이러한 주장의 의미는 제2장과 제3장의 논의를 통해서 차차 드러날 것이다.

경제학에서의 자본은 대부분 공장, 사무용 건물, 기계, 사회기반시설 등 생산에 직접 투입되는 '생산적 자본'만을 포함하며 주거용 부동산이나 금 등 '비생산적 자본'은 포함하지 않는다. 하지만 피케티가 보기에 이는 불필요한 구분이다. 그는 수익을 발생시키는 모든 것을 자본에 포함시킨다. 주택은 주거서비스를 생산하는 것으로 볼 수 있으며, 금 또한 생산에 사용될 수도 있다. 피케티가 가장 많은 비판을 받고 있는 것 중의 하나가 바로 이 부분이다. 생산 과정을 중시하는 마르크스주의 경제학자들은 물론이고 자본은 생산에 직접 투입되는 생산요소라는 관념에 익숙한 주류경제학자들도 토지와 주택 등을 자본에 포함시키는 것을 비판한다. 그러나 피케티는 경제성장이나 경기변동을 연구하는 것이 아니다. 소득분배를 연구하는 피케티에게는 시장에서 거래되고 수익을 발생시키는 자산인지의 여부만이 자본의 중요한 기준인 것이다.

축적된 부로서의 자본에는 토지나 천연자원을 포함시키지 말아야 한다. 그러나 피케티는 배수시설이나 토양 개량 등 인간의 개입으로 가치가 증가한 부분을 정확히 따져서 순수한 처녀지의 가치만을 평가하거나, 자원 발견과 개발에 투자해 생겨난 부가가치를 제외하고 순수한 천연자원만의 가치를 평가하는 것은 매우 힘들다고 지적한다. 그는 편의상 축적되지 않은 부분까지 포괄하는 모든 형태의 부를 자본에 포함시킨다.

역사적으로 볼 때 18세기 초에는 영국과 프랑스 모두 국부의 2/3가량이 농경지였으나 산업혁명이 진행되면서 농경지가 국부에서 차지하는 비중은 급격하게 하락해 현재는 2% 미만이 되었다. 이후 농지 대신 국부의 중요한 부분으로 떠오른 것이 주택이다. 소득이 증가하고 산업이 발달한 결과 주택의 질과 가치가 높아진 것이다. 피케티는 현대 경제에서 자본의 구성은 대략 반 정도가 주택이고 나머지 반 정도가 생산설비를 포함하는 기타 국내자본이라고 말한다. 피케티는 이렇듯 역사적으로 자본의 구성이 크게 변화한 사실에 주목하고 이를 '자본의 변신'이라고 부른다.

세계화와 1:99 현상

소득불평등의 원인에 관한 논의에 들어가기에 앞서 먼저 한 가지 살펴보아야 할 문제가 있다. 1:99 현상은 미국에 국한된 것인가 아니면 모든 선진국에 공통적으로 나타나는 것인가? 피케티와 그의 동료들이 밝혀낸 바에 의하면 1:99 현상은 결코 보편적인 현상이 아니다. 흥미롭게도 1:99 현상은 미국, 영국, 캐나다, 호주 등 앵글로색슨 국가들에 국한된 것이었다. 그림 1.2와 그림 1.3은 앵글로색슨 국가들에서 최상위 1%의 소득 비중이 지난 30년 사이에 5~10%p나 상승한 데 반해, 프랑스, 독일, 스웨덴, 일본 등 다른 선진국들에서는 2~3%p 상승에 그쳐 대조적인 모습을 보여준다.[5] 물론 최상위층의 소득 비중이 2~3%p 상승한 것도 상당히 심각한 수준의 불평등 증가이기는 하지만 앵글로색슨 국가들, 특히 미국에 비해서는 상대적으로 미미한 변화라고 할 수 있다.

이와 같이 소득분배 변화의 패턴이 나라별로 큰 차이가 난다는 사실은 불평등 증가의 원인을 규명하는 데 중요한 단서가 된다. 그동안 경제학계

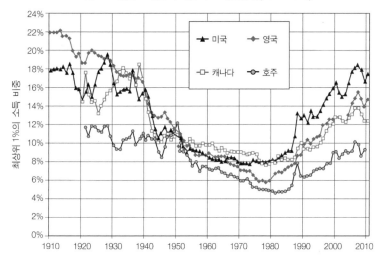

그림 1.2 **앵글로색슨 국가들의 소득불평등(1910~2010)**

주: 1970년대 이래 모든 앵글로색슨 국가에서 최상위 1%의 소득 비중이 상승했으나 상승 폭은 서로 달랐다.

자료: piketty.pse.ens.fr/capital21c

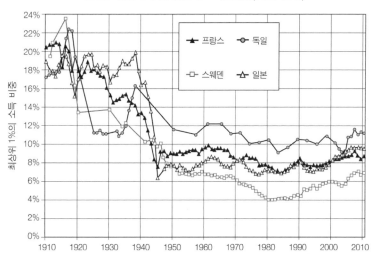

그림 1.3 **유럽대륙 및 일본의 소득불평등(1910~2010)**

주: 앵글로색슨 국가들에 비해 유럽대륙 국가들과 일본에서는 1970년대 이래 최상위 1%의 소득 비중이 거의 증가하지 않았다.

자료: piketty.pse.ens.fr/capital21c

에서는 불평등 증가의 가장 유력한 요인으로 기술 변화를 꼽았다. 숙련 편향적인 기술 변화에 따라 교육 수준이 높은 노동자에 대한 수요가 증가했고, 공급이 수요의 증가를 따라가지 못해 소위 내졸 프리미엄이 올라갔다는 것이다. 이러한 설명은 분명 일리가 있는 것이지만, 문제는 모든 선진국에서 공통적으로 진행된 기술 변화가 왜 나라마다 서로 다른 분배의 변화를 초래했는가 하는 점이다. 기술 변화는 기껏해야 소득불평등 증가의 작은 부분만을 설명할 수 있으며, 앵글로색슨 국가들, 특히 미국에서 나타난 급격한 불평등의 증가에는 분명 기술 변화 외에 더 중요한 다른 요인이 작용했다고 보아야 할 것이다.

불평등 증가의 원인으로 기술 변화 못지않게 많이 거론된 것이 세계화이다. 무역장벽이 점차 허물어지고 선진국과 개발도상국 사이의 교역이 더욱 확대되면서 개도국의 저임금 노동과 경쟁해야 하는 선진국의 저숙련 노동의 임금이 하방압력을 받게 되었다는 것이다. 이와 더불어 자본의 국제적 이동성이 증가한 결과 노동의 협상력이 하락해 자본소득 비중이 올라간 것도 불평등 증가의 한 원인이 되었다. 세계화가 선진국들의 불평등 증가에 일정한 영향을 미쳤을 것이라는 데 동의하기는 어렵지 않을 것이다. 하지만 세계화 역시 불평등 증가의 원인으로서 기술 변화와 동일한 문제를 안고 있다. 세계화는 선진국들이 모두 공통적으로 경험했기 때문에 미국 등에서 보이는 급격한 불평등 증가를 설명할 수는 없다.

사실 기술 변화나 세계화 등으로 설명되는 불평등의 증가 원인은 숙련 노동과 비숙련 노동 사이의 임금 격차 확대이지 지배적 지위에 있는 극소수인 최상위 1%로의 소득 집중은 결코 아니다. 따라서 이들이 앵글로색슨 국가들, 특히 미국에서 나타난 1:99 현상의 원인이 되기는 어렵다. 그래서 등장한 것이 '슈퍼스타' 이론이다. 세계화 덕분에 스포츠나 영화, 엔터테인먼트 산업의 슈퍼스타들은 전 세계 시장을 상대로 수익을 거둘 수 있게 되었고, 이에 따라 이들의 소득이 막대하게 늘어난 것이 1:99 현상의 원인이라는 것이다. 과연 그런지 따져보기 위해서는 실제로 1% 특권층이 대체 어떤 사람들로 구성되어 있는지 밝혀야 한다.

슈퍼매니저와 최저임금

피케티는 세금신고 자료를 이용해 미국의 최상위계층에 속하는 사람들의 직업 분포를 추정했는데, 1%만 해도 너무 많은 수이기 때문에 최상위 0.1%에 대해서만 조사했다. 그 결과 이들의 60~70%가 천문학적 연봉을 받는 대기업의 최고경영진으로 드러났다. 피케티는 이들을 '슈퍼매니저'라고 부른다. 그 외에는 의사 및 변호사가 약 10%를 차지했다. 반면 슈퍼스타는 최상위 0.1% 중 불과 5%에 지나지 않았다. 미국의 1:99 현상은 슈퍼스타가 아닌 슈퍼매니저가 낳은 것이다.

그렇다면 슈퍼매니저의 보수가 폭발적으로 증가한 원인은 무엇일까? 경제이론에 의하면 임금은 노동의 한계생산성에 의해 결정된다.[6] 그렇다면 노동의 한계생산성은 어떻게 결정되는가? 이를 결정하는 것은 숙련에 대한 수요와 공급이다. 이때 그 수요는 기술에 의해, 공급은 교육과 훈련에 의해 결정된다. 예를 들어 엔지니어의 공급은 제한되어 있는데 생산기술은 더 많은 엔지니어를 필요로 하는 방향으로 변화한다면(숙련 편향적 기술 변화), 엔지니어의 한계생산성과 보수는 다른 노동자들에 비해 더욱더 높아질 것이다. 반대로 개도국의 저숙련-저임금 노동을 이용해 생산된 값싼 수입 제품이 국내시장에 많이 공급된다면, 이는 저숙련 노동의 공급이 증가한 것과 마찬가지 효과이다. 따라서 저숙련 노동의 보수는 내려갈 것이다. 이러한 경제학의 표준이론은 슈퍼매니저들 입장에서는 몹시 반가운 이론이다. 그들의 천문학적 보수가 그들만이 가진 특별한 재능과 역량에 입각한 아주 높은 한계생산성의 결과라고 정당화해주기 때문이다. 그들이 기업을 위해서 부가가치를 창출해주는 만큼 그에 상응하는 보수를 받을 따름이라는 것이다.

그러나 피케티는 다음과 같은 문제점 때문에 슈퍼매니저들의 보수에 대한 한계생산성 이론은 터무니없는 것이라고 본다. 첫째, 미국의 임금불평등 양상을 보면 상위 10%에서 1% 사이의 계층만 해도 별로 임금 상승이 눈에 띄지 않지만 상위 1%의 임금은 급등했고, 상위 0.1%는 그보다도 더욱 폭발적으로 올랐다. 하지만 기술 변화가 그렇게 불연속적으로 일어난다고는 도저히 상상할 수 없다. 둘째, 앞서도 언급했듯이 선진국들이 모두 동일한 기술 변화를 경험하는데도 불구하고 1:99 현상이 앵글로색슨 국가들에서만 나타났다. 셋째, 최근 미국의 소득불평등이 개도국 및 신흥국들에 비해서도 높다는 사실에 비추어볼 때, 객관적인 생산성의 불평등이 반영된 것으로 보기는 어렵다. 사실 따지고 보면 한계생산성 이론은 두 가지 전제 위에서 성립한다. 노동시장이 완전히 경쟁이라는 것과 노동의 한계생산성이 측정 가능하다는 것이다. 하지만 많은 경우에 이러한 전제는 성립하지 않는다.

슈퍼매니저들의 천문학적 보수에 대해 피케티가 제시하는 설명은 다음과 같다. 그들은 조립라인 노동자처럼 복제 가능한 일을 하는 것이 아니므로 사실상 한계생산성을 측정하는 것은 불가능하다. 따라서 그들이 내세우는 기업 가치에 대한 기여는 사실상 더 높은 보수를 받아내기 위한 이데올로기적 허구에 지나지 않는다. 실제로 슈퍼매니저들의 보수는 그들의 상사가 책정하며, 상사가 존재하지 않는 최고경영자들의 경우에는 스스로 결정하거나 아니면 보수책정위원회에서 결정한다. 보수책정위원회의 위원들은 대체로 다른 대기업의 슈퍼매니저들이거나 이와 비슷한 부류의 사람들이다. 이러한 과정에서 슈퍼매니저 각 개인의 생산성을 객관적으로 측정할 수 없으므로 서로 간의 친소 관계와 개인의 협상력에 의해 매우 자의적으로 결정이 이루어진다. 크게 보면 이들은 자신들의 보수를 스스로 결정하는 것이고, 이 경우 후한 보수책정은 당연하다 하겠다. 그렇다고 보수를 무한정 높게 책정할 수는 없다. 결함이 많기는 하지만 엄연히 기업의 지배구조라는 것이 있어 일정한 통제를 받게 되는데, 여기서 중요한 것이 사회적 규범이다. 한 기업이 사회적 규범에 어긋나는 결정을 하기는 어렵기 때문이다. 그리고 각 나라마다 사회적 규범에 차이가 있기 때문에 최고경영진의 보수에도 차이가 나타나는 것이다.

피케티는 사회적 규범이 어떻게 형성되고 변화하는지에 대한 논의에서 결과적으로 정치적 요인을 부각한다. 1970년대 말에서 1980년대 초에 미국과 영국에서 일어난 '보수파 혁명'이라는 정치적 변화가 큰 영향을 미쳤다는 것이 피케티의 판단이다. 로널드 레이건과 마거릿 대처^{Margaret Thatcher} 등장 이후 부자감세와 규제완화가 이루어지고, 경쟁 만능과 시장 만능의 사회적 분위기가 조성되었기 때문에 슈퍼매니저들의 연봉이 마구 올라가는 것도 용인하게 되었다는 것이다. 나아가 부자감세는 더 적극적으로 보수를 올려 받으려는 유인을 강화하는 효과도 있었다.[7] 그 이후로 슈퍼매니저들의 연봉은 치솟았고 1:99 현상을 낳게 되었다. 유럽이나 일본에서도 뒤늦게 유사한 변화가 나타나기는 했으나 그 정도는 훨씬 제한적이었다. 그 결과 1950~1960년대에는 미국보다 프랑스의 임금소득 분배가 더 불평등했으나 지금은 완전히 역전되고 말았다.

피케티는 슈퍼매니저들의 천문학적 보수를 설명하기 위해 사회규범을 끌어들였고, 사회규범의 변화를 설명하기 위해 정치적 요인을 끌어들였다. 정통 경제이론이 내세우는 한계생산성 대신에 사회규범을, 기술 변화 대신에 정치적 변화를 설명변수로 삼은 것이다. 그렇다고 피케티가 생산성과

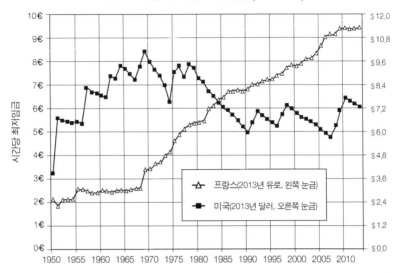

그림 1.4 **프랑스와 미국의 최저임금(1950~2013)**

주: 1950년에서 2013년 사이에 2013년 구매력으로 환산한 시간당 최저임금은 미국의 경우 3.8달러에
서 7.3달러로, 프랑스의 경우 2.1유로에서 9.4유로로 증가했다.
자료: piketty.pse.ens.fr/capital21c

기술의 역할을 완전히 무시하는 것은 아니다. 큰 틀에서는 생산성과 기술
이 임금의 대략적인 수준을 결정한다고 볼 수 있지만 개별적인 임금 결정
에는 여러 제도적·문화적 요인이 작용한다는 것이 피케티의 입장이다. 이
러한 관점에서 사회규범뿐만 아니라 단체교섭이나 최저임금제도도 임금
결정에 지대한 영향을 미친다는 것을 강조한다.

　그림 1.4는 프랑스와 미국의 최저임금이 어떻게 변해왔는지 보여준다.
프랑스의 최저임금은 미국에 비해 도입이 20년이나 늦었고, 1960년대까지
는 미국의 절반도 안 되는 수준이었다. 그러나 1960년대 말부터 프랑스의
최저임금은 꾸준히 상승해 1980년대 중반에는 미국의 수준을 넘어섰고,
최근에는 미국의 1.5배 정도가 되었다. 반면 미국의 경우 1970년대 이래
실질최저임금은 오히려 지속적으로 하락하는 경향을 보인다. 이 기간 중에

미국의 노동생산성과 1인당 국민소득은 엄청나게 증가했는데도 이러한 일이 벌어진 것이다. 슈퍼매니저를 비롯한 1% 특권층의 보수가 천정부지로 치솟는 분위기를 조성한 정치는 곧 노동시장의 가장 밑바닥에 있는 이들을 위한 최저임금은 마구 떨어지게 만든 것과 동일한 정치였다. 슈퍼매니저의 슈퍼연봉과 최저임금의 자유낙하는 신자유주의 정치의 양면이었던 것이다. 피케티는 소득과 부의 분배는 항상 아주 정치적인 사안이었음을 역사적으로 입증한다.

재산과 상속

지금까지 1:99 현상의 주범으로 노동소득의 분배, 특히 슈퍼매니저들의 폭발적인 보수 증가에 관해 설명했다. 하지만 자본소득의 분배를 무시하면 안 된다. 1930~1940년대에 일어난 소득불평등의 급격한 축소, 즉 '대압착'은 바로 자본소득의 불평등이 크게 감소한 결과였다. 그러나 최근에는 다시 자본소득의 불평등이 증가하고 있다. 앞서도 언급했듯이 미국의 경우 자본소득의 불평등 증가가 전체 소득불평등 증가의 약 1/3가량을 차지한다. 자본소득의 불평등이 증가하는 현상 자체는 유럽에서도 유사하게 나타난다.

자본소득은 자본, 즉 부의 소유에서 비롯되는 것으로 자본소득의 불평등은 부의 불평등에 기반을 둔 것이다. 그림 1.5는 미국과 유럽에서 부의 분배가 역사적으로 어떻게 변화해왔는지를 보여준다. 상위 10%와 상위 1%가 전체 부 가운데 차지하는 비중을 지표로 해서 미국과 유럽의 부의 불평등을 표시하고 있다. 피케티는 유산 상속에 관한 기록을 토대로 부의 분배를 역사적으로 추정했는데, 소득세보다 상속세가 먼저 도입되었기 때문

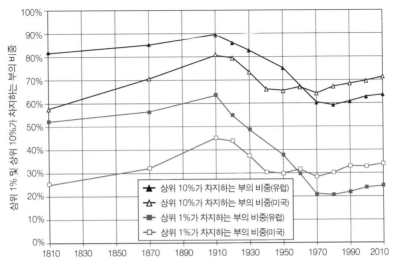

그림 1.5 **미국과 유럽의 부의 불평등(1810~2010)**

주: 20세기 중엽까지만 해도 유럽이 미국보다 부의 불평등이 더욱 심했다.
자료: piketty.pse.ens.fr/capital21c

에 좀 더 긴 역사적 데이터를 확보할 수 있었지만, 자료 미비로 단 4개국에 대해서만 추정 작업이 진행되었다. 그림 1.5에서 유럽은 영국, 프랑스, 스웨덴 3개국을 가리키는데, 이들 유럽 국가들은 국가별 특징이 없는 것은 아니지만 대체로 유사한 패턴을 보여주고 있어 이들의 평균치를 미국과 비교해도 무리가 없다.

유럽 국가들과 미국은 부의 불평등이 1910년까지 심화되다가 1910~1970년까지 완화되는 유사한 패턴을 보이지만 동시에 뚜렷한 차이도 드러낸다. 우선 유럽의 경우를 보면 19세기에 부의 불평등이 극단적인 수준에 도달했으나 20세기 초를 지난 후 완화된 것을 알 수 있다. 19세기 초에는 상위 10%가 80% 이상의 부를 차지했으며, 이 비중은 점차 증가해 20세기 초 벨에포크 시대에는 90%에 이르렀다. 최상위 1%의 비중은 50%가 넘는 수준에서 65% 정도까지 치솟았다. 그런데 20세기 초 이후 양상이 크게 달라졌으며, 특히 1910년부터 1970년에 이르는 기간에 부의 불평등이 급격하게 완화된 것으로 나타난다. 상위 10%와 1%의 비중이 각각 60%와 20%로 낮아졌으니 극적인 변화라 하지 않을 수 없다. 이는 양차 세계대전과 그 사이에 낀 대공황의 여파였다. 마지막으로 1970년 이후에는 부의 불평등이 완만하게 다시 상승하고 있다.

미국의 경우도 부의 불평등이 19세기에는 증가했고 20세기 전반에는 하락했으며 1970년 이후에 다시 상승하는 동일한 패턴을 보인다. 하지만 좀 더 구체적인 양상을 들여다보면 유럽과는 상당한 차이가 있다는 것을 알 수 있다. 첫째, 19세기 미국에서는 불평등 정도가 유럽에 비해 훨씬 낮았다. 미국은 19세기 초 상위 10%와 1%의 비중이 각각 60%와 25% 정도였으며, 이는 유럽의 불평등이 가장 낮아졌을 때인 1970년과 유사한 수준이다. 미국은 가진 것 없는 이민자들로 구성된 신생국가였기 때문에 축적된 부가 별로 없었고, 따라서 부의 소유가 비교적 평등했던 것이다. 둘째, 19세기 동안 부의 불평등이 빠른 속도로 증가했지만 유럽과 비교할 때는 여전히 낮은 수준이었다. 당시 몇몇 미국 경제학자들은 미국의 불평등이 유럽 수준으로 악화되지 않을까 크게 염려하기도 했다. 셋째, 20세기에 일어난 불평등의 축소는 유럽에 비해 비교적 작았다. 이는 주로 미국이 양차 세계대전의 영향을 덜 받은 탓이다. 넷째, 결과적으로 20세기 중반에 미국과 유럽의 불평등 수준이 역전되어 이제는 미국이 유럽에 비해 자본의 소유 면에서도 더 불평등한 나라가 되었다.

부의 형성은 저축과 상속, 두 가지 방법에 의해 이루어진다. 일생을 통해 번 돈을 저축해 재산을 형성하는 것과 선대에 이미 축적된 부를 상속을 통해 물려받는 것 간에는 천양지차가 있다. 사회적 정당성 측면에서는 물론 거시적인 자본축적의 동학 측면에서도 매우 다른 함의를 가진다. 피케티는 관련 자료가 풍부하게 존재하는 프랑스를 대상으로 매년 상속 및 증

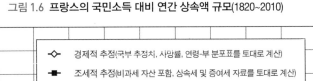

그림 1.6 프랑스의 국민소득 대비 연간 상속액 규모(1820~2010)

주: 19세기에서 1914년까지 연간 상속액은 국민소득의 20~25% 정도였으나, 이후 1950년대에는 5%
미만으로 하락했다가 2010년에는 약15%로 회복되었다.
자료: piketty.pse.ens.fr/capital21c

여에 의해 소유권이 이동하는 재산의 규모를 추정했다. 그림 1.6이 보여주
는 것은 연간 상속 및 증여의 규모를 국민소득 대비 비율로 표시한 것이다.
상속 및 증여의 비중은 20세기 전반의 대추락과 1950년 이후 증가로 특징
지을 수 있다. 경제추계는 경제이론에 입각해서 추정한 것이고 재정추계는
상속 및 증여세와 관련된 자료를 바탕으로 추정한 것이다. 양자 사이의 차
이는 탈세와 기록상의 오류를 반영한 것으로 볼 수 있다. 19세기 말에 정점
에 이르렀던 연간 상속 및 증여의 규모는 국민소득의 24%에 이르는데, 1차
세계대전 이후 이 비율이 대폭 감소한다. 1950년경에는 상속 및 증여가 불
과 4%로 나타나는데 이는 19세기 말의 1/6에 지나지 않는 수준이다. 그 결
과 상속은 더 이상 중요한 변수가 아닌 것으로 간주될 수 있었으나 바로 그
시점부터 상속의 비중이 다시 증가하기 시작했다. 2010년에는 14%를 상회

하게 되었으니 20세기 전반의 대폭락을 반 이상 회복한 것이다.

소득불평등의 미래

피케티와 그의 동료들의 치밀한 연구는 미국에서 발현된 1:99 사회의 실상을 보여주었다. 또한 미국 외에도 영국, 캐나다, 호주 등 앵글로색슨 국가들이 미국보다 정도는 덜하지만 유사한 패턴을 보인다는 사실, 이와는 대조적으로 유럽 국가들이나 일본의 경우에는 소득불평등의 증가가 제한적이었다는 사실도 보여주었다. 피케티는 미국의 경우 소득이 폭발적으로 증가한 최상위 1%의 대다수가 슈퍼매니저, 즉 대기업과 금융기관의 최고 경영진임을 밝혔다. 그는 이들의 보수가 결정되는 과정에서 사회규범과 제도의 중요성을 강조했고, 그 이면에 있는 정치의 역할에 특별히 더 주목했다. 미국의 경우에는 신자유주의 정치를 불평등의 큰 요인으로 본다. 신자유주의적 프레임 안에서 미국 경제는 한편으로는 갈수록 치솟는 슈퍼매니저의 슈퍼연봉을, 다른 한편으로는 갈수록 하락하는 근로빈곤층working poor의 최저임금을 낳았던 것이다. 또한 피케티는 대부분의 소득분배 연구자들이 간과해온 자본소득의 불평등에도 주의를 기울였다. 특히 근래에 재산소유의 불평등이 증가하고 있으며, 나아가 상속의 규모도 꾸준히 증가하고 있음을 보여주었다.

피케티는 오늘날 미국의 소득불평등은 역사적으로 선례를 찾아보기 힘들 정도로 극심하며, 그 악화 추세는 멈출 조짐이 보이지 않는다는 점을 강조한다. 정도의 차이는 있으나 불평등 증가세는 유럽이나 일본에서도, 심지어 일부 신흥국들에서도 나타나고 있다. 자연히 소득분배의 미래에 관해 의문을 갖지 않을 수 없다. 향후 불평등은 더 악화될 것인가? 세계는 어디를 향해 가고 있는가? 치밀한 경험적 분석만으로는 이러한 의문에 답할 수가 없다. 소득분배의 동학^{dynamics}을 설명해주는 이론적 틀이 필요하다. 분배의 동학을 역사적 관점에서 본다면 그 핵심은 자본소득의 불병능이다. 노동소득은 매년 그때그때 버는 소득이지만 자본소득은 오랜 기간에 걸쳐 이미 축적되어 있는 재산으로부터 발생하는 소득이기 때문이다. 또한 자본은 상속 및 증여를 통해 다음 세대로 이전된다.

피케티는 『21세기 자본』에서 자본축적과 소득분배에 관한 아주 간단명료한 이론적 틀을 제시하고, 이 이론에 입각해 자본축적과 소득분배의 역사를 해석하고 미래를 논의한다. 이 책이 성공을 거둔 핵심적 이유가 바로여기에 있다. 다음 장에서는 바로 이 이론과 역사를 소개한다.

제2장

자본축적과 소득분배의 역사적 동학

"이거 정말 지독하군요. 도대체 경제학자들은 왜 아무도 위기가 다가오고 있다는 걸 눈치채지 못한 건가요?"

이것은 2008년 11월 5일 엘리자베스^{Elizabeth} 영국 여왕이 런던정치경제대학^{LSE}의 새 빌딩 준공식에서 만난 한 경제학 교수에게 던진 질문이다. 이 금융위기는 여왕의 재산에도 심대한 타격을 가했다고 하는데, 아마도 경제학의 평판은 그 이상의 타격을 입었을 것이다. 현실과 유리되어 아름다운 수학 모델의 세계에만 빠져 있던 경제학계는 다양한 성찰과 해법을 내놓았다. 그중 가장 많은 공감을 얻은 것은 경제학이 역사적 시각을 회복해야 한다는 주장이었다. 일례로 국제통화기금^{International Monetary Fund: IMF} 수석 이코노미스트를 지낸 스탠리 피셔^{Stanley Fischer} 교수는 2013년 옥스퍼드 대학 후마니타스 강연에서 다음과 같이 말했다.

나는 중앙은행의 역사를 공부함으로써 중앙은행의 이론을 공부해 배운 것 이상으로 많은 것을 배웠다. 여러분이 만약 중앙은행에서 일하고 싶다면 역사책을 많이 읽을 것을 권한다.

역사적 시각의 중요성

『21세기 자본』에서 피케티 또한 역사를 무시하고 이론만으로 현실을 설명하려는 경제학계에 일침을 가하고 있다.

> 단도직입적으로 말하자면 경제학은 역사적 연구나 다른 사회과학과의 협력에는 별 관심이 없고, 순전히 이론적이고 다분히 이데올로기적인 추론과 수학 모델에 대한 유치한 열정을 아직도 극복하지 못하고 있다. 경제학자들은 자신들 외에는 아무도 관심 없는 자잘한 수학 문제에 매달리고 있는 경우가 너무나 많다. 경제학이 이렇게 수학에 집착하는 것은 현실 세계가 던지고 있는 훨씬 더 복잡한 문제들에 대한 답을 회피하면서 겉보기에는 과학적인 척하기 위해서이다.[1]

『21세기 자본』은 아마도 경제학은 역사적 시각을 회복하고 역사를 통해서 배워야 한다는 것을 가장 잘 보여준 사례일 것이다. 피케티는 지난 10여 년간 소득분배와 관련한 역사적 통계를 추정하는 일에 몰두했다. 그리하여 동료들과 함께 여러 나라의 지난 100여 년간 통계를 추정했다. 제1장에서 언급한 '세계 최상위소득 데이터베이스WTID'가 그렇게 탄생했다. 그는 소득 관련 통계뿐만 아니라 자본 혹은 부와 관련된 역사적 통계의 추정 작업도 했다. 자본의 규모와 구성 그리고 자본의 수익률을 추정했다. 어떤 나라들에 대해서는 300년 전까지 추정 통계를 작성했다. 이러한 통계는 세계 최상위소득 데이터베이스와 함께 『21세기 자본』의 원료가 되었다. 피케티는 불평등에 관한 기존의 합성지표에 의존하지 않고 계층별 분배의 입체적 실상을 파악하고자 했기 때문에 1:99 사회를 발견할 수 있었고, 동시에 역사적 시각을 중시했기 때문에 소득불평등이나 자본/소득 비율이 일정한 수준을 유지한 것이 아니라 커다란 출렁임을 보인다는 것을 알 수 있었다.

우선 소득분배의 역사에 관한 기존의 정설은 제1장에서 언급한 대로 쿠즈네츠의 역U자 가설이었다. 현대적 경제성장이 시작되고 경제발전의 초기 단계에는 불평등이 증가하지만 경제발전이 일정한 단계를 지나면서부터는 불평등이 감소한다는 것이다. 물론 불평등이 한없이 감소한다는 것은 아니었다. 쿠즈네츠의 주장은 실제로는 불평등이 상당히 낮은 수준까지 떨어져 그 수준에서 안정될 것이라는 의미였다. 쿠즈네츠가 역사적 데이터의 분석을 통해 얻은 이러한 결론은 로버트 솔로Robert Solow의 이론에 의해 뒷받침되었다. 솔로 교수는 경제성장 모형을 구축해 그 공로로 노벨경제학상을 받았다. 그 모델에 따르면 시장경제는 경제성장의 일정 단계가 지나면 궁극적으로 균제상태steady state, 즉 모든 것이 안정되어 일정하게 유지되는 상태에 이르게 되며 따라서 당연히 소득분배도 안정된다. 쿠즈네츠의 경험적 분석과 솔로의 이론적 분석은 모두 1950년대에 나왔는데, 당시는 냉전이 시작된 시기로서 이들의 연구는 서방진영의 입장에서는 자본주의의 밝은 미래를 보여준 커다란 성과였다.

그러나 1980년대 이래 서구 선진국들에서 소득분배가 다시 나빠지는 현상이 나타났고, 이는 경제학계에서 점점 심각한 문제로 받아들여지기 시작했다. 이러한 상황에서 최근의 데이터를 분석하는 데 그치지 않고 역사적 변화를 추적한 피케티의 연구가 나온 것이다. 그의 분석으로 불평등의 역사적 변화는 역U자형 곡선이 아닌 U자형 곡선을 나타내는 것이 입증되었다. 지난 100여 년간의 소득분배 변화를 살펴본 결과, 20세기 초반까지 매우 높은 수준에 머물렀던 불평등이 1910년대부터 1940년대 사이에 급격하게 축소된 이후, 1970년대까지 낮은 수준에서 안정된 모습을 보이다가 1980년대 이후 다시 상승하기 시작한 것이 확인되었다. 1910년대에서 1940년대 사이의 '대압착'과 1980년대 이후의 '대반전'이 있었던 것이다.

피케티는 황금시대Golden Age of Capitalism가 예외임을 발견했다. 1950년에서 1973년을 자본주의의 황금시대라고 하는데, 전후 복구가 완료된 1950년부터 브레튼우즈 체제Bretton Woods System가 붕괴되고 제1차 석유 위기가 닥쳐온 1973년까지의 기간에는 소득불평등이 낮았을 뿐 아니라 경제성장률이 높았고 경제가 안정되었기 때문이다. 1980년대부터는 신자유주의 사조가 득세하고 금융자본이 주도하는 세계화가 깊숙하게 진전되면서 성장률의 저하, 금융위기의 빈발, 소득불평등의 확대가 나타났다. 역사적 시각을 결여한 대다수 경제학자들은 당대의 문제에만 집중할 뿐 역사적 변화의 의미를 분석하고 교훈을 얻으려 하지 않았다. 역사적 관심을 가진 경우에도 대부분 황금시대에서 시작해서 그 이후의 변화만을 살펴보는 것이 고작이었다. 그런데 피케티는 훨씬 더 장기적인 관점에서 역사를 바라보았고, 짧게는 황금시대, 길게는 20세기가 매우 예외적인 시대였다고 보는 것이다. 20세기 초반까지 존재했던 그리고 21세기 초반에 다시 목격하고 있는 고도의 불평등이 자본주의의 본래 모습이며 그 사이에 있었던 일들은 특이한 변화였다는 것이다.

또 하나의 발견: U자형 자본/소득 비율

피케티는 20세기에 일어난 소득분배의 '대압착'과 '대반전'의 드라마를 설명하기 위해 자본의 역할에 주목했고 자본/소득 비율이 U자형을 그린다는 것을 발견했다. '대압착'이 일어난 것은 양차 세계대전과 대공황의 여파로 자본의 대량 파괴가 일어난 시기였다. 물리적인 파괴도 있었지만 더 심각한 것은 자산가격 하락으로 인한 가치의 파괴였다. 전쟁과 공황이라는 충격적 상황에서 고도의 누진과세와 강력한 금융규제 등 자본에 불리한 정치적 변화가 일어났고, 이로 인해 자산가격의 폭락이 나타난 것이다. 피케티는 한 경제에서 자본이 얼마나 지배적인 역할을 하는지를 자본/소득 비율로 측정했다. 매년 생산해내는 소득과 비교했을 때 축적된 자본의 규모가 얼마나 되는지 측정하는 것이다. 이 비율을 추정한 결과 피케티는 그것이 소득불평등과 유사한 U자형 곡선을 그리며 변화한 것을 발견했다. 과거 경제학계에서는 자본/소득 비율은 매우 안정적인 변수로서 시간이 흘러도 거의 변하지 않는다고 믿었다. 존 메이너드 케인스^{John Maynard Keynes}도 그랬거니와 그의 후계자인 니컬러스 칼도^{Nicolas Kaldor}는 자본/소득 비율의 불변성을 정형화된 사실^{stylized fact}이라고까지 칭했다. 그런데 피케티는 장기적인 통계를 추정함으로써 이 비율이 결코 불변이 아니라 매우 큰 출렁임을 보인다고 한 것이다. 그림 2.1은 이 중요한 발견을 요약해서 보여주고 있는데, 미국에 비해 유럽의 자본/소득 비율이 훨씬 큰 변화를 겪었음을 알 수 있다.

피케티가 영국, 프랑스, 독일의 자본/소득 비율을 추정한 결과 이들 유럽 국가들은 매우 흡사한 결과를 보여주었기 때문에 그림 2.1에서는 이 세 나라를 하나로 묶어 유럽이라고 지칭하고 평균값을 표시했다. 전체 자본을 민간자본과 공공자본으로 나누어 표시하는데 전체 자본/소득 비율의 움직임은 대부분 민간자본/소득 비율의 움직임에 의해 초래된 것임을 알 수 있다. 민간자본/소득 비율을 보면, 유럽의 경우 20세기 초 600~700% 정도였던 이 비율이 양차 세계대전을 거치면서 200~300%로 급격하게 하락했고, 이후 다시 증가세가 지속되어 2010년에는 100년 전의 수준에 근접했다. 반면, 미국의 경우는 사정이 좀 달랐다. 19세기에는 신생국가로서 자본축적

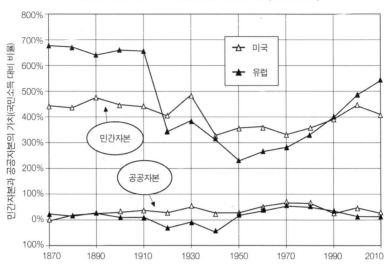

그림 2.1 **유럽과 미국의 민간자본과 공공자본(1870~2010)**

주: 유럽과 미국 모두에서 장기적인 국민총자본의 변동은 민간자본의 변동과 거의 일치한다.
자료: piketty.pse.ens.fr/capital21c

의 정도가 유럽에 비해 낮았고, 20세기에는 유럽과 마찬가지로 전쟁과 공
황의 충격이 있기는 했지만 충격의 정도가 훨씬 미약했다. 1950년대 이후
자본/소득 비율의 상승도 매우 완만해서 최근에는 유럽에 비해 낮은 수준
을 보이고 있다.

자본/소득 비율의 변화 양상은 U자형 패턴으로 소득불평등의 변화 패턴
과 일정한 유사성을 보인다. 피케티가 『21세기 자본』에서 역점을 두고 전
개하는 논리가 바로 이 두 현상의 인과관계를 밝히는 것이다. 피케티는 이
연결고리를 구축하기 위해 '자본주의 제1근본법칙'과 '자본주의 제2근본법
칙'을 논하고 있다. 자본주의의 근본법칙이라니! 이러한 언사 자체가 "(경
제학자들) 자신 외에는 아무도 관심 없는 자잘한 수학 문제에만 매달리고
있는" 경제학계의 풍토에서는 그야말로 신선한 충격이 아닐 수 없다. 자본
주의 제1근본법칙과 제2근본법칙의 내용을 구체적으로 살펴보자.

자본주의 제1근본법칙

피케티는 전체 소득에서 자본소득이 차지하는 비중, 즉 자본소득분배율은 자본수익률과 자본/소득 비율의 곱이라는 등식을 '자본주의 제1근본법칙'이라고 부른다.

피케티는 우선 자본소득분배율이 소득불평등 변화에 중요한 요인으로 작용했다고 강조한다. 제1장에서 언급했듯이 일반적으로 자본 소유의 분배는 노동소득의 분배에 비해 훨씬 불평등하기 때문에 자본소득분배율의 상승이 불평등을 증가시키는 것이다. 역으로 자본소득분배율의 감소는 불평등을 감소시킬 것이다. 그림 2.2는 프랑스 최상위 1%의 소득 비중인데, 1910~1950년 사이에 21% 수준에서 9%로 무려 12%p나 하락했고, 이것이

그림 2.2 **프랑스 자본소득자들의 몰락(1910~2010)**

주: 1914년에서 1945년 사이에 프랑스에서 최상위 1%의 소득 비중이 하락한 것은 상위계층의 자본소득 감소 때문이다.
자료: piketty.pse.ens.fr/capital21c

순전히 자본소득이 줄어든 결과임을 보여주고 있다. 흥미로운 것은 지난 100년간 최상위 1%가 노동소득에서 차지하는 비중은 그다지 변하지 않았다는 사실이다.

피케티가 말하는 '자본주의 제1근본법칙'은 사실 어떤 법칙이라기보다는 자본소득분배율의 정의를 나타내는 항등식에 지나지 않는다. 이 식을 다음과 같이 풀어 쓰면 그 의미는 자명해진다. 피케티의 논리 전개에서 다음 세 변수는 핵심적인 역할을 하고 있으며, 각각 자본소득분배율 α, 자본수익률 r, 자본/소득 비율 β로 표기한다.

$$\alpha = r \times \beta$$

$$\frac{\text{자본소득}}{\text{소득}} = \frac{\text{자본소득}}{\text{자본}} \times \frac{\text{자본}}{\text{소득}}$$

위의 식은 항등식으로서 항상 성립해야 하기 때문에 α, r, β 세 변수는 독립적으로 움직일 수 없다. 이 중 두 변수의 값이 정해지면 나머지 한 변수의 값은 이 식에 의해 자동으로 정해지는 것이다. 예를 들어, $\beta = 600\%$이고 $r = 5\%$라면, $\alpha = 30\%$가 된다. 만약 $\beta = 600\%$이고 $\alpha = 30\%$를 알고 있다면 $r = 5\%$가 된다.

이 단순한 항등식이 중요한 것은 역사적으로 자본/소득 비율(β)과 자본소득분배율(α)이 유사한 움직임을 보이기 때문이다. 즉, 자본/소득 비율(β)이 큰 폭의 변화를 보일 때, 만약 자본수익률(r)이 비교적 안정되어 있다면 자본소득분배율(α) 역시 급격한 변화를 보일 것이다. 피케티는 자본수익률(r)이 역사적으로 4~5% 수준에서 그다지 벗어나지 않는 경향이 있다고 강력하게 주장한다. 따라서 피케티에게는 자본/소득 비율(β)의 움직임이 소득불평등을 설명하는 핵심적인 변수이다.

자본주의 제2근본법칙

피케티가 '자본주의 제2근본법칙'이라고 명명한 것은 자본/소득 비율 β 가 저축률 s를 성장률 g로 나눈 값에 수렴한다는 명제이다.

$$\beta = s/g$$

위에서 자본/소득 비율(β)의 역사적 변화를 살펴보았을 때, 양차 세계 대전과 대공황이 일어난 기간에 크게 하락한 것을 보았다. 이 당시 자본의 대대적 파괴가 일어난 것은 경제법칙의 작용이 아닌 외생적 충격 때문이었다. 그러나 유럽의 경우 최근 자본/소득 비율(β)이 19세기의 수준을 향해 접근하고 있다는 것은 무엇을 의미하는가, 과연 600~700%는 자연스러운 균형 값인가 하는 의문을 제기할 수 있다. 또 유럽과 미국의 차이는 어디에서 연유하는가 하는 것도 흥미로운 문제다. 이러한 질문에 답을 제시하는 것이 바로 자본/소득 비율의 결정에 관한 '자본주의 제2근본법칙'이다.

$\beta = s/g$를 자세히 살펴보면 저축률 s는 순저축률, 즉 감가상각을 제외한 순저축이 국민소득에서 차지하는 비중을 의미한다. 성장률 g는 물론 국민소득이 증가하는 비율이다. 저축을 많이 할수록 그리고 성장률이 낮을수록 소득 대비 자본의 비율이 높아질 것이라는 점은 직관적으로 쉽게 이해할 수 있을 것이다. 예를 들어, 저축률 $s=12\%$이고 성장률 $g=2\%$이면, 자본/소득 비율 $\beta = s/g = 600\%$가 될 것이다. s가 16%로 증가하거나 혹은 g가 1.5%로 낮아진다면 $\beta = 800\%$가 될 것이다. 거꾸로 s가 8%로 내려가거나 g가 3%로 올라가면 $\beta = 400\%$가 될 것이다.

여기서 예시한 숫자들이 완전히 무작위적인 것은 아니다. 1970년 이래 부유한 국가들의 민간저축률을 살펴보면 대다수 국가가 10~12%를 유지했으며, 미국이나 영국은 7~8%에 그쳐 가장 낮은 편에 속했다. 경제성장률은 1인당 소득증가율과 인구성장률의 합으로, 미국과 유럽의 1인당 소득증가율은 1.5~2%로 유사하지만 인구성장률이 달라 경제성장률에도 차이가 난다. 인구가 정체한 유럽의 경우는 소득증가율이 곧 경제성장률이고, 약 1% 정도의 인구성장률을 기록하고 있는 미국의 경우, 2.5~3%의 경제성장률을 보인다.

위의 공식에 대입해보면 각국의 자본/소득 비율(β)이 왜 다르게 나오는지 쉽게 알 수 있다. 특히 유럽에 비해 저축률은 낮고 인구성장률은 높은 미국의 자본/소득 비율이 상대적으로 낮은 것이 수긍이 간다. 유럽의 경우 저축률 $s = 12\%$, 경제성장률 $g = 1.5~2\%$로 보면 자본/소득 비율 β는 600~800%이며, 미국의 경우 저축률 $s = 9\%$, 경제성장률 $g = 2.5~3\%$로 보면 자본/소득 비율 β는 대략 300~400%가 될 것이다.

여기서 한 가지 주의할 점은 위의 '제2근본법칙'은 '제1근본법칙'처럼 항상 성립하는 것은 아니며 오직 장기균형에서만 성립하는 법칙이라는 것이다. 즉, s와 g가 장기적으로 일정한 값을 유지할 때 β는 s/g로 수렴한다는 것이다. 따라서 '제2근본법칙'을 좀 더 정확한 수식으로 표기한다면 다음과 같다.

$$\beta \rightarrow s/g$$

장기균형 혹은 균제상태에서는 자본의 증가율과 소득의 증가율이 동일해서 β는 변하지 않고 일정하게 유지된다. 일례로 한 나라의 저축률이 12%이고, 현재 축적된 자본의 양이 소득의 600%라고 하자. 이는 곧 성장률이 2%일 때의 장기균형이다. 이러한 균형하에서 자본의 증가율 역시 2%임은 쉽게 알 수 있다. 소득을 Y라고 하면 자본의 양은 6Y이고, 자본의 증가율은 0.12Y/6Y=2%이다. 이렇게 소득과 자본이 같은 비율로 증가하기 때문에 자본/소득 비율은 변하지 않는다.

만약 s=12%이고 g=2%인데, 현재 β가 소득의 6배에 미치지 못한다고 하자. 그러면 당연히 자본의 증가율은 2%보다 클 것이다. 자본이 소득보다 빠르게 증가하기 때문에 β는 증가한다. 결국 β가 6Y까지 축적이 되어야 장기균형에 이르게 된다. 반대로 β가 6Y보다 큰 경우에는 β는 점차 감소할 것이고, 역시 6Y에 도달하면 장기균형에 돌입하게 된다.

자본의 귀환

피케티는 그림 2.3이 보여주는 바와 같이 1970년 이후 부유한 국가들에서 자본/소득 비율이 상승한 현상을 '자본의 귀환'이라고 부른다. 그는 이 현상을 '자본주의 제2근본법칙'에 입각해서 설명한다. 즉, 저축률 및 경제성장률과 연관해 자본/소득 비율 β의 상승을 설명한다. 저축률은 여전히 높은데 경제성장률의 하락으로 자본/소득 비율의 장기균형 값이 상승했고, 실제 자본/소득 비율의 상승은 이 장기균형 값에 수렴해가는 현상이었다는 것이다. 1950~1980년대 사이에는 성장률이 비교적 높아서 자본/소득 비율의 상승이 매우 완만한 속도로 이루어진 데 반해 1980년대 이후에는 성장률이 하락한 탓에 자본/소득 비율의 상승이 더욱 가파르게 된 것이다. 1% 정도의 인구성장률을 유지하고 경제성장률이 2.5~3%인 미국의 경우에도 유럽만큼 두드러지지는 않지만 완만한 자본/소득 비율의 상승이 일어난 것은 마찬가지 이유에서다.

하지만 실제 β의 상승이 장기균형으로의 수렴 현상만은 아니었다. 자본/소득 비율(β)=저축률(s)/경제성장률(g)이라는 공식은 모든 자본에 적용

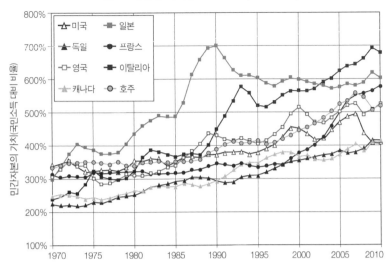

그림 2.3 **부유한 국가들의 민간자본(1970~2010)**

주: 부유한 국가들에서 민간자본의 가치는 1970년에는 국민소득의 2~3.5배였으나, 2010년에는 4~7
배에 이른다.
자료: piketty.pse.ens.fr/capital21c

된 것이 아니라 생산된 자본, 즉 매년 생산물 중 소비되지 않고 저축되어
투자된 자본에만 적용된 것이다. 그런데 피케티의 자본은 이러한 생산된
자본 혹은 축적된 자본만을 포함하는 것이 아니라 자연에 존재하는 순수한
땅이나 지하자원 등도 포함하기 때문에 위의 공식이 그대로 적용되지 않는
다. 하지만 피케티는 투자와 개발로 인한 가치 상승분을 뺀 순수한 토지 같
은 자연자본 혹은 비생산자본은 무시해도 좋을 만큼 규모가 작다고 주장한
다.[2]

　사실 더 중요한 문제는 자산가격의 변화이다. 생산물의 가격에 비해 자
산가격이 변화함으로써 자본/소득 비율이 변화하는 것은 s/g와는 아무 관
련이 없기 때문이다. 그림 2.3은 10년간의 평균값을 표시한 그림 2.1과는
달리 매년의 변동을 표시하고 있고, 유럽 평균이 아닌 국가별 데이터를 표

시하고 있는데 자본/소득 비율(β)은 매년 상당한 변동성을 보이고 있다. 특히 일본은 1990년을 전후로, 이탈리아는 1995년을 전후로, 미국과 영국의 2000년을 전후로, 그리고 미국은 2007년을 전후로 급등과 폭락이 일어났다. 이는 잘 알려진 바와 같이 주식과 부동산 등 자산가격 거품의 형성과 붕괴에 따른 것이다.

피케티는 이러한 자본/소득 비율(β)의 단기적 변동을 제외한 장기적인 움직임을 분석해 다음의 결론을 얻는다. 전후 황금시대에 회복을 시작한 자산가격은, 특히 1980년대 이후 자본에 유리한 정치적 환경이 조성됨에 따라 더욱 빠르게 반등했고, 최근의 자산가격은 정상적인 수준에 도달했다는 것이다. 1910~2010년 사이 전 기간을 관통해서 보면 자본/소득 비율 β는 s/g라는 공식에 의해 매우 잘 설명된다. 그러나 1910~1950년 사이에는 자산가격이 폭락한 탓에 자본/소득 비율 β가 폭락했고, 1950년 이후에는 자산가격이 정상을 회복하는 반등이 진행되었다. 20세기 전반기에 양차 세계대전과 대공황, 이에 수반된 정치적 변화 등 자본에 대한 심각한 충격이 해소되는 과정에서 자산가격의 반등이 일어난 것이 '자본의 귀환'의 중요한 측면이었던 것이다.

그림 2.3에 나타난 '자본의 귀환'은 민간자본/국민소득 비율을 기준으로 한 것인데, 이 비율의 상승에는 1970년대 이후 진행된 공공자본의 사유화도 한몫을 했다. 대부분의 정부가 적자재정을 운용하면서 공공부채는 늘어갔고, 반대로 민간은 자산을 축적한 것이다. 물론 국가별로 차이는 있지만 오늘날 부유한 국가들은 전형적으로 공공자산과 공공부채의 규모가 엇비슷해서 공공자본은 0에 가까운 상태이다.

1970년대 이후 '자본의 귀환'은 세 가지 요인의 합작품이었다. 첫째, 위에서 설명한 대로 성장률의 하락에 따른 저축률(s)/경제성장률(g), 즉 자본/소득 비율(β)의 장기균형 값의 상승이 가장 많은 부분을 설명한다. 둘째,

전쟁과 공황을 겪으며 자본에 대한 규제와 과세가 강화된 상황에서 비정상적으로 낮아졌던 자산가격의 점진적인 반등이 자본/소득 비율(β)의 상승을 약 1/4~1/3 정도 설명한다. 셋째, 자본의 사유화 또한 1/10~1/4 정도를 설명한다.

21세기의 경제성장과 자본의 미래

이제까지 '자본의 귀환'이 이루어졌다면, 자본의 미래는 어찌될 것인가? 자본/소득 비율은 현재의 수준에서 안정화될 것인가 아니면 앞으로 더욱 상승할 것인가? 이는 저축률과 성장률의 변화에 의해 결정될 것이다. 피케티는 이와 관련해서 특정한 예측을 하지는 않는다. 하지만 성장률의 하락과 이에 따른 자본/소득 비율 β의 상승 가능성이 높을 것으로 전망한다.

피케티는 경제성장의 미래를 내다보기 위해 그가 가장 선호하는 방법을 사용한다. 바로 과거의 역사를 돌아보는 것이다. 이를 위해서 피케티는 경제성장을 인구증가와 1인당 생산증가로 분해해 각각의 역사적 추이를 살펴본다.

인구증가와 관련한 가장 중요한 사실은 인구의 폭발적 증가는 비교적 최근의 일이었으며 향후 인구증가율은 큰 폭으로 감소할 것이라는 점이다. 그림 2.4는 서기 0년에서 2100년에 이르는 기간 세계 인구의 증가율을 보여준다. 처음 1000년간 연평균 인구증가율은 거의 0에 가까웠으며 그다음 500년간은 겨우 0.1%에 지나지 않았다. 1700년이 지나면서야 인구증가율이 0.5%를 넘어서 드디어 눈에 띄는 인구성장이 이루어지기 시작했다. 19세기 이후에는 산업화와 경제성장이 유럽에서 본격적으로 시작되어 세계로 확산되었고 인구증가가 가속화되었다. 20세기 후반에는 인구증가율이

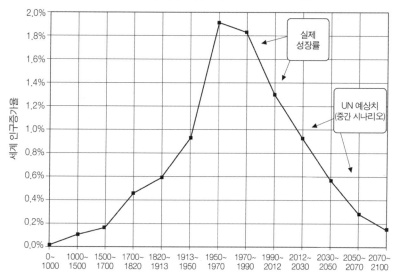

그림 2.4 고대부터 2100년까지 세계 인구의 증가율

주: 세계인구의 증가율은 1950년에서 2012년 사이에 1%를 넘었으나 21세기 말까지는 0%에 근접할
것으로 예상된다.
자료: piketty.pse.ens.fr/capital21c

2%에 근접해 인구 폭발 현상이 나타났다. 1950년 25억 명 정도였던 세계
인구가 2000년에는 60억 명을 넘게 되었다. 이렇게 놀라운 인구 폭증에도
불구하고 인구증가율은 고점을 지나 떨어지고 있다는 점이 매우 중요하다.
갈수록 많은 나라의 소득 수준이 증가하면서 인구성장률이 감소하는 소위
'인구변천demographic transition'을 겪고 있기 때문이다. 1950~1970년 사이에
1.9%였던 인구증가율은 1970~1990년 사이에는 1.8%로 소폭 감소했으며,
1990~2012년 사이에는 1.3%로 하락했다. 여전히 높은 증가율이긴 하지만
이러한 하락 추세는 앞으로도 지속될 것이다. UN의 전망에 의하면 2030년
대에는 세계 인구의 증가율이 0.4%까지 떨어지고 2070년대에 이르면
0.1%까지 떨어질 것이라고 한다. 미래에 대한 전망은 불확실할 수밖에 없
지만 적어도 향후 인구성장률이 상당히 큰 폭으로 감소할 것이라는 것은

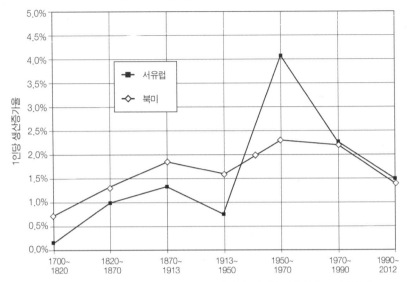

그림 2.5 산업혁명 이후 1인당 생산증가율

주: 유럽의 1인당 생산증가율은 1950~1970년 사이 4%를 넘었으나 이후 미국 수준으로 수렴했다.
자료: piketty.pse.ens.fr/capital21c

확실해 보인다. 이러한 인구 전망이야말로 향후 경제성장률의 하락을 예측
하는 가장 중요한 근거다.

　경제성장률에서 인구증가율을 빼면 1인당 생산증가율이 나온다. 그림
2.5는 1700년 이후 서유럽과 북미 지역의 1인당 생산증가율을 보여주고 있
는데, 선진국의 경우 1인당 생산증가율도 근래에는 하향 추세임을 알 수
있다. 서유럽의 경우 1인당 생산증가율이 18세기에는 0.2%, 19세기에는
1.1%, 20세기에는 1.9%를 기록했다. 그러나 이것이 1인당 생산증가율이
지속적으로 상승한다는 증거가 되지는 못한다. 20세기를 기간별로 나누어
좀 더 자세히 살펴보자. 양차 세계대전 시기에는 0.8% 정도의 낮은 증가율
을 보였지만 전후 황금기에는 4%가 넘는 매우 높은 증가율을 기록했다. 그
러나 1970년대에서 1980년대까지의 기간에는 2.3% 정도로 증가율이 감소

했고, 1990~2012년에 이르는 가장 최근의 기간에는 1.5%까지 내려갔다. 미국의 경우는 유럽에 비해 좀 더 안정적인 모습을 보이지만 1인당 생산증가율이 근래에 1.5% 이하로 하락한 것은 유사하다. 피케티에 의하면 기술이 앞선 나라이면서 장기간에 걸쳐 1.5% 이상의 1인당 생산증가율을 시현한 경우는 없다고 한다. 한국이나 중국 등이 경험한 고도성장은 선진국의 기술을 모방하고 '따라잡기'하는 과정에서 일어난 일시적인 현상일 뿐 결코 장기간 지속 가능한 것은 아니다.

미래가 반드시 과거와 같을 것이라고 예상하는 것도 어리석지만 과거의 경험을 무시하고 미래를 예측하는 것은 더더욱 어리석은 일이다. 과거와 다른 미래를 예측하기 위해서는 상당한 근거를 제시해야 한다. 피케티가 이론적 틀로 삼고 있는 솔로의 신고전파 성장이론에 반기를 들고 1980년대부터 등장한 신성장이론에서는 미래로 갈수록 1인당 생산증가율이 올라갈 것이라고 보는 관점도 일부 존재한다. 이는 과거 17세기 네덜란드, 18~19세기 영국, 20세기 미국 등으로 이어지는 세계 선도국가의 성장률이 점점 더 빨라졌다는 관찰에 기초한 것인데, 그림 2.6이 보여주는 것처럼 미국의 경우도 황금시대 이후 성장률이 하락하고 있다는 것을 알 수 있다. 최근 미국에서 상당한 반향을 불러일으킨 로버트 고든Robert Gordon의 주장에 의하면 향후 미국의 1인당 생산증가율은 더욱 하락해 21세기 후반에는 0.5%에 머물 것이라고 한다.[3] 정보통신 혁명 등 최근 일어나고 있는 기술진보는 과거의 주요한 기술진보에 비해 경제 전반의 생산성 향상에 미치는 영향이 적다는 것이다.

그림 2.6은 선진국들이 향후 2100년까지 연평균 1인당 생산증가율을 1.2% 선에서 유지할 것이며 개도국들은 2050년까지 4~5%의 빠른 '따라잡기' 성장을 할 것이라는 비교적 낙관적인 전망을 토대로 그림 2.4에 나온 인구 전망까지 고려해 세계 경제의 성장을 전망해본 것이다. 피케티의 세

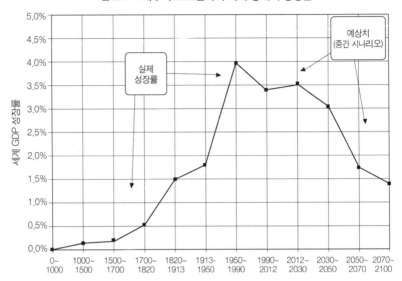

그림 2.6 **고대부터 2100년까지 세계 경제의 성장률**

주: 세계 경제의 성장률은 1950년에서 1990년까지 4%를 초과했으나, 수렴 과정이 지속된다면 2050년
    에는 2% 아래로 내려갈 것이다.
자료: piketty.pse.ens.fr/capital21c

계 경제 전망은 2030년 이후 세계 경제성장률이 급격하게 하락할 것임을
보여준다. 해외 의존도가 높은 한국 경제로서는 2030년 이후 세계 경제의
성장 둔화는 중대한 위협이다. 하지만 한국 경제의 잠재성장률에 관한 모
든 예측은 세계 경제의 성장 둔화와는 비교도 안 될 정도로 심각한 수준이
다. 일례로 2012년에 OECD는 회원국 잠재성장률을 예측했는데, 한국의
잠재성장률은 2038년쯤 1%로 추락할 것이며, 이 경우 OECD 34개국 중 룩
셈부르크(0.6%)를 제외하고 최하위가 된다는 비관적인 전망을 내놓았다.
이처럼 한국의 잠재성장률 전망치가 낮은 것은 저출산으로 인한 인구 감소
와 고령화가 가장 큰 이유이다. 통계청에 따르면 이미 생산활동이 활발한
인구(25~55세)는 2009년에 정점을 찍은 이후 줄어들고 있고, 생산가능인구
(15~65세)는 2016년을 정점으로 감소할 것으로 전망된다. 이러한 인구 전

망은 앞으로도 크게 벗어날 가능성이 거의 없으며, 설사 출산율을 빠르게 끌어올린다고 해도 그 효과가 나타나기까지는 오랜 시간이 걸릴 것이다. 향후에 전개될 성장률 하락은 '자본주의 제2근본법칙'에 의해 자본/소득 비율의 상승으로 이어질 것이다. 물론 저축률이 함께 하락하지 않는다는 전제하에서 말이다.

다음 장에서는 자본수익률 r과 경제성장률 g의 격차, 즉 $r-g$에 관해서 논의할 것인데, 성장률의 하락은 이 격차 또한 확대시킬 것이다. 피케티가 『21세기 자본』에서 전개하는 이론적 주장의 핵심은 바로 이렇게 자본/소득 비율 β와 $r-g$가 커지면 소득불평등이 더욱 악화된다는 것이다. 우선 β의 상승이 의미하는 바를 짚어보자.

자본수익률과 자본소득분배율의 역사

피케티는 '자본의 귀환'은 곧 세습자본주의의 도래를 뜻한다고 말한다. 자본/소득 비율의 증가는 단순히 경제변수들 간 관계의 기술적인 변화를 넘어서는 심대한 사회경제적 변화를 의미한다. 과거에 축적된 부가 현재 생산되는 소득보다 훨씬 더 중요해지는 것이다. 이는 소득불평등을 심화시키고 계층 간 이동성을 감소시키는 결과를 초래할 것이다. 이때 자본소득분배율이 연결고리로 작용한다. 즉, 자본/소득 비율(β)의 상승이 자본소득분배율(α)의 상승을 초래하고, 자본소득분배율의 상승이 불평등을 증가시킨다.

과연 자본/소득 비율(β)의 상승은 반드시 자본소득분배율(α)의 상승을 초래하는가? 피케티가 '자본주의 제1근본법칙'이라고 부르는 $\alpha = r \times \beta$라는 공식을 보면 자본소득분배율(α)의 값은 자본/소득 비율(β)의 값뿐만

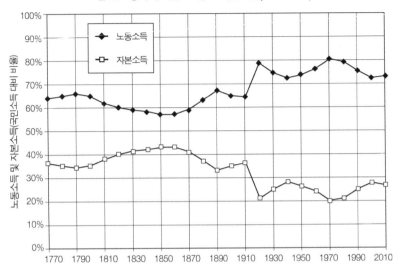

그림 2.7 **영국의 자본-노동 소득분배율(1770~2010)**

주: 19세기에는 자본소득(임대료, 이윤, 배당금, 이자 등)이 국민소득의 40%를 차지하고 노동소득(임금
및 비임금소득 포함)이 60%를 차지했다.
자료: piketty.pse.ens.fr/capital21c

아니라 자본수익률(r)을 알아야 결정할 수 있다. 만약 자본/소득 비율 β가
상승할 때 자본수익률(r)이 크게 변하지 않는다면 자본소득분배율(α)은
상승할 것이다. 그림 2.7은 영국의 자본소득분배율과 노동소득분배율이
역사적으로 변화해온 모습을 보여주는데, 자본소득분배율(α)이 자본/소
득 비율(β)과 유사하게 U자형 곡선을 그리며 변화해왔음을 알 수 있다. 프
랑스의 경우도 유사하다. 그렇다면 자본수익률(r)이 비교적 안정적이었다
는 것을 짐작할 수 있는데, 실제로 자본수익률은 안정적인가?

먼저 여기서 말하는 자본수익률은 모든 수익성 자산에 대한 평균적인
수익률이라는 추상적 개념임을 명심할 필요가 있다. 실제 자본수익률은 자
산의 종류에 따라 크게 차이가 나기도 하고, 재산의 크기에 따라 상당한 차
이가 나기도 한다. 주식처럼 위험성이 있는 자산은 수익률이 높고, 국채처

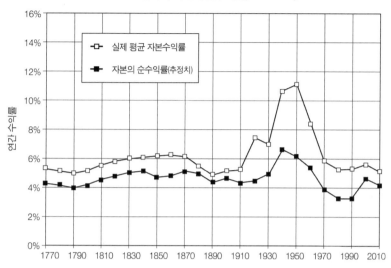

그림 2.8 **영국의 자본의 순수익률(1770~2010)**

주: 자본의 순수익률은 장기적으로 4~5% 수준에서 거의 안정되었다.
자료: piketty.pse.ens.fr/capital21c

럼 위험성이 낮은 자산은 수익률이 낮다. 재산 규모가 아주 작을 때는 그저 은행에 예금밖에 없어 수익률이 미미하지만 큰 재산을 소유한 경우에는 전문적인 자산관리 서비스를 받으면서 헤지펀드나 사모펀드PEF 등 고수익 분산투자를 통해 높은 수익률을 실현하는 일이 흔하다. 이러한 개별적 수익률 차이는 부의 분배를 결정하는 데 중요한 역할을 하지만 자본소득분배율(α)과 평균적인 자본수익률(r)을 계산할 때는 유의미하지 않다. 한 가지 더 언급할 것은 피케티는 자산관리에 들어가는 노력에 대한 보상을 제외한 순수익률이라는 개념을 사용한다는 점이다.

피케티는 장기적으로 자본수익률이 역사적으로 어떻게 변화해왔는지 추정해 자본수익률이 비교적 안정되어 있음을 보여주는데, 앞서 말한 대로 이런 경우에는 자본/소득 비율의 상승이 자본소득분배율의 상승으로 이어질 것이다. 이러한 종류의 추정을 할 수 있는 기초적인 사실과 통계가 어느 정도 존재하는 나라는 영국과 프랑스뿐인데, 이 두 나라의 1770~2010년 사이의 자본수익률을 추정한 결과 순수익률은 4~5%를 중심으로 오르락내리락했음을 알 수 있다. 양차 세계대전 시기에 자본에 가해진 파괴와 충격 직후 일시적으로 6%를 넘어간 경우가 있었지만, 전반적으로는 오랜 역사를 통해 매우 안정된 모습을 보였다. 둘째, 아직 확실히 단정할 수는 없지만 18~19세기 4~5%였던 자본수익률이 21세기 초에는 3~4% 정도로 매우 장기적이고 완만한 하락세를 시현한 듯하다. 그림 2.8은 지난 240년 동안의 영국의 자본수익률에 대한 추정치를 보여주는데, 프랑스의 경우에도 거의 비슷한 모습을 보인다.

자본소득분배율의 미래

향후에도 성장률의 저하에 따른 자본/소득 비율 β의 증가가 자본소득분배율 α의 상승으로 이어질 것인가? 앞서 살펴보았듯이 여기에서는 자본수익률 r이 중요한 변수가 된다. 만약 β가 상승하는 비율만큼 혹은 그 이상으로 r이 하락한다면 α는 불변이거나 오히려 작아질 것이다. 하지만 r이 변하지 않거나 조금만 하락한다면 α는 상승할 것이다. 과연 자본수익률 r의 미래는 어떠할 것인가?

역사적으로 자본수익률이 안정적이었다는 것은 매우 중요한 발견이지만, 그렇다고 하더라도 미래에도 r이 안정적인 수준을 유지할 것이라고 확신할 수는 없다. 역사적 경험뿐만 아니라 이론적 근거를 가지고 미래의 r을 예측하는 것이 최선이다. 사실 '이윤율 하락의 법칙'을 주장한 카를 마르크스 Karl Marx 나 '자본소득자들의 안락사'를 내다본 케인스를 비롯한 여러 경제학자들은 r의 하락을 예견하고 있다. 만약 21세기에 r이 충분히 하락한다면 β가 상승하더라도 자본소득분배율 α의 상승을 걱정할 필요는 없을 것이다.

표준적인 신고전파 경제이론에 의하면 r은 자본의 한계생산성에 의해 결정된다. 제1장에서 임금이 노동의 한계생산성에 의해 결정된다는 이론을 설명한 바 있는데, 이는 자본수익률이 자본의 한계생산성에 의해 결정된다는 이론과 동전의 양면을 이룬다. 노동시장에서 한계생산성의 측정이 곤란하거나 불완전 경쟁의 존재 때문에 한계생산성 이론이 적용되기 어려운 경우가 있는 것처럼, 자본시장 또한 불완전 정보와 시장제도의 문제 때문에 한계생산성 이론이 그대로 적용되는 것은 아니다. 제도와 사회규범, 협상력과 정치적 분위기 등이 영향을 미칠 수 있다. 하지만 장기적으로 보면 큰 틀에서 임금이나 자본수익률이 생산성과 관련이 없을 수는 없다. 그리고 자본이 증가하면 자본의 한계생산성이 하락하는 것은 지극히 당연한 이치이다.

문제는 얼마나 빨리 자본의 한계생산성이 하락할 것인가이다. 과거의 패턴을 보면 자본소득분배율 α의 변화는 자본/소득 비율 β의 변화와 같은 방향으로 움직여왔지만, 그 변화의 폭은 크지 않았다. 다시 말해 과거에는 자본/소득 비율이 증가하면 한계생산성이 하락하고 자본/소득 비율이 감소하면 한계생산성이 상승했지만, 한계생산성의 하락 또는 상승의 정도가 자본/소득 비율의 증가 혹은 감소의 정도에 비해 크지 않았다는 의미이다. 이론적으로 보면 자본의 증감에 따른 한계생산성의 반응을 결정하는 것은 자본과 노동의 대체탄력성이다. 대체탄력성이란 생산 과정에서 자본이 노동을 혹은 노동이 자본을 얼마나 쉽게 대체할 수 있는가를 측정하는 것이다. 만약 탄력성이 매우 낮다면 자본이 증가할 때 한계생산성이 매우 빠르게 하락할 것이다. 이 경우 자본소득분배율 $\alpha = r \times \beta$는 오히려 줄어들게 된다. 반대로 대체탄력성이 매우 크면 자본의 증가에도 불구하고 자본이 노동을 대체하며 아주 유용하게 쓰일 수 있어 한계생산성은 조금밖에 하락하지 않을 것이다. 이 경우에는 물론 자본소득분배율 $\alpha = r \times \beta$가 증가한다.[4]

　실제 대체탄력성이 어느 정도인지 측정하는 그리 쉽지만은 않은데 피케티는 장기적인 대체탄력성은 1보다 크고, 따라서 21세기에는 자본/소득 비율이 상승함에 따라 자본소득분배율이 상승하고 불평등이 심화될 가능성이 높다고 주장한다. 과거 농경사회는 자본으로 노동을 대체하는 것이 쉽지 않았지만 기계문명이 발달하면서 자본이 증가해도 유용하게 쓸 수 있는 방법이 많아졌기 때문에 충분한 시간이 주어진다면 대체탄력성은 상당히 높을 수 있다는 것이다. 쉬운 예로 로봇을 사용해서 노동을 대체하는 경우를 생각해볼 수 있다. 피케티는 과거 데이터에서 1.3~1.6 정도의 대체탄력

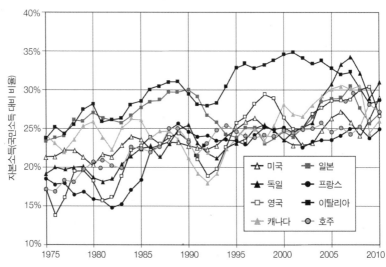

그림 2.9 **부유한 국가들의 자본소득분배율(1975~2010)**

주: 부유한 국가에서 국민소득 중 자본소득이 차지하는 비중은 1970년에는 15~25%였고, 2000~2010년에는 25~30%로 증가했다.
자료: piketty.pse.ens.fr/capital21c

성이 추정된다고 말한다. 하지만 이는 다수의 연구에서 대체탄력성이 1보다 작은 것으로 나타나 논란거리가 되고 있다.

그림 2.9는 1970년대 중반 이후 여러 선진국의 자본소득분배율이 5%p 이상 증가했음을 보여준다. 이렇게 자본의 몫이 증가하고 반대로 노동의 몫은 하락한 것이 근래의 소득불평등 증가에 일정한 영향을 끼쳤음은 물론이다. 이러한 기능적 소득분배의 변화는 근래에 상당한 관심과 우려를 불러일으키고 있는데, 피케티의 주장처럼 이것이 자본/소득 비율(β)의 상승에 의해 초래된 것인지에 관해서는 논란의 여지가 있다. 피케티 스스로도 최근의 자본소득분배율 상승은 세계화에 따라 자본의 국제 이동성이 증대하면서 자본의 협상력이 커진 것도 일정한 영향을 미쳤을 수 있다고 인정한다. 그는 근래의 자본소득분배율 상승이 협상력의 상승과 자본/소득 비율의 상승이 모두 작용한 결과일 것이라고 평가한다.

자본주의의 중심모순과 부의 양극화

아무리 자본소득분배율이 증가해도 자본 소유의 분배가 그다지 불평등하지 않다면 결과적으로 소득불평등에 악영향을 미치지 않을 것이다. 극단적으로 모든 사람이 동일한 양의 자본을 소유하고 있다면, 자본소득분배율이 상승해도 오히려 소득불평등이 감소될 것이다. 즉, 노동소득이 불평등하게 분배될 경우 여기에 자본소득을 동일하게 더해주면 전체 소득의 불평등도는 줄어들 것이다. 이러한 극단적인 가정이 아니더라도 만약 생애주기 가설life-time hypothesis에서 말하는 것처럼 저축이 젊은 시절에 노후 대비를 위해 하는 것일 뿐이라면 자본 소유는 노동소득에 비례할 것이고, 그렇다면 자본소득분배율의 상승이 소득불평등을 악화시킬 이유가 없을 것이다. 하지만 이는 허황된 이야기이며 현실은 매우 다르다. 제1장에서 이미 보았듯이 자본 소유의 불평등도는 노동소득의 불평등도보나 훨씬 극단적이다.

앞으로 부의 분배가 어떻게 될지는 좀 더 따져보아야 한다. 피케티는 자본주의에는 부의 양극화를 촉진하는 속성이 있으며, 이는 하나의 근본적인 사실에 입각해 있다고 주장한다. 바로 그가 자본주의의 '근본 부등식' 또는 '중심모순'이라고 부르는 것이다. 즉, 자본수익률이 성장률을 초과한다는 것인데, 수식으로 표현하면 다음과 같다.

$$r - g > 0$$

이는 과거에 축적된 부가 늘어나는 속도가 현재에 생산하는 소득이 늘어나는 속도보다 빠르다는 것을 의미하는 것으로, 이 부등식은 과거가 현재를 잡아먹는 형국을 표현하고 있다. 피케티는 그렇게 부르지 않지만 필자에 따라서는 이 부등식을 '자본주의 제3근본법칙'이라고 부르기도 한다. 피케티는 이 법칙 때문에 자본주의는 부의 세습이 누적되면서 '부익부'의 동학이 작용해 극단적인 불평등을 향해 나아가는 속성을 지니고 있다고 주장한다.

이러한 주장은 『21세기 자본』의 가장 핵심적인 논점인데, 그만큼 많은 논란을 불러일으키고 있는 부분이기도 하다. 과연 근본 부등식은 반드시 성립하는 것인지, 향후에 r과 g의 격차가 더욱 커질 것인지, 그 격차는 과연 부의 양극화를 가속화하는 것인지 등에 관해 많은 논란이 제기되고 있다. 이에 관한 논의는 제4장으로 미루기로 한다. 다음 제3장에서는 부의 분배 및 세습자본주의와 관련한 좀 더 구체적인 논의를 소개하고, 세습자본주의의 재림을 방지하기 위한 피케티의 정책 제안을 살펴본다.

제3장

세습자본주의의 재림과 정책 대응

2014년 1월 22일 스위스 알프스에 위치한 휴양도시 다보스에서 세계경제포럼World Economic Forum: WEF 이 열렸다. 흔히 다보스포럼Davos Forum 이라고 불리는 이 연례모임은 글로벌 자본주의의 거두들이 모여서 현안과 미래 이슈를 논의하는 장으로 잘 알려져 있다. 그런데 특이하게도 지난 1월 모임에서는 세계적으로 명성이 높은 개발 NGO 옥스팜Oxfam 이 특별한 보고서를 제출했다.[1] 「극소수를 위한 경제Working for the Few」라는 이 보고서에서 옥스팜은 세계의 최고 부자 85명이 소유한 재산을 합하면 세계 인구의 가난한 50%가 소유한 재산을 합한 것과 같다는 자극적인 사실을 부각시켰다. 85명의 재산이 35억 명의 재산과 같다니 상상을 초월하는 불평등이 아닐수 없다. 세계 상위 1% 부자들의 재산은 이 35억 명이 소유한 재산의 무려 65배라고 한다. 옥스팜의 사무총장 위니 비아니마Winnie Byanyima 는 거대 부자들이 정치적 영향력을 이용해 기회를 독점하고 이로써 불평등이 확대되는 악순환을 초래하고 있다면서 "불평등 해소를 위해 집중적인 노력을 하지 않는다면 미래 세계에서는 특권이 세습화되어 기회의 평등은 사라지고 말 것이다"라고 경고했다. 피케티가 우려하는 세습자본주의의 도래는 세계 경제를 주름잡는 명사들이 모인 자리에서 이미 화제가 되었던 것이다. 옥스팜은 이 자리에서 포럼 참석자들에게 조세 회피와 대정부 로비를 그만두고 누진적 과세를 지지할 것을 호소했으니 이때 이미 피케티의 해법까지 거론한 셈이다.

'부익부'의 동학

어쩌다가 부의 불평등이 이렇게까지 심각해진 것일까? 외계인이 지구를 방문하면 이 엄청난 불평등에 얼마나 놀랄 것인가? 물론 나라별로 보면 전 지구적인 차원에 비해 불평등은 훨씬 덜할 것이다. 전 지구적인 차원의 불평등은 나라별 불평등에 부국과 빈국 사이의 커다란 격차까지 더해진 것이기에 더욱 극단적일 수밖에 없다. 하지만 앞서 제1장에서 잠깐 살펴보았듯이 부의 불평등은 개별 국가 내부에서도 극단적인 수준에 이르렀다. 일례로 2008년 금융위기 이전 미국에서는 최상위 10%가 전체 국부의 3/4 가까이를 소유한 반면, 하위 40%는 불과 0.2%만을 소유하고 있었다.[2] 실질적으로 하위층은 가진 재산이 전혀 없는 것이다. 2008년 금융위기 이후에는 불평등이 더욱 심화되어 2012년에는 최상위 1%가 전체 부의 42%를, 상위 10%가 부의 77%를 차지하게 되었고, 중산층과 서민층의 재산은 오히려 줄어들었다.[3] 유명한 다큐멘터리 감독 마이클 무어Michael Moore에 의해 많이 알려진 바와 같이 미국의 최고 부자 400명이 소유한 부를 합하면 미국 전체 인구의 절반이 소유한 부를 합친 것보다도 많다고 한다.[4] 미국만큼은 아니지만 유럽에서도 부의 불평등이 증가하고 있다.

피케티는 이러한 불평등의 악화가 일시적이거나 우연적인 요인에 의한 것으로 보지 않는다. '부익부'의 경향은 자본수익률이 경제성장률보다 높다는 근본 부등식의 결과로서 자본주의에 내재하는 속성이라는 것이다. 자본수익률이 경제성장률보다 높다는 것은 과거에 축적된 부가 벌어들이는 수익이 현재의 생산을 통해 만들어내는 소득에 비해 빠르게 증가하고 있다는 것을 의미한다. 이 격차가 상당히 크다면 부를 상속받은 사람은 자본에서 얻는 소득의 일부만 저축해도 전체 경제보다 더 빠른 속도로 부를 축적할 수 있다. 이러한 상황에서는 노동을 통해 얻은 소득을 저축해서 쌓는 부는 상속재산을 따라갈 수 없고, 이는 부의 양극화를 낳을 수밖에 없다. 게다가 부자일수록 저축률이 더 높고, 자본의 규모가 클수록 수익률이 더 높은 경향이 있다는 점을 감안한다면, 부의 양극화 경향은 필연적인 현상으로 보인다. 앞서 살펴본 것처럼 21세기에 경제성장률이 상당한 정도로 하락하고 자본수익률은 조금만 내려간다면 근본 부등식의 격차는 더욱 벌어질 것이고, '부익부' 현상은 더 가속화할 가능성이 있다. 피케티가 19세기 유럽의 벨에포크 시대와 같은 세습자본주의, 즉 소수의 상속 부자들이 부와 특권을 독점하는 사회가 다시 올 것을 우려하는 것은 바로 이 때문이다.

예를 들어 1000억 원의 부를 상속받은 사람이 있다고 하자. 만약 자본수익률이 6%이고 성장률이 2%라고 하면, 첫해에 발생한 60억 원의 수익 중에서 20억 원을 소비한다고 해도 다음 해에는 재산이 1040억 원으로 4%가 증가한다. 경제 규모가 2% 증가한 것과 비교했을 때 완전히 놀고먹은 상속 부자의 자본이 더 빨리 증가하는 것이다. 이런 식으로 35년이 지나면 어떻게 될까? 이 기간 중 경제 규모는 약 2배가 된다(복리로 매년 2%씩 35년 성장하면 약 100% 성장하게 된다). 그런데 이 상속 부자들은 아무 일도 하지 않고 매년 보통 사람들은 상상도 못하는 엄청난 소비를 하면서도, 그들에게 남아 있는 재산은 무려 4000억 원 정도가 된다. 자본의 규모 자체는 4배가 되었고, 경제 규모 대비로는 2배가 된 것이다. 35년이 지난 시점에서 이 재산은 또다시 후대에게 대물림된다. 이런 식이면 시간이 지날수록 부의 집중이 일어나지 않겠는가?

여기서 몇 가지 의문을 제기할 수 있다. 도대체 1000억 원씩이나 유산을 받는 사람이 몇 명이나 될 것인가 하는 것이다. 하지만 정부가 2014년 가을 중소기업이 가업을 승계할 경우 1000억 원까지 상속세를 면제해주는 법안을 추진했던 것을 보면 이는 극소수 재벌들의 이야기만은 아닌 것으로 보인다. 다음 의문은 대체 매년 20억 원을 어디다 쓸 것인가 하는 점인데, 35년 후에는 매년 소비하는 액수만 해도 80억 원이나 되니 이 많은 돈을 어디다 쓸 것인가? 이것은 필자도 짐작이 가지 않는다. 다만 부자들 중에는 구두쇠만 있는 것이 아니라 굉장한 소비를 하는 사람들도 있을 것이다. 마지막으로 중요한 의문은 위의 예에서 가정한 67%의 저축률(60억 원 가운데 40억 원 저축)과 6%의 수익률은 지나치게 높지 않은가 하는 것이다. 경제학에서 가장 잘 알려진 사실 중의 하나가 소득이 많은 사람일수록 저축률이 높다는 것이다. 가진 재산이 상당히 많고 매년 들어오는 수입까지 많으면 신나게 쓰고도 많은 저축을 할 것이다. 자본수익률에 관해서는 조금 더 설명이 필요하다.

피케티는 일반적인 경제모형에서 단일한 자본수익률을 가정하는 것과 달리 현실에서는 소유한 부의 규모가 클수록 자본수익률도 높은 경향이 있음을 강조한다. 큰 부자들은 보통 사람들과는 달리 자산관리 전문가에게 관리를 맡기거나 재테크 전문가들의 조언을 구한다. 큰돈이 아니면 투자가 불가능한 사모펀드나 헤지펀드에 투자하기도 한다. 이러한 측면에서 보면 자본수익률에는 '규모의 경제'가 작용한다. 이 외에도 부자들이 유리한 이유가 또 있다. 부를 많이 소유한 사람은 위험을 감수하고 투자할 수 있기 때문에 수익률이 높아지는 것이다. 피케티는 평균적인 자본수익률이 4%일 때, 부자들은 6~7%의 수익률을 올리고, 보통 사람들은 2~3%의 수익률을 올리는 것이 자연스러운 일이라고 말한다. 실제로 세계적인 갑부들의 부는 지난 수십 년간 6~7%의 고속성장을 했다.

위의 예에서 알 수 있듯이 '부익부'의 동학은 부자들이 자본수익률 r과 성장률 g의 격차 이내에서 소비함으로써 그들의 부가 g보다 빠르게 증가할 때 작동한다. 만약 이 격차가 작고, 부자들의 소비 성향이 높으면 '부익부'의 동학은 중지할 것이다. 그 외에도 "부자 3대 못 간다"는 말이 있듯이 부의 집중에는 일정한 한계가 있을 수 있다. 여러 자녀에게 유산이 상속되면서 부가 나누어지기도 하고, 투자에 실패하거나 자식 교육에 실패할 수도 있다. 현실에서 부의 분배는 이렇듯 부의 집중을 방지하는 힘과 r과 g의 격차에 의한 '부익부'의 동학 사이의 경주에 의해 형성된다. 이때 r과 g의 격차가 상당하다면 이 힘이 다른 힘들을 압도한다. 일반적으로 $r-g$의 크기에 따라 부의 불평등이 얼마나 빨리 심화될지가 결정될 것이다.

위의 사례에서 한 가지 빠진 것이 세금이다. 소득세나 부유세, 그리고 상속세 등은 '부익부'의 동학을 멈추는 데 유용하게 활용할 수 있다. 피케티가 세습자본주의의 재림을 방지하기 위해 제안하는 정책이 바로 이러한 조세정책이다.

$r-g$의 역사와 예외적인 20세기

『21세기 자본』의 방대한 내용을 한마디로 요약하자면 다음과 같다. 19세기에는 근본 부등식에 의한 '부익부'의 경향이 작동해 유럽의 벨에포크 시대, 미국의 도금시대 The Gilded Age(1865~1893년)는 극단적인 부와 소득의 불평등을 만들어냈는데, 20세기 전반 전쟁과 공황 그리고 자본에 불리한 정치적 변화에 의해 자본이 심각한 타격을 입었고 부와 소득의 불평등이 현저하게 감소했다. 자본의 파괴와 고율의 자본과세, 그리고 황금시대를 정점으로 한 고도성장이 합세해 20세기에만 예외적으로 근본 부등식 $r>g$가 역전되었다. 하지만 20세기 후반 다시 자본의 귀환이 시작되었고 특히 1980년대 이후 성장률의 감소와 자본에 유리한 정치적 변화 등으로 다시 '부익부' 현상이 진행되고 있으며, 21세기에는 성장률이 더욱 하락하면서 불평등이 19세기 말 수준, 혹은 그 이상으로까지 높아질 수 있다.

　과연 근본 부등식 $r>g$는 불변의 법칙인가? 사실 신고전파 경제학이론에 의하면 이는 논리적으로 반드시 성립해야 한다. 만약 r이 g보다 낮다면 사람들은 자신(그리고 후손들)의 소득이 이자율보다 더 빨리 증가한다는 것을 알아차리고 현재의 시점에서는 무한한 부자처럼 느낄 것이다. 따라서 즉각적인 소비를 위해 돈을 빌리려 할 것이고, 이에 따라 r이 높아져 결국 $r>g$가 복원될 것이다. 따라서 신고전파 경제학에서는 $r>g$를 동태적 효율성의 조건이라고 부른다. 하지만 피케티는 이러한 이론을 맹신하지 않는다. 그는 오히려 근본 부등식이 논리적 필연이 아닌 역사적 사실임을 강조한다.

　그림 3.1은 세계 경제의 자본수익률과 경제성장률을 비교한 것이다. 물론 지난 2000년간의 데이터에는 불확실한 부분도 많이 있지만 피케티는 대략적인 정확성에는 의문의 여지가 없다고 본다. 고대에서 17세기까지는 성장률이 0.1~0.2%에 그쳤다. 반면 역사적 데이터에 입각해 추정한 과거의 자본수익률은 5~6% 정도인데, 그림 3.1에서는 4.5%를 초기 값으로 설정했다. 21세기에는 자본수익률이 1990~2010년 사이에 측정된 4%를 약간 넘는 수준에서 유지될 것으로 가정했다. 그림 3.1에서 알 수 있는 것은 20세기 후반에 세계 경제성장률이 3.5~4%에 이르러 자본수익률과의 격차가 대폭 줄어들었지만, 21세기에는 성장률이 하락함에 따라 다시 격차가 커질 것이라는 점이다.

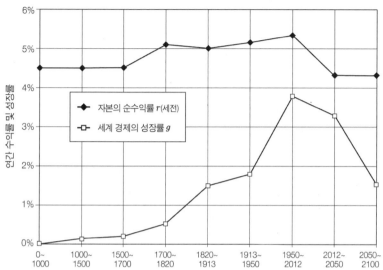

그림 3.1 **세계 경제의 자본수익률과 성장률 비교(고대~2100)**

주: 자본수익률(세전)은 항상 세계 경제의 성장률보다 높았으나 20세기에는 그 격차가 줄어들었고, 21세기에는 다시 늘어날 수 있다.
자료: piketty.pse.ens.fr/capital21c

그림 3.1에 표시한 자본수익률은 자산관리의 비용을 제외한 순수익률인데, 이는 자본 소유나 자본소득에 대한 과세를 감안하지 않은 세전 수익률이다. 이와는 달리 그림 3.2는 세후 자본순수익률을 표시하고 있다. 실제 '부익부'의 동학을 만들어내는 것은 바로 이 세후 자본순수익률과 성장률 사이의 격차이다. 그런데 고대에서 1913년에 이르기까지 자본과세는 매우 미미했다. 따라서 그림 3.2에서 자본수익률을 그림 3.1과 동일한 수준으로 표시했다. 1913~1950년 사이에는 극적인 변화가 있었다. 고율의 누진적 소득세, 이윤세, 부유세 등 강력한 자본과세가 실시되었다. 그뿐만 아니라 이 기간에 일어난 자본의 파괴에 따른 손실까지 반영해 세후 수익률을 추정한 결과 겨우 1%를 살짝 넘는 수준이었다. 1950년 이후에 세후 수익률이 증가하는 것은 두 가지 이유 때문이다. 하나는 20세기 전반의 자본 손실

그림 3.2 세계 경제의 세후 자본수익률과 성장률 비교(고대~2100)

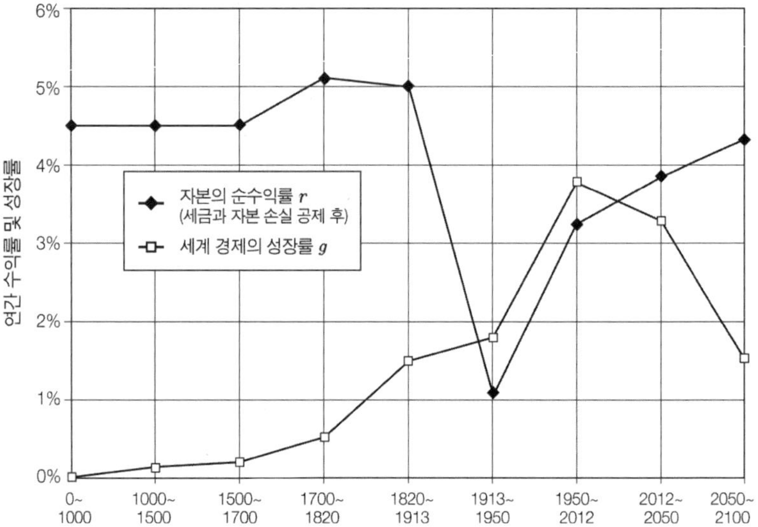

주: 20세기에 세후 자본수익률(세금과 자본 손실 공제 후)은 성장률보다 낮았으나, 21세기에는 다시 더 높아질 수 있다.
자료: piketty.pse.ens.fr/capital21c

로 인한 자본수익률의 폭락 효과가 사라지면서 수익률이 정상 수준을 회복한 것이고, 다른 하나는 1980년대 이후 금융세계화가 진전되면서 각국이 경쟁적으로 자본에 대한 과세를 줄여나갔다는 것이다. 그림 3.2는 앞으로도 이러한 경향이 지속된다는 가정을 반영한다. 구체적으로 1913~2012년 기간에는 평균 30%, 2012~2050년 기간에는 평균 10%, 2050~2100년 기간에는 평균 0%의 세율이 자본수익에 부과될 것으로 가정한 것이다.

그림 3.2는 '예외적인 20세기'를 극적으로 보여준다. 고대 이래 역사를 관통하며 현실적으로 성립했던 근본 부등식, $r - g > 0$이 오직 20세기 초에서 21세기 초에 이르는 기간에만 역전된 것이다. 이는 거듭 강조했듯이 양차 세계대전과 대공황으로 인한 자본의 가치 파괴, 이러한 사태가 불러온 정치적 변화로 인한 강력한 자본과세, 그리고 전후 황금시대를 정점으로

하는 20세기 후반의 고도성장이 동시에 작용한 결과였다. 피케티는 21세기에는 성장률이 하락하고 자본과세는 약화되어 다시 근본 부등식이 성립할 것이며, 이에 따라 '부익부'의 동학이 가동될 가능성이 농후하다고 예측한다. 자본과세가 조세경쟁에 의해 0%까지 하락한다면 $r-g$는 19세기 말 수준에 가까이 접근할 것이고, 설사 30% 정도의 과세가 유지된다고 하더라도 $r-g$는 상당히 높은 수준까지 올라갈 것이라고 말한다.

세습자본주의의 재림?

제1장에서 살펴본 바에 의하면 1980년대 이래 유럽이나 미국에서 공히 부의 분배가 악화하고 있다. 이는 노동소득불평등의 증가, 그리고 자본소득분배율의 상승과 더불어 소득불평등을 악화시키는 요인이다. 여기까지는 분명한데, 과연 우리는 지금 세습자본주의를 향해 가고 있는 것인가? 그렇다면 우리는 현재 세습자본주의에 얼마나 다가간 것일까?

이 질문에 답하기 위해서는 먼저 세습자본주의에 대한 구체적인 정의가 필요하다. 핵심은 상속재산과 노동소득의 상대적 중요성이다. 한 사회의 최상층이 상속자본에서 얻는 소득이 일을 해서 얻는 소득보다 월등하게 많은 경우를 세습자본주의라고 할 수 있다. 19세기 벨에포크 시대의 유럽은 상속재산이 노동소득보다 중요했던 전형적인 사례다. 오노레 드 발자크 Honoré de Balzac 의 소설 『고리오 영감 Le Père Goriot』은 벨에포크 시대의 실상을 잘 보여준다. 이 소설에서는 고리오 영감과 같은 집에서 하숙하는 사람들의 이야기가 전개되는데, 악당 보트랭이 라스티냐크에게 세상 사는 법을 한 수 가르치는 장면이 나온다. 그는 출세욕에 불타는 법대생 라스티냐크에게 아무리 노력해서 성공하고 출세해도 부잣집 딸과 결혼하는 것만 못하다고 일러준다. 피케티가 계산한 바에 의하면 이 조언은 19세기 유럽의 현실을 매우 정확하게 반영하고 있다. 상속재산 기준으로 상위 1%가 놀고먹으며 버는 자본소득만 해도 상위 1% 임금의 2.5배가 되었다는 것이다. 이런 게 바로 세습자본주의이다. 열심히 노력해서 성공하는 사람보다 상속자들이 더 많은 부와 특권을 누리는 사회인 것이다.

이러한 세습자본주의가 성립하려면 두 가지 조건이 만족되어야 한다. 첫째, 국민소득 대비 상속자본의 규모가 매우 커야 한다. 이는 다시 자본/소득 비율이 6~7 정도로 충분히 크고, 자본의 대부분이 상속자본일 것을 요구한다. 이러한 조건이 만족될 때 상속받은 자본은 한 세대가 누리는 총자원, 즉 상속자본과 평생 노동소득의 현재 가치를 합한 액수의 약 1/4 혹은 (자본수익률이 아주 높을 경우) 1/3 정도가 된다. 둘째, 노동소득에 비해 상속자본의 분배가 극도로 집중되어 있어야 한다. 만약 상속자본이 노동소득과 같은 방식으로 분배되면 항상 노동소득이 상속자본으로부터 얻는 소득보다 훨씬 많을 것이다. 상속자본의 소유가 소수에게 집중되어 있을 때는 자본소득이 노동소득을 쉽게 넘어설 수 있다. 예를 들어 상속 부자 상위 1%가 상속자본 전체의 50~70%를 차지하면 노동소득 상위 1% 계층이 노동소득 전체에서 차지하는 몫인 6~7%의 거의 10배가 된다. 따라서 노동소득 대 자본소득의 비율을 3:1이라고 볼 때 상속 부자 1%의 소득이 노동소득자 상위 1%의 소득보다 3배 정도나 높을 것이다.

그러면 이러한 두 가지 조건을 오늘날 부유한 국가들은 얼마나 충족하고 있을까? 피케티는 첫째 조건은 이미 거의 충족되고 있다고 한다. 자본/소득 비율은 '자본의 귀환'에 따라 4~7까지 증가했다. 비교적 관련 자료가 풍부한 프랑스의 경우 전체 민간자본에서 상속자본이 차지하는 비중은 21세기에 80~90%에 이를 것이라고 한다. 그렇게 되면 현세대에서 노동으로 번 돈을 저축해서 형성되는 부는 미미하고 대부분의 자본이 과거에 축적되

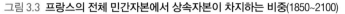

그림 3.3 **프랑스의 전체 민간자본에서 상속자본이 차지하는 비중(1850~2100)**

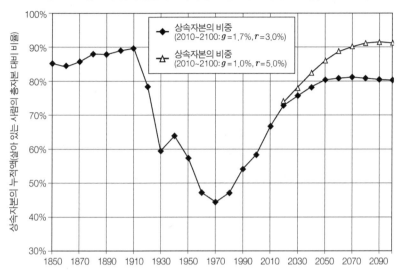

주: 19세기 프랑스에서는 상속자본이 전체 민간자본의 80~90%를 차지하다가 20세기에는 40~50%로
줄어들었으나, 21세기에는 다시 80~90%로 회복될지도 모른다.
자료: piketty.pse.ens.fr/capital21c

어 상속된 부로서 존재할 것이다. 그림 3.3은 과거 벨에포크 시대에 90%였
던 상속자본의 비중이 20세기 전반에 자본에 가해진 충격으로 50% 아래로
내려갔다가 최근에는 70% 이상으로 회복한 것을 보여준다. 2100년까지 전
망은 자본수익률은 비교적 낮고 성장률은 비교적 높아 양자의 격차가 작은
경우는 80%이고, 자본수익률은 비교적 높고 성장률은 비교적 낮아 양자의
격차가 큰 경우는 90%에 이를 것임을 보여주고 있다. 미국의 경우에는 신
뢰성 있는 자료의 부족으로 추정이 어렵지만, 프랑스에 비해 인구증가율이
높기 때문에 상속자본의 비중은 프랑스보다 다소 낮을 것으로 짐작된다.

  세습자본주의의 두 번째 조건, 즉 상속자본의 집중도는 어떨까? 제1장
에서 자본 소유의 분배, 즉 부의 분배를 살펴본 바에 의하면 1980년대 이후
불평등이 심화되고 있기는 하지만 벨에포크 시대에 비하면 덜한 것으로 나

타났다. 그 가장 중요한 이유는 20세기 전반에 있었던 자본에 가해진 충격이다. 이 때문에 부의 집중이 급격하게 완화되었다. 이후 서서히 자본축적이 진행되었고 '부익부'의 동학이 작동할 때까지 많은 시간이 소요되었다. 아직도 이러한 불평등 심화의 과정은 진행형이다. 이렇게 부의 집중, '부익부'의 동학이 완만하게 진행되는 것은 세금과 성장 때문이다. 특히 전후 황금시대에는 고율의 자본과세와 고속성장으로 인해 r과 g가 역전되었다. 이후 자본에 대한 과세의 감소와 성장률의 하락으로 $r-g$는 점점 확대되고 있지만 아직까지 부의 불평등이 19세기 말 수준에는 훨씬 못 미치고 있다. 현재 프랑스에서 자본 소유 상위 1%의 몫이 20%를 웃도는데, 이는 노동소득 상위 1%가 차지하는 몫의 3배 정도다. 따라서 대략 자본소득과 노동소득의 비율 1:3을 상쇄하므로 자본 소유 상위 1%와 노동소득 상위 1%가 엇비슷한 소득을 올리고 있다고 볼 수 있다.

상속자본의 집중도를 볼 때 세습자본주의의 두 번째 조건은 아직 충족되지 않고 있다. 그림 3.4는 이를 조금 다른 각도에서 조망해본 것으로, 2007년도 기준 미국의 최상위층의 소득 구성을 자본소득과 노동소득, 그리고 혼합소득으로 나누어본 것이다. 1929년의 데이터로 동일하게 분석했을 때는 최상위 1%의 경우 자본소득이 노동소득보다 더 많았다. 1% 부자들은 일을 해서 버는 것보다 돈으로 돈을 버는 것이 주된 수입원이었다는 의미이다. 그런데 최근의 1% 부자들은 그림에서 보는 바와 같이 그들 소득의 60%가 일을 해서 버는 돈이다. 오늘날 미국에는 과거의 세습자본주의를 능가하는 불평등이 존재하기는 하지만 고소득자들이 단순한 상속자들은 아닌 경우가 대부분이고 1% 부자도 자본소득보다 임금소득이 더 크기 때문에 세습자본주의는 아니라고 보아야 한다.

하지만 자본주의의 중심모순, $r-g>0$이라는 근본 부등식이 갈수록 강력하게 작동하고 있기 때문에 앞으로 상속자본의 집중이 심화될 것은 확실

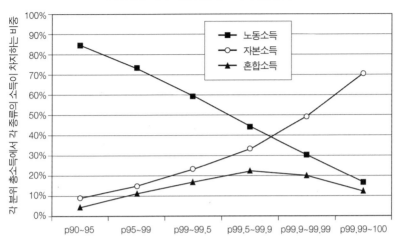

그림 3.4 미국 최상위층의 소득 구성(2007)

노동소득
자본소득
혼합소득

p90~95　　p95~99　　p99~99.5　　p99.5~99.9　　p99.9~99.99　　p99.99~100

주: 2007년에는 최상위 0.1% 계층에서 자본소득이 지배적이었는데, 이는 1929년에는 최상위 1% 계층
　에서 그랬던 것과 대조된다.
자료: piketty.pse.ens.fr/capital21c

해 보인다. 따라서 조만간 세습자본주의의 두 번째 조건도 충족되리라는
것이 피케티의 전망이고 우려이다. 현재 불평등도가 극심하다는 사실과 오
늘의 부가 내일은 후손에게 상속될 것이라는 사실, 그리고 부의 증식 속도
가 생산의 증가 속도보다 빠르다는 중심모순을 더하면 조만간 상속자본의
집중도는 매우 높아질 것임은 쉽게 추론할 수 있다. 그림 3.4는 이미 최상
위 0.1% 계층의 경우에는 자본소득이 노동소득보다 월등히 많고, 0.01%의
경우에는 전체 소득의 70%가 재산소득임을 보여주고 있다.

글로벌 자본주의의 '부익부' 현상

지난 30년 동안 금융의 세계화는 깊숙하게 진행되었고 세계 경제의 통합은 매우 높은 수준에 이르렀다. 더 이상 불평등은 특정 국가에 한정해서 바라볼 일이 아니다. 세계 경제 전체에서 소득불평등이 이렇게 변화하고 있는지도 매우 중요한 문제다. 신빙성 있는 데이터가 부족해 정확한 추정은 어렵지만, 피케티는 현재 세계적인 부의 분배가 20세기 초 유럽에서 볼 수 있었던 극단적으로 불평등한 분배와 유사한 것으로 평가한다. 최상위 0.1%가 세계 총자산의 약 20%를, 상위 1%가 약 50%를, 상위 10%가 80~90%를 소유하고 있으며, 하위 50%가 소유한 부는 세계 총자산의 5%에도 미치지 못하는 것이 확실하다. 이러한 상황이니 옥스팜의 보고서에서 단 85명의 세계 최대 갑부들이 세계 인구의 절반보다 더 많은 부를 소유하고 있다는 계산이 나오는 것이다.

글로벌 자본주의는 이미 이렇게 극단적인 부의 불평등을 보여주고 있는데 앞으로 이는 개선될 것인가, 악화될 것인가? 답은 간단하지 않다. 세계 경제의 관점에서 보면 중국이나 인도와 같은 개도국이 선진국 따라잡기를 하며 고도성장을 함으로써 세계적 불평등이 축소되는 측면이 한편으로 존재한다. 그러나 다른 한편으로는 금융세계화의 결과 근본 부등식에 입각한 '부익부' 현상이 세계적 불평등을 확대하는 측면도 존재한다. 하지만 이러한 복잡한 분배의 동학 가운데 한 가지 분명한 것은 거대 갑부들의 '부익부' 현상이다. 이들은 매우 높은 자본수익률을 실현할 수 있기 때문에 근본 부등식 $r > g$의 효과가 증폭된다. 따라서 세계 경제의 평균적인 $r - g$가 그리 크지 않을 때도 이들에게는 '부익부'의 동학이 작동할 수 있다.

피케티가 강조하는 초기 자본의 규모와 수익률 사이의 상관관계를 기막히게 보여주는 자료가 있다. 바로 미국의 대학기금 운용수익률 자료이다. 현재 미국에는 800여 개의 대학이 자체적으로 기금을 운용하고 있는데 하버드 대학(300억 달러), 예일 대학(200억 달러), 프린스턴 대학(150억 달러 이상) 등의 엄청난 부자 대학들도 있고, 기금이 수천만 달러 수준인 비교적 가난한 대학들도 있다. 평균값은 5억 달러에, 중위값은 1억 달러에 조금 못미친다. 이들 기금의 수익률과 관련한 흥미로운 사실은 전반적으로 수익률이 매우 높다는 것과 기금의 규모와 수익률이 높은 상관관계를 나타낸다는 것이다. 1980~2010년 사이에 하버드 대학, 예일 대학, 프린스턴 대학의 연평균 수익률은 물가상승률과 관리비용 및 금융수수료 등을 차감하고 난 후 실질 순수익률 기준으로 10.2%나 되었으며, 기금 규모가 10억 달러 이상인 60개 대학은 8.8%, 5억~10억 달러인 66개 대학은 7.8%, 1억~5억 달러인 226개 대학은 7.1%, 1억 달러 이하인 498개 대학은 6.2%의 수익률을 거두었다.

기금의 규모와 수익률 사이의 상관관계는 어디서 비롯되는 것일까? 기금 규모가 클수록 수익성이 낮은 국채에는 투자하지 않고 사모펀드나 헤지펀드, 부동산이나 원자재 등 수익성이 높은 대체투자에 집중한다. 하버드 대학을 예로 들면 기금 운용을 위해서만 매년 거의 1억 달러를 쓴다고 한다. 이 돈으로 전 세계에서 최상의 투자 기회를 찾아내는 능력을 갖춘 일류 펀드매니저들을 고용하는 것이다.

'부익부'의 동학은 ≪포브스Forbes≫지의 세계 억만장자 명단에서도 확인된다. 거액의 재산은 그것이 상속자의 것이든 기업가의 것이든, 소유자가 일을 하든 안 하든 모두 매우 높은 성장률을 보이고 있다. 예를 들면 억만장자 순위에서 무려 10년간이나 1위를 차지한 빌 게이츠의 경우 1990년에 40억 달러였던 재산이 2010년에는 500억 달러로 증가했다. 명목상으로 매년 13% 정도가 늘어난 것인데, 물가상승률을 뺀 실질증가율로는 매년 10~11%가 늘어난 셈이다. 빌 게이츠가 소비한 부분은 무시하더라도 10~11%라는 경이적인 실질수익률을 기록한 것이다. 물론 빌 게이츠는 뛰어난 사업가로서 돈을 벌었다. 하지만 그의 재산은 그가 은퇴한 후에도 빠르게 늘어났다. 거대한 부는 한 번 형성되면 굴러가는 눈덩이처럼 불어난다. 수

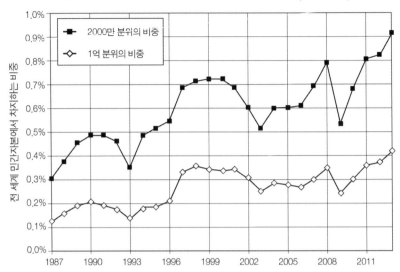

그림 3.5 전 세계 부에서 최상위 부자들이 차지하는 비중(1987~2013)

주: 1987~2013년 사이에 전 세계 민간자본에서 2000만 분위가 차지하는 비중은 0.3%에서 0.9%로 증가했고, 1억 분위가 차지하는 비중은 0.1%에서 0.4%로 증가했다.
자료: piketty.pse.ens.fr/capital21c

익률도 높고, 수익의 대부분이 재투자되기 때문이다. 세계 1위의 화장품 회사 로레알L'Oreal의 상속녀로 유명한 릴리안 베탕쿠르Liliane Bettencourt의 경우는 매우 인상적이다. 그녀의 재산은 1990~2010년 사이에 20억 달러에서 250억 달러로 증가했다. 정확하게 빌 게이츠의 재산의 반에서 시작해서 반으로 끝났으니 수익률은 동일했던 것이다. 그녀는 단 하루도 돈을 벌기 위해 일해본 적이 없는데도 말이다.

이러한 '부익부'의 동학이 비단 빌 게이츠와 베탕쿠르만의 이야기는 아니다. ≪포브스≫지의 자료에 근거해서 피케티가 계산한 바에 의하면 세계 성인 인구 1억 명 중 한 명에 드는 최상위 부호들의 재산은 1987~2013년 사이에 연평균 6.8%의 실질증가율을 보였다. 2000만 명 중 한 명에 드는 부호들의 경우는 6.4%였다. 이는 같은 기간 세계 성인 1인당 평균 재산의 실질증가율 2.1%의 3배가 넘는 고속 성장률이다. 그 결과는 그림 3.5에 나와 있는 것처럼 세계 최상위 부호들이 전 세계 부에서 차지하는 비중의 증가이다. 불과 30년도 되지 않는 기간에 1억 분위 혹은 2000만 분위 극소수 부호들의 부의 비중이 3배나 증가한 것이다. 이런 식의 추세가 지속된다면 2100년의 세계는 지금에 비할 수 없을 정도로 부가 더욱 편중될 것이다.

물론 모든 대부호의 부가 대대로 세습되는 것은 아니다. 이들 중에도 투자에 실패하거나 사기를 당해 망하는 경우도 있고, 상속할 자손이 없거나 상속보다는 기부를 택하는 경우도 있다. 그러나 강력한 '부익부'의 동학이 이러한 변수들을 압도하는 것으로 보인다. 21세기 세계는 글로벌 세습자본주의를 향해 나아가고 있는 것이다. 이에 대응하는 피케티의 정책을 다음에서 살펴본다.

시장경제와 사회국가의 수호를 위하여

피케티는 세습자본주의와 민주주의는 양립이 불가능하다고 역설한다.

우리의 민주주의 사회는 능력주의 세계관에 입각해 있고, 적어도 그런 희망을 가지고 있다. 불평등이 혈연이나 재산소득보다는 능력이나 노력에 의해 결정되는 사회에 대한 믿음 말이다. 이러한 희망과 믿음은 현대사회에서 매우 중요한 역할을 하는데 그 이유는 간단하다. 민주주의 사회가 공언하는 권리의 평등과 실제 생활수준의 불평등은 매우 대조적이고, 여기에서 비롯되는 모순을 극복하기 위해서는 사회적 불평등이 출생의 우연이 아닌 합리적이고 보편적인 원칙에 바탕을 두고 있어야 한다는 것이다. 따라서 불평등은 누구에게든 정의롭고 유용한 것이어야 한다. 적어도 담론 차원에서는 그래

야 하고, 실제 현실에서도 가급적 그래야 한다. 이미 1893년에 에밀 뒤르켐
Emile Durkheim은 현대 민주주의 사회는 상속된 부의 존재를 오래 용인하지 않
을 것이며, 결국 사망과 동시에 재산의 소유가 종료되도록 할 것으로 예측했
다.[5]

뒤르켐의 예측이 현실로 되지는 않았다. 하지만 거의 유사한 일이 벌어
졌다. 양차 세계대전과 대공황으로 인한 강력하고 폭력적인 충격이 자본을
강타한 결과 자본/소득 비율, 즉 자본의 중요성은 극적으로 하락했다. 그
중에서도 상속자본의 중요성은 더욱 미미해졌다. 자본소득이 전반적으로
줄어들다 보니 소비하고 남는 돈으로 부를 늘려나가기는커녕 소비를 위해
있는 자본을 까먹어야 하는 경우가 많아졌기 때문이다. 전후 황금시대를
구가하던 서구에서 상속자본의 문제는 사라진 것처럼 보였다. 세습자본주
의는 머나먼 과거의 유물로만 생각되었다.

상속자본과 세습자본주의가 물러나고 그 자리를 대신한 것은 '사회국가
the social state'였다. 사회국가란 프랑스인들이 선호하는 개념인데 간단히 복
지국가로 이해해도 무방하다. 사회국가는 사회주의와는 전혀 다른 개념이
다. 사회국가는 시장경제와 자유경쟁을 전제로 한다. 다만 개인을 경쟁에
무방비로 내모는 것이 아니라 사회적 연대의 원리에 기초해 누구나 경쟁을
준비할 수 있도록 교육과 의료를 국가가 상당 부분 책임지고, 나아가 경쟁
의 장 밖에서 일정한 소득을 보장해주는 것이다. 이로써 부모 잘 만난 사람
들은 모든 것을 누리고, 부모 잘못 만난 사람들은 사회의 밑바닥에 깔리는
불공평한 사회가 아니라, 모두에게 기회의 평등이 어느 정도 보장되며 능
력과 노력에 의해 보상이 주어지는 공평한 사회를 만드는 것이다.

그림 3.6은 미국, 영국, 프랑스 및 스웨덴의 조세수입 규모가 역사적으
로 변천해온 모습을 보여주고 있다. 이 네 국가의 역사는 놀라울 정도로 유

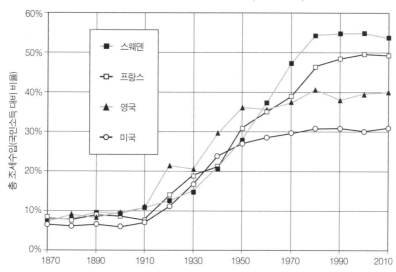

그림 3.6 **부유한 국가들의 조세수입(1870~2010)**

주: 부유한 국가들에서 총 조세수입은 1900~1910년까지는 국민소득의 10%에도 미치지 못했으나, 2000~2010년에는 30~55%에 이른다.
자료: piketty.pse.ens.fr/capital21c

사하기도 하고 동시에 상당한 정도로 상이하기도 하다. 우선 1910~1980년 사이에 있었던 조세수입의 급증이 가장 눈에 띄는 공통점인데, 이는 바로 사회국가의 극적인 발달을 보여주는 것이다. 모든 나라에서 1차 세계대전까지는 조세수입이 국민소득의 10% 미만이었다. 국가는 질서유지 기능에 충실한 야경국가로서 경제적 역할이나 사회적 역할을 거의 하지 않았기 때문에 조세수입은 국민소득의 7~8% 정도면 충분했던 것이다. 1920년대부터 1980년대에 이르는 기간에 부유한 국가들은 사회지출을 엄청나게 늘렸고, 그 결과 조세수입이 국민소득에서 차지하는 비중은 3~5배까지 증가했다. 또 하나의 공통점은 모든 나라에서 1980년대에서 2010년에 이르는 기간의 세수 비중이 일정한 수준으로 안정화되었다는 것이다. 당연한 이야기이지만 국가의 특성에 따라 그 정도는 상당한 편차를 보였다. 미국은 30%

가 조금 넘는 수준에서, 영국은 40%, 프랑스는 50%, 스웨덴은 55% 수준에서 안정화되었다.

야경국가의 지출 수준에서 사회국가의 지출 수준으로 정부지출이 증가한 것은 사회지출 때문이다. 이 사회지출은 크게 보면 교육과 의료에 반 정도가 사용되고, 연금 등 대체소득과 이전지출에 나머지 반 정도가 사용되는 것이 일반적이다. 사회국가는 교육, 의료, 연금 등 기본적 재화에 대한 평등한 접근이라는 원칙에 입각해 있다. 20세기 민주주의의 발달은 이러한 사회적 권리를 기본권에 포함시켜온 역사이며, 이것이 인권의 신장을 가져온 것이다.

진보진영 일각에서는 신자유주의로 인해 복지가 축소되고 국가의 역할이 상당히 후퇴한 것으로 평가하기도 하지만, 피케티는 세수와 정부지출의 규모라는 면에서 보면 지금도 국가의 역할이 그 어느 때 못지않게 크다는 점을 지적한다. 물론 인구고령화에 의한 복지 수요 증가에도 불구하고 세수 비중의 안정화를 달성하기란 쉽지 않았으며, 상당한 고통과 갈등이 따르는 개혁이 필요했다. 하지만 아무리 사회국가의 역할을 중시하는 입장이라고 해도 세수 비중의 한없는 증가를 기대할 수는 없다. 사회국가를 수호하고 현대화하기 위해서는 사회지출의 효율성과 효과를 제고하기 위한 부단한 개혁을 해야 한다. 피케티는 특히 교육 기회의 평등을 실질적으로 보장하기 위한 개혁과 인구고령화에 따른 연금재정 문제를 해결하기 위한 개혁을 강조한다.

누진소득세 강화의 필요성

역사적으로 누진소득세율이 높았을 때 소득불평등은 감소했으며, 세율이 낮았을 때 소득불평등은 증가했다. 피케티는 고소득자에게 고율의 세금을 부과하는 누진과세는 재정을 충당하는 기능 외에도 불평등을 억제하는 매우 중요한 역할을 한다는 것을 강조한다.

사실 누진세의 역할 중 재원 마련은 부차적이다. 현대적 사회국가의 재분배란 부자에게 빼앗아 빈자에게 준다는 로빈후드 방식의 재분배는 결코 아니다. 현대적 재분배는 기본권의 논리에 입각해 모든 사람에게 동등한 공공서비스를 제공하는 것이 핵심이며, 이를 위한 비용을 조달하는 과정에서 누진과세를 통해 재분배를 하는 부분은 크지 않다. 특히 국민소득에서 세수의 비중이 높은 나라일수록 총 납세액은 개인의 소득과 거의 비례관계에 있다. 오히려 사회국가가 비교적 덜 발달한 국가에서 누진세가 두드러진다. 국민소득의 절반 혹은 그 이상을 세금으로 걷는 국가에서는 모든 국민이 상당한 기여를 하지 않고 이를 달성할 수는 없는 노릇이다. 한국에서도 부자증세와 보편증세 사이에 논란이 있지만 복지의 수준을 대폭 늘리기 위해서는 보편증세가 불가피하다. 그렇다고 부자증세가 불필요하다는 것은 결코 아니다. 한국은 소득불평등은 최고 수준인데 조세와 사회지출을 통한 재분배는 OECD 국가들 중 가장 적게 하고 있으니, 재분배를 강화하는 일이 시급하기 때문이다. 그리고 더 중요한 것은 날로 심각해지는 불평등을 억제하기 위해 부자증세가 필요하다는 점이다.

피케티는 최상위 소득과 부에 높은 세율이나 낮은 세율로 과세하는 것은 불평등의 구조에 큰 영향을 줄 수 있다고 지적한다. 그림 3.7은 미국과 영국, 그리고 독일과 프랑스의 소득세 최고세율이 1900년 이후 어떻게 변화해왔는지를 보여주고 있다. 20세기 초만 하더라도 독일 외에는 소득세 자체가 존재하지 않았고, 초기 도입 과정에서는 모두 세율이 매우 낮았으나 1차 세계대전이 발발하고 난 후에는 전쟁 비용 조달과 국론 통일의 필요 때문에 최고세율이 급격하게 인상되었다. 종전 이후 세율은 다시 내려

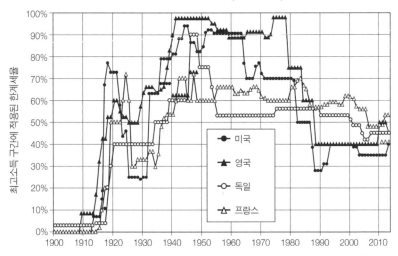

그림 3.7 소득세 최고세율(1900~2013)

주: 미국의 (최고소득 구간에 적용된) 소득세 최고 한계세율은 1980년 70%에서 1988년에는 28%로 하락했다.
자료: piketty.pse.ens.fr/capital21c

갔지만, 이후 대공황과 2차 세계대전을 겪으면서 세율은 다시 매우 높은 수준으로 올라갔다. 1980년대 이후에 미국과 영국에서는 신보수주의 정치와 신자유주의 경제정책이 득세하면서 이른바 부자감세가 진행되어 세율이 급격하게 하락했다. 독일과 프랑스도 조세경쟁의 압력 때문에 세율이 내려가기는 했으나 하락 폭은 크지 않았다. 특이한 사실은 90%를 넘는 '몰수'에 가까운 세율은 미국과 영국만의 현상이었다는 점이다. 가장 자유주의적인 국가들이 오히려 조세에서는 가장 진보적이었다. 독일과 프랑스에 비해 공공부문의 역할이나 규제 등으로 불평등이 통제되는 부분이 많지 않았기 때문에 누진세의 역할이 더욱 부각되었던 것이다.

그림 3.8은 상속세의 역사를 보여준다. 미국과 영국의 경우에는 상속세의 역사도 소득세와 유사한 패턴을 보인다. 20세기 초에는 세율이 낮았고, 1920년대와 1930년대 이후 급격히 높아져 전후 황금시대에는 극도로 높은

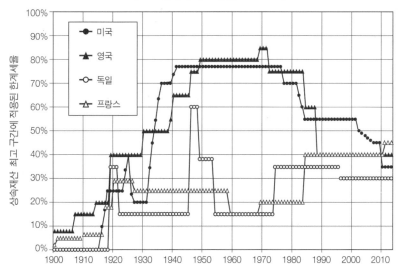

그림 3.8 상속세 최고세율(1900~2013)

주: 미국의 (상속재산 최고 구간에 적용된) 상속세 최고 한계세율은 1980년 70%에서 2013년에는 35%
로 하락했다.

자료: piketty.pse.ens.fr/capital21c

누진세율이 적용되다가 1980년대 이후 급격하게 하락하는 패턴이다. 독일
과 프랑스의 경우에는 극단적인 누진세율이 적용된 적도 없으며, 1980년
대 이후 하락하는 경향도 나타나지 않았다.

　이상에서 살펴본 소득세와 상속세의 역사를 통해 두 가지 중요한 사실
을 확인할 수 있다. 첫째, 누진적인 소득세와 상속세는 소득불평등을 억제
하는 효과적인 수단이라는 점이다. 그림 3.7의 소득세 최고세율과 그림
1.2와 그림 1.3을 통해서 본 소득분배의 변화를 비교하면 양자 사이의 높
은 역의 상관관계를 확인할 수 있다. 세율이 높았을 때 소득불평등은 감소
했으며, 세율이 낮았을 때 소득불평등은 증가했다. 특히 앵글로색슨 국가
에서는 소득세의 누진성이 극도로 약화된 이후 불평등이 급격하게 증가했
다. 이는 단순히 고소득자에게 세금을 덜 걷기 때문만은 아니다. 미국의 경

우, 레이건 대통령의 부자감세는 슈퍼매니저의 연봉이 폭등하는 계기가 되었다. 최고한계세율이 80~90%일 때에는 슈퍼매니저들이 연봉 인상을 위해 이사들과 주주들을 설득하려고 온갖 노력을 할 유인이 거의 없었다. 하지만 세율이 30~40%로 내려가자 상황은 완전히 달라졌다. 연봉의 크기가 성공의 척도가 되고, 슈퍼연봉이 용인되고 심지어 찬양하는 사회적 분위기 속에서 슈퍼매니저들은 연봉 인상을 위해 온갖 노력을 기울였고 그들의 연봉은 하늘 높은 줄 모르고 올라갔던 것이다.

유럽에서는 소득세나 상속세의 최고세율 하락은 별로 없었지만, 여전히 누진과세가 약화되는 문제가 나타났다. 자본의 국제적 이동성이 증대함에 따라 국내자본의 유출을 막고 해외자본의 유입을 촉진하기 위해 각국 정부가 자본에 유리한 조세정책을 취하는 이른바 조세경쟁이 격화되었기 때문이다. 그 결과 법인세나 금융소득에 대한 세금 등 자본소득에 대한 과세가 급락했다. 이로 인해 자본소득이 많은 고소득층의 세금부담이 크게 줄어들었고, 그 결과 세금이 역진적이 되고 말았다. 물론 미국에서도 이러한 현상이 일어났다. 투자를 장려해야 한다는 명분으로 자본이득capital gain 에 대한 세율을 형편없이 낮춰버렸기 때문이다. 그래서 워런 버핏Warren Buffett 이 자신은 자신의 비서보다도 세금을 적게 내는데 이것은 잘못된 것이라고 항의하는 사태가 벌어졌던 것이다.[6] 이렇게 최고소득층에 대해 세금이 역진적이 되는 상황에서 보통 사람들의 조세저항이 커지는 것은 당연한 일이다.

소득세 최고 한계세율의 역사를 통해 확인할 수 있는 또 하나의 중요한 사실은 높은 한계세율이 경제성장에 장애가 되지 않는다는 것이다. 한계세율이 '몰수'에 가까운 수준을 유지했던 전후 황금시대에 성장률은 사상 최고를 기록했다. 통념과는 달리 최고소득층에 대한 높은 소득세율이 반드시 투자와 성장의 하락을 초래하는 것은 아니다. 물론 이렇게 높은 세율이 적용되는 대상은 극소수에 지나지 않는다.

피케티는 이러한 역사적 평가와 더불어 세율과 세수 및 경제성장에 관한 많은 연구에 기초해 선진국의 경우 소득세 최고 한계세율을 80%로 인상할 것을 제안한다. 이러한 높은 세율은 연소득 50만 달러 혹은 100만 달러 이상의 초고소득자에게만 적용되는 것으로 그 대상은 납세자의 1% 혹은 0.5%에게만 해당하는 것이다. 피케티는 이 정도의 부자증세는 슈퍼매니저들의 고액 연봉을 대폭 끌어내리는 등 소득불평등을 감축하는 효과를 발휘하면서도 경제성장에는 아무런 악영향을 주지 않을 것이라고 주장한다. 오히려 슈퍼매니저들이 연봉을 더 받고자 노력하는 각종 지대 추구 행위를 통제함으로써 효율성을 높일 수 있다고 말한다.

글로벌 자본세와 경제민주화

피케티가 『21세기 자본』에서 정열적으로 설파하는 정책은 '글로벌 자본세'다. 누진소득세도 중요하지만 21세기의 세계화된 금융자본주의를 통제하기 위해서는 누진적 글로벌 자본세가 반드시 필요하다는 것이다. 피케티가 보기에 2008년 글로벌 금융위기가 발발한 이후 각국 정부와 중앙은행이 펼친 실용적인 정책들과 유동성 공급으로 최악의 상황은 피할 수 있었지만 이는 위기의 구조적 원인을 해결한 것은 아니었다. 특히 금융투명성의 결여와 소득불평등의 증가에 대한 효과적인 대응책은 나오지 않고 있다. 피케티의 정책 제안은 이러한 맥락에서 이해해야 한다. 글로벌 자본세는 국제적 금융투명성을 확립하고 세계적인 자본 집중의 동학을 통제하는 유용한 방법이다.

자본세란 개인의 순자산에 부과하는 누진세다. 순자산은 예금, 주식, 채권, 비상장회사 지분 등의 금융자산과 비금융자산(특히 부동산)의 시장가치에서 부채를 뺀 금액이다. 대다수 국가가 재산세나 토지세 등 부동산에 대한 과세를 실시하고 있는데, 자본세와 비교할 때 보유하고 있는 자산에 세금을 부과하는 것은 유사하지만 원칙적으로는 사뭇 다르다. 부동산 과세의 문제점은 금융자산 등 여타 자산은 과세 대상에서 제외된다는 것, 그리고 부채가 많은 사람이나 없는 사람이나 똑같이 과세한다는 것이다. 이에 비해 자본세는 훨씬 더 합리적이다. 자본세가 순자산이 많은 소수에게만 부과될 경우 이를 부유세라고 부르는데, 현재 프랑스, 스위스, 스페인에서 실시되고 있고, 얼마 전까지 독일과 스웨덴에서도 실시되었다. 그러나 특정 국가 내부에서만 자본세를 실시하면 자본의 해외 도피와 탈세의 우려가 커서 온갖 면세 조항이 도입되고, 결과적으로 세수도 얼마 되지 않아 누진 자본세의 의미가 퇴색되고 만다. 따라서 자본세는 국제적 협력에 의해 금융 정보를 공유하고 모든 국가가 한꺼번에 실시하는 것이 이상적이다. 이것이 궁극적으로 글로벌 자본세가 필요한 이유다.

피케티 스스로도 글로벌 자본세는 유토피아적 이상이라고 인정한다. 가까운 시일 내에 국제적 합의가 이루어질 가능성이 없다는 것을 알기 때문이다. 그렇다고 해도 가장 이상적인 정책인 글로벌 자본세는 좀 더 현실적인 정책을 평가하는 기준으로서 유용하다. 그리고 피케티는 단계적으로, 처음에는 대륙이나 지역 수준에서, 그다음에는 지역 간의 협력을 통해 글로벌 자본세를 실현할 수 있을 것이라고 말한다. 유럽연합European Union: EU이나 미국과 같은 거대 경제권에서 우선적으로 추진하자는 의미이다. 그는 유럽에서 자본세를 도입하기 위한 다음과 같은 청사진을 제시한다.

먼저 순자산이 100만 유로 이하인 경우 0%, 100만~500만 유로인 경우 1%, 500만 유로 이상은 2%의 자본세를 유럽연합 전 회원국에 적용하는 방안이다. 이렇게 하면 과세 대상은 인구의 약 2.5%가 되며, 세수는 유럽연합 GDP의 약 2%에 달하게 된다. 대다수 사람들은 내지 않고 소수에게 낮은 세율로 부과하는 것이므로 부유세라고 할 수 있다. 그럼에도 세수는 상당한 규모가 된다. 민간자본이 GDP의 약 5배에 이르고, 자본 소유가 상위층에 고도로 집중되어 있기 때문이다. 유럽연합의 모든 국가가 동시에 시행하므로 해외 자본도피의 우려는 현저하게 줄어들 것이다. 하지만 여전히 탈세 위험은 높아 유럽국가들 간에 은행 정보를 자동적으로 공유하는 시스템을 구축하는 것이 필수적이다. 납세자의 자산이 어디에 있든 세무 당국이 그들의 전체 자산과 부채에 관한 정보를 정확하게 파악할 수 있도록 해야 한다.

정보공유 시스템이 잘 구축된 후에는 100만 유로 미만의 보통 수준의 부에 대해서도 자본세를 도입할 수 있다. 예를 들어 20만 유로 이하의 순자산에 0.1%, 20만~100만 유로에는 0.5%의 세율이 적당할 것이다. 그 대신 현행 재산세를 폐지한다. 이는 재산세에 비해 더 공정하고 효과적인 제도다. 추가적으로 억만장자들의 거대한 부에 대해서는 더 급진적인 누진세율 적용도 생각해볼 수 있다. 이들의 수익률이 매우 높기 때문이다. 예컨대 10억 유로를 넘는 자산에 대해서는 5~10%의 세율도 고려할 수 있다.

이러한 자본세로 조달할 수 있는 세수는 기껏해야 국민소득의 3~4% 정도다. 물론 이는 결코 작지 않은 액수다. 하지만 자본세의 주된 목적은 재원 조달이 아니라 고삐 풀린 금융자본주의를 규제하는 것이다. 구체적으로 자본세의 첫 번째 목적은 부의 불평등이 끊임없이 증가하는 것을 막는 것이고, 두 번째 목적은 금융과 은행 시스템에 효과적인 규제를 가하는 것이다. 이 두 가지 목표를 달성하기 위해서는 투명성이 전제되어야 한다. 누가 전 세계에 어떠한 자산을 소유하고 있는지가 명확해야 한다.

투명성을 위해서는 0.1%의 자본세도 매우 유용한 역할을 한다. 세율이 낮기 때문에 납세자에게 부담은 별로 되지 않지만 부의 분배에 관한 정확한 정보를 생산할 것이다. 신뢰할 만한 통계가 나오면 진정한 민주적 토론이 가능해진다. 금융자산의 세계적인 분포, 특히 조세피난처에 숨겨진 자산에 대해 좀 더 정확한 정보를 생산함으로써 금융규제를 더 효과적으로 할 수 있게 된다. 0.1% 자본세는 실제 세금이라기보다는 의무신고제도에 가깝다. 누구나 법적인 소유권을 인정받기 위해 보유하고 있는 자산을 각국의 금융 당국에 신고하도록 하는 것이다. 또한 글로벌 자본세 체제에서 각국 정부는 은행 자료의 자동 공유에 관한 합의를 만들어낼 것이다.

자본세의 기본적인 기능은 r과 g의 격차를 세후 수익률 기준으로 감소시키는 것이다. 예를 들어 5~6%의 세전 수익률을 올리는 경우 2%의 자본세는 세후 수익률을 3~4%로 낮추는데, 이는 세계 경제성장률 3.3%와 맞먹는 수준이다. 그렇다면 자본소득에 대해 충분한 세율로 소득세를 징수하면 마찬가지 효과를 거둘 수 있지 않을까? 하지만 거대한 부를 소유한 사람들은 자본수익의 극히 일부만 소득으로 실현해도 충분한 소비를 할 수 있기 때문에 대부분의 수익은 소득으로 실현하지 않고 가족신탁계좌 등을 이용해서 지속적으로 축적해나간다. 일례로 프랑스 최고의 갑부 베탕쿠르가 신고한 연소득은 그녀 재산의 0.02%도 안 되는 500만 유로를 넘은 적이 없다고 한다. 그러니 현행 소득세제로는 99% 세율로 과세해도 실효세율은 매우 낮을 수밖에 없다. 이것이 소득세로 자본세를 대체할 수 없는 이유다.

피케티는 불평등의 억제나 금융규제가 투명하고 신뢰할 수 있는 정보에 기초한 민주적 공론을 통해 결정되어야 할 문제라는 것을 강조한다. 그런 의미에서 피케티에게 최상위 정책은 자본에 대한 민주적 통제, 즉 경제민주화이다. 그가 볼 때 글로벌 자본세는 이를 위한 가장 효과적인 수단이다.

제4장

피케티가 옳다!

다음은 2014년 9월 19일 신라호텔에서 열린 ≪매일경제≫ 세계지식포럼의 한 장면이다. 피케티의 발표와 미국의 보수 경제학자 로런스 코틀리코프Lawrence Kotlikoff 의 적대적 논평에 이어서 필자도 참여해 패널 토론을 진행하고 있는 중이었다. 코틀리코프는 또다시 공격을 가했다.

"왜 돈 많이 버는 부자들을 문제 삼느냐, 진정한 불평등은 소득불평등이 아닌 소비불평등이다. 돈을 많이 벌어도 소비를 많이 하지 않는다면 결국 나머지 돈은 사회를 위해 쓰이게 될 것이다. 미국 최고의 부자인 빌 게이츠와 워런 버핏은 대부분의 돈을 사회에 기부했다. 워런 버핏은 일반인들과 같은 음식점에서 밥을 먹는다. 많이 벌어도 소비는 많이 안 하고 남는 돈은 기부하는데 뭐가 문제인가."

피케티는 차분히, 그러나 다소 냉소적으로 답했다.

"소비라는 게 음식점 가는 것만 있는 게 아니죠. 돈이 있으면 정치인도 사고 학자들도 사지요."

멋진 한 방이었다.

불평등과 민주주의

　자본주의는 원래 불평등하다. 그런데 불평등이 뭐가 그렇게 문제인가? 분배가 불평등하더라도 사람들의 소득이 오르기만 하면 좋은 것 아닌가? 불평등하면서 소득이 증가하는 것이 평등하면서 정체된 것보다 낫지 않은가? 이러한 관점에서 보수주의자들은 경제정책이 '배고픈 문제' 해결에 초점을 두어야지 '배 아픈 문제'에 신경을 쓰면 안 된다고 주장한다. 그러나 이는 매우 편향된 주장이다. 절대 빈곤이 만연한 나라에서는 '배고픈 문제'가 우선이라는 주장이 어느 정도 타당성이 있지만, 절대 빈곤을 넘어서고 나면 상대적 빈곤의 문제, 즉 '배 아픈 문제'가 중요해진다. 행복이나 삶에 대한 만족도, 범죄율과 사회적 신뢰지수, 심지어는 정신적·육체적 건강과 기대수명까지도 분배의 불평등에 의해 크게 영향을 받는다는 것이 수많은 연구에 의해 입증되었다.[1]

　그런데도 대다수 경제학자들이 상당한 정도의 불평등을 용인하는 까닭은 무엇일까? 케인스는 『평화의 경제적 귀결The Economic Consequences of the Peace』에서 "부자들은 자신의 부를 소비에 탕진하지 않고 대부분 저축과 투자에 사용하기 때문에 부의 불평등한 분배가 자본축적과 경제성장을 가능하게 해준다"고 주장했다. '배 아픈 문제'는 무시하고 '배고픈 문제'에 집중하자는 주장은 사실 분배의 평등을 추구하면 성장이 저해될 것이라는 가정에 입각해 있는 것이다. 완전한 평등 혹은 그에 근접하는 평등을 이루고자 하면 경제적 유인이 파괴되어 경제가 침체된다는 것은 사회주의의 실패가 이미 증명한 사실이며, 이를 부정하는 사람은 거의 없다. 피케티도 지나친 불평등을 문제 삼는 것이지 능력과 노력에 따른 차등적인 보상 자체를 반대하는 것은 전혀 아니다.

　문제는 성장을 위해서 어느 정도까지의 불평등이 필요한 것인가 하는 것이다. 극단적인 평등과 마찬가지로 지나친 불평등도 성장을 해친다는 것이 최근 경제학계의 정설로 굳어지는 추세이다. 지나친 불평등은 사회적 갈등을 유발하고, 사회계층 간 이동성과 경제적 역동성을 제한하며, 소비 수요의 부진을 초래함으로써 경제성장에 부정적인 영향을 미친다는 것이다. 심지어 과거 신자유주의 혹은 시장만능주의의 첨병 역할을 했던 IMF도 최근에는 이러한 입장을 보이고 있다. 현재 많은 국가들의 불평등 수준이 지나치게 높고, 재분배는 성장을 해치지 않기 때문에 재분배를 통해 분배를 개선하면 성장이 증대될 것이라는 논리를 펼치고 있다. 아무도 IMF가 진보적인 정치적 편향 때문에 이러한 주장을 한다고 생각하지는 않을 것이다. 그만큼 불평등 문제가 심각한 상황이 된 것이다. 2014년 8월에는 월가의 신용평가사 S&P가 현재 미국의 불평등이 너무 심해 경제성장에 악영향을 끼치고 있다는 보고서를 내놓아 세상을 놀라게 하기도 했다.[2]

지나친 불평등은 행복이 파괴되고 성장이 저해되는 것보다도 더 심각한 문제를 야기한다. 민주주의의 왜곡과 위축이 바로 그것이다. 사실 『불평등의 대가The Price of Inequality』를 쓴 노벨경제학상 수상자 조지프 스티글리츠Joseph Stiglitz를 비롯한 소득불평등 문제를 제기하는 많은 논자들은 소득불평등이 소수 부자들의 정치적 영향력을 확대해 민주주의를 왜곡하고 있는 것에 주목한다.[3] 또 다른 노벨경제학상 수상자 폴 크루그먼Paul Krugman은 『진보주의자의 양심The Conscience of a Liberal』에서 부자들의 로비에 의해 자본이득에 대한 감세를 비롯해서 부자들을 위한 정책이 시행된 것을 고발했으며,[4] IMF의 수석 이코노미스트를 지낸 사이먼 존슨Simon Johnson은 천문학적 보너스 잔치를 벌이는 월가의 금융인들이 정치권 로비를 통해 금융규제를 완화하고 정책을 자신들에게 유리하게 이끌어간 것이 2008년 글로벌 금융위기의 근본 원인이었다고 주장했다.[5] 이들은 모두 부자들이 돈의 힘으로 정책을 자신들에게 유리하게 만들고, 그 결과 더욱 소득과 부가 집중되어 부자들의 정치적 영향력은 더욱 커지는 악순환을 우려한다.

최근에는 정치학계에서도 미국의 민주주의가 부자들의 영향력으로 지나치게 왜곡되고 있다는 다양한 연구들이 쏟아져 나오고 있다. 일례로 프린스턴 대학의 마틴 길렌스Martin Gilens와 노스웨스턴 대학의 벤저민 페이지Benjamin Page는 미국의 정치가 일반 시민들의 선호는 무시하고 부자들의 선호만을 만족시키는 방향으로 작동되고 있다는 것을 엄밀한 실증분석을 통해 보여주었다.[6] 이들은 1779개에 이르는 정책 이슈에 관련된 중요 변수들에 대한 방대한 정량적 데이터를 기초로 누가 얼마나 정책 결정에 영향력을 행사하는지를 검증했다. 그 결과 경제 엘리트들과 친기업 성향 이익집단들은 미국 정부의 정책에 큰 영향력을 행사하는 데 반해 일반 시민이나 시민사회조직들은 정책 결정에 거의 영향을 미치지 못한다는 것을 밝혀냈다. 이들은 미국의 정치가 경제 엘리트에 의해 지배되고 있으며, 선거를 통해 과반수의 의사가 관철된다는 선거민주주의 혹은 다원주의 가설은 신화에 지나지 않을 따름이라고 결론을 내린다.

피케티의 문제의식도 궁극적으로는 불평등이 민주주의를 위협한다는 데 있다. 부자들의 편에 서서 미국이 이미 너무 많은 소득재분배를 하고 있다며 불평하는 코틀리코프에게는 물론 이러한 문제의식이 전혀 없다. 나아가 그의 말대로 소득불평등보다 소비불평등이 훨씬 작으니 문제될 게 없다고 한다면, 과연 부자들이 소비에 쓰지 않는 돈을 어떻게 사용하는지 따져보아야 할 것이다. 코틀리코프는 부자들이 상속을 특별히 많이 하지 않는다고 주장하며 또한 빌 게이츠나 워런 버핏을 예로 들었으니, 아마도 부자들이 소비하고 남는 돈을 대부분 자선사업에 기부한다고 생각하는 모양이다. 그렇다면 어차피 본인이 소비든 상속이나 증여든 직접 처분할 것도 아닌데, 부자들은 도대체 왜 남는 돈을 세금으로 내는 것은 그렇게 반대한다는 말인가? 때로는 코틀리코프와 같은 학자들의 입을 빌려서까지 말이다.

한 가지 이유는 기부 행위도 사실 막강한 영향력의 행사라는 것이다. 많은 부자들은 보수 우파 이데올로기 전파를 위해 기부하기도 하고, 정치헌금을 내기도 한다. 하지만 이보다 더 중요한 이유는 많은 부자들이 거대한 상속 및 증여를 한다는 것이다. 빌 게이츠와 워런 버핏이 상당히 예외적인 존재임을 알아야 한다.

사실 피케티의 『21세기 자본』은 불평등의 사회적 효용 혹은 비용을 따지지 않는다. 그는 부의 세습을 통한 불평등의 확대에 주목한다. 처음에는 정당화할 수 있는 불평등이라고 하더라도 대대손손 재산의 증식에 의해 엄청난 상속 부자들이 생긴다면 이는 어떤 논리로도 정당화할 수 없다는 것이다. 세습자본주의하에서 불평등은 단순히 '배 아픈 문제'가 아니라 능력주의를 원천적으로 부정하는 것이다. 또한 소수 특권층으로 부와 정치적 영향력이 집중되어 민주주의를 뿌리부터 위협하고 과두적 지배 체제로 귀결될 것이다.

1%를 위한 변명

피케티가 제기한 1:99 사회의 문제가 미국에서 큰 쟁점으로 떠오르면서 2013년 전미경제학회가 발간하는 학회지에서 이 문제를 특집으로 다룬 적이 있다. 이때 베스트셀러 경제학 교과서의 저자이자 하버드 대학의 저명한 교수 그레고리 맨큐Gregory Mankiw가 부자들을 위해 총대를 멨다. 「1%를 위한 변호Defending the One Percent」라는 제하의 글에서 그가 펼친 주장을 요약하면 다음과 같다.

완전히 평등한 유토피아에 새로운 상품을 들고 나온 혁신기업가가 나타난다고 가정해보자. 스티브 잡스 Steve Jobs 의 아이팟, 조앤 롤링 Joanne Rowling 의 해리 포터 시리즈, 혹은 스티븐 스필버그 Steven Spielberg 의 대작을 상상하면 된다. 이 혁신기업가는 자신의 신상품 덕분에 다른 모든 사람에 비해 훨씬 부자가 된다. 그렇다면 이에 대한 정책 대응은 어떠해야 할까? 애초의 완전평등 상태는 도덕적으로 문제가 없었고, 혁신기업가는 자신을 포함 모두에게 좋은 일을 했으니 그냥 그대로 놓아둘 것인가? 아니면 결과적으로 나타난 불평등을 줄이기 위해 정책 당국이 나서야 할까? 이러한 생각 실험은 지난 수십 년간 미국에서 일어난 일을 극단적으로 보여준다. 1970년대 이후 평균 소득은 증가했지만 성장의 혜택이 모든 소득계층에 골고루 돌아가지는 않았다. 상위계층, 특히 최상위 1%의 소득은 평균보다 훨씬 빠른 속도로 증가했다. 이들 고소득자들은 상당한 경제적 공헌을 했고, 그 대가로 큰 이득을 얻었지만 이는 정당한 보상이다. 이들에게 세금을 부과해 걷은 돈으로 다른 이들에게 나누어주는 것이 과연 바람직한 공공정책인가?[7]

맨큐가 1% 부자의 사례로 상정한 사람들은 모두 슈퍼스타들이다. 슈퍼스타 이론에 의하면 세계화 시대에 네트워크 효과에 의해서 '승자독식' 현상이 발생해 슈퍼스타의 소득이 엄청나게 커졌다는 것이다. 예를 들어 과거에는 국내 축구만 보던 축구팬들이 맨체스터 유나이티드나 FC바르셀로나의 게임을 즐기게 되면서 이러한 세계 최고의 팀에서 뛰는 슈퍼스타들의 연봉이 한없이 올라갔다. 그들이 뛰어난 실력으로 가치를 창조한 측면도 있지만, 네트워크 효과에 의해 가치를 독차지한 측면이 더욱 큰 것이다. '운칠기삼運七氣三'이라는 말이 있듯이 이들이 승자독식의 수혜자가 된 데는 운도 크게 작용했다. 백번을 양보해서 이들이 경제적 공헌에 따른 보상을 받았다고 해도 그것은 경쟁적 보수가 아닌 독점적 지대 rent 이기 때문에 이에 대한 과세가 이들의 노력에 부정적 영향을 미칠 가능성은 희박하다. 스페인이 소득세를 높이면 메시가 대충 뛴다는 게 말이 되는가?

정작 맨큐의 주장의 더 큰 문제는 실제로 1% 부자들의 면면을 보면 슈퍼스타는 극소수에 지나지 않는다는 것이다. 피케티가 밝혀낸 바에 의하면 1% 부자의 대다수가 대기업과 금융기관의 최고경영진, 즉 슈퍼매니저다. 이들의 연봉이 과거에 비해 10배가 올랐다면 과연 그것이 이들이 10배의 경제적 가치를 창조했기 때문인가? 참으로 믿기 힘든 주장이다. CEO의 한계생산성 측정이 어렵다는 것은 제1장에서 이미 설명했으며, 나아가 피케티는 '행운의 보수pay for luck' 현상을 들어 경영진 보수가 합리적으로 정당화될 수 없다고 주장한다.

'행운의 보수' 현상이란 경영진의 보수가 주로 운에 의해서 결정된다는 것인데, 이는 다음과 같이 확인할 수 있다. 우선 개별 기업들의 매출액 증가나 이익 등 다양한 성과지표를 전반적인 경제 상태, 원자재 가격, 환율 변동, 동종 업종의 다른 기업들의 평균적 성과 등 외부 여건으로 설명할 수 있는 부분과 그 나머지 부분으로 나눈다. 경영진이 영향을 미친 것은 기껏해야 후자이다. 따라서 만약 경영진의 보수가 그들의 가치 창출 혹은 경제적 기여에 대한 정당한 보상이라면 기업 외부 여건과는 상관이 없어야 하고 나머지 부분, 즉 개별 기업의 고유한 요인에 의해서만 좌우되어야 할 것이다. 그런데 실제로 데이터를 분석해보면 정반대의 결과가 나온다. 경영진의 보수가 가장 빨리 증가하는 경우는 기업 고유의 요인에 의한 성과가 높을 때가 아니라 시장 여건이 좋아서 기업이 잘나갈 때이다. 특히 미국에서 이러한 현상이 두드러진다고 한다.

미국과 여러모로 유사한 양상을 보이는 한국의 사례를 보면 더욱 쉽게 와 닿을 것이다. 2014년 가을 은행장들의 과도한 연봉이 도마 위에 올랐다. 이와 관련한 전형적인 언론보도를 요약하면 다음과 같다.

국내 은행들은 미국이나 일본과 비교했을 때 규모나 실적 등 모든 측면에서 훨씬 뒤떨어지는데도 CEO 연봉만은 세계적인 수준이다. 국내 금융그룹의 자산과 순익은 모두 일본 금융그룹의 약 1/10 수준이지만, 경영진의 연봉은 오히려 3배 가까이 된다. 국내 금융그룹 CEO 연봉은 어떤 측면에서는 세계 최대 글로벌 금융그룹인 미국 은행들보다도 높은 수준이다.[8]

이러한 연봉이 한계생산성이나 경제적 공헌에 대한 정당한 보상이라고 말하기는 어려울 것이다. 역사적으로 보더라도 국내 금융권 CEO들의 연봉이 껑충 뛴 것은 2001년 금융지주사 출범 이후였다. 그 전에는 은행장 평균 연봉이 3억~4억 원 수준이었지만 현재 국내 금융지주회사 회장이나 은행장들의 연봉은 20~30억 원에 달한다. 그동안의 인플레이션을 감안하더라도 5~6배가 늘어난 것이다. 정말 은행 경영진들의 생산성이 5~6배 증가했단 말인가? 은행들의 경영 성과를 보면 도저히 그렇게 판단할 수는 없을 것이다. 생산성과 수익성은 별로 나아진 것이 없는 데다, 위험관리는 엉망이어서 위기가 빈발했다. 2003년에는 신용카드를 남발한 카드회사들이 위기에 빠지면서 카드채 위기가 발생했고, 2008년에는 부동산 시장이 얼어붙으면서 부동산 프로젝트 파이낸싱Project Financing: PF의 대규모 부실화에 따른 은행위기가 발생했다. 또한 글로벌 금융위기의 여파로 유동성 위기를 겪고, 정부의 지원을 받기도 했다. 그러는 한편 가계부채는 수많은 경고음에도 불구하고 꾸준히 증가해 이미 위험수위를 넘긴 지 오래다.

그렇다면 왜 이렇게 금융권 CEO 연봉이 높아진 것일까? 금융지주사 출범 당시를 떠올리면 당시에 정부가 나서서 지주사 체제에 걸맞게 회장 연봉의 품격을 올려야 한다고 강조하면서 보수가 급증했다. 미국식이 세계 표준global standard이고 선진 방식이라는 환상이 만연했던 당시 사회 분위기를 이용해서 퇴직 후 금융권 진출 가능성을 염두에 둔 고위 경제관료들이 자신들의 미래 기대소득을 엄청나게 올려놓은 것이다. 금융지주사의 CEO 연봉이 천정부지로 오른 또 하나의 중요한 이유는 경영진에 대한 견제 능력을 상실한 사외이사가 보수체계를 결정하고 있다는 데 있다. 사외이사들은 별로 하는 일도 없고 책임도 지지 않으면서 1억 원 가까운 연봉을 받고 거수기擧手機 노릇을 한다. 그리고 이들은 CEO에게 수십억 원의 연봉을 챙겨준다. '누이 좋고 매부 좋고'인 것이다. 이러한 일이 오랫동안 지속될 수 있었다는 것은 결국 이를 용인한 사회규범의 문제라고 보아야 할 것이다. 피케티가 슈퍼매니저의 천문학적 연봉을 설명하는 바로 그 이론이다.

피케티는 맨큐가 사례로 든 슈퍼스타들의 고소득에 대해서는 특별히 문제 삼지 않는다. 그가 비판하는 것은 슈퍼매니저들의 고액 연봉이다. 그리고 그가 더욱 심각하게 우려하는 것은 슈퍼스타도 슈퍼매니저도 아닌 상속 부자들이다. 분명 1% 부자의 일부는 상속자들이다. 0.1%, 0.01%, 0.001% 이렇게 최상위층으로 갈수록 상속자들의 비중이 올라간다. 피케티는 상속 부자들이 지배하는 세상이 올까 봐 염려하는 것이다. 아무리 부자들의 편에 서 있는 맨큐라 하더라도 상속받은 재산을 굴리면서 놀고먹는 사람의 소득이 그의 경제적 공헌에 대한 정당한 보상이라고 주장하기는 곤란할 것이다.

최근 빌 게이츠가 『21세기 자본』에 대한 서평을 자신의 블로그에 게재해 화제를 모았다.[9] 빌 게이츠는 맨큐나 코틀리코프 같은 자신의 변호자들과는 달리 피케티의 문제의식에 대해 깊은 공감을 드러내면서 강력한 상속세의 필요성을 역설한다. 그는 단지 부자들 가운데도 여러 종류가 있다는 것, 불평등의 평가는 부와 소득뿐만 아니라 소비를 기준으로 할 필요도 있다는 것을 주장했는데, 사실 이는 더욱 세밀한 연구의 필요성을 제안하는 것이며 피케티의 논지와 전혀 모순되지 않는다. 하지만 은연중 자신의 부는 스스로의 노력에 의해 번 것으로서 돈이 돈을 벌어 형성된 부와는 다르다는 점과 자신처럼 돈이 많아도 소비보다 기부에 힘쓰는 경우는 불평등의 해악이 별로 없다는 점을 부각함으로써 일정하게 자기변호를 하고 있다. 피케티는 부자들 중에는 빌 게이츠도 있지만 베탕쿠르도 있다는 것, 일이라고는 해본 적도 없는 베탕쿠르와 더불어 빌 게이츠 또한 은퇴한 후에는 엄청난 자본수익률을 구가해왔다는 사실, 부자들의 구성이 빌 게이츠 유형에서 베탕쿠르 유형으로 점점 바뀌고 있다는 점에 주목한 것이다. 또한 앞서도 말했듯이 기부는 어떤 의미에서는 소비이며, 민주주의를 위협할 수도 있다. 부자들은 특정한 정당이나 싱크탱크, 시민단체나 자선단체에 대한 기부를 통해 자신의 선호와 가치를 증진하고자 한다. 일반 시민들의 소규모 기부와 달리 거대 부자들에 의한 기부 행위는 이들의 정치적·사회적 영향력을 극대화함으로써 민주주의 원리를 저해한다. 공공적인 지출은 특정 개인들의 기부가 아닌 정부의 세수를 기반으로 해야 민주적 의사결정을 토대로 이루어질 수 있다. 이것은 부자증세의 중요한 논거이다.

피케티는 위험한 과격분자인가?

일각에서는 피케티가 자본에 대해 몰수에 가까운 세금을 부과하자고 선동하고, 불평등을 없애야 한다고 주장하는 마르크스주의자라는 평가를 내리기도 하는데 이는 피케티의 생각과 주장을 전혀 모르고 하는 말이다. 피케티는 누차 시장경쟁과 개방을 보존하기 위해 심각한 불평등 문제를 해결해야 한다고 주장해왔다. 그가 모든 불평등에 반대하고 완전평등을 추구하는 것도 결코 아니다. 피케티는 소득과 부의 결정에 있어 "출생의 우연이 아닌 합리적이고 보편적인 원칙에 바탕을 두고" 있으며 또한 "누구에게나 정의롭고 유용한" 불평등은 얼마든지 받아들인다. 그는 능력주의에 따른 차등을 인정하고, 존 롤스John Rawls의 정의론에 입각해 권리와 기회가 가장 적은 사람들에게 득이 되는 한 불평등을 받아들여야 한다고 본다. 피케티가 불평등 문제를 해결해야 한다고 목소리를 높이는 것은 오늘날 불평등의 정도가 경쟁을 고취하기 위해 필요한 수준을 훨씬 초과함으로써 사회적 정당성을 잃어버렸다고 보기 때문이다. 마치 케인스가 국가개입으로 자본주의를 구해냈던 것처럼 피케티는 재분배를 통해 개방화·세계화된 시장경제를 지키고자 하는 것이다.

그렇다고 해도 피케티가 자본세 혹은 부유세를 주장하는 것은 너무 과격한 것이 아닌가? 피케티는 역사적으로 이슬람교의 이자 금지나 기독교의 고리대금업 금지 등 '돈이 돈을 버는 문제'에 대한 다양한 대응이 있었음을 상기시키고, 이것이 흔히 상업과 금융 활동에 대한 자의적이고 비효율적인 통제로 귀결되었음을 지적한다. 가장 과격한 대응은 물론 마르크스주의에 입각한 사적자본의 완전한 폐지였고 이는 재앙이었다. 피케티는 누진적 자본세야말로 자본주의의 중심모순에 대한 훨씬 덜 폭력적이고 더 효율적인 대응임을 강조한다.

한국과 동아시아 경제에 관한 많은 연구와 정책 자문으로 한국에서도 상당히 알려진 스탠포드 대학의 로널드 매키넌Ronald McKinnon 교수는 2013년 초 ≪월스트리트저널Wall Street Journal≫에 "부유세를 위한 보수주의자의 변호The Conservative Case for a Wealth Tax"라는 칼럼을 게재했다.[10] 그는 소득세는 부자들이 빠져나갈 구멍이 많아 효과적인 불평등 억제책이 되지 못한다는 것을 지적하며, 피케티의 자본세와 본질적으로 똑같은 세금을 제안했다. 300만 달러 이상의 순자산에 대해 3%의 자본세를 부과할 것을 제안했으니 피케티의 제안에 비해 오히려 조금 더 나간 것이다. 매키넌 교수는 시장주의 성향의 보수적인 학자로서 어느 누구도 그를 위험한 과격분자라고 공격할 수 없을 것이다. 그 외에도 뉴욕대학의 다니엘 올트먼Daniel Altman 교수,

노스캐롤라이나 대학의 더글러스 섀컬퍼드^{Douglas Shackelford} 교수 등 자본세 혹은 부유세의 도입을 주장하는 미국학자들이 많이 있다.

피케티가 억만장자들을 대상으로 5~10%의 자본세도 고려할 수 있다고 말한 것이 문제인가? 우선 3%와 5%는 그리 큰 차이도 아닐뿐더러, 피케티가 염두에 둔 대상은 순자산 10억 유로 이상의 거대 부호로서 전 세계에 1000여 명밖에 되지 않는 극소수의 사람들이다.[11] 그것도 당장 하자는 것이 아니라 생각해보자는 것이다. 10%씩 몇 년간 세금을 내고 나면 재산이 다 없어질 테니 이것은 재산 몰수라고 주장하는 사람도 있는데 이는 참으로 어리석은 생각이다. 자본에서 아무런 수익이 발생하지 않는다고 가정해보자. 그러면 금년에 100에서 10을 내고 여기에서 90이 남으면 내년 세금은 10이 아닌 9다. 그다음 해의 세금은 8.1이다. 이러한 식으로 재산이 줄어들면 동시에 세금액도 줄어든다. 하지만 앞에서 살펴본 것처럼 억만장자들은 보통 매우 높은 투자수익률을 올리기 때문에 이 정도 세금으로는 재산이 별로 줄어들지 않을 것이라는 것이 피케티의 판단이다. 설사 재산이 줄어든다고 하더라도 10억 유로 이하로 떨어지는 순간 세율도 2%로 내려간다. 결코 몰수가 아니다.

부의 집중이 심화되면 능력주의와 민주주의의 원칙까지도 붕괴될 수 있습니다. 1948년 UN이 채택한 세계인권선언의 평등권이 무너질 수 있습니다. …… 만약 우리가 가능한 많은 이들이 경제에 참여하고 혜택을 누릴 수 있기를 원한다면 자본주의는 좀 더 포용적이 되어야 합니다. 극단적인 소득불평등 문제를 해결해야 합니다.

2014년 5월 하순 런던에서 찰스 황태자와 빌 클린턴^{Bill Clinton} 대통령을 앞에 두고 이러한 연설을 하면서 정부의 재분배정책 강화를 주장한 사람은 누구였을까? 마치 피케티의 말처럼 들리지 않는가? 이 연설을 한 사람은 바로 IMF의 크리스틴 라가르드Christine Lagarde 총재였다. 그의 발언이 너무 과격한가?

피케티는 반(反)성장론자인가?

피케티가 한국에 왔을 때 정부 관계자나 학자들이 이구동성으로 제기한 문제가 있었다. 만약 근본 부등식 $r > g$가 문제라면 성장률 g를 높이는 방법도 있는데 왜 r을 낮추는 방법을 택하느냐는 것이다. 즉, 자본과세로 재분배를 하기보다는 성장을 높여서 일자리 창출도 하고 분배 문제도 해결하자는 것이다. 성장지상주의를 신봉해온 한국다운 모습이었다. 이 주장이 터무니없는 것은 아니다. 할 수만 있다면 성장률을 높이는 것에 누가 반대하겠는가?

성장으로 분배 문제를 해결하자는 이야기는 사실 박정희 시대의 '선성장 후분배' 같은 구호에서부터 이명박 대통령의 기업 프렌들리 정책에 의한 '낙수효과trickle-down effect'에 이르기까지 수도 없이 들어왔던 말이다. 그런데 이러한 논리는 더 이상 통하지 않는다. 아무리 경제성장을 해도 갈수록 불평등이 심화되고 중산층은 붕괴하고 있기 때문이다. 그래서 여야, 보수와 진보를 막론하고 경제민주화와 복지국가로 방향을 전환한 것이 바로 엊그제 아니었던가? 성장으로 분배 문제를 해결하자는 주장에는 두 가지 큰 문제가 있다.

첫 번째 문제는 역사적 흐름을 거스를 정도로 성장률을 크게 올리는 것은 불가능하다는 것이다. 돈을 많이 벌어야겠다고 결심하고 노력한다고 많이 벌 수 있는 것이 아니듯, 성장을 더 하자고 해서 그것이 마음대로 되는 것은 아니다. 역대 한국 정부가 이골이 나도록 외친 것이 성장이다. '747 (성장률 7%, 국민소득 4만 달러, 세계 7대 강국)'도 나오고 '474(잠재성장률 4%, 고용률 70%, 국민소득 4만 달러)'도 나왔지만 어디 그게 마음대로 되는가?

피케티는 그의 책에서 다음과 같이 말한다.

물론 교육, 지식, 청정에너지 기술에 투자함으로써 성장을 촉진할 수는 있다. 그러나 이 중 어느 것도 성장률을 4~5%로 높여주지는 않을 것이다. 2차 세계대전 이후 30년 동안 유럽이 그랬던 것처럼 선진국 '따라잡기' 식의 성장을 하고 있는 국가들만 그런 속도로 성장할 수 있다는 것이 역사의 교훈이다. 기술이 가장 앞선 국가들의 경우, 궁극적으로는 모든 국가에서 경제정책을 어떻게 구사하더라도 장기적으로 성장률이 1~1.5%를 넘지 못할 것이라고 믿을 충분한 이유가 있다.[12]

피케티의 이러한 확신은 과거의 역사적 경험과 미래의 인구변천에 관한 예측에 토대를 두고 있다. 인구성장률이 0이 되면 경제성장률은 생산성 증가에 의존할 수밖에 없는데, 역사적으로 선진국의 생산성 증가율은 1.5%를 넘은 적이 없다는 것이다. 한국의 경우 여러 기관에서 잠재성장률을 전망한 적이 있는데, 예외 없이 장기적으로 성장률이 1%대로 떨어질 것으로 예상한다. 일례로 2012년 OECD가 내놓은 회원국 잠재성장률 전망에서 한국은 2038년쯤 성장률이 1%까지 추락할 것으로 예측했다. 이 전망의 가장 큰 근거는 세계에서 가장 빠르게 진행되는 한국의 고령화였다. 통계청에 따르면 이미 생산활동이 활발한 인구(25~55세)는 2009년에 정점을 찍은 후 줄어들고 있으며, 생산가능인구(15~65세)는 2016년을 정점으로 감소세로 돌아설 것이라고 한다. 한국의 잠재성장률을 높이기 위해서는 여성의 경제활동참가율을 제고하고, 기존 지식의 습득과 응용에 초점을 두고 교육과

연구개발 시스템을 개혁해 창조와 혁신을 고취하는 것이 필요하다. 이러한 개혁은 매우 필요하고 도움이 되는 일이지만 그렇다고 성장률이 엄청나게 올라갈 수 있는 것은 아니다.

성장률을 올려 분배 문제를 해결하자는 주장의 두 번째 문제는 성장률 제고를 위해서 추진하는 정책이 실제로는 성장률 제고에는 기여하지 못하고 분배를 악화시키는 경우가 많다는 것이다. 이명박 정부의 부자감세 정책이 대표적인 사례다. '747' 목표를 위해 투자를 고취한다며 부자감세를 했지만 성장은 얻지 못하고 양극화만 악화시켰던 것이다. 무리한 경기부양 정책으로 거시적 불균형이 심화되어, 위기가 닥치면 구조조정의 부담을 노동자와 서민이 짊어지게 되면서 분배가 악화되는 것도 또 다른 부작용이다. 박근혜 정부가 최근 역점을 두고 추진하는 규제완화 정책도 문제다. 규제완화를 통해 경쟁과 혁신을 고취하고 일시적으로 성장률은 소폭 올리는 것은 가능할 수도 있겠지만 장기적으로 그 효과는 미미할 것이다. 박정희 정부의 개발독재가 끝난 후 규제완화를 추진하지 않은 정부가 있었던가? 분별없는 규제완화는 오히려 큰 사회경제적 문제를 야기하기 십상이다.

피케티가 강조하는 것처럼 금융규제 완화는 특히 위험하다. 금융혁신이라는 미명하에 새로운 위험을 창출하는 일이 다반사다. 2008년 월가의 참사가 바로 금융규제 완화의 결과였고, 한국이 겪은 IMF 위기도 마찬가지였다. 걸핏하면 규제완화로 서비스 산업을 키운다고 하지만, 이것 또한 말처럼 쉬운 일은 아니다. 예를 들면 유통 산업 규제완화 결과 골목 상권이 파괴되어 사회적 비용이 이만저만이 아닌 상태다. 성장효과는 미미하고 분배효과는 충격적이다. 현재 논란이 되고 있는 의료법인의 영리 자회사 허용이나 핀테크 관련 금융규제 완화 등의 사례에서 보듯이 기존 규제가 보호하려는 가치 때문에 규제완화를 마구잡이로 할 수도 없고 해서도 안 된다.

재분배정책의 역효과?

보수진영의 피케티 비판은 그가 제안한 소득세 최고세율 인상과 누진적 자본세 도입에 초점이 맞춰져 있다. 이러한 과세는 투자를 위축시키고 성장을 저해할 것이라는 비판이다. 만약 자본과세 강화로 인해 세후 자본수익률이 하락하는 것보다 성장률이 더 많이 하락한다면 r과 g의 격차가 오히려 증가해 역효과가 나고 말 것이다.

2014년 9월에는 한국경제연구원과 아시아금융학회가 "피케티『21세기 자본론』과 한국 경제"라는 주제로 공동세미나를 개최했는데, 참석자들은 이구동성으로 위와 같은 주장을 펼쳤다. ≪매일경제≫ 세계지식포럼 초청으로 피케티가 한국에 오기 직전에 열린 이 세미나는 아마도 피케티 열풍을 차단해보려는 시도였던 것 같다. 이 자리에서 권태신 한국경제연구원장은 "자본주의 시장경제에서 경제성장은 기본적으로 기업가의 투자에 의해 이루어지는데 고율의 누진소득세와 자본세를 부과하면 기업가의 투자 환경이 악화되어 투자가 위축되고 고용과 분배구조가 더욱 악화되는 결과를 초래한다"고 주장했다. 같은 자리에서 현진권 자유경제원장도 "자본에 대한 세금을 높이면, 자본수익률은 떨어지고, 경제성장률도 떨어지며, 결국 자본스톡이 낮아지고, 자본소득도 떨어지게 되어 국가 경제가 퇴보"할 것이라고 주장했다.

이러한 상투적인 주장은 얼핏 일리가 있어 보인다. 하지만 과거의 경험을 살펴보면 이야기는 달라진다. 제3장에서 보았듯이 소득세와 상속세의 최고세율이 엄청나게 높았던 전후 황금시대에 성장률이 전무후무하게 높았다는 사실을 상기할 필요가 있다. 세율과 성장률에 관한 엄밀한 실증적 연구가 무수히 존재하는데, 이 많은 연구들은 세율 인상이나 인하가 성장에 별로 영향을 미치지 않는다는 것을 보여준다. 당장 한국의 경우만 하더

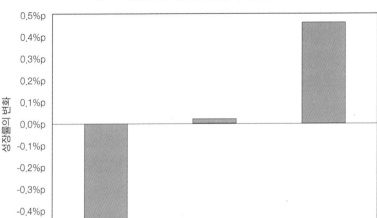

그림 4.1 **불평등과 재분배가 성장에 미치는 효과**

주 1) 각각의 기둥 높이는, 다른 변수들은 50%값에 있는 상태에서 해당 변수만 60%값으로 증가했을
　　때 5년 평균 1인당 소득증가율의 변화를 표시.
　2) 통계는 펜 세계통계표(Penn World Table) 버전 7.1, SWIID 3.1로 계산.
자료: Jonathan D. Ostry, Andrew Berg and Charalambos G. Tsangarides, "Redistribution,
　　　Inequality, and Growth," *IMF Staff Discussion Note* (IMF, April 2014).

라도 기업들의 투자유인과 투자여력을 높여 성장률을 올려보겠다는 취지
에서 법인세 인하를 거듭해서 단행했지만 결과는 실망스러웠다.

　이러한 맥락에서 가장 주목할 성과는 2014년 봄 IMF가 발표한 「재분배,
불평등, 그리고 성장·Redistribution, Inequality, and Growth」이라는 연구논문이다.[13]
이 논문은 기존의 관련 연구를 철저하게 검토하고, 153개국에 대해 재분배
이전의 시장소득분배와 이후의 가처분소득분배를 측정한 방대한 데이터를
기초로 계량경제학적 분석을 한 것이다. 분석 결과 재분배 이후의 순불평
등이 낮을수록 성장률이 높고 성장의 지속기간이 길며, 재분배가 성장에
악영향을 미치지 않는다는 결론을 얻었다. 불평등이 높으면 성장에 해롭다
는 것은 심지어 월가의 신용평가사 S&P도 관련 보고서를 내놓을 정도로

최근 연구의 대세인데, 문제는 그렇다고 재분배가 바로 정당화되는 것은 아니라는 점이다. 재분배를 위해 세금을 걷고 복지지출을 하는 것이 오히려 경제적 유인을 왜곡하고 성장을 저해함으로써 불평등 감소의 긍정적 효과를 상쇄할 수 있기 때문이다. 그런데 위의 연구는 극단적이지만 않다면 재분배는 성장을 저해하지 않으며, 따라서 재분배로 인한 불평등 감소는 고스란히 성장률을 제고시키는 역할을 하게 된다는 것이다. 그림 4.1은 IMF의 연구 결과를 요약해서 표현해주고 있다.

왜 재분배가 성장에 나쁘지 않은 걸까? 일찍이 피터 린더트Peter Lindert는 『공공부문의 성장Growing Public』에서 "복지의 비용은 제로"라는 말로 동일한 주장을 펼친 바 있다.[14] 역사적 데이터를 분석한 결과 복지를 확대하느라 세금을 걷고 이전지출을 해도 경제성장에 악영향이 전혀 없었다는 결론을 얻은 것이다. 린더트는 그것이 각국 정부가 조세제도와 복지제도를 설계할 때 유인의 왜곡을 방지하기 위해 많은 고려를 했기 때문이라고 본다.[15] IMF의 연구자들은 어떤 재분배정책들은 실제로 성장에 도움이 되는 측면이 있다는 점을 부각한다. 예를 들어 금융시장에서 과도한 고위험-고수익 투자를 하는 것처럼 부자들이 나쁜 외부효과를 생산하는 행위를 할 때 이에 대해 세금을 매긴다면 이는 재분배와 동시에 성장에도 도움이 될 것이라고 말한다.

사실 피케티도 정확하게 이러한 논리를 따르고 있다. 그가 자본소득에 대한 무거운 과세로 세후 자본수익률을 떨어뜨리기보다 누진적 자본세를 활용하자고 하는 것은 전자가 "자본축적의 동력을 죽여 성장률을 더 낮출 위험"이 있기 때문이다.[16] 그는 새로운 기업가들이 충분히 부를 축적하기 이전에는 부담을 지우지 않고 이미 상당한 부를 축적한 사람에게만 부담을 지우게 하기 위해 누진적 자본세를 제안한 것이다. 나아가 피케티가 80%에 이르는 매우 높은 소득세 최고세율을 제안한 것도 이러한 세금이 "경제성장을 둔화시키지 않을 뿐만 아니라 경제적으로 무익한 (심지어 해로운) 행위를 합리적으로 억제하고 실제로 성장의 과실을 더욱 널리 분배할 수 있을 것"이라고 보기 때문이다.[17]

피케티의 숫자들은 정확한가?

피케티가 오랜 역사와 여러 나라를 포괄하는 방대한 데이터를 수집하고 추정한 것에 대해 대다수 학자들은 경탄과 찬사를 보낸다. 하지만 피케티의 데이터와 그 해석에 관해 이론의 여지가 없는 것은 아니다.

미국을 진원지로 '피케티 열풍'이 몰아치기 시작한 지 얼마 되지 않은 2014년 5월 하순이었다. 어떻게든 이 열풍을 차단하기 원하는 보수파들에게 희소식이 들려왔다. 유명 경제신문인 ≪파이낸셜 타임즈Financial Times≫가 피케티의 계산에 착오가 있었고 자의적으로 숫자를 조작했다는 기사를 실은 것이다. 그리고 치명적인 공격을 더했다. 피케티는 영국, 프랑스, 미국 등에서 부의 분배가 점점 악화되고 있다고 주장했는데, 영국의 경우에 피케티가 사용한 상속세 자료보다 더 신뢰할 수 있는 샘플조사 자료를 보면 부의 불평등이 심화되지 않았다는 것이었다. 하지만 보수파들의 기대는 며칠 되지 않아 여지없이 무너졌다. 몇몇 독립적인 제3자의 평가도 피케티의 손을 들어주었지만, 무엇보다 피케티 본인이 ≪파이낸셜 타임즈≫에 장문의 답변을 보내 완벽하게 방어해낸 것이다.

피케티는 다양한 자료를 기초로 과거의 데이터를 추정하는 과정에서 나름대로 신중한 방법론에 기초해 숫자를 조정한 것이지 결코 자의적으로 조정한 것이 아님을 밝혔다. 실제로 피케티는 매우 모범적으로 자신이 사용한 데이터를 웹사이트에 모두 공개하고 있으며, 기술적인 내용에 대해서도 웹사이트에 실려 있는 부록에 대부분 자세히 설명해놓았다. 2013년 하버드 대학의 케네스 로고프 Kenneth Rogoff 와 카르멘 라인하트 Carmen Rheinhart 가 정부채무와 성장률의 관계를 분석한 논문에서 엑셀 코딩 실수를 범해 논란이 되었을 당시 정보공개를 꺼리고 미루던 것과는 매우 대조적인 모습이다.[18] 더욱 중요한 피케티의 논박은 영국의 부의 분배에 관한 것이었다. ≪파이낸셜 타임즈≫는 최근의 통계는 샘플조사 자료에서 취하고 과거의 통계는 상속세 자료에서 뽑아냈다. 과거에 대해서는 샘플조사 자료가 없으니 불가피하게 상속세 자료를 이용했다는 것이다. 그런데 제1장에서 설명한 바와 같이 사실 조세자료가 훨씬 더 정확하다는 것은 분명한 사실이다. 특히 조세자료를 이용하면 최상위층의 소득과 부의 비중이 샘플조사 자료에 비해 훨씬 크게 나타난다. 그렇기 때문에 과거의 분배는 조세자료를, 최근의 분배는 샘플조사 자료를 이용해서 평가하면 당연히 분배의 악화 경향이 사라지거나 저평가될 것이다. 실제로 ≪파이낸셜 타임즈≫가 주장한 대로라면 영국의 부의 분배가 스웨덴보다도 평등하다는 결론이 나오니 이것이 얼마나 엉터리인지 알 수 있다.

미국에서도 보수적인 학자들이 피케티의 숫자를 트집 잡았다. 부의 불평등이 과장되었다는 것이다. 그러나 피케티의 숫자들은 미국의 여러 연구자들이 얻어낸 것과 별로 다르지 않고, 최근 데이터를 보면 불평등은 『21세기 자본』에서 제시한 것보다 오히려 더 심하다는 평가가 대세이다. 특히 피케티의 공동 연구자들인 이매뉴얼 사에즈와 가브리엘 주크먼 Gabriel Zucman 이 자본소득에 관한 조세자료를 기초로 부의 분배를 추정한 결과는 놀랍다.[19] 2012년 기준으로 상위 10%가 미국 전체 부의 77%를 차지해 역대 최고 수준의 부의 집중을 보여주고 있으며, 중산층의 나라라는 미국의 신화가 무너졌음을 보여주고 있기 때문이다. 상위 10% 안에서도 부의 집중은 가속화되었다. 2012년에 상위 1%가 전체 부의 42%를, 상위 0.1%가 22%

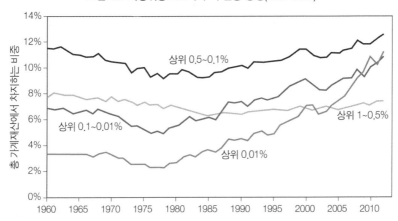

그림 4.2 **최상위층으로의 부의 집중 양상(1960~2012)**

주: 1960년 이후 미국의 상위 1%의 부의 비중 증가는 전적으로 최상위 0.1%의 부의 비중 증가에 기인한 것이다.

자료: Emmanuel Saez and Gabriel Zucman, "Wealth Inequality in the United States since 1913: Evidence from Capitalized Income Tax Data," *CEPR Discussion Paper*, No.10227(2004 October).

를, 상위 0.01%가 11%를 차지했다. 그림 4.2에서 보는 바와 같이 부의 집중은 상위 1%의 현상이라기보다 상위 0.1%에 국한된 현상이며, 그중에서도 상위 0.01%로의 집중이 놀라운 속도로 진행되고 있다. 연금이나 복지 수당 등을 받을 권리를 지닌 은퇴자나 저소득층은 그만큼 부를 소유한 것으로 보아야 한다는 코틀리코프의 주장도 있지만, 이러한 건강부회를 진지하게 받아들이는 사람은 거의 없다. 예를 들어 매달 100만 원씩 생계비를 지원받는 기초생활보장 수급자에게 "당신은 연리 3%짜리 채권 4억 원 상당의 재산을 가진 상당한 자산가"라고 말하면 수긍하겠는가? 실제로 그만한 자산을 가지고 있을 때 누리는 안정감과 자신감, 그리고 급히 몫 돈이 필요할 때 조달할 수 있는 능력 등 여러 면에서 전혀 다른 상황인 것이다.

피케티의 통계 숫자에 관한 비판은 실제 그가 사용한 숫자보다 사용하지 못한 숫자에 집중되어 있다. 그는 $r > g$에 입각한 '부익부'의 동학, 상속에 의한 세습적인 부의 집중을 자본주의의 중심모순으로 명명하고, 이러한 현상이 21세기에 불평등을 심화시키는 핵심 메커니즘이라고 주장한다. 그러나 정작 이러한 이론적 주장을 뒷받침할 데이터가 충분히 제시되고 있지 않은 것이 현실이다. 하지만 이는 불가피한 일이다. 피케티는 나름대로 최선을 다했지만 신빙성 있는 관련 자료가 워낙 부족하기 때문이다. 또한 이러한 '부익부'의 동학이 작동한 시간이 그리 길지 않아 아직은 그 결과가 충분히 표면으로 떠오르지 않은 면도 있다. 그렇지만 미국 경제의 세습자본주의화 경향을 지적하는 목소리도 많다.[20] 로버트 라이히Robert Reich 미국 전 노동부장관은 비록 단편적인 정보이긴 하지만 최근의 몇몇 데이터에 입각해서 피케티의 주장이 타당하다는 것을 확인하고 있다.

사실 우리는 사상 최대의 세대 간 부의 이전이 일어나는 꼭짓점에 서 있다. 지난 30년 동안 월가에서, 대기업 이사회 회의실에서, 혹은 첨단 기업가로서 막대한 돈을 번 사람들의 부가 운 좋게 태어난 것 외에 아무것도 한 일이 없는 그들의 자녀들에게 이전되고 있다. 미국의 능력주의를 상징하는 자수성가한 사람들이 사라지고 있다. 오늘날 미국의 10대 부호 가운데 여섯 명이 굉장한 재산의 상속자다. 월마트의 여섯 상속자들의 재산이 하위 42%의 (2007년에는 30%였음) 재산보다 많다. U.S. 트러스트 은행은 300만 달러 이상 투자 여력이 있는 미국인들에 관한 조사 결과를 방금 발표했다. 69세 이상인 사람들의 약 3/4, 50세에서 68세 사이 베이비붐 세대의 61%가 자기 세대에서 처음으로 큰 부를 축적한 것으로 나온다. 하지만 35세 이하의 부자들 가운데는 상속 부자들이 훨씬 많았다. 이게 바로 프랑스의 경제학자 토마 피케티가 말하는 세습적 부이다. …… 미국에서 노동소득이 집중됨에 따라 거대 부자들은 사업, 부동산, 미술품 등의 자산에 투자했다. 이러한 자산에서 나오는 소득은 노동소득보다도 더 빠른 속도로 집중되고 있다. 1979년에는 상위 1% 부유층이 사업소득의 17%를 차지했다. 2007년에는 43%나 차지했다. 그들은 또한 자본이득의 75%를 가져간다. 지금은 주식시장이 위기 이전보다 훨씬 올랐기 때문에 최상위층이 그보다도 더 많은 투자수익을 가져가고 있다.[21]

피케티의 통계 숫자들은 결코 완벽할 수 없다. 많은 가정과 추론을 통해 추정한 숫자들이다. 하지만 그가 얻어낸 부와 소득의 분배에 관한 통계 숫자들은 현재로서는 최선에 가까운 것이라고 보는 것이 옳다.

자본의 귀환에 관한 피케티의 이론은 올바른가?

피케티의 핵심적인 이론은 자본/소득 비율 β에 관한 이론과 자본주의 중심모순에 관한 이론으로 구성되어 있다. 전자는 β는 장기적으로 s/g에 의해 결정되며 β의 변화에 비해 r은 상대적으로 안정적이어서 자본소득 분배율 $\alpha = r \times \beta$는 β와 동일한 방향으로 움직인다는 것이다. 후자는 자본수익률 r이 경제성장률 g보다 크기 때문에 부가 갈수록 집중되는 경향이 있다는 것이다. 이러한 이론에 입각해서 피케티는 인구증가율의 하락과 그에 따른 경제성장률의 감소가 예상되는 21세기에 β가 상승하고 이와 함께 α가 커짐으로써 소득분배가 악화할 가능성과 $r-g$의 격차가 커짐으로써 부의 집중이 가속화되어 소득분배가 악화할 가능성을 제기한다. 이러한 이론은 소득과 부의 분배라는 매우 복잡다단한 현상을 극히 간명하게 설명하는 장점이 있으나, 핵심에 집중하는 대가로 불가피하게 분배를 결정하는 여러 중요한 요인들을 간과하는 측면이 있다. 나아가 피케티의 이론이 과연 올바른 것인지에 대해 많은 논란이 제기되고 있는 것도 사실이다. 이 책의 성격상 일반인들이 이해하기에는 다소 무리가 있는 자세한 내용은 생략하고 주요 쟁점을 간략하게 소개한다.

먼저 β의 상승에 관한 논란을 살펴본다. 피케티는 1970년 이후 β의 상승을 '자본의 귀환'이라 부르며 여기에 큰 의미를 부여하고 있다. 그런데 상당수 학자들의 지적에 의하면 피케티가 계산한 β의 증가는 주택자본의 증가에 연유한 것이고, 주택을 제외한 여타의 자본과 소득의 비율은 별로 증가하지 않았으며 오히려 100년 전에 비해 낮은 수준에 머물러 있다고 한다. 나아가 대다수 국가에서 주택자본의 증가는 주택의 가격이 소득에 비해 더 빨리 상승한 탓이라고 한다.[22] 이러한 사실은 피케티의 데이터에서도 확인되는 것인데, 다만 피케티는 주택과 토지의 가격상승이 상당 부분 투자로 인한 가치상승을 반영한다고 보는 반면 비판론자들은 주택가격 상승은 저축과 투자를 통한 자본축적과는 무관한 자본이득일 따름이라고 본다. 또한 피케티도 언급한 바와 같이 생산 과정에 투입되는 생산적 자본 productive capital 의 경우에도 정치적·정책적 변화 등을 반영해 상당한 자산가격의 변동이 있었다. 이처럼 β의 증가가 주로 주택 등 자산가격의 상승에 의한 것이라는 사실은 과연 β의 증가를 피케티가 말하는 자본주의 제2근본법칙 $\beta = s/g$에 의해 설명할 수 있는지 의문을 제기한다. 저축과 투자를 통해 축적된 자본, 즉 생산된 자본 produced capital 의 양은 s/g에 의해 결정되겠지만, 자본축적과 무관한 자산가격의 상승은 s/g와는 무관할 것이다.

이 문제는 또한 가장 논란이 많은 대체탄력성 문제와도 연관되어 있다. 한계생산성 이론에 의하면 β의 상승, 즉 자본의 증가는 자본의 한계생산성에 의해 결정되는 r의 하락과 노동의 한계생산성에 의해 결정되는 실질임금의 상승을 가져올 것이다. 따라서 β의 상승이 자본소득분배율 α의 상승으로 귀결되기 위해서는 비교적 r의 하락이 작아야만 한다. 이는 실질임금이 상승할 때 용이하게 자본으로 노동을 대체할 수 있는 경우에 해당하며, 정확하게는 자본과 노동의 대체탄력성이 1보다 커야 성립한다. 문제는 대다수의 연구자들이 대체탄력성이 1에 가깝거나 1보다 작다고 추정한다는 것이다. 피케티의 주장은 사실 생산함수를 추정해 구한 특정한 대체탄력성의 값에 기초하기보다는 이제까지 β와 α가 동일한 방향으로 움직여왔다는 역사적 사실에 바탕을 둔 것이다. 하지만 정통이론에 가급적 충실하려고 노력하는 그가 대체탄력성이 1보다 높을 가능성이 다분하다고 주장한 것도 사실이다. 그는 『21세기자본』에서 매우 예외적인 추정치를 인용하기도 했고, 앞으로 로봇의 발달에 따라 대체탄력성이 증가할 가능성도 언급했다.[23] 피케티의 이러한 무리한 주장은 많은 비판을 초래한 원인이 되었다.[24]

만약 대다수 연구자들의 추정과 같이 대체탄력성이 1 이하라면 β와 α가 같은 방향으로 움직여온 역사적 변동 패턴은 어떻게 설명할 수 있을까? 우선 하나의 출구는 자본의 개념에서 찾을 수 있다. 앞서 설명한 바와 같이 피케티는 자본과 부를 동일시한다. 피케티는 소득분배를 중심적인 문제로 설정했기에 소득을 발생시키는 모든 부, 시장에서 거래되고 상속할 수 있는 모든 부를 자본으로 파악한 것이고, 이는 나름의 일관성과 장점을 가진 관점이기도 하다. 그러나 이러한 부는 일반적으로 경제학에서 사용하는 자본의 개념인 생산요소로서의 자본 혹은 생산적 자본이 아니다.[25] 그런데 자본의 한계생산성은 생산적 자본의 물량에 의해 결정되는 것이기 때문에, 만약 β의 상승이 주택이나 생산적 자본의 상대가격 상승에 의한 것이라면 이로 인해 자본의 한계생산성이 하락해야할 이유가 없다. 로버트 로손 Robert Rowthorn 은 바로 이런 관점에서 근래에 자본축적이 과도하게 된 것이 문제가 아니라 오히려 너무 안 된 것이 문제라고 주장했다.[26] β는 올라갔지만 생산적인 투자와 자본축적은 부족했고, 따라서 r이 높게 유지되고 있다는 것이다. 어쨌든 피케티가 측정한 β의 움직임과 생산적 자본의 한계생산성에 의해 결정되는 r의 움직임과 α의 움직임 사이에는 많은 변수들이 개입될 것이며, 대체탄력성의 크기와는 무관하게 β와 α가 같은 방향으로 움직일 수 있는 것이다.

또 하나의 출구는 자본수익률이나 실질임금 등이 한계생산성에 의해서 결정된다고 하는 정통이론 자체를 부정하는 것이다. 정통이론을 불신하는 학자들은 대체탄력성의 크기로 자본분배율의 움직임을 설명하는 피케티를 비판한다. 일례로 제임스 갤브레이스James Galbraith는 자본수익률은 제도와 정책에 따라 가변적이어서 $r > g$도 불변의 법칙은 아니라고 주장한다.[27] 그는 특히 최저임금 인상이나 노동조합의 강화 등으로 노동의 교섭력이 강화되면 임금의 몫이 증가하고 자본소득분배율이 하락할 것이라고 주장한다. 딘 베이커Dean Baker도 현재 자본의 수익 중 많은 부분이 정부의 특혜성 정책에 의한 독점이윤으로서 향후에 이러한 정부 정책은 얼마든지 변할 수 있다고 주장한다.[28] 스티글리츠의 경우에는 한계생산성 이론을 부정하지 않으면서도 갤브레이스나 베이커와 유사한 입장을 취한다. 소득분배의 결정에 있어서 노동시장 제도와 협상력이 노동자에게 불리하게 변화함에 따라 노동의 한계생산성 이하로 임금이 하락하는 '착취'가 일어나고 있으며, 반면 자본수익률은 자본의 로비로 창출하는 각종 독점지대 monopoly rent가 자본의 한계생산성에 추가되어 높은 수익률을 실현하고 있다는 것이다.[29]

사실 피케티도 한계생산성 이론을 맹신하지는 않는다. 『21세기자본』에서 그는 한계생산성 이론을 따르는 듯이 논의를 전개하다가도 이와 동시에 이 이론의 한계를 지적하고 소득분배의 근본적 결정 요인으로서 정치와 제도의 중요성을 역설한다. 예를 들어, 슈퍼매니저의 보수가 급증한 것은 한계생산성이 올라서가 아니라 정치지형의 변화에 따라 사회규범이 바뀌었기 때문이라고 주장하며, 자본수익률에 대해서도 자본의 한계생산성이라는 기술적 조건에 의해서 결정되기보다 자본과 노동 간의 협상력이나 제도적 요인에 의해 결정될 여지가 충분히 존재한다고 인정한다.

피케티는 2014년 초 전미경제학회에서 발표한 「21세기 자본에 대하여 About Capital in the Twenty-First Century」라는 논문에서 자신의 책이 불러온 논란과 오해를 불식하고자 하는 한편, 위에서 검토한 문제제기와 관련해 진일보한 입장을 발표했다.[30] 여기서 그는 지난 수십년간 β와 α의 동반 상승이 1보다 큰 대체탄력성의 결과라는 해석을 선호하지 않는다고 분명히 밝힌다. 대신 솔로 모형과 같은 1부문 모형이 아닌 다부문 자본축적 모형을 상정하고, 부문 간의 상대가격 변동과 더불어 정치적·제도적·기술적 영향에 의한 협상력의 변화를 함께 고려할 것을 제안한다. 그리고 이러한 다부문 모형에서 부문 간의 대체탄력성이 수요 공급의 변화와 결합하면 각 부문 내부의 대체탄력성보다 훨씬 커질 수 있다는 점을 지적한다. 그는 『21세기 자본』이 다양한 자본의 역사적 진화를 분석하고 재산권과 사회 갈등의 내용까지 상세하게 다루었음을 상기시키면서, 이러한 발상이 이미 자신의 책에 내재되어 있었다고 주장한다.

그럼에도 불구하고 피케티에게 여전히 남아 있는 문제는, 그가 한계생산성과 제도가 현실에서 상호작용하는 메커니즘을 정확하게 규명하지 못하고 있다는 것이다. 한계생산성이 가변적인 것이어서 제도적으로 결정된 임금률이나 자본수익률에 한계생산성이 수렴하게 되는 것인지, 아니면 한계생산성은 소득분배의 범위만을 결정하고 그 범위 안에서 제도가 최종 결정 요인으로 작용하는 것인지, 아니면 한계생산성이라는 개념은 아예 폐기하는 것이 나은지 등은 앞으로 좀 더 고민이 필요한 지점이다.[31]

자본주의의 중심모순에 관한 피케티의 이론은 올바른가?

이제 피케티가 말하는 자본주의의 중심모순, 즉 $r > g$의 의미에 관한 논란을 살펴보자. 먼저 과연 근본 부등식 $r > g$가 정말로 '부익부'의 동학을 초래하는지에 관한 문제제기가 있다. 대표적으로 앞서도 언급한 바 있는 보스턴 대학의 코틀리코프, 뉴욕 대학의 데브라지 레이^{Debraj Ray}, 맨큐를 꼽을 수 있다. 코틀리코프와 레이는 공히 근본 부등식 $r > g$는 소득분배와는 무관하다고 주장한다. 부의 축적과 불평등은 저축과 상속의 행태에 의해 결정되는 것이지 자본수익률이 경제성장률보다 높다는 것과는 아무런 관계가 없다는 것이다. 코틀리코프는 사실 생애주기 가설에 입각해 자본은 젊을 때 노후를 대비해 저축함으로써 형성되는 것이고 상속은 예기치 않은 죽음으로 재산이 남았을 때 이루어지는 것이라고 주장한다.[32] 따라서 부의 불평등은 기본적으로 노동소득의 불평등에 비례하며 자본수익률이 높든 낮든 소득불평등에는 아무런 영향을 미치지 않는다고 주장한다. 나아가 부가 대대로 세습되면서 '부익부' 현상이 가중된다는 피케티의 주장은 완전한 허구라고 주장한다. 하지만 코틀리코프의 주장은 사실에 전혀 부합하지 않는다. 자본소득이 노동소득에 비해 압도적으로 불평등이 심하다는 것, 부의 세습은 엄연한 사실이라는 것을 그는 애써 외면한다. 피케티에게 이론이 없다는 엉뚱한 공격을 한 그는 오히려 스스로 허구적인 이론에 갇혀 현실을 호도하는 잘못을 범하고 있다.

반면 레이는 불평등이 심화되고 있다는 사실을 부정하지 않는다. 다만 그는 자본가들이 저축 성향이 높기 때문에 부와 소득의 불평등이 증가하는 것이지 자본수익률이 높아서 그런 것은 아니라고 지적한다.[33] 아무리 수익률이 높더라도 만약 자본가들이 대부분의 소득을 소비해버린다면 '부익부' 현상은 나타나지 않을 것이다. 따라서 핵심은 저축과 상속의 행태다. 그러나 레이의 이러한 지적이 피케티의 논리를 약화시키는 것은 전혀 아니다. 소득이 높을수록 저축 성향이 높다는 것은 경제학의 기본 상식이며,[34] 자본의 소유가 매우 불평등하게 되어 있다는 것도 엄연한 현실이다. 이런 사실을 전제하면 근본 부등식이 '부익부'를 초래한다는 피케티의 논리는 완벽하게 성립한다. 레이도 역시 너무나 추상적인 논리에 치중한 나머지 헛발질을 한 것 같다.

전미경제학회에서 피케티를 정면으로 반박한 맨큐의 논리는 코틀리코프나 레이에 비해 훨씬 탄탄하다.[35] 그는 자본수익률과 경제성장률의 격차가 세습적 부의 축적을 통해 불평등을 확대할 수 있다는 피케티의 논리 자체를 부정하지는 않지만, 피케티가 세습적 부의 축적을 방해하는 요인들을 무시하고 있다고 비판한다. 상속자들이 상속받은 부의 일부를 소비해버린다는 점, 여러 상속자들에게 부가 나뉜다는 점, 상속 과정에서 세금을 내야 한다는 점 등을 고려하면 세습적 부의 축적이 여간 어렵지 않다는 것이다. 맨큐는 위에 열거한 각각의 방해 요인들이 각각 매년 3%, 2%, 2% 정도씩 부를 감소시키므로 $r-g$가 7%p 이상 되어야만 부의 불평등이 지속적으로 확대될 것이라고 주장한다. 맨큐가 제시하는 숫자들이 정확한지도 의문이지만, 그보다 더 중요한 문제는 피케티가 이미 맨큐가 논의하는 방해 요인들을 충분히 고려하고 있다는 점이다. 피케티는 세습되는 부에 다양한 충격이 가해지는 수리모형 분석의 최고 권위자이다.[36] 피케티는 다양한 유형의 수리모형에서 $r-g$가 조금만 증가해도 부의 불평등이 크게 확대되는 결과가 도출된다는 점을 재차 강조한다.[37] 또한 세습자본주의의 주역인 거대 부자들의 경우 자본수익률이 매우 높다는 사실도 상기해야 할 것이다.

근본 부등식 혹은 중심모순과 관련한 더 어려운 문제는 과연 이로 인한 '부익부'의 동학이 실제로 소득과 부의 불평등의 역사를 설명하고 미래를 예측하는 데 얼마나 유용한가 하는 것이다. 피케티의 이론이 논리적으로 옳다고 하더라도 분배를 결정하는 데는 수많은 요인이 작용하기 때문에 실제로 '부익부'의 동학이 다른 요인들에 비해 압도적으로 큰 영향을 미치는지 따져봐야 한다. 이런 관점에서 보면 $r > g$에 입각한 '부익부'의 동학은 가까운 과거보다는 먼 과거의 설명에 더 적합하고, 미래 예측의 확실한 근거가 되기는 어려워 보인다. '부익부'의 동학은 19세기 말 20세기 초까지 역사를 관통해 매우 심각한 부와 소득의 불평등이 존재했던 것을 잘 설명해주며, 20세기 전반 전쟁 등의 충격으로 자본수익률이 급락하고 이후 황금시대에 경제성장률은 높아지면서 근본 부등식이 역전됨으로써 불평등이 크게 감소했다는 사실을 설명하는 데도 유용하다. 문제는 피케티 자신도 인정하듯이 1970년대 이후의 불평등 증대 과정에서는 '부익부'의 동학보다도 임금소득 분배의 불평등 심화, 특히 정치적·제도적 변화에 의한 슈퍼매니저들의 소득 급증이 더 큰 역할을 했다는 것이다. 미래에도 이런 식으로 정치적·제도적 변화가 더 큰 역할을 하지 말라는 법은 없다. 피케티 자신도 $r > g$는 하나의 중요한 힘일 뿐이고, 정치적 변수가 더욱 중요하다는 것을 거듭 강조한 것이 사실이다.

경제발전과 소득분배의 결정 요인으로서 정치적·경제적 제도의 중요성을 피력해온 대런 애쓰모글루Daron Acemoglu와 제임스 로빈슨James Robinson은 피케티가 제도를 무시하고 마르크스처럼 추상적인 자본주의의 법칙에 의거해서 소득분배의 동학을 설명한다고 비판했다.[38] 하지만 이러한 비판이 타당한지 의심스럽다. 피케티가 불평등을 심화시키는 근본적 힘으로 $r > g$라는 현상에 주목하고 이를 자본주의의 중심모순으로 본 것은 사실이지만, 그는 동시에 정치와 제도의 변화가 이 모순을 해결할 수 있다고 주장하고 있기 때문이다. 그는 프랑스혁명은 근본적인 제도 변화에 실패했기 때문에 중심모순을 극복할 수 없었던 것이며, 반대로 20세기 전반에 양차 세계대전을 치르면서 일어난 정치적 격변은 충분히 근본적인 제도 변화를 가져옴으로써 중심모순을 역전시켰다고 주장하는데, 이보다 정치와 제도의 중요성을 더 부각하기도 어려울 것이다. 만약 피케티가 마르크스와 같은 결정론을 믿었다면 중심모순에 대한 정책적 해법을 내놓기보다 혁명의 깃발을 들었어야 하지 않겠는가?

피케티의 이론에 입각해 소득불평등의 미래를 예측하는 데 또 하나의 난점은 과연 성장률의 하락이 자본수익률과 성장률의 격차를 확대시켜 중심모순을 격화하는지의 문제다. 어떤 이유에서든 r은 비교적 안정적이라는 사실을 전제한다면, 이 경우 g의 하락이 곧 $r-g$의 확대로 이어지겠지만, 피케티 이론의 바탕이 되는 솔로 성장모형 안에서 g의 하락이 초래하는 효과를 살펴보면 이야기는 달라진다. 특히 피케티와 같이 순저축률이 일정하다고 가정하면 문제가 발생한다. 이 경우에 g의 하락은 반드시 $r-g$의 하락을 초래한다.[39] 따라서 피케티가 예견하는 21세기의 성장률 하락은 자본수익률과 성장률 간의 격차를 축소시켜서 중심모순을 완화하고 소득분배를 개선한다는, 피케티의 주장과는 정반대의 결론이 나온다. 이 문제에 대한 해법은 두 가지다. 하나는 솔로와 일반적인 관행을 따라 순저축률이 아닌 총저축률이 일정하다고 가정하는 것이다. 순저축이란 총저축에서 자본의 감가상각을 제외한 것으로 순저축률이 일정하다는 것은 국민소득 대비 감가상각의 비중이 변화할 때 이를 상쇄하도록 총저축이 변화한다는 것을 의미한다. 하지만 이보다는 국민소득의 일정한 비율이 저축된다는 총저축률 불변의 가정이 직관적으로도 더 그럴듯하고 사실에도 더 부합한다.[40] 그리고 이 가정하에서는 g의 하락이 $r-g$의 증가를 초래할 수 있다.[41] 또 다른 해법은 피케티의 자본과 달리 생산재로서의 자본만이 존재하며 자본수익률과 임금률이 한계생산성에 의해 결정되는 솔로 모형을 포기하고, 그 대신 앞서 논의한 것처럼 r이 정치적·제도적 요인에 의해 결정된다고 가정하는 것이다.

피케티 이론과 한국 경제

피케티의 이론이 한국의 실정에 부합하는지에 관해서는 제3부와 제4부에서 자세하게 다루고 있기 때문에 여기서는 아주 간략하게 다섯 가지 논점을 언급하고 넘어간다.

첫째, 한국의 지난 20년간 소득분배의 양상을 보면 앵글로색슨계 국가들을 빼닮았다. 외환위기 이후 불평등의 심화는 누구나 인식하고 있는 문제지만, 통계청의 샘플조사에 입각한 지표는 문제의 심각성을 제대로 보여주지 못하고 있다. 흔히 통계청이 발표하는 지니계수를 기준으로 한국의 불평등도가 OECD 중간 수준이라고 평가하는데, 이는 현실을 호도하는 것이다. 동국대학교의 김낙년 교수와 김종일 교수가 피케티와 유사한 방법으로 국세청 자료를 활용해 추정한 바에 의하면 한국의 불평등 수준은 훨씬 심각하고 OECD 국가 중 가장 나쁜 편에 속한다.[42] 통계청이 발표한 지니계수가 0.31 언저리에 머무는 데 반해 이들의 추정에 의하면 0.37을 상회하는 것으로 나온다. 더구나 최상위 1%로의 소득 집중이 미국 못지않게 매우 빠른 속도로 진행되어 이미 미국 다음으로 높다는 것을 보여주고 있다.[43] 이명박 정부는 2010년경부터 소득불평등도가 약간 하락했다고 발표했으나 이 또한 통계청 조사의 오류일 가능성이 농후하다. 사실 OECD 국가 중 자살률과 노인 빈곤율이 최고이며, 국제노동기구[ILO] 조사에서 저임금근로자 비율이 가장 높게 나타나는 것이 한국의 현실이다. 모두 우리의 소득불평등 문제가 얼마나 심각한지 알려주는 지표들이다.

둘째, 피케티가 강조한 것처럼 한국에서도 자본소득은 노동소득에 비해 압도적으로 더 불평등하게 분배되고 있다. 그림 4.3에서 보는 바와 같이 배당소득의 경우 최상위 1%와 10%가 각각 전체 배당소득의 72.1%와 93.5%를 가져가는 것으로 나타났다. 주식·펀드 투자가 대중화되면서 약

그림 4.3 **소득 종류별 상위 1%와 상위 10%의 점유율(2012)**

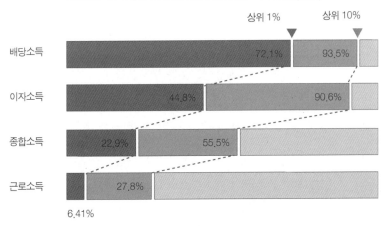

주: 소득 종류별로 상위 1%, 상위 1~10%, 하위 90%의 소득 비중을 보여준다. 근로소득에 비해 배당이
　　나 이자 등 자본소득의 분배는 극단적으로 불평등함을 보여준다.
자료: 국세청, 「2012년 배당소득·이자소득 100분위 자료」(2014.10.8). 김소연·김경락, "상위 1%가 배
　　당소득의 72% 가져갔다", ≪한겨레≫, 2014년 10월 9일 자 재인용.

882만 명이 배당을 받았지만, 대다수 투자자들의 배당소득은 미미한 것을
알 수 있다. 만약 배당소득이 전혀 없는 사람들까지 포함해서 소득점유율
을 계산하면 배당소득의 집중도는 더욱 높게 나올 것이다. 이자소득의 경
우에도 최상위 1%와 10%의 몫이 각각 44.8%와 90.6%로 높은 집중도를 나
타냈다. 반면 노동소득의 경우에는 각각 6.4%와 27.8%로 집중도가 훨씬
덜하다. 사업소득이 주를 이루는 종합소득에는 자본소득과 노동소득이 혼
재되어 있는데, 이 집중도 또한 양자의 중간 수준을 나타낸다.

셋째, 한국의 소득분배가 악화된 원인도 부분적으로는 피케티의 분석에
서 실마리를 찾을 수 있다. 1990년대 이후 고도성장기의 종언에 따라 성장
률이 자본의 수익률보다 낮아졌으며, 자본/소득 비율(β)이 상승하고 자본
소득분배율(α)이 증가했다. 한국의 소득분배의 악화에는 외환위기 이후
제도와 정책의 변화도 상당한 영향을 미쳤다. 고용불안정이 심화되고 자영

업이 과잉 팽창한 것이 중산층의 와해를 불러왔다. 또한 성과보상제도가 확산된 것도 임금 격차의 증가를 불러왔다. 최상위 1%로의 소득 집중의 원인은 미국의 경우와 유사하다. 한편으로는 기업이윤이 큰 폭으로 증가하면서 자본소득이 증가했고, 다른 한편으로는 부자감세가 이루어지고 사회규범이 변하면서 대기업과 금융기관 임원들의 보수가 폭증했다.

넷째, 세습자본주의에 대한 피케티의 경고는 한국에서 특히 울림이 크다. 한국은 고도성장기에 사회적 이동성이 높았지만 최근에는 부의 대물림과 교육 기회의 불평등 문제가 심화되고 있다. 특히 세습재벌 문제는 심각하다. 재벌 2세, 3세들이 부를 지배하는 한국은 어찌 보면 이미 세습자본주의라고 할 수 있다. 한국의 최고 부자들은 자신의 손으로 부를 일군 경우가 별로 없고 대부분 선대의 재산을 물려받은 사람들이다. 재벌닷컴이 2014년 봄에 집계한 '대한민국 상장사 100대 주식 부자' 중에서 85명이 세습재벌 가문이었다. 게다가 한국 재벌들은 재산만 상속하는 것이 아니라 경영권까지 상속받는다. 그래서 이들 상속자들은 거대한 기업집단을 거느리면서 무소불위의 권력을 행사한다. 때로는 법을 무시하고 멋대로 이익을 도모하기도 하고, 때로는 법을 자기 입맛에 맞게 만들어내기도 한다. 한국의 재벌 세습자본주의는 단단한 철옹성을 구축하고 있어서 좀처럼 새로운 대기업이 출현하기 어렵다.[44] 마이크로소프트, 구글, 아마존, 페이스북 등 초우량 대기업과 초대형 부자가 쑥쑥 튀어나오는 미국 경제에 비해 한국에서 부가 더욱 세습화되었다고 볼 수 있다.

다섯째, 자본세 혹은 부유세 도입과 관련해 피케티가 금융투명성을 무척 강조했는데, 이는 한국에서도 매우 심각한 문제이다. 2012년 여름, 영국 런던에 본부를 둔 NGO '조세정의네트워크'가 조세피난처를 이용한 해외은닉재산을 추정한 보고서를 발간한 적이 있다. 이 보고서는 조세피난처에 은닉한 한국인의 재산이 7790억 달러에 이르며, 한국이 중국과 러시아에 이어 세계 3위의 해외재산도피 국가라고 추정했다. 해외재산도피는 박정희 시대부터 있었던 일이지만, 특히 IMF 위기 이후 구조조정 과정에서 대규모로 발생했다. 또한 해외로 몰래 빠져나간 일부 자금은 소위 '검은 머리 외국자본'으로 다시 국내에 들어와 각종 특혜를 누리기도 했다. 조세정의와 투명성, 그리고 복지재원 마련을 위해서도 해외 은닉자산을 파악해 세금을 부과하는 것은 매우 중요하다. 물론 피케티가 지적한 대로 이는 강력한 국제적 협력을 전제로 하는 것이기에 당장에 큰 성과를 거두기는 어렵다. 그래서 더더욱 한국 정부는 글로벌 자본세 도입에 진취적인 자세로 접근할 필요가 있다.

문제는 정치야, 이 바보야!

신신고전파 경제성장이론을 확립해 노벨상을 받은 원로 경제학자 솔로가 피케티의 『21세기 자본』에 대한 서평을 쓰고 붙인 제목은 "피케티가 옳다Thomas Piketty Is Right"였다.[45] 대가가 큰 틀에서 보기에 피케티의 데이터에 별 문제가 없고, 피케티의 논리에도 심각한 오류는 없었다. 그에 비해 피케티가 제기하는 문제는 너무나 중대하고 심각한 것이었다. 철저한 검증과 비판적 고찰이 필요함은 물론이다. 그러나 트집 잡기나 반대를 위한 반대는 곤란하다. 매우 진지한 검토와 숙고가 필요하다.

피케티가 강조하는 것처럼 분배의 문제는 본질적으로 정치적이고 언제나 뜨거운 논란을 불러일으킨다. 객관적인 논의보다는 이념적 성향에 따라 감정적인 논쟁으로 치닫기 쉽다. 피케티의 이념적 성향은 '진보적 자유주의'라고 할 수 있다.[46] 모든 개인의 존엄과 자유를 최대한 평등하게 실현하는 것을 이상으로 삼는 사고방식이다. 시장과 개인의 창의성을 존중하면서도 실질적인 기회의 평등을 보장하기 위한 사회적 권리와 공동체의 연대를 발전시키려는 것이다. 피케티에 대한 판단은 독자의 이념적 성향에 따라 달라진다. 한국의 대표적인 진보적 자유주의자라고 할 수 있는 최장집 교수가 호평을 한 것이나, 현진권 등 보수적인 학자들이 피케티에 대한 비난조의 책을 펴낸 것이나 다 그런 맥락이다.[47] 미국에서 쏟아져 나온 서평들을 봐도 그렇다. 시장과 개인주의에 적대적인 관점을 가진 이들, 혹은 평등·사회권·연대 따위에는 관심이 없는 이들에게는 피케티의 주장이 못마땅할 수 있다. 하지만 피케티가 제기하는 불평등의 문제가 21세기 세계 경제의 미래를 위협하는 가장 심각한 요인이라는 데는 광범위한 합의가 형성되어 있다. 그가 불평등의 결정 요인으로 제시한 자본주의의 중심모순, 근본 부등식에 따른 '부익부'의 동학은 실제로 존재하거나 아니거나 둘 중 하나다. 내 맘에 들고 아니고의 문제가 아니다. 그것이 다른 요인들에 비해 얼마나 중요하게 작동하는가 하는 문제도 실증적인 검증의 대상이지 호불호의 영역에 속한 것은 아니다. 냉정하고 엄밀하고 최대한 과학적인 접근을 해야 한다.

최근 한국의 일부 언론에서 피케티가 자신의 주장에 오류가 있었다고 인정하고 이를 수정한다는 보도가 있었다.[48] "고개 숙인 피케티 … '부의 불평등' 오류 인정", "'21세기 자본론' 피케티의 말 바꾸기 논란", "'21세기 자본' 일부 오류 수정" 등의 기사 제목을 보면 마치 피케티가 논쟁에서 완패한 것 같은 인상을 준다. 이러한 보도가 나오게 된 배경을 살펴보면 우리 언론의 현실에 대해 많은 생각을 하게 된다. 일부 기사는 피케티가 새 책 혹은 새 논문을 2015년 5월에 발표할 예정인 것처럼 보도하고 있으나, 실은 이미 1월에 열린 전미경제학회에서 발표된 논문들을 엄선해서 출판하는 ≪전미경제학회지American Economic Review≫ 5월호의 인터넷판이 3월 초에 공개되면서 '5월 출간 예정'이라고 설명한 것을 오해한 것이다. 이를 계기로 ≪월스트리트저널≫을 비롯한 미국의 일부 보수언론이 악의적으로 피케티를 공격하는 기사와 칼럼들을 실었고,[49] 한국의 보수언론은 이를 인용해 보도하면서 오보성 기사들을 쓰게 된 것이었다.

사실 논란이 된 피케티의 논문을 보면 '오류 수정'이 아니라 기존 주장에 대한 '부연 설명'이라고 해야 옳다.[50] 이 논문은 이미 전미경제학회에서 발표한 내용과 동일하며, 단지 자본과세에 관한 한 절을 추가했을 따름이다. 전미경제학회 당시 언론이 많이 보도한 것처럼 피케티는 맨큐와 치열한 논쟁을 벌였는데, 동일한 내용을 두고 이제 와서 피케티가 오류를 인정했다고 하는 것은 어불성설이다. 피케티는 자신의 책에 대한 해석을 둘러싼 오해들이 있으니 이를 재설명한다는 입장이다. 보수언론과 보수경제학자들이 문제 삼은 것은 피케티 논문의 "나는 소득과 부의 불평등이 20세기에 어떻게 변화했는지 설명하고 21세기에는 어떤 경로를 걷게 될지 예측하는 데 있어서 $r > g$가 유일한 혹은 가장 중요한 공식이라고 생각하지 않는다"는 구절이다. 그러나 이 문장의 앞에서 그는 "r과 g의 격차는 부의 불평등의 정도와 변동을 설명하는 중요한 요인 중의 하나"라는 입장을 재확인한다. $r > g$가 유일한 혹은 가장 중요한 공식이 아닐 수 있다는 것은 "$r > g$ 외에도 정치적 격변이나 제도적 변화 등이 불평등 심화에 중요한 역할을 해왔고, 특히 미국에서 1980~2010년 불평등이 확대된 것은 $r > g$보다는 최고경영자와 일반 근로자의 임금 격차가 확대되었기 때문"이라는 기존의 주장과 맥을 같이 하는 것이다.[51] 어느 모로 보나 『21세기자본』의 주장을 되풀이한 것을 가지고 피케티가 오류를 인정했다고 해석하는 다소 황당한 일이 일어난 것은 아무래도 이념 경쟁의 과잉 현상이 아닌가 싶다.

분배 문제, 끝없는 불평등의 악순환을 해결하기 위한 사회적 논의는 이념 경쟁과 과학적 연구, 민주적 토론의 일정한 배합 가운데 이루어질 것이다. 세 가지 요소가 모두 중요하다. 단, 이념과 과학의 탈을 쓰고 민주적 토론을 억제해 기득권을 강화하려는 시도는 바람직하지 않다. 기득권자들은 흔히 탐욕에 젖어 우둔한 짓을 한다. 자본주의를 보전하기 위해 필요한 것까지도 반대한다. 이미 지난 30년 동안 서구에서 신자유주의가 득세하고 금융세계화가 깊숙이 진행되면서 건강한 자본주의 발전을 위한 합리적인 제도들이 많이 망가졌다. 부자감세와 규제완화가 무분별하게 이루어진 것이다.

최종 결론은 정치다. 과거에 클린턴 대통령이 "문제는 경제야, 이 바보야!"라는 선거구호로 재미를 보았지만, 필자는 거꾸로 "문제는 정치야, 이 바보야!"라고 누차 주장해왔다.[52] 피케티도 황금시대가 종언을 고하고 불평등이 심화된 궁극적인 까닭은 정치적 변화, 즉 신자유주의 정치에 의한 것이라는 점을 강조하고 있다. 마찬가지로 불평등의 심화를 막고 세습자본주의의 도래를 저지하기 위해서는 신자유주의 정치 혹은 신자유주의의 탈을 쓴 기득권의 정치를 다시 바꿔야 한다.

21세기 초반의 시점에서 민주주의는 도전에 직면해 있다. 피케티는 "20세기 초반 프랑스는 민주국가였지만 지독한 부의 집중에 아무런 반응을 하지 않았다. 엘리트들 또한 이 문제를 외면했다. 자유시장이 문제를 해결할 것이라는 주장만을 반복했다"는 것을 우리에게 상기시키고 있다. 미국과 유럽만이 아니라 한국의 민주주의도 '부익부'의 동학이 빚어내는 위협에 적절하게 대응해야 한다. 2012년에 총선과 대선을 치르면서 한국의 민주주의는 경제민주화와 복지국가라는 대응방향을 정했다. 안타깝게도 기득권자들의 사보타지 sabotage 와 정부의 무책임으로 진전이 더디다. 재계는 투자를 위축시킨다며 경제민주화 입법에 성공적으로 저항해왔으며, 정부는 재원이 부족하다며 복지공약을 후퇴시켜왔다. 새롭게 개혁을 향한 동력을 결집해야 한다. 이 과정에서 피케티의 『21세기자본』에 관한 깊이 있는 논의가 건설적인 힘이 될 수 있을 것이다.

제2부

피케티와 미국, 프랑스, 유럽연합

'피케티 신드롬'의 배경과 맥락

_윤석준

제5장

2014년 세계는 왜 피케티에 열광했는가

『21세기 자본』첫 출판 당시, 프랑스 사회의 반응

2013년 9월 5일. 여름휴가가 이제 막 끝난 프랑스 서점 진열대에는 토마 피케티의 『21세기 자본Le Capital au XXIe siècle』이라는 신간이 진열되기 시작했다.[1] 970여 쪽에 이르는 묵직한 경제학 학술서였지만, 9월 한 달간 이 책은 프랑스 주요 언론의 서평란을 화려하게 장식했다. ≪르 피가로Le Figaro≫, ≪리베라시옹Libération≫, ≪르 푸앙Le Point≫, ≪마리안느Marianne≫, ≪챌린지Challenges≫, ≪르 누벨 옵세르바퇴르Le Nouvel Observateur≫ 등 좌우파 성향을 막론하고 프랑스 주요 일간지와 주간지들은 이 책에 대한 상세한 서평들을 실었다. 특히, 출판 바로 다음 날이었던 9월 6일 프랑스 공영방송 메인 채널인 France 2는 저녁 토론 프로그램 〈오늘 저녁Ce soir ou jamais〉에 피케티를 초대했다. 이 생방송 토론 프로그램에서 피케티는 『21세기 자본』의 주요 내용들을 가지고 프랑스의 저명한 역사학자인 에마뉘엘 토드Emmanuel Todd와 일대일로 열띤 토론을 벌였다. 물론, 이때까지만 해도 바로 다음 해인 2014년 봄부터 전개될 전 세계적인 '피케티 신드롬'을 예상하는 사람은 아무도 없었다. 하지만, 적어도 피케티의 『21세기 자본』은 이미 프랑스에서도 처음 출판될 당시부터 상당한 주목을 받았던 것만은 사실이다.

미국에서 영문 번역판이 출판되어 화제가 되기 시작한 2014년 봄부터 한국에서도 피케티의 『21세기 자본』이 사람들 사이에서 회자되기 시작했다. 하지만 한국의 언론과 일부 전문가들은 "토마 피케티라는 경제학자와 『21세기 자본』이라는 책은 영문판 번역이 나와 미국에서 유명해지기 전까지 정작 프랑스에서는 그다지 주목받지 못했다"는 설명을 종종 덧붙이고는 했다. 그래서 프랑스에서 '무명 학자'에 가까웠던 사람이 마치 미국에서 '신데렐라'가 된 것에 비유하기도 하고, 심지어는 『21세기 자본』에 대한 학술 토론에서 이 책이 40대 초·중반의 '아들뻘의 나이 어린 학자'의 이야기라고 폄하하는 보도도 있었다. 하지만 이러한 이야기들은 사실과 다르거나, 선입견이 담긴 편견이 와전된 것에 지나지 않는다. 우선, 피케티는 프랑스에서 '무명 학자'이기는커녕 이미 오래전부터 많은 주목을 받고 있던 소장 경제학자였다. 그는 23세에 프랑스에서 박사학위를 마치고 미국으로 건너가 MIT 경제학과에서 교수 생활을 시작했고, 유럽경제학회The European Economic Association: EEA에서 가장 우수한 젊은 경제학자에게 수여하는 학술상을 수상했으며, 30대 후반에 파리경제대학Paris School of Economics: PSE의 설립 총책임자로 임명되었다. 또 『21세기 자본』 출판 전에 이미 이 책 내용을 가지고 한국 학술원에 해당하는 프랑스의 국립교육 및 연구기관 콜레주 드 프랑스Collège de France에서 공개강의를 했다는 사실도 염두에 둘 필요가 있다.

또한 프랑스 실정에 익숙하지 않거나, 불어로 된 자료들을 읽을 수 없는 경우이더라도, 구글 검색어 관련 빅데이터를 활용하면 2013년 가을 『21세기 자본』 첫 출판 당시 이 책과 피케티에 대한 프랑스 사회의 관심이 어느 정도였는지 확인해볼 수 있다.[2] 우선, 프랑스에서 2004년부터 'Piketty'에

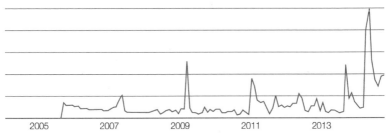

그림 5.1 **프랑스에서 'Piketty'에 대한**
구글 검색어 빅데이터를 활용한 관심도 추이(2004~2014)

자료: 구글 트렌드(google trend) 이용, 필자 분석.

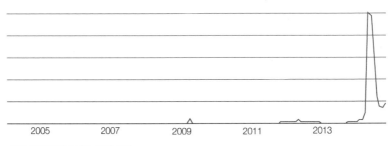

그림 5.2 **미국에서 'Piketty'에 대한**
구글 검색어 빅데이터를 활용한 관심도 추이(2004~2014)

자료: 구글 트렌드 이용, 필자 분석.

대한 구글 검색 이용 빈도수를 기반으로 관심도를 분석해보면 그림 5.1과
같은 결과를 얻을 수 있다. 그림 5.1에 나타난 분석 결과는 그가 이미 2004
년부터 주기적으로 프랑스 사회에서 상당히 관심을 받고 있던 학자였음을
잘 보여준다. 전 세계적인 '피케티 신드롬'이 절정에 이르던 2014년 5월의
관심도를 100으로 놓으면, 2004년 9월의 관심도는 28, 2007년 4월의 관심
도는 24, 2009년 3월의 관심도는 50, 2011년 2월의 관심도는 33이며, 이는
피케티에 대한 프랑스 사회의 관심이 상당히 오래전부터 있었다는 것을 알
수 있게 해준다. 『21세기 자본』의 불어판이 출판되었던 2013년 9월의 관심

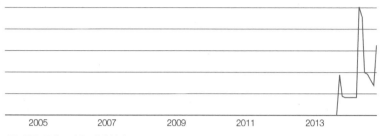

그림 5.3 **프랑스에서 'Le Capital au XXIe siècle'에 대한
구글 검색어 빅데이터를 활용한 관심도 추이(2004~2014)**

자료: 구글 트렌드 이용, 필자 분석.

도 또한 51 정도로 나타난다.

　이는 같은 구글의 검색어 관련 빅데이터를 활용해 미국에서의 2004년부
터 'Pikeutty'에 대한 관심도를 그림 5.2와 같이 분석해 프랑스에서의 관심도
와 비교해보면 그 의미가 더 명확해진다. 미국 사회에서는 피케티가 『21세
기 자본』의 영문 번역판이 출판되던 시기인 2014년 4월과 5월이 되어서야
주목을 받게 된 것이기 사실이기 때문에, 프랑스 사회에서의 피케티에 대
한 관심도는 더 뚜렷하게 대비되어 확인된다.

　경제학자로서의 피케티 개인뿐만 아니라, 『21세기 자본』첫 출판 당시
이 책 자체에 대한 프랑스 사회의 관심도 또한 같은 방식으로 확인해볼 수
있다. 앞서 사용한 구글의 검색어 관련 빅데이터를 활용해서 이 책의 불어
제목인 'Le Capital au XXIe siècle'에 대한 관심도를 분석해보면 그림 5.3
과 같은 결과가 나온다. 전 세계적인 '피케티 신드롬'이 절정에 이르던
2014년 5월의 관심도를 100으로 놓으면, 이 책이 프랑스에서 처음으로 나
온 2013년 9월에 36의 관심도를 보여주었고, 이후 미국의 번역본 출판 이
전까지 13~15 정도의 관심도를 지속적으로 유지했다. 특히 출판 첫 두 달
간의 열기가 가라앉은 뒤인 11월부터 다음 해 3월까지 관심도가 지속적인
하락세가 아닌 재상승 추세에 있었다는 점이 흥미롭다. 이것은 출판 초반

에는 기존에 피케티의 연구에 대해 비교적 잘 알고 있던 학자, 전문가, 독자층들만이 구매를 했다면, 이후에는 구전 효과 등을 통해 피케티나 이 책의 가치를 새롭게 알게 된 프랑스 사회의 일반 독자층 구매가 점점 늘어나고 있었음을 유추할 수 있게 해준다.

즉, 2014년 4월 미국에서 영문 번역판이 출판된 이후 피케티의 책이 화제가 되면서 프랑스에서 관심도가 상당히 증폭된 것은 사실이지만, 이러한 미국에서의 관심도와 관계없이 불어판 출판 초기에도 이미 프랑스 사회에서 피케티와 『21세기 자본』은 적지 않은 관심을 받고 있었을 뿐만 아니라 출판 초기 이후에도 이러한 관심이 줄어들기는커녕 오히려 증가하고 있던 상황이었다.

그렇다면, 프랑스에서 피케티의 『21세기 자본』이 출판 직후부터 이처럼 적지 않은 주목을 받을 수 있었던 것은 어떤 이유 때문이었을까?

첫째, 피케티는 경제적 불평등을 연구하는 대표적인 경제학자로 관련 학계에서는 예전부터 잘 알려진 유명한 인사였다. 이미 그는 24세의 나이로 미국 MIT 경제학과 교수로 재직 중이던 1995년 발표한 「사회적 이동성과 재분배 정치Social Mobility and Redistributive Politics」라는 논문을 통해 학계에서 주목을 받기 시작했다.[3] 그리고 2001년에 그의 파리고등사범학교ENS-Ulm 후배이자 절친한 공동 연구자인 미국 버클리 대학의 이매뉴얼 사에즈 교수와 함께 쓴 「미국의 소득불평등Income Inequality in the United State, 1913~1998」은 2014년 8월 현재까지 재인용 횟수가 1800회에 가까울 정도로 경제적 불평등 연구자들이라면 한 번씩 읽어보았을 만한 논문으로 여겨지고 있다.[4]

둘째, 피케티는 프랑스 대중에게도 인지도가 비교적 높은 경제학자였다. 단적인 예로, 2011년 그의 저서 『조세혁명을 위하여: 21세기를 위한 소득세Pour une révolution fiscale: Un impôt sur le revenu pour le XXIe siècle』가 나왔을 때 프랑스의 반응은 사실 『21세기 자본』의 출간 직후 모습과 상당히 닮아 있었다.[5] 그때도 프랑스의 주요 언론들은 그의 신작에 대한 서평을 앞다투어 실었고, 프랑스 공영방송 메인 채널인 France 2는 저녁 토론 프로그램에 피케티를 초대했다. 그뿐만 아니라, 『21세기 자본』은 출판 이전부터 콜레주 드 프랑스에서의 공개강의를 통해 대중과 미리 만나고 있었다. 또한 이 책의 주요 내용들은 파리경제대학에서 진행한 피케티의 대학원 수업과 세미나에서 사용되었으며, 이는 출판 전 몇 년간 그의 학생들이나 동료 연구원들과 함께 숙성시켜온 것이기도 하다.

셋째, 피케티는 프랑스 정계에서도 인지도가 비교적 높은 경제학자였다. 그는 당시 우파인 자크 시라크Jacques Chirac 대통령 집권 시절인 2005년에 도미니크 드 빌팽Dominique de Villepin 총리에 의해 파리경제대학PSE 이라는 새로운 경제학 대학원 대학교 설립의 전권을 위임받는다. 그는 파리 지역의 유수 경제연구소들을 하나의 교육 및 연구 단위체로 통합시키는 쉽지 않은 계획의 총책임자로서, 마침내 2006년도에 지금 그가 재직 중인 파리경제대학을 성공적으로 개교시킨다. 하지만 그는 학교 개교 이후 곧바로 초대 총장직을 고사하고, 그 대신 이듬해인 2007년에 프랑스 사회당 세골렌 루아얄Ségolène Royal 대통령 후보 선거운동본부에 경제참모로 합류한다. 또한 2009년까지 그가 프랑스 사회당의 유력 여성 정치인인 오렐리 필리페티Aurélie_Filippetti 와 동거인 사이였다는 점도 프랑스 정계에서 그의 인지도를 높이는 데 한몫했다.

요컨대, 피케티가 이전까지는 무명에 가까운 경제학자였다든지, 『21세기 자본』이 프랑스에서는 주목을 받지 못했다는 이야기들은 모두 사실과는 거리가 있다. 프랑스에서 『21세기 자본』이라는 책이 출판 직후부터 주목받았던 것은 이미 프랑스 학계, 정계, 대중에게 피케티의 인지도가 비교적 높았기 때문이다. 그가 『21세기 자본』에서 주요 논지로 내세운 이야기 중, 특히 프랑스에서의 소득불평등에 대한 문제는 그가 이미 오래전부터 프랑스 사회에서 학술 활동이나 언론기고 등을 통해 지속적으로 환기시키고 공론화해왔던 것으로서, 『21세기 자본』이 나오던 2013년에 프랑스 사회에서 새롭게 더 주목받거나 대중적으로 폭발적인 반향을 일으킬 만큼 시의적절한 주제는 아니었다. 그래서 『21세기 자본』이 처음 출판되었을 때 프랑스 사회 내에서 그가 2011년에 조세개혁을 통한 경제적 불평등의 완화를 주장했던 저서 『조세혁명을 위하여』의 출판 때와 거의 비슷한 수준의 주목을 받고 반향을 얻었던 것뿐이다.

미국 사회는 왜 피케티의 『21세기 자본』에 열광했는가

2014년 3월, 미국에서 『21세기 자본』이 번역되어 영문판으로 출판되었을 때 관련 학계를 제외하면, 처음부터 이 책이 미국 대중의 주목을 받았던 것은 아니었다. 사실 『21세기 자본』은 일반적인 미국 학계나 출판계 통념상 대중적인 흥행 요소를 찾아보기는 쉽지 않은 책이다. 우선, 대중서가 아닌 학술서를 전문으로 출판하는 하버드 대학 출판부에서 책이 나왔으며, 영문판으로 700쪽에 가까워 일반 독자들이 읽기에는 다소 부담스러운 분량의 경제학 학술서인 데다가, 저자는 미국 대학이나 연구기관에 소속되어 있지 않은 프랑스인 경제학자라는 점이 그렇다. 그러나 『21세기 자본』의 영문 번역판이 출판된 지 몇 주가 지나면서 이 책은 예상보다 폭발적인 대중의 사랑을 받기 시작했다. 하버드 대학 출판부의 한 관계자는 이 당시를 회고하기를, 4월 상반기가 지나면서 인터넷 서점인 아마존 판매순위 50위 안에 들었을 때 출판부 관계자들 모두 그 정도만으로도 상당한 성공이라며 흥분할 정도였다고 한다.

하지만 4월 중순부터 『21세기 자본』은 예상보다 훨씬 더 뜨거운 열풍을 일으키며 미국 대중의 사랑을 받기 시작한다. 심지어 미국 인터넷 서점인 아마존에서 판매순위 1위를 차지한 것이다. 하버드 대학 출판부는 미처 예상하지 못한 이와 같은 미국 사회의 뜨거운 반향에 부응하기 위해 『21세기 자본』의 재판을 신속히 찍어냈지만, 몇 주 사이에 초판 5만 부와 재판 8만 부가 순식간에 팔려나가면서 아마존에는 인쇄본 책의 재고가 바닥나버리게 된다. 그러자 재고 부족으로 인쇄본 도서를 구매할 수 없게 된 독자들은, 인쇄본 도서 대신 전자책인 아마존 킨들 버전을 구입했고, 곧이어 『21세기 자본』은 아마존 전자책 부분에서도 판매량 1위에 오른다. 그리고 5월에는 《뉴욕타임스The New York Times》 베스트셀러 비소설 부문에서도 1위를 차지하면서, 불과 출판 두 달 사이에 15만 부 이상을 판매하게 된다. 『21세기 자본』은 하버드 대학 출판부 100여 년 역사상 가장 많이 팔린 책이 되었다.

물론 피케티는 미국에서도 관련 학계에서는 비교적 잘 알려진 인물이었다. 2012년 미국의 외교전문지 《포린폴리시Foreign Policy》는 '세계 100대 지성Top 100 Global thinkers'을 선정하면서 경제적 불평등의 세계적 연구자로 파리경제대학의 토마 피케티와 버클리 대학의 이매뉴얼 사에즈를 공동 선정하기도 했었다.[6] 물론 피케티는 미국 사회에서 관련 학계를 제외하면 사실상 대중에게는 무명에 가까운 외국 학자였던 것 또한 사실이다. 이것은 앞서 구글 검색어 빅데이터를 활용한 미국 사회에서의 피케티에 대한 관심도 그림 5.2를 보더라도 쉽게 확인할 수 있다. 그도 그럴 것이, 미국 사회에는 경제적 불평등에 대한 문제를 지속적으로 대중에게 환기시켜온 프린스턴 대학의 폴 크루그먼 교수, 컬럼비아 대학의 조지프 스티글리츠 교수와 같은 슈퍼스타급 노벨 경제학상 수상자들이 있었다. 또한 미국 학계에서 경제적 불평등에 대한 연구는 피케티의 공동 연구자인 버클리 대학의 이매뉴얼 사에즈의 인지도가 훨씬 더 높은 편이었다.

그렇다면 왜 2014년 미국 사회는 왜 피케티의 『21세기 자본』에 이토록 열광했을까? 앞에서 본 바와 같이 2013년 가을 프랑스에서 피케티의 『21세기 자본』 출판에 대한 프랑스 사회의 관심은 토마 피케티라는 경제학자 개인에 대한 프랑스 사회 내의 지명도나 그에 따른 기대치가 비교적 크게 영향을 미친 편이었다. 하지만 2014년 봄 미국에서 피케티의 『21세기 자본』 영문판이 번역되어 출판되면서 시작된 이른바 '피케티 신드롬'이라고 불리는 미국 사회에서의 폭발적인 반향은 프랑스 사회와는 조금 다른 차원에서의 설명이 필요하다. 일부는 이러한 미국에서의 '피케티 신드롬'을 두고 폴 크루그먼이 ≪뉴욕타임스≫에 기고한 우호적인 칼럼의 덕을 크게 보았다거나, 아마존에서 판매순위 1위로 올라서면서 읽지도 않을 책을 너도나도 구매하는 현상이 나타났다는 등 우연적 요소나 마케팅적 요소를 강조하며, 일종의 '신데렐라'의 출현으로 이 현상을 바라보기도 한다.

물론 2014년 4월 중순의 미국 대중의 『21세기 자본』에 대한 폭발적인 반응에는 위에서 언급한 우연적 요소와 마케팅적 요소도 있었을 수 있다. 하지만 좀 더 근본적으로 보면 그러한 요소들이 이러한 '피케티 신드롬'으로 이어질 수 있었던 '양질전화量質轉化'[7]적 측면은 없었을까?

여기에 대한 해답은 사실 피케티와 사에즈의 「미국의 소득불평등」이라는 논문과 피케티의 『21세기 자본』이라는 책에 들어 있다. 미국의 경제적 불평등이 다른 어느 서구 주요 선진국들보다 심각한 상태에 놓여 있으며, 이 문제에 대한 대중적 관심이 점차 커지고 있는 상황이었다는 점이다.

피케티와 사에즈가 그동안 공동으로 연구해온 결과에 따르면, 현재 미국 사회의 경제적 불평등은 다른 주요 선진국들에 비해서도, 미국의 역사상으로 따져보아도 사실상 가장 심각한 상황인 것으로 분석되고 있다. 『21세기 자본』에서 유럽과 미국의 국민소득에서 소득 상위 10%가 차지하는 비율의 시계열적 변화 양상을 보여주는 그림 5.4를 보도록 하자. 이에 따

그림 5.4 유럽과 미국에서 소득 상위 10%가 국민소득에서 차지하는 비중(1900~2010)

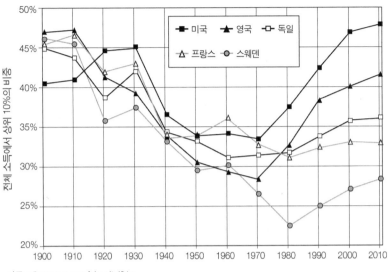

자료: piketty.pse.ens.fr/capital21c

르면 1900년대 초반에는 사실 유럽이 미국보다 소득불평등이 더 심한 상황이었다. 이후 1900년대 초반 이후부터 1970년대까지는 미국과 유럽이 소득불평등 측면에서는 어느 정도 비슷한 양상을 보이게 된다. 그러다가 1970년대 이후부터는 미국이 유럽국가들보다 현격한 차이를 보이면서 소득불평등의 급격한 심화라는 '다른 길'을 걸어온 것을 알 수 있다. 유럽 안에서도 스웨덴은 상대적으로 소득불평등이 낮고, 영국은 상대적으로 소득불평등이 높으며, 독일과 프랑스는 두 나라의 중간 정도에 위치해 있다. 하지만 이들 유럽 국가들은 평균적으로나 개별적으로나 미국의 소득불평등 증가 추세만큼 심각하지는 않다.

특히 피케티와 사에즈는 미국에서 1970년대 이후 이처럼 상위 10%의 소득 비중이 급격히 높아진 것은 상위 1%의 소득이 급증했기 때문이라고 주장한다. 실제로『21세기 자본』에서 미국에서의 상위 10%를 좀 더 세분

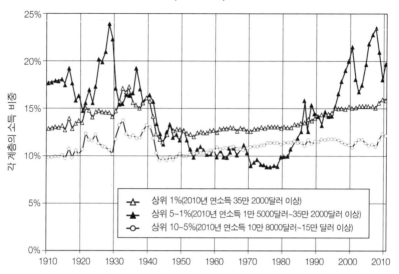

그림 5.5 **미국의 소득 상위 10%를 세분화해 각각 국민소득에서 차지하는 비중**
(1900~2010)

자료: piketty.pse.ens.fr/capital21c

화해, 상위 10~5%, 상위 5~1%, 상위 1%로 나누어 각각의 소득이 전체 국
민소득에서 차지하는 비율을 비교한 그림 5.5를 보면 상위 10%의 소득 비
중이 급격히 높아진 것은 상위 1%의 소득이 급증했기 때문이라는 것이 좀
더 명확해진다. 이에 따르면, 미국에서 1950년대 초반부터 1980년대 초반
까지 상위 1%가 전체 국민소득에서 차지하는 비율은 대략 10% 선에 머물
렀으나, 이후 이 비율은 가파르게 증가하기 시작해 2000년대 초반에는
20% 선을 상회하게 된다. 1980년부터 2000년까지 약 20년 동안 상위 1%
가 전체 국민소득에서 차지하는 비율이 무려 두 배로 늘어나게 된 것이다.
반면, 이 시기 미국의 상위 10~5%와 상위 5~1%가 전체 국민소득에서 차지
하는 비중은 비교적 완만하게 유지되거나 혹은 미미한 상승을 보인다. 즉,
미국 사회에서는 단순히 상위 10%로의 소득 집중이 문제의 핵심이 아니라

전문경영인이나 고액 연봉자들로 구성된 최상위 1%로의 소득 집중 가속화가 문제인 것이다.

이러한 상황을 반영한 듯, 미국 사회에서는 2014년 '피케티 신드롬'이 시작되기 수년 전부터 경제적 불평등에 대한 화두가 학계는 물론 대중적 담론으로 급속히 부상하고 있었다. 우선, 학계에서는 불평등에 대한 연구 성과와 저술이 쏟아져 나왔다. 그중에서 가장 대표적인 것은 컬럼비아 대학 조지프 스티글리츠 교수의『불평등의 대가: 어떻게 오늘날의 분열된 사회는 우리의 미래를 위협하는가』[8]와 예일 대학 정치학과 제이컵 해커Jacob Hacker 교수와 버클리 대학 정치학과의 폴 피어슨Paul Pierson 교수가 공동으로 저술한『승자독식의 정치: 어떻게 워싱턴은 부자들을 더욱 부자로 만들었으며 중산층에게는 등을 돌렸는가Winner-Take-All Politics: How Washington Made the Rich Richer-and Turned Its Back on the Middle Class 』[9]로 미국 대중의 상당한 반향을 얻었다. 인터넷서점 아마존에서 미국 사회의 경제적 불평등 심화에 경종을 울리는 이러한 책들은 주기적으로 베스트셀러 상위권에 올랐다. 그리고 대중은 2011년 '월가를 점령하라Occupy Wall Street', 2012년 '의회를 점령하라Occupy Congress'와 같은 시민들의 단체행동으로 불평등 심화에 대한 문제의식을 공론의 장에서 키워나갔다.

이처럼 2014년 미국 사회에서의 '피케티 신드롬'은 미국 사회에서 불평등이 심화되어온 현실과 이에 대한 대중의 문제의식이 심화되고 축적되는 과정에서 일종의 양질전화가 일어난, 말하자면 티핑 포인트Tipping point 적인 성격을 띠고 있다. 단순히 '폴 크루그먼 효과'나 '아마존 효과' 같은 우연적 요소나 마케팅적 요소만을 강조하는 것은 이러한 본질적인 역사적 동학을 의식적이든 무의식적이든 단순화된 일회적 동학으로 치환해 의미를 축소시켜버리는 것일 수 있다.

물론 이러한 '피케티 신드롬'이 과연 미국 사회의 보편적인 현상이었을

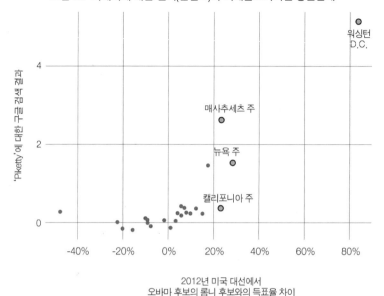

그림 5.6 **피케티에 대한 인기(관심도)와 이데올로기적인 상관관계**

세로축: 'Piketty'에 대한 구글 검색 결과

워싱턴 D.C.

매사추세츠 주

뉴욕 주

캘리포니아 주

가로축: -40% -20% 0% 20% 40% 60% 80%

2012년 미국 대선에서
오바마 후보의 롬니 후보와의 득표율 차이

자료: Justin Wolfers, "Piketty's Book on Wealth and Inequality Is More Popular in Richer States,"
The New York Times, April 23, 2014.

까라는 부분에 대해서 합리적 의문을 추가로 제기해볼 만은 하다. 다시 말해 '피케티 신드롬'을 포함한 미국 사회의 경제적 불평등 심화에 대한 다양한 반응과 대중적인 흐름이 혹시라도 기존의 민주당, 공화당 양당 지지자들의 정치적 입장들을 재확인하고 강화하는 수준의 의미에 국한되는 것은 아닐까라는 점이다.[10]

이 문제에 대해서는 미시건 대학 경제학과의 저스틴 울퍼스 Justin Wolfers 교수가 구글의 검색어 빅데이터를 활용해서 피케티의 인기(혹은 관심도)와 이데올로기 혹은 소득 수준과의 상관관계를 분석한 바 있다.[11] 그는 구글 검색어 빅데이터에서 'piketty'라는 검색어에 대한 검색 횟수가 미국의 주별로 어떻게 다르게 나타나는지를 조사해 이것을 지난 2012년 대선 당시

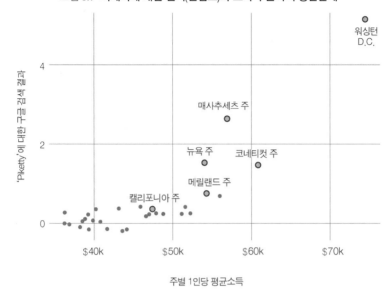

그림 5.7 **피케티에 대한 인기(관심도)와 소득 수준과의 상관관계**

자료: Justin Wolfers, "Piketty's Book on Wealth and Inequality Is More Popular in Richer States."

민주당의 오마바와 공화당의 미트 롬니Mitt Romney 후보의 득표율 차이와 그 상관관계를 분석해보았다. 그 결과, 그림 5.6에서 보는 바와 같이 워싱턴 DC, 매사추세츠, 뉴욕 등 미국 동부의 민주당 지지세가 강한 주들에서 피케티에 대한 관심도 또한 높은 것으로 나타났다. 그리고 민주당 지지세가 강한 주들 중에서도 동부 지역이 서부 지역보다 관심도가 더 높은 것으로 나타났다. 특히 서부 지역의 캘리포니아 주의 경우가 그 대표적인 경우인데, 이는 피케티에 대한 관심도가 단순히 정치적 이데올로기뿐만 아니라 다른 중요한 상관관계를 가진 요인이 존재한다는 것을 추정할 수 있다.

그래서 울퍼스는 미국 사회에서 피케티에 대한 관심도는 정치적 이데올로기뿐만 아니라 소득 수준과도 상당히 유의미한 상관관계를 보인다고 가정한다. 그래서 그는 구글 검색어 빅데이터에서 'piketty'라는 검색어에 대한 검색 횟수가 미국의 주별로 어떻게 다르게 나타나는지 조사한 것을 가지고, 이번에는 이것을 주별 1인당 평균소득 수준과의 상관관계를 분석한다. 그 결과, 그림 5.7에서 보는 바와 같이 워싱턴 DC, 매사추세츠, 코네티컷, 뉴욕, 메릴랜드 등 소득 수준이 높은 주일수록 피케티에 대한 관심이 높은 것으로 나타났다. 혹자는 이를 두고 "미국 부자들이 피케티의 이야기를 두려워한다"라고 분석하기도 했지만, 그림 5.7에서 피케티에 대한 관심도와 1인당 평균소득 수준이 높은 상관관계를 보여주었던 주들은 모두 민주당 지지세가 높은 곳들이라는 점을 고려한다면, 결국 2014년 미국 사회가 보여준 '피케티 신드롬'의 주인공들은 민주당 지지 성향의 소득 수준이 높은 사람들이었음을 잠정적으로 추정해볼 수 있다.

제6장

피케티와 프랑스, 그리고 유럽연합

피케티와 프랑스 조세제도의 개혁

피케티는 프랑스와 주요 국가들의 경제적 불평등의 추세와 현황에 대한 학술적 연구에 그치지 않고, 경제적 불평등의 심화를 완화시킬 정책적 대안 제시에도 적극적이다. 『21세기 자본』에서 책의 전반부와 중반부에서는 경제적 불평등의 추세와 현황을 주로 분석하고, 후반부에서는 정책적 제언들을 다룬 것은 그의 이러한 학자적 성향을 가장 잘 보여주는 구성이었다. 다만, 한국을 포함한 다른 국가들에서도 『21세기 자본』이 언론을 통해 일반 대중에게 처음 소개될 때 글로벌 자본세 등과 같이 정책적인 부분 위주로 주로 스포트라이트를 받다 보니, 받아들이는 사람의 정치적 입장에 따른 선입견들이 종종 생기고는 한다. 실제로 그는 2014년 5월 12일 ≪한겨레≫ 창간 26주년 기념으로 가진 필자와의 대담[1]에서 "설령 이 책의 후반부 10%에 나오는 정책적 제언에는 동의하지 않는 독자이더라도, 책의 대부분을 차지하는 나머지 90%에 나오는 3세기에 걸친 역사적 서술에서는 흥미로운 이야기나 배울 것들을 발견할 수 있다"면서, 독자들이 자신의 학술적 연구와 정책적 제언을 구분하기를 바라며, 가치나 규범적 판단은 후자에만 적용될 수 있다는 것을 강조했다.

하지만 피케티는 그동안 자신의 모국인 프랑스 문제에서는 학술적 연구만큼이나 이러한 정책적인 제언에 적극적인 모습들을 보여주었다. 그래서 학술적 연구의 어젠다agenda도 자신의 정책적 제언을 강화하기 위해 시의적절하게 추가하곤 했다. 구체적으로 그는 프랑스에서 불평등의 완화를 위한 교육제도의 중요성, 조세제도의 중요성을 이야기하는 것에 그치는 것이 아니라, 실제로 이러한 정책적 제언들을 뒷받침할 관련 연구 또한 수행해 왔다.

피케티는 교육 불평등이 궁극적으로는 임금의 불평등을 가져오게 되어 경제적 불평등의 중요한 원인이라고 생각한다. 그래서 2006년도에는 프랑스의 초등학교, 중학교, 고등학교에서 학업 성취도와 학급 인원수와 관련된 연구를 실제로 수행하기도 한다. 또한 『21세기 자본』에서도, 그랑제콜Grandes écoles과 국립대학으로 이원화된 프랑스 특유의 고등교육제도[2] 내에서도 가장 대표적으로 프랑스 사회의 소수 엘리트들을 양성해온 그랑제콜인 파리정치대학(시앙스포Sciences Po)의 사례를 언급한다. 파리정치대학에 재학 중인 학생들의 학부모 연평균 소득은 약 9만 유로 정도인데, 이것은 대략 프랑스 상위 10% 소득계층에 해당된다. 반면, 미국의 하버드 대학 학생들의 학부모 평균소득은 약 45만 달러이며, 이는 미국 상위 2% 소득계층에 해당된다. 그래서 프랑스의 경우에는 국립대학뿐만 아니라 그랑제콜까지 고려한다 하더라도, 그나마 미국보다는 고등교육에서의 불평등이 덜 심각하다고 보는 경우가 많다. 하지만 피케티는 그것은 어디까지나 미국과의 비교에서의 문제일 뿐, 프랑스에서 파리정치대학을 비롯한 소위 최상위 그랑제콜에 학생들이 입학한다는 것이 그 부모들의 소득 및 재산 수준과 상당한 상관관계가 있다는 것은 여전하며, 이러한 문제들을 기회균등 차원에서 보완하려는 학교의 노력에도 불구하고 여전히 한계가 있다고 지적한다.

피케티는 불평등의 완화라는 정책적 제언들의 근거로서 교육 문제에 천착해왔듯이, 같은 맥락에서 그동안 조세 문제에 대한 연구 또한 활발히 해왔다. 주로 이 문제에 오랫동안 천착해온 이매뉴얼 사에즈와 카미유 랑데 Camille Landais와 공동작업을 했는데, 2011년에 출판된 책 『조세혁명을 위하여』가 세 사람의 공동 연구의 결실이다. 이 책을 통해 피케티와 그의 동료들은 프랑스 조세제도에서 소득세와 보편적 사회보장기여금 Contribution Sociale Généralisée: CSG을 통합해서 하나의 단일한 소득세제를 만들 것을 주장한다.[3] 일반인들에게는 너무 복잡하고 불명확한 프랑스의 세금제도는 누진세와 자본세를 강화하는 등의 불평등을 완화시키기 위한 조세제도 구축에 오히려 부정적이라는 판단 때문이다. 실제로 이러한 보편적 사회보장기여금은 프랑스의 최고 행정법원인 국사원, 헌법재판소 등 프랑스 국내 법원에서는 사회보장기여금이 아니라 세금으로 정의되고, 반면 유럽사법재판소 ECJ에서는 세금이 아니라 사회보장기여금으로 고려되고 있다. 그래서 궁극적으로 유럽연합 EU이든 아니면 유로존 Eurozone이든, 유럽 차원의 조세제도 마련을 주장하는 피케티에게는 다층적인 측면에서 이 문제가 중요한 정책적 과제가 된다.

피케티가 사회당과 가까운 행보를 보여온 것도 이러한 맥락에서의 이해가 필요하다. 불평등의 심화에 대한 정책적 제언들이 현실화되기 위해서는 현실 정치라는 강을 건너야 하기 때문이다. 그리고 그 현실 정치라는 것은 프랑스와 같이 정치 구조와 문화가 비교적 안정된 나라에서는 결국 정당정치를 통해 이루어질 수밖에 없다. 물론 피케티는 과거 필자와의 대담 중에도 자신이 "프랑스 사회당 당원이었던 적은 한 번도 없다"는 점을 강조했다. 하지만 그가 당적 보유 여부와는 관계없이 사회당과 가까운 거리를 유지해온 것은 명확한 사실이다. 그가 사회당에서 가장 활발한 활동을 보여주었던 것은 2007년 대선 당시 대선후보였던 세골렌 루아얄의 경제 자문역을 맡았을 때였다. 피케티는 당시 우파 자크 시라크 정권의 도미니크 드 빌팽Dominique de Villepin 총리에 의해 파리경제대학 설립의 전권을 위임받아 성공리에 개교한 뒤, 초대 학장직을 고사한다. 피케티가 상당한 애착과 열정을 가지고 진행해온 파리경제대학 설립 직후 곧바로 학교 보직에서 발을 뗀 것은, 세골렌 루아얄의 대선캠프에 합류하기 위해서였다. 법률적으로나 관례상으로나 그 두 자리를 겸직할 수는 없었기 때문이다.

그래서 세골렌 루아얄의 대선 공약에는 피케티의 흔적이 곳곳에 배어있었다. 노동과 자본에 대한 공평한 과세를 통해 궁극적으로 사회보장비용을 안정적으로 확충하고, 노동에 대한 조세부담을 경감시킴으로써 불평등의 심화를 막으려는 방향이었다. 하지만 2007년 대선에서 세골렌 루아얄 사회당 후보는 니콜라 사르코지Nicolas Sarkozy 대중운동연합 후보에게 패배했고, 그는 다시 학교로 돌아가 2011년에 『조세혁명을 위하여』를, 2014년에 『21세기 자본』을 내놓으며 프랑스 사회에 경제적 불평등과 이를 완화하기 위한 조세정책이라는 그의 학술적 어젠다를 강화하는 데 주력한다. 그리고 2012년 대선 국면이 한창 후반으로 치달을 때 가까운 동료학자들과 "우리 경제학자들은 올랑드를 지지한다Nous, économistes, soutenons Hollande"라는 프랑수와 올랑드François Hollande 사회당 후보에 대한 공개지지를 선언하면서 사회당에게로 다시 한 번 더 다가간다.[4] 불과 몇 달 전까지만 해도 사회당으로 조세제도 개혁 의지 결여와 조세제도에 대한 구체적인 정책적 대안이나 상상력 부족을 질타하던 그가 대선 막판에 프랑수와 올랑드에 대한 공개지지에 나선 것은 당시 사회당이 대선 공약의 3대 중심축 중 하나를 조세개혁으로 설정했기 때문이다. 특히 소득세와 보편적 사회보장기여금의 통합이라는 그의 주장은 사회당 대선 공약에 구체적으로 수용되었다.

사회당의 공약 중 100만 유로 이상 고소득자에게 75%의 높은 세율을 부과하는 이른바 '부유세' 추진도 피케티로부터 영감을 받은 것이다.

그러나 프랑스 사회당과 프랑수와 올랑드 대통령은 2012년 대선에서 승리해 집권한 이후 조세제도 개혁을 포함한 소위 진보적 공약들의 다수를 이행하지 않고 있다. 그중 하나가 소득세와 보편적 사회보장기여금의 통합을 포함한 대대적인 조세제도 개편이다. 그리고 이른바 '부유세'로 추진하던 제한적인 정책수단조차도 사회당 정부의 미숙한 추진으로 헌법재판소는 물론 여론의 장벽에 막히고 만다. 그리고 사회당 정부의 다수를 구성하는 소위 '캐비아 좌파Gauche Caviar'들과 피케티는 서로 거리를 두기 시작한다. 사실 피케티는 프랑스 사회당의 캐비아 좌파들에게는 너무나 좌파적인 경제학자이고, 프랑스 좌파 지식인들에게는 너무나 우파적인 경제학자로 받아들여진다. 2013년 가을『21세기 자본』이 처음 출간되었을 때에도 프랑스 사회당 계열 정치인들의 다수는 이 책에 별로 주목하고 싶어 하지 않았고, 프랑스 좌파 지식인들은 이 책의 주장이나 접근은 자본주의의 본질을 회피하고 자유주의적 주류에 투항한 것이라고 비판했다.

그래서 "백악관은 피케티를 부르지만, 엘리제(프랑스 대통령궁)는 피케티를 부르지 않는다"는 농담이 회자될 정도다. 한국에서 일부는 피케티가 지난 두 번의 대선에서 사회당과 인연이 있었다는 것을 근거로 그를 일종의 사회당 성향의 '폴리페서politfessor' 정도로 오해하기도 한다. 하지만 프랑스 정치 현실 맥락 속에서 피케티는 오히려 프랑스에서는 많은 사람들에게 비교적 비정파적이고 탈이데올로기적인 경제학자로 여겨진다. 프랑스 사회당이라는 '손가락'보다는 프랑스 조세정책 개혁을 통한 불평등의 완화라는 '달'을 보아야 그의 연구를 선입견 없이 제대로 읽을 수 있다.

피케티와 유럽연합, 그리고 유로존

피케티의 학술적 연구나 정책적 제언은 프랑스라는 개별 국가 차원을 넘어 유럽연합 차원으로 지속적으로 확장되어왔다. 특히 2000년대 후반부터 불거진 유로존 위기를 지나면서 그는 자신이 기고하는 언론 칼럼들의 주제로 프랑스 국내 정책들보다 유럽연합과 유로존의 문제를 더 많이 다루어왔다. 그는 『21세기 자본』의 후반부에서도 공공부채 문제를 다루면서 상당 부분을 유럽연합과 유로존에 대한 자신의 정책적 제언에 할애하고 있다. 피케티는 현재의 유럽연합에 대해서는 단호히 부정적이다. 하지만 그것이 유럽통합에 대해 반대한다는 것은 아니다. 지금보다 '더 나은' 유럽통합을 원한다는 것이다.

여기서 피케티에게 유럽을 수식할 때 붙는 '더 나은'이라는 의미는 '좀 더 사회적' 그리고 '좀 더 민주적'이라는 중층적인 의미이다. 그래서 이를 위해 현재의 유럽연합 기구들이 더 제대로 작동할 수 있도록 제도적 변화를 모색해야 한다고 말한다. 특히 현재 유럽통합의 커다란 물줄기 중 하나인 유로존이 위기 상황을 헤쳐나가기 위해서는 유로존 국가들 간에 연대적 책임을 약속하고, 실질적 권한도 가지는 민주적인 제도적 진화가 필요하다는 것이다. 그리고 궁극적으로 이러한 개혁을 통해 유로존이 좀 더 사회적이고, 좀 더 민주적인 유럽연합의 주춧돌 역할을 했으면 하는 바람을 표명한다.

피케티는 이러한 맥락에서 2014년 4월 프랑스 경제학자, 정치학자 등 동료 사회과학자들과 함께 "유로 정치 연합을 위한 매니페스토 Manifeste pour une union politique de l'euro"(이하 '유로 매니페스토')라는 공개 성명서를 발표한다.[5] 이 유로 매니페스토는 프랑스 ≪르몽드 Le Monde≫, 영국 ≪가디언 The Guardian≫ 등 유럽 주요 언론들의 지면에도 게재되어 많은 유럽 시민이 함께 읽기도 했다. 이 유로 매니페스토에는 피케티 외에도 파리정치대학 지속가능개발연구소의 로랑스 튀비아나Laurence Tubiana 석좌교수, 파리경제대학 경제학과의 다니엘 코헨Daniel Cohen 교수, 파리정치대학 유럽학연구소의 브뤼노 팔리에Bruno Palier 연구원, 파리도핀대학 경제학과의 브리지트 도르몽Brigitte Dormont 교수 등 주로 진보적 성향이면서도 프랑스의 전통적인 정치적 좌우파 스펙트럼에서 비교적 유연한 중진 학자들이 함께 준비하고 참여했다.

그 주요 내용은 2013년 10월 독일의 경제학자, 정치학자 등 사회과학자들이 '글리니커 그룹Glienicker Gruppe'이라는 모임을 결성해 발표했던 유로존의 개혁을 촉구하는 선언문[6]에 대한 프랑스 사회과학자들의 화답 성격이 강하다. 피케티를 포함한 프랑스 사회과학자들보다 6개월 앞서 독일 사회과학자들이 발표한 이 선언문은 '유로존의 근본적인 위기 해소와 지속 가능한 미래를 위해서는 좀 더 연대적이고, 민주적인 제도 차원의 변화가 필요하다'는 내용을 골자로 하고 있다.

하지만 피케티를 포함한 프랑스 사회과학자들이 발표한 이 유로 매니페스토는 단순히 6개월 전 독일 사회과학자들이 발표한 내용에 대해 화답하는 성격을 넘어, 한 걸음 더 진일보한 유로존의 개혁안들과 통합유럽의 미래상을 제시하고 있다. 특히 그 내용은 피케티의 『21세기 자본』의 제16장 공공부채의 문제에서 유로존과 유럽연합에 대해 쓴 분석이나 정책적 제언들과 맥락상 상당 부분 일치한다. 또한 그동안 여러 언론에 기고했던 기고문들과 언론 토론에 나와서 논쟁했던 이야기들도 상당 부분 포함되어 있다. 그렇기 때문에 이 매니페스토를 구체적으로 살펴보는 것은 『21세기 자본』에 있는 그의 유럽연합에 대한 입장을 좀 더 자세히 살펴보는 기회가 되는 것은 물론, 이에 대한 가장 최신의 내용들을 이해하는 좋은 기회가 될 수 있다.

피케티와 유로 매니페스토가 주장하는 내용은 크게 세 가지다. 첫 번째는 유로존 차원에서 공동의 법인세를 도입해 조세를 회피하는 다국적기업들에 맞서 조세정의를 실현하자는 것이다. 두 번째는 유로존 차원에서 별도의 의회를 구성해 민주적 정당성을 확보하여 조세와 예산에 대한 실질적 정당성을 확보하자는 것이다. 세 번째는 앞서 언급한 유로존 차원의 과세와 의회를 통해 확보된 정당성과 제도화에 기반을 두고 유로존 공공부채 문제를 공동으로 해결하자는 것이다. 이에 대한 좀 더 상세한 내용과 논쟁의 지점은 아래에서 살펴보기로 한다.

우선, 첫 번째로 유로 매니페스토는 프랑스와 독일부터 솔선수범해서 유로존의 모든 회원국이 공동 기업 법인세를 도입하는 방안을 제안한다. 이것은 『21세기 자본』에서도 유럽통합의 문제를 논하는 장에서 간단히 언급된다. 현실적으로 여러 다국적기업들이 법인세 납부를 회피하기 위해 국가들 사이의 법제 차이나 법적 허술함을 적극적으로 활용하는 상황에서, 이러한 '세금 최적화'에 맞서기 위해 유럽 국가들이 법인세에 대한 공동 세금 부과 기반을 만들어 최대한 광범위하고 엄격하게 적용할 필요가 있다는 것이다. 유로 매니페스토는 구체적으로는 각국별로 최소한 20% 정도의 세율을 최소 한도로 정해놓고, 연방 차원에서는 10% 정도의 세율을 추가하는 방안이 있을 수 있다고 가정한다. 그리고 이러한 방안을 통해 유로존은 GDP의 약 0.5~1.0%에 해당하는 실질적인 예산을 확보할 수 있게 된다.

앞서 독일 사회과학자들도 성명서를 통해서 이러한 유로존의 실질적인 예산의 확보를 주장하고, 이를 통해 환경·인프라·교육 훈련 분야의 투자를 촉진시킬 것을 제안한 바 있었다. 하지만 프랑스 사회과학자들은 이러한 유로존의 예산이 회원국들의 분담금으로부터 간접적으로 나오는 것이 아니라, 유럽 차원의 세금에서 직접적으로 나와야 한다고 주장하는 점에서 근본적인 차이가 있다. 피케티를 포함한 프랑스 사회과학자들은 유로존이 개별 국가들보다 더 공정하고 더 효율적으로 세금을 인상시킬 수 있는 능력이 있다는 것을 보여줄 필요가 있다고 주장한다. 그리고 이와 함께 유로존 내에서 은행 정보에 대한 자동적인 교환을 조속히 일반화해서, 유로존 밖의 조세 회피 지역들에 맞서 공동으로 대응하고, 동시에 소득과 자산에 대한 과세를 좀 더 진보적으로 만드는 조화로운 정책을 만들 필요가 있다고 주장한다. 그들은 이를 통해서 궁극적으로 유럽이 전 지구적인 조세정의를 세우는 데 기여할 수 있다고 전망한다.

그리고 두 번째로 유로 매니페스토는 유럽 차원에서 기업들에 대한 법인세라는 제도적 기반을 마련하기 위해, 그리고 좀 더 민주적으로 정치적·재정적·조세적 결정들을 토론하고 채택하기 위해, 유로존을 위한 별도의 의회를 설립할 필요가 있다고 주장한다. 이 점에 대해서도 2013년 성명서를 발표했던 독일 사회과학자들과 2014년 성명서를 발표한 프랑스 사회과학자들 사이에는 공감대가 있다. 하지만 여기에는 구체적이지만 근본적으로 다른 두 가지의 방안이 있다. 하나는 현재의 유럽의회European Parliament에 있는 유로존 소속 국가들의 의원들로 구성된 유럽의회 하부구조 형태로서의 유로존 의회를 만드는 안이고, 다른 하나는 유로존 회원국들의 인구 비례에 따라 차등화된 의석 수에 기반을 두고 회원국들의 국회의원들로 구성되는 별도의 유로존 의회를 만드는 안이다. 독일 사회과학자들은 이 둘 사이에서 특별한 입장을 정하지 않았지만, 프랑스 사회과학자들은 분명히 후자가 되어야 한다는 입장을 가지고 있다.

이는 피케티를 포함한 유로 매니페스토 제안자들이 정치적 공동체로 나아갈 수 있는 유일한 선택지는 후자라고 판단하기 때문이다. 세금에 관련된 문제는 기본적으로 회원국들의 국회가 가지고 있는 권리를 보장해야 하고, 그렇게 개별 국가들의 의회 주권의 전제 위에서만 유로존 의회의 주권도 제대로 형성될 수 있다는 것이다.

이 경우 유럽연합은 사실상 양원 형태를 갖게 된다. 하나는 28개 회원국에서 시민에 의해 직접 선출된 유럽의회와, 또 다른 하나는 회원국들의 국내 의회를 통해 국가들을 대변하는 유로존 의회가 된다. 특히, 유로 매니페스토는 이와 같은 새로운 유럽 차원에서의 민주주의적 설계가, 유럽이사회가 각국을 대표하면서 마치 상원의 역할을 할 수 있다는 타성이나 신화를 극복할 수 있다고 주장한다. 궁극적으로 유로존 국가들이 공유하기로 결정한 조세와 예산 문제를 다수결로 결정하기 위해서는, 국가 원수 한 사람이 한 나라를 대표하기보다는 국민들의 모든 정치적 의사를 대변하는 의원들에 의해 대표되는 유로존 의회를 설립하는 것이 더 민주적이라고 판단하는 것이다.

유로 매니페스토의 마지막 제안은 유로존 위기의 진정한 극복을 위해서 유로존 국가들의 부채를 공동 부담해서 처리해야 한다는 것이다. 그리고 이것이 유럽중앙은행ECB이 미국 연방준비위원회처럼 효율적이고 책임 있는 통화정책을 펼칠 수 있는 유일한 방법이라고 말한다. 이러한 공공부채에 대한 공동 책임은 사실 유럽 안정화 기구European Stabilization Mechanism: ESM 등을 통해 이미 시작된 것으로서, 민주적 정당성을 확실히 하려면 앞으로 더 나아가는 것이 필요하다. 유로 매니페스토는 이를 위해서 2011년 말에 만들어진 유럽 채무 상환기금European Debt Restructuring Framework: EDRF을 위한 제안으로부터 다시 시작하고, 궁극적으로 해당 국가 GDP의 60%를 초과하는 모든 채무를 공동 부담하는 방향으로 나아가야 한다고 말한다.

결국 피케티는 『21세기 자본』에서도 이야기하듯, 유로존 위기의 핵심이 경제에 있을지 몰라도, 그 해결의 핵심은 정치에 있다는 것을 재차 강조한다. 그리고 유럽 차원에서의 그러한 정치적 실험은 일단 유럽연합보다는 유로존에서 더 실현 가능성이 높고, 시의적 필요성도 높다고 본다. 이러한 정치적 발전은 단기적으로는 유로존의 위기를 해결하기 위해 그 민주주의적 정당성을 확보하고 실질적인 유럽 차원의 과세 제도를 만드는 데 일차적인 목적이 있다. 하지만 이러한 정치적 발전은 궁극적으로는 더 사회적이고 민주적인 유럽 혹은 유럽연합을 만들기 위해서 필요한 것이며, 구체적으로는 노동자들의 경영 참여가 보장된 독일식 기업경영, 모두를 위한 보편적 보육시스템, 지속 가능한 환경을 위한 탄소배출권 관리 등의 형태로 유럽 시민들의 피부에 와 닿게 될 것이라는 것이 피케티의 주장이다.

제7장

불평등의 경제학에서 불평등의 정치학으로

불평등의 사회과학

피케티는 자신이 경제학자라고 불리기보다는 '정치경제학자' 혹은 '사회과학자'라고 불리기를 선호한다고 말한다. 전자는 오늘날 주류 경제학이 정치사회적 문제들과는 일정한 거리를 두고, 제한된 변수들의 수식들로 가득한 실험실 학문으로 여겨지는 것에 대한 문제의식이 반영된 것이고, 후자는 역사학, 정치학, 경제학, 심리학 등 다양한 학문적 영역이 어우러져 이 사회의 문제를 총체적으로 분석하고 사회적으로 좋은 논쟁의 지점들을 제공해야 한다는 그의 사회과학에 대한 규범적 정의에서 비롯된 것이다. 이러한 맥락에서 『21세기 자본』은 단순한 경제학 서적이라는 정체성을 넘어, 그 이상의 학문적·사회적 의미와 효용을 지니게 된다. 즉, 이 책이 다루는 문제의식을 어떻게 발전시켜 가는가에 따라 경제학적으로 문제의식을 심화시킬 수도 있고 역사학, 사회학, 혹은 정치학적으로 발전시키는 것도 가능하다. 2013년 프랑스에서 『21세기 자본』이 출판된 직후에 파리정치대학 등 여러 곳에서 학술 토론회가 열렸을 때 경제학자뿐 아니라 역사학자나 사회학자 등도 함께 토론에 참여하는 장면이 연출된 것은 바로 그러한 맥락 때문이다. 피케티가 2014년 5월 필자와의 대담에서 "이 책이 다루는 이야기는 소득과 자산에 대한 역사이기도 하고, 선택한 정치적 제도가 무엇이었느냐에 따라 가변적인 정치의 역사이기도 하다"고 말한 것도 그 연장선상에서 이해할 수 있다.[1]

피케티는 『21세기 자본』에서 다루는 경제적 불평등 문제를 포함해서 "(경제학 이외) 다른 분야의 사회과학자들은 경제적 사실들에 대한 연구를 경제학자들에게만 맡겨두지 말라"고 이야기한다. 그리고 그와 동시에 다른 분야의 사회과학자들이 "이른바 과학적 방법이라고 경제학자들이 스스로 규정한 수학적 모형의 과도한 사용 앞에서 지레 겁먹고 줄행랑쳐버리거나" 아니면 "모든 숫자는 구성된 것일 뿐"이라는 식으로 치부해버리는 것을 경계해야 한다고 말한다. 이것은 피케티가 프랑스 사회과학계의 지식사회학적 맥락에서 일부 '갈라파고스적' 학문 성향을 가진 동료 연구자들에 대한 지적과 아쉬움의 표현이기는 하지만, 최근의 영미권이나 한국 사회과학계의 지식사회학적 맥락에 적용해보아도 그 문제의식이 정확하게 관통하는 면이 있다. 즉, 통제되고 제한된 변수들에 의해 실험실 속에서 정치, 경제, 사회 현상들에 대한 연구가 이루어지고, 이와는 반대로 방대한 사료들을 바탕으로 하는 역사적 혹은 맥락적 접근에는 지레 겁을 먹고 "줄행랑쳐버리거나" 혹은 "모든 것은 비과학적일 뿐"이라는 식으로 치부해버리는 것을 경계해야 한다는 것이다. 그런 의미에서 피케티는 『21세기 자본』이라는 책에서 이야기하는 불평등이라는 화두가 단순히 경제학자들만의 논의에서 그치는 것이 아니라, 정치학과 사회학 등 사회과학의 모든 영역에서 활발하게 논의되었으면 하는 바람을 직간접적으로 자주 표명해왔다.

사실 피케티가 2014년 전 세계에 화두로 부상시킨 '불평등'이라는 문제는 전통적으로 정치학에서도 중요한 주제이다. 프랑스 정치학계에서는 주로 불평등과 민주주의, 불평등과 선거의 문제를 비교정치 측면에서 다루거나 정치철학적으로 다루는 연구가 많이 이루어져 왔고, 영미권 정치학계에서는 최근 들어 불평등에 대한 정치경제학적 연구가 활발히 진행되어왔다. 한국에서는 제한적이지만 불평등 혹은 양극화라는 주제로 위의 두 가지 연구가 모두 비등하게 이루어져 왔다. 하지만 부와 소득의 불평등이 실질적으로 우리 정치권력이나 권력구조에 어떠한 영향을 미쳐왔는지에 대한 역사적·실증적 연구는 아직 상당히 부족한 편이다. 일단, 피케티의 『21세기 자본』이 한국에서 크게 주목받으면서 경제학계에서도 한국 사회의 부와 소득의 불평등 심화에 집중해서 천착하는 연구자들이 많아졌다. 이러한 상황에서 한국 정치학계는 과연 어떠한 연구로 오늘날 우리 정치와 사회의 모습을 좀 더 명확히 이해하고, 한국 사회의 불평등에 대한 사회적 관심과 논쟁의 틀을 키워갈 수 있을까?

소위 '불평등의 정치학'에는 수많은 가능성이 존재하겠지만, 여기서는 '플루토크라시Plutocracy'와 '불평등에 대한 관용도level of tolerance on inequality', 이 두 가지를 향후 불평등에 대한 정치학 연구 주제로 시론 차원에서 제안해 보고자 한다. 이 두 가지는 모두 피케티의 연구에서 직간접적으로 언급되었거나, 또는 그 연구의 단초를 제공하고 있는 주제이기도 하다.

불평등의 정치학 ①: 플루토크라시

플루토크라시란 '한 사회에서 경제력 면에서 가장 부유한 소수의 사람들이 정치적 권력까지 가지게 되는 사회나 사회구조'를 말한다. 그리스어에서 '부'를 의미하는 'Ploutos'와 '지배'나 '권력'을 의미하는 'Kratos'가 합쳐진 말로서, 한국에서는 흔히 금권정치金權政治라고 불리기도 한다. 플루토크라시는 『21세기 자본』에서 논의된 부와 소득의 불평등 심화라는 문제를 정치학적 연구로 발전 및 확대시켜볼 수 있는 가장 적합한 주제 중 하나이다. 피케티는 필자와의 대담에서도 "소수에 의한 과도한 부의 집중이 정치적 접근성 및 영향력 등에 대한 불평등한 분배를 가져올 수 있다"고 지적한 바 있다. 그리고 "오늘날 여러 국가에서 세습을 통해 과도하게 집중된 자본이 정당, 언론, 싱크탱크 등을 통해 막대한 정치적 영향력을 행사하고 있는 것을 볼 수 있다"면서, 논리적 추론과 직관적인 인식의 바탕 위에서 플루토크라시의 도래와 그에 대한 위험성을 경고하고 있다.[2] 피케티의 경고대로 부와 소득의 불평등이 심화되고 세습자본주의가 강화되면서, 자본주의 사회 동학의 중요한 전제들 중 하나를 이루는 '메리토크라시Meritocracy', 소위 능력주의가 더 이상 작동하지 않는다면, 우리는 지금 세습자본주의는 물론이고, 우리도 인지하지 못하는 사이에 세습민주주의라는 기형적인 정치 체제까지 잉태하고 있는 것일지도 모르기 때문이다.

이 문제에서 피케티의 『21세기 자본』의 역할과 의미는 역사적 시계열을 통해 부와 소득의 '불평등'이 심화되었다는 것을 보여주는 것에서 정확히 멈춘다. 플루토크라시가 우리 주위에 실제로 도래하고 있는지를 실증적으로 증명하거나, 이에 대해 규범적인 문제를 논하는 것은 경제학이 아니라 정치학에서 바통을 이어받아 논의해 나가야 할 일이다. 미국 정치학자들은 이 플루토크라시 문제를 가지고 최근 몇 년간 비교적 대중적인 논의들을 활발히 전개해왔다. 가장 대표적으로 2011년 예일 대학 정치학과의 제이컵 해커 교수와 버클리 대학 정치학과의 폴 피어슨 교수가 공동으로 저술한 『승자독식의 정치』는 출판 직후부터 미국 대중의 상당한 반향을 얻으며 이 문제를 대중적으로 공론화시키는 데 기여했다.[3] 실제로 해커와 피어슨은 이 책에서 피케티와 사에즈가 밝힌 미국에서의 부와 소득불평등 확대에 대한 역사적 실증으로부터 출발해, 지난 30년간 미국 정치에서 발생한 주요 사건들에 대한 방대한 역사적 자료들을 분석한다. 그리고 이를 통해서 어떻게 미국의 정치권력이 거대 금융자본과 손잡고 최상위 1%의 부유층에게 유리하도록 '불평등의 정치'를 해왔는지를 밝히고, 미국 사회에 사실상 플루토크라시가 작동하고 있음을 보여준다.

그렇다면 한국의 현실은 어떨까? 재벌 오너들의 직간접적인 정치 참여, 국회의원들의 높은 평균 재산 수준, 경제적 권력들의 이해관계를 대변하는 입법, 일하는 사람들이 소외된 정치 현장 등 이러한 한국의 현실에 대한 문제의식에 기반을 두면서, 단편적인 현상의 차원을 넘어 플루토크라시에 대한 문제를 어떻게 심화된 논의로 발전시킬 수 있을까? 아직까지 한국에서 부와 소득의 불평등 심화와 플루토크라시를 연결시키는 정치학적 연구를 찾아보기는 쉽지 않다. 그렇기 때문에 그동안 재벌-국가 관계나 경제민주화를 주제로 연구해온 다양한 연구 성과들 속에서 한국 학계가 가져온 문제의식을 피케티적인 문제의식과 접목시킬 연결고리를 찾는 것이 필요하다. 이러한 의미에서 고려대학교 사회학과 김윤태 교수의 『한국의 재벌과 발전국가』는 향후 한국에서 이에 대한 연구를 위한 작지만 유의미한 시사점을 제공해준다.[4] 결국 한국의 현실에서 부와 소득의 불평등이나 플루토크라시를 고민할 때는 재벌이라는 문제를 피해갈 수 없는데, 김윤태 교수는 "재벌을 정점으로 하는 부유층이 특권적 신분이 되어 소수 특권층이 대물림되고, 선출되지 않은 재벌의 힘이 국가정책을 좌지우지하면서 민주주의를 위협"하는 현실을 해방 이후 한국 자본주의의 역사적 동학이라는 틀에서 구체적인 수치와 통계를 통해 분석한다. 그는 특히 한국 사회에서는 재벌이 표면적으로는 정치에 직접 참여하지 않더라도 연고, 지연, 학연, 혼맥 등 비공식 네트워크를 통해 정치적 영향력을 확대해온 현실에 주목한다. 이것이 바로 해커와 피어슨의 『승자독식의 정치』에서의 '정치와 경제

권력의 일치화(플루토크라시), 그리고 피케티의 『21세기 자본』에서의 '자본의 민주적 통제'의 필요성에 대한 문제의식이 한국적 현실과 만나는 지점 중 하나이다.

불평등의 정치학 ②: 불평등에 대한 관용도

피케티의 불평등에 대한 경제학적 연구가 정치학적 연구와 접점을 찾을 수 있는 또 다른 영역은 불평등에 대한 '객관적 지표'와 '주관적 인식' 사이의 괴리 혹은 간극Measurement-Perception Gap on Inequality을 설명해줄 수 있는 '불평등에 대한 관용도level of tolerance on inequality' 연구이다. 오늘날 세계 여러 나라의 불평등(혹은 양극화) 관련 연구 결과나 통계 수치들은 장기적 혹은 단기적으로 사회경제적 불평등이 심화되는 추세에 있다는 사실들을 객관적 지표들을 통해 잘 보여준다.[5] 일반적으로는 이처럼 경제적 불평등이 심화되는 상황에서는 고소득층보다 분배정책에 호의적인 저소득층이 다양한 방식으로 정치적 저항을 표출하거나 선거에서 이러한 분배정책을 지지하고 추진하는 정당에 투표하는 경향성이 강화되는 것으로 알려져 왔다.[6] 그러나 이러한 불평등의 증가나 심화가 반드시 시민들의 객관적 이해관계에 부합되는 정치적 행위나 선택으로 이어지는 것은 아니다.[7] 예를 들어, 경제적 불평등이 증가 혹은 심화된 국가에서 상대적으로 그렇지 않은 다른 국가보다 오히려 소득재분배에 대한 요구가 낮게 나타나기도 하고,[8] 한 국가 내에서도 자산이나 소득 수준이 낮은 유권자들이 소득재분배에 우호적인 정당에 투표하지 않고 오히려 소득재분배에 비우호적인 정당에 투표하는 경우가 있기 때문이다.[9]

그렇다면 왜 이렇게 불평등에 대한 객관적 지표와 시민들의 정치적 행위가 뚜렷한 상관관계를 보이거나 유의미한 인과관계로 귀결되지 않는 현상이 발생할까?

첫 번째는 정보의 불완전성, 비대칭성 등으로 인한 소위 '정치적 시장실패'로 바라볼 수 있다. 대다수의 평범한 일상을 살아가는 시민들의 경우, 불평등이 실제로 얼마나 심화되었는지에 대한 객관적 지표나 정보를 제대로 가지고 있지 못하기 때문에, 그 부족한 혹은 제한된 정보 내에서 결과적으로 비합리적인 정치적 행위를 할 수도 있다는 것이다.

두 번째는 정보에 대한 구조적·일상적 접근도가 이념적 성향에 영향을 미친 결과일 수 있다. 소스타인 베블런Thorstein Veblen이 『유한계급론The Theory of the Leisure Class』에서 "일상적인 생존 투쟁에 에너지를 모두 쏟아부어야 하는 그런 사람들은 내일모레의 생각에 노력을 기울일 여유가 없기 때문에 보수적일 수밖에 없다"라고 한 것도 같은 맥락이다.[10]

세 번째는 이러한 정보의 중요성보다 오히려 이를 대체하는 개개인의 경험에 기반을 둔 '정치적 휴리스틱스political heuristics' 때문일 수 있다.[11] 즉, 시민들이 불평등에 대한 객관적 지표 같은 복잡하고 체계적인 정보들보다는 단기적 혹은 장기적인 단순한 개인적 경험에 기반을 두고 판단하고 행동한다는 경우가 많다고 보는 것이다.

네 번째는 사회경제적인 불평등에 대한 객관적 지표와 시민들이 가지는 불평등에 대한 주관적 인식이 '불평등에 대한 관용도'라는 변수에 따라서 상당 수준 일치하지 않을 수 있기 때문이다.[12] 즉, 정치적 선호preference 혹은 비선호nonpreference라는 선택은 현실을 객관적으로 보여주는 데이터라기보다는 주관적인 인식에 좌우되는 경우가 많다는 점에 주목하는 것이다.

여기서 주목하는 불평등에 대한 관용도는 "한 개인이 살고 있는 나라의 (소득)불평등을 용납할 수 있는 정도"를 지칭하는 것으로, 이것은 "(소득)불평등에 대한 규범적인 가치들normative values에 대한 주관적인 차원의 문제"이

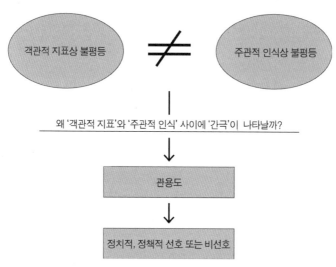

그림 7.1 **불평등에 대한 관용도:**
불평등에 대한 객관적 지표와 주관적 인식 사이 간극의 변인

객관적 지표상 불평등 ≠ 주관적 인식상 불평등

왜 '객관적 지표'와 '주관적 인식' 사이에 '간극'이 나타날까?

관용도

정치적, 정책적 선호 또는 비선호

기도 하다.[13] 즉, 개인의 (소득)불평등에 대한 관용도는 "자기 나라의 (소득)불평등이 너무 과하게 느껴지지 않는지에 대한 평가"로서, 이것은 "정당성 (혹은 공정성) 평가 justice evaluation 가 한 개인의 사회적 규범 societal norms 과 개인적 규범 personal norms 이 결합된 기준에 근거해서 내려진다"는 것을 고려해야 한다. 그러므로 "한 개인이 (소득)불평등을 평가할 때는 스스로 정해놓은 기준 self-defined benchmark 을 사용한다"는 점에서 정당성(혹은 공정성) 평가와는 다르다.[14] 즉, 객관적 지표상으로 불평등이 증가 혹은 심화되었고, 개인이 이에 대한 충분한 정보를 가지고 있다고 하더라도 개인이 각각 가지고 있는 주관적으로 용인되거나 정당화되는 불평등의 그 구체적인 수준에 따라 불평등의 증가 혹은 심화가 개인적으로는 문제되지 않을 수 있다. 그러므로 이러한 관용도가 반영된 주관적 인식에 따라 정치적 행위로의 연결 여부는 달라질 수 있는 것이다.

사실 이러한 불평등에 대한 인식 차원의 중요성과 그 핵심 변수로서의 관용도에 대한 문제의식은 피케티의 1990년대 중반, 그리고 2000년대 초반 연구에서 그 시발점을 찾을 수 있다. 그는 불평등에 대한 주관적 태도를 소득 수준 및 사회적 이동성social mobility과 연관 지어 분석하기 시작하면서, 불평등의 인식 차원에 대한 중요성에 주목했다.[15] 이후 그는 1998년 프랑스에서 2000명의 시민들을 대상으로 실시한 불평등에 대한 여론조사 결과 분석을 통해, "프랑스 사회에서 장기간 지속되어온 통계지표상 불평등의 증가와 심화에 대해서 대부분의 프랑스 시민들은 큰 문제의식이나 저항감을 느끼지 않고 관용하고 있음"을 보여준다.[16] 그의 연구에 따르면 프랑스에서는 저소득층과 좌파적 성향의 시민들이 고소득층과 우파적 성향의 시민들보다 상대적으로 약간 더 분배정의에 민감하기는 하지만, 그 차이는 그다지 큰 의미를 찾기 힘들 정도였다. 즉, 프랑스에서 오랜 기간 경제적 불평등이 확대 및 심화되어온 역사적 과정은 이처럼 개개인의 가치나 신념에 따라 상이한 불평등에 대한 인식이나 기준을 통해 사회적으로 '정당화considérées comme légitimes'되었고, 결국 이 인식의 문제로 인해 불평등을 완화하기 위한 급진적 조세정책이 프랑스에서 현실화되지 못했다는 것이다.

이러한 불평등에 대한 인식 차원의 문제와 관용도에 대해서는 최근 유럽연합 회원국을 대상으로 한 비교연구가 활발히 진행되고 있다. 그중 가장 대표적인 연구는 유럽연합 차원의 여론조사 '유로바로미터Eurobarometer' 프로그램의 일환으로 실시된 2009년 '빈곤과 사회적 소외에 대한 특별조사' 결과를 바탕으로 불평등에 대한 객관적 지표와 주관적 인식 사이의 괴리를 분석한 논문이다.[17] 이 연구는 유럽연합 회원국 시민들의 불평등에 대한 인식이 국가에 따라서 얼마나 상이한지, 그리고 그러한 요인들은 어디에서 나오는지를 보여주고 있다. 특히, 이 연구는 '불평등에 대한 주관적인 관용도가 실질적인 소득불평등 수준과는 그다지 큰 상관관계를 가지고 있지 않다'는 것을 보여준다. 이처럼 실질적인 소득불평등 수준과 불평등에 대한 관용도 사이에 큰 상관관계가 없다는 주장은 다른 국가 간 비교연구에서도 확인된다.

티암 체 테이Thiam-Chye Tay는 소득불평등과 분배 선호에 대한 중국과 일본의 비교연구를 통해 "한 나라의 부와 객관적 소득의 불평등(혹은 양극화)이 반드시 개인적 차원의 소득불평등에 대한 관용도나 재분배의 선호도에 영향을 미치는 것은 아니다"라고 주장한다.[18] 그의 연구 결과에 따르면, 국민소득이 높고, 객관적 소득불평등이 낮은 스위스 시민과 국민소득이 낮고 객관적 소득불평등이 높은 나이지리아 시민은 소득불평등에 대한 관용도 측면에서는 별 차이가 없었다. 오히려 사회적 신분이나 소득 수준에 대한 주관적 인식만이 관용도에 큰 영향을 미쳤다. 이는 앞서 유럽연합 회원국들 차원의 연구에서 국가 간의 상이한 불평등 관용도를 좌우하는 요인이나 변수로서 상대적 빈곤의 정도levels of relative poverty가 가장 유력하다는 결과와도 어느 정도 일맥상통한다.[19] 이러한 불평등에 대한 관용도의 변수로는 일반적으로 소득, 재산, 학력 등 객관적인 사회경제적 요인들과 가치, 규범, 신념, 문화 등 주관적인 요인을 대비시켜 분석하는 경우가 많은데, 주관적인 요인들의 중요성은 분명히 확인되고 있지만, 이에 대한 좀 더 세밀하고 체계적인 이론화 작업이 아직 필요한 상태다.[20]

제8장

'피케티 신드롬'에 대한 우려와 기대

'지식 수입상' 문제에 대한 우려

피케티의 『21세기 자본』이라는 책이 한국에도 소개되면서, 이를 계기로 '불평등'이라는 화두가 한국 사회에서 급부상하게 된 것은 상당히 고무적인 일이다. 이러한 맥락에서 이 책에서 다루고 있는 불평등과 관련된 내용에 대한 학술적 논의나 정책적 토론이 한국 사회에 매우 중요한 의미를 가지게 되었다. 하지만 이 책이 한국 사회에서 많은 사람들의 관심을 받게 되었던 그 과정들을 한번 차분하게 되짚어보면서, 조금은 결이 다른 차원의 문제에 대해서도 함께 생각해보는 기회를 가졌으면 한다. 소위 '지식 수입상'의 문제로 대표되는 한국 사회의 서구중심주의적인 지식 유통 구조와 과정에 대한 진지한 고민과 자성에 대한 논의이다.[1] 언론계나 출판계에서 소위 '피케티 신드롬'이라고 명명했던 2014년 가을, 한국 사회의 모습은 서구의 '중심부'에서 생산된 지식이 비서구의 '주변부'로 유통되는 구조와 과정을 가장 적나라하게 보여준 사례 중 하나로 기억될 만했다. 그것이 한국

지식 생태계의 서구 혹은 미국에 대한 '종속성'을 보여주는 것이든 아니면 '동조화'를 보여주는 것이든, 이에 대해 구체적으로 바라보는 비판적인 수위는 조금 다를 수 있지만 그 근본적인 문제는 크게 달라지지 않는다.

우선 한국어 번역판 출판 이전부터 피케티라는 프랑스 경제학자와 『21세기 자본』이라는 책이 국내에서 화제가 되기 시작한 것이 순전히 '미국에서 흥행했기 때문'이라는 점을 부인하기 어렵다. 이 이야기를 좀 더 깊게 해보기 위해서는 이 책과 관련된 필자의 구체적인 경험들이 많은 도움이 될 듯하다. 필자는 이러한 과정에서 의도하지 않은 '참여 관찰자'가 되었기 때문이다. 필자가 개인적으로 이 책에 주목하기 시작했던 것은 프랑스에서 불어판이 처음 출판된 2013년 가을부터였다. 당시 파리정치대학에 있었던 필자는 이 책을 불어판으로 완독한 뒤, 미국에서 큰 주목을 받기 이전인 2014년 초반에 국내의 학계나 출판계 사람들에게 이 책에 대한 개인적 호감과 학술적 의미를 설명하며, 한국에도 제대로 소개될 기회가 있었으면 하는 바람을 표명했었다. 하지만 그때까지만 해도 국내에서는 피케티와 같이 한국이나 미국에서 이름이 잘 알려지지 않은 '프랑스 경제학자'의 책을, 그것도 '선명한 좌파도 아닌' 유럽 경제학자의 신간에 관심 있는 사람들을 찾아보기는 쉽지 않았다.

그럼에도 불구하고 『21세기 자본』이 국내에 꼭 소개되었으면 하는 바람에서, 몇몇 인문사회과학 출판사들에 소개해주고, 필요하면 출판사나 저자와의 다리를 놓아주고 싶었다. 비록 큰 주목은 받지 못하고 돈벌이가 되지는 못하더라도 한국 사회에 의미 있는 학술서들을 소중히 만드는 일에 직업적 소명의식을 가진 곳들이 있었기 때문이다. 그래서 개인적으로 이 책을 출판한 프랑스 쇠이유Seuil 출판사와 접촉을 했었고, 이 책의 번역과 출판을 연결시켜줄 요량으로 출판계 지인들을 통해 이 책을 출판할 만한 회사들을 알아보았다. 그 과정에서 국내의 한 출판사가 국내 불어권 서적

에이전시의 소개로 비교적 저렴한 가격에 한국어판 판권을 사둔 상태임을 알게 되었다. 그리고 그 출판사가 프랑스에서 경제학 학위를 받은 한 번역가에게 이미 2년 정도의 일정으로 번역을 맡겼다는 소식을 전해 들었다. 무엇보다도 좋은 책이 한국어로 번역되어 출판될 예정이라는 것이 반가웠고, 게다가 2년이라는 시간이라면 970여 쪽의 학술서의 좋은 번역에는 충분한 시간이라는 생각이 들어 더더욱 다행이라 생각했다.

하지만 2014년 4월부터 미국 학계와 출판계에서 『21세기 자본』이 큰 성공을 거두기 시작하자, 이에 대한 국내 학계와 출판계의 움직임은 갑자기 180도 달라지기 시작했다. 미국에서 유명한 학자들과 칼럼니스트들이 연일 이 책에 대한 호평과 비판을 번갈아가며 쏟아내고, 미국의 주요 언론들이 앞다투어 피케티와 『21세기 자본』을 다룬 인터뷰와 서평을 싣고 있었기 때문이다. 게다가 이 두꺼운 경제학 학술서적이 이례적으로 미국 인터넷 서점 아마존에서 판매순위 1위에 오르게 되자, 국내에서도 소위 '동조적' 혹은 '종속적'인 반향이 일기 시작했다. 하지만 그 호흡이 지나치게 숨가쁘게 보였다. 우선 이 책을 과연 전부 혹은 제대로 읽었을까 싶은 의구심이 드는 서평들과 칼럼들이 연이어 지면에 쏟아져 나오기 시작했다. 물론 그중에는 영문판을 입수해서 빠른 시간 내에 완독하고 정확하게 이 책의 내용을 소개하거나 지적하는 글들도 가끔씩 있었지만, 이 책을 제대로 읽지 않고 단순히 영미권 언론의 서평들만 읽고 쓴 듯한 글들도 적지 않았다. 그러다 보니 일반인들이 오해할 만한 내용으로 이 책을 소개하는 경우도 간혹 있었고, 심지어 피케티가 이미 책에 다 써놓은 이야기들을 가지고, 그러한 내용이 없다고 비판하는 글들도 있었다.

그리고 원래 불어판을 가지고 프랑스에서 경제학을 공부한 번역자에게 2년의 시간을 투자해 번역하겠다던 이 책의 판권을 구입한 국내 출판사도 갑자기 계획을 바꾸었다. 이 책이 미국 아마존에서 판매순위 1위를 하는 등 미국에서의 '상업성'이 확인되자, 한국어 번역판 출판 일정을 대폭 앞당기기 위해 기존의 불어판 번역 계획을 취소하고, 그 대신 영문판을 가지고 여러 명의 번역가들이 책을 몇 개의 조각으로 나누어 번역하기로 한 것이다. 이러한 과정에서 발생할 수 있는 학술서 번역에 대한 문제는 다음 장에서 좀 더 상세히 언급할 것이다. 하지만 이러한 번역 문제를 일단 접어두더라도 이번에 우리 학계와 출판계에서 피케티의 『21세기 자본』에 보여준 이와 같은 반응에 대해 이러한 '피케티 신드롬'이 한국 사회를 한 번 뜨겁게 휩쓸고 지나간 지금, 다 같이 그 과정들을 한번 차분하게 복기해볼 필요성이 있다. 이에 대해서 여러 가지 다양한 지점들에 대한 문제제기가 가능하겠지만, 여기에서는 국내 학계가 미처 채우지 못한 한국 인문사회과학의 자리를 외국 학계의 인문사회과학적 성과들이 '패스트 패션'처럼 빠르게 열풍을 만들고 손쉽게 '소비'되어버려 한국 사회의 문제의식이나 담론으로 굳어지지 못한 채 허무하게 소비의 기억만 남기고 사라지는 현상에 대해 논의해보고자 한다.

　몇 해 전 마이클 샌델Michael Sandel 의 『정의란 무엇인가Justice: What's the right thing to do?』열풍과 같이 외국 번역서들이 주기적으로 초특급 베스트셀러가 되고, 한국 사회의 담론 생태계가 마치 패스트 패션의 유행 지대처럼 되어버린 것은, 근본적으로 국내 지식 생태계가 채워주지 못하는 무엇인가가 있다는 것을 보여주는 현상이기도 하다. 국내의 많은 사회과학자들이 국내외 언론사들이 진행하는 대학평가나 신규임용과 승진심사에 필요한 SSCI 논문을 쓰기 위해서 많은 시간과 노력을 쏟아붓고 있는 가운데, 정작 우리 시대에 필요한, 또 한국 사회를 대상으로 한, 우리 학자들이 쓴 정치적·경제적·사회적 문제에 대한 학술서적 및 대중서적들의 입지는 상대적으로 계속 줄어들고 있다. 이러한 상황에서 소위 '피케티 신드롬'은 마이클 샌델의 『정의란 무엇인가』열풍과 동일한 맥락 위에 놓여 있다고 할 수 있다.

물론 그럼에도 불구하고 '이이제이以夷制夷'의 심정으로 한국 사회에서 지금 당장 목마르고 부족한 화두를 이렇게나마 채워준다는 데서 의의를 찾아야 한다는 반론도 있을 수 있다. 하지만 설령 그렇다고 하더라도 이 '피케티 신드롬'을 단순한 유행적 소비로 그치지 않고 이 뜨거운 서구발 열풍이 지나간 빈자리를 채우고 이를 지속 가능한 우리의 화두로 재생산해내려는 전략적 수용에 대한 고민은 반드시 필요하다.

그러한 의미에서 피케티 신드롬이 가져온 불평등에 대한 관심의 한 축을 한국 사회에서 그동안 정치적·경제적·사회적 불평등에 대한 문제를 지속적으로 고민해오던 학자들에게로 돌려, 피케티의 문제의식을 우리의 토속적인 고민들로 발전적으로 전개하는 계기로 삼을 필요가 있다. 사실 한국 사회에서, 그리고 우리 학계에서 경제적 불평등에 대한 문제 자체는 피케티를 통해서 새롭게 알려지거나 최근에서야 심각하게 고민이 시작된 문제는 아니다. 국내에서는 피케티가 학문적으로 가장 많은 영향을 받은 영국의 저명한 경제적 불평등 연구자인 앤서니 앳킨슨 교수의 『소득분배론: 불평등의 경제학The Economics of Inequality』이 전국자동차노동조합총연맹 경기 지부에서 발행한 노동총서의 일환으로 이미 1979년에 번역되어 출판된 바 있었다.[2] 앳킨슨의 이 책은 영국과 미국의 불평등 소득분배와 부의 집중을 다루고 있는데, 피케티의 『21세기 자본』은 사실상 앳킨슨의 『불평등의 경제학』의 후속이라고 해도 과언이 아닐 만큼 당시 시대를 앞선 뛰어난 역작이었다. 이미 1970년대 후반에 노조의 출판 기획에 의해 국내에 소개되어 국내에서 소득불평등에 대한 논의의 지평을 열었다는 점은 의미심장하다.

그리고 그로부터 한참이 지나, 과거 참여정부 시절 청와대 대통령 자문 정책기획위원장을 역임했던 경북대학교 경제학과 이정우 교수가 2010년에 펴낸 『불평등의 경제학』은 경제적 불평등에 대한 다양한 학술적 논의들과 함께 한국 경제가 이 문제에 화답해야 하는 이유들에 대해 비교적 상세하게 논하고 있다.[3] 그리고 최근에 정치학적인 관점에서 불평등과 민주주의의 관계에 대한 연구를 진행해온 연세대학교 정치외교학과 이연호 교수의『불평등 발전과 민주주의』와 고려대학교 한국사회과학연구SSK 팀의『불평등과 민주주의』라는 연구 성과물들에도 주목할 필요가 있다.『불평등 발전과 민주주의』는 박정희 정부의 불균형 성장 정책이 한국에 사회경제적 불평등을 심화시켰고, 이러한 불평등은 향후 역설적으로 한국에서의 민주주의가 권위주의로 회귀하지 않고 공고화의 길을 걸을 수 있게 해주는 토대가 되었다고 주장한다.[4] 또한『불평등과 민주주의』는 경제적 불평등의 증가가 '1원 1표'의 자본주의 사회에서 형평성의 왜곡이 심화되는 결과로 이어지고, 정치적 불평등의 증가는 '1인 1표'의 민주주의 원리가 왜곡되고 침해된다는 점에 주목한다. 그래서 경제적 불평등과 정치적 불평등의 경향과 추이, 경제적 불평등의 심화를 추동하는 정치적·제도적 요인, 경제적 불평등의 신뢰, 행복, 정체성 등 개인과 사회의 삶의 영역에 미치는 영향들에 대해 논의한다.[5]

　피케티의『21세기 자본』이 한국에서도 주목을 끌기 시작하면서, 국내 다양한 매체에서 언급되는 이 책에 대한 비판 혹은 반비판이 대부분 영미권 언론들의 칼럼니스트들이나 영미권 학자들의 논쟁 위주로 소개되는 경향이 있었다. 그러나 이러한 영미권 칼럼니스트들이나 학자들보다는, 한국의 현실을 가장 잘 알고 있고, 그것을 바탕으로 우리의 문제에 가장 적실한 논의 지점을 개발해온 역량 있는 국내의 전문가들에게 좀 더 주목할 필요가 있다. KDI의 유종일 교수, 새로운 사회를 여는 연구원(새사연)의 정태인 원장은 2014년 4월 '피케티 신드롬' 초기부터 이러한 '우리의' 문제의식에 기반을 두고『21세기 자본』을 국내에 소개하고 재해석하는 작업을 지속적으로 해왔다. 또한 건국대학교 주상영 교수, 동국대학교 김낙년 교수, 충남대학교 류동민 교수 등은 피케티가『21세기 자본』에서 보여준 서구 주요

국가들의 경제적 불평등의 심화와 세습자본주의 도래 가능성을 보여준 연구에서 누락된 한국의 실증적 데이터를 마련하고 이에 대한 분석과 한국적 해석을 주도해오고 있다. 아울러 국내의 비판적 사회과학 연구자들이 펴낸 『왜 우리는 더 불평등해지는가: 피케티가 말하지 않았거나 말하지 못한 것들』이라는 책도 조금 다른 비판적 지점들을 제공한다는 점에서 주목해볼 만한 가치가 있다.[6]

『21세기 자본』 한국어판 번역의 문제

한국에 이 책을 잘 번역할 만한 좋은 불어 번역가가 있을까요? 당신은 나의 책을 불어판으로 완독을 했으니, 혹시라도 나중에 번역에 문제가 있거나 하면 이야기해주세요.

2014년 5월 12일 오후, ≪한겨레≫ 창간 26주년 특집호에 나갈 피케티와의 대담을 마치고 파리 14구에 있는 그의 연구실을 나서는 필자에게 그가 한 말이었다. 사실 『21세기 자본』의 한국어 번역판은 출판 전후부터 이에 대한 일부 독자들과 출판인들이 제기하는 약간의 논란들이 있었다. 주로 불어판이 아닌 영문판에서의 중역으로 인한 크고 작은 오역에 대한 의문 혹은 사실에 대한 것들인데, 이러한 문제는 향후 학술적 불어 능력이 탄탄한 관련 학계나 전문가들에 의한 차분한 검증이 필요해 보인다. 하지만 앞으로 전개될 생산적인 토론을 위해서라도 『21세기 자본』 한국어판 번역에 대한 몇 가지 시론적 문제제기는 필요하다. 첫 번째는 해외에서 생산된 주요 학술서들에 대한 우리말 번역이 한국 사회의 지식 생태계 내에서 지금보다는 조금 더 진지하게 학계의 학술 활동의 일부로 여겨지고 또 그렇게 대우받아야 하는 것이 아닌가 하는 점이다. 두 번째는 해외의 주요 학술서들에 대한 우리말 번역은 일반 대중서의 우리말 번역 과정과는 달리 출판과정에서 경제적 요인만 강조된 중역이나 '쪽번역'은 삼가는 것이 필요하지 않는가 하는 점이다.

우선 학술 활동으로서의 번역에 대해 논의함에 있어서, 우리에게 많은 시사점을 줄 『21세기 자본』의 영문판 번역의 사례를 들어보고자 한다. 이미 잘 알려진 바와 같이 『21세기 자본』의 영문판은 미국의 하버드 대학 출판부에서 판권 계약을 한 뒤, 9개월여의 번역이라는 또 하나의 산고의 과정을 거쳐 출판되었다. 번역은 아서 골드햄머Arthur Goldhammer라는 70세의 고희를 앞둔 한 노련한 베테랑 전문번역가가 맡았다. 이 번역가는 미국이나 프랑스의 사회과학자들 사이에서는 정치학 서적 전문번역가로서 이름이 상당히 널리 알려진 사람이다. 그는 수학 박사학위를 받은 사람이었지만, 박사학위 이후 자신의 전공 학계로 진출하지 않고, 대신 불-영 정치학서적 전문번역가로 활동해왔다. 그래서 지난 40여 년간 불어로 된 굵직한 정치학 서적들을 무려 60여 권이나 영문판으로 번역해왔다. 학술서적 번역의 중요성을 잘 알고 있는 미국 하버드 대학과 하버드 대학 출판부는 그에게 하버드 대학 유럽학연구소에 정식 연구원 자리를 제공하고 있다. 학술서적의 번역 또한 넓은 의미에서 중요한 학술의 한 영역에 속한다는 인식의 반영이다.

이처럼 미국 하버드 대학에서 외국의 주요 학술서를 번역하는 일을 중요한 학술 활동의 일부로 받아들이는 것은, 학술서적의 경우 정교한 번역이 전제되지 않으면, 이를 읽고 직접 인용하는 학술 연구자들의 연구 성과는 물론 이를 추후 재인용하는 2·3차적 학술 성과물까지 연이어 잘못된 논쟁이나 흐름으로 나갈 수 있기 때문이다. 또한 이 번역된 학술서를 읽고 공부하는 학부나 대학원 학생들이 잘못된 번역을 통해 오도된 개념을 익혀서 사용할 우려가 있기 때문이기도 하다. 그래서 대중서와는 달리 학술서에는 일반적으로 좀 더 엄격한 기준이 요구된다. 학술서를 쓰는 학자의 입장에서도 개념어 하나, 주석 하나까지 학계에서 통용되는 기대와 기준에 맞추기 위해 최대한 노력한다. 당연히 그러한 학술서가 다른 언어로 번역되는 과정에서도 학술서를 쓰는 과정에 걸맞은 인식과 노력이 요구된다. 일반 대중서의 경우라면 그러한 정교함이 조금 떨어지더라도 크게 문제가 되지 않을 수도 있지만, 학술서의 경우 적확한 번역 용어의 선택은 기본이고, 의미 왜곡이나 내용의 누락 없는 번역에 대한 기대치가 높고, 또 중시될 수밖에 없다. 이렇듯 학술서에는 책임이 필요한 만큼 번역자가 누구인지도 중요하다. 학계와 함께 호흡하기 위한 넓은 의미에서의 동료로서 책임과 신뢰의 문제도 있기 때문이다.

『21세기 자본』의 한국어판은 실명의 영어 번역가 한 사람과 어느 통번역 전문업체가 함께 공동으로 번역을 맡았다. 이처럼 중요한 학술서적의 번역을 여러 사람이 나누어 하는 것에 대한 문제는 접어두더라도, 통번역 전문업체를 주도적으로 활용하면서 심지어는 공동 번역자들의 이름이 통번역 전문업체의 이름 뒤에 생략되는 경우는 국내 학계에서도 그동안 보기 힘든 일이었고, 특히 전 세계 주요 학술서적 번역에서도 거의 유례없는 일이었다. 게다가 번역이라는 것은 각각의 다른 언어 체계들 안에 있는 단어들끼리 일대일 의미의 등가 교환을 하지 않는 경우가 많기 때문에, 이렇게 중역을 통해서 이미 의미의 비등가 교환을 한 결과를 또 한 번 의미의 비등가 교환을 거치면 의미의 총량이 많이 손실되고 때로는 본질적 내용이 바뀌기도 한다. 이것이 학술서적의 경우 중역이 아니라, 원어본을 가지고 번역을 해야 하는 가장 큰 이유 중 하나다. 혹자는 불어판이 아닌 영문판 '중역'이든, 여러 사람이 나눠서 한 '쪽번역'이든, 그 과정과 상관없이 결과물만 잘 나오면 된다고 반문할지도 모른다. 그러나 대중서적 번역에 대한 상대적으로 느슨한 기준을 학술서적 번역에 적용해서는 안 된다. 학술 활동이라는 것이 원칙적인 과정에 충실하지 않아도 결과가 잘 나올 수 있다는 것은 학계 울타리 밖에서의 오해일 뿐이다.

『21세기 자본』을 불어판으로 완독했던 필자가 한국어판이 나온 뒤 일부 내용을 검토해본 결과, 이 책의 한국어판 번역은 대중서로서는 큰 문제가 없을 수도 있지만, 학술서로서는 적당하지 않은 수준의 오역들을 가지고 있다고 판단된다. 이 책의 한국어판 오역들의 유형은 크게 세 가지로 분류될 수 있는데, 첫째는 프랑스 혹은 유럽연합에 대한 배경지식이 부족해서 일어난 오역, 둘째는 중요한 개념들의 오해를 불러일으키는 지나친 수준의 의역, 셋째는 단어나 문장의 일부를 아예 생략해버린 실수 등이다. 여러 가지 제약상 이 책의 지면을 통해서 본격적인 번역 논쟁을 할 수는 없겠지만, 향후 이 『21세기 자본』 한국어판 오역에 대해 관심 있는 인문사회과학자는 물론 불어불문학자가 있다면 함께 구체적인 지점들에 대해 차분하게 하나하나 이야기해볼 수 있는 기회가 있었으면 한다. 하지만 『21세기 자본』은 불어판을 직접 읽을 수 없어서 한국어판에 근거해 인용해야 하는 다수의 학자들이나 학생들을 위해, 언젠가는 이 책의 불어판을 가지고 한국어판 재번역이 이루어져야 한다고 생각한다. 그리고 근본적으로 대중서가 아닌 학술서의 한국어판 번역의 경우에는, 기본적으로 원어판에 기반을 두고 해당 전문가가 충분한 시간을 가지고 번역해야 한다는 공감대가 학계와 출판계에 확립되었으면 하는 바람이다.

제9장

피케티와 '그의 친구들'

피케티의 과거, 현재, 그리고 미래

카망베르치즈를 넣은 인앤아웃 버거

나는 이 책에 나온 연구를 하기 위해 그동안 20여 명의 동료 학자들과 긴
밀히 협업하면서, 오랜 기간 소득과 재산에 대한 방대한 데이터를 모아 분석
했다. 그들과 함께 한 토론과 협업이 없었다면 오늘날의 연구 성과들은 빛을
보지 못했을 것이다.[1]

실제 필자와의 대담에서도 피케티는 『21세기 자본』이라는 책이 세계적
인 주목을 받게 되면서, 이 책에서 다루고 있는 경제적 불평등에 대한 방대
한 연구가 마치 자신만의 단독 연구인 것처럼 여겨지는 것을 조금 부담스
러워했다. 실제로 『21세기 자본』을 포함해서 지금까지 피케티가 수행해온
연구는 사실 그의 동료들과의 협업이 없었으면 불가능한 일이었다. 물론
1990년대 초 프랑스 사례를 중심으로 경제적 불평등 연구를 시작할 때는
피케티 혼자였지만, 1990년대 중반부터 시작한 전 세계적인 비교연구는

여러 동료 학자들과 함께 진행했던 것이기 때문이다. 사실 피케티 주변에는 『21세기 자본』과 관련된 연구를 함께했는지 여부를 떠나, 세계 혹은 프랑스 경제학계에서 일정 정도 차별화된 정체성을 공유하는 소위 '피케티의 친구들'이 있다. 이들은 기본적으로 피케티와 파리고등사범학교에서의 인연을 시작으로, 친구로서, 후배로서, 제자로서, 혹은 배우자로서 피케티와 다양한 개인적 관계들로 맺어진 사람들이다.

주로 40대 중반에서 30대 초반으로 이어지는 비교적 젊은 경제학자들인 이들은 모두 파리고등사범학교에서 학부와 석사를 마치고 나서 영미권의 MIT 혹은 런던정치경제대학에서 박사학위를 마치거나 교수직을 한 경험이 있는, 학문적으로 유럽대륙적 전통과 영미권 전통을 모두 수용하는 개방성을 키워왔다는 공통점이 있다. 하지만 한때 이들은 프랑스 학자들에게는 너무 미국적이었으며, 미국 학자들에게는 너무 프랑스적으로 여겨지곤 했었다. 다시 말해, 프랑스 학계에서는 지나치게 영미권 경제학의 주류적 흐름을 따라가는 학자들로 주변화되기 일쑤였으며, 반면 영미권 학계에서는 수리모델 중심이 아닌 역사적 접근을 통한 긴 호흡의 연구 때문에 학문적 이방인으로 여겨지고는 했었다. 그래서 혹자는 그들을 '카망베르Camembert 치즈를 넣은 인앤아웃 버거In-N-Out Burger'로 그들의 정체성을 풍자하기도 한다.[2]

하지만 2014년 전 세계에 '피케티 신드롬'이 휩쓸고 지나간 뒤, 이들은 세계 경제학계에서 그리고 프랑스 사회과학계에서 오히려 확실히 차별화된 긍정적인 정체성으로 구성되는·면면들이 부각되고 있다. 그중 하나는 '프랑스의 학문적 전통을 지키면서도, 영미권 학계와의 대화에 적극적으로 임해온' 그래서 구대륙의 갈라파고스적 안존에서 벗어난 사회과학자들이라는 점이고, 또 다른 하나는 '세상에 대한 문제의식이 살아 있는', 그래서 학문을 통해 더 나은 세상을 꿈꾸기를 포기하지 않는 경제학자들이라는 점이다. 아래에서 '피케티의 친구들'로 소개할 몇몇 경제학자들은 한마디로 피케티의 '과거', '현재', 그리고 '미래'를 구성하는 사람들이다. 이들에 대한 개괄적인 소개는 피케티와 그의 연구를 좀 더 잘 이해하는 데 유의미한 맥락을 제공할 수 있다는 의의가 있으며, 또한 피케티라는 한 경제학자를 매개로 국내에서는 잘 알려지지 않았지만 여러 의미에서 주목할 만한 프랑스 출신의 소장 경제학자들을 소개한다는 의의도 있다.

이매뉴얼 사에즈, 미국 버클리 대학 경제학과 교수

피케티의 『21세기 자본』이 15여 년간의 산고의 고통을 겪는 동안 수많은 공동 연구자들이 함께해왔지만, 그중에서도 미국 버클리 대학의 이매뉴얼 사에즈는 지금까지 피케티의 연구에서 가장 핵심적인 공동 연구자라고 할 수 있다. 특히 사에즈는 피케티의 프랑스에서의 경제적 불평등에 대한 연구가 프랑스라는 국경과 유럽이라는 대륙을 넘어, 멀리 대서양 건너 미국에서의 경제적 불평등에 대한 연구로 확대되는 과정에 결정적인 기여를 했다. 피케티와 사에즈가 공동 연구를 통해 2001년도에 처음 발표한 「미국의 소득불평등」이라는 논문은 앞서도 언급했지만 2014년 8월 현재까지 1800여 회 이상 재인용되었을 정도로, 경제적 불평등을 연구하는 학자들이라면 누구나 한 번쯤 읽었거나 인용하는 고전과 같은 논문이다.

사에즈는 사실 피케티의 동료이기 이전에 동문 선후배 사이다. 1972년 생인 사에즈는 피케티의 파리고등사범학교 1년 후배로, 피케티와 상당히 비슷한 학문적 여정을 걸어왔다. 그는 고등사범학교에서 수학을 공부한 뒤, 현재 파리경제대학의 전신인 델타^{DELTA}에서 경제학 석사학위를 마치고, 미국으로 건너가 MIT에서 경제학 박사학위를 취득했다. 그 후 하버드 대학 경제학과를 거쳐 현재는 버클리 대학 경제학과에서 공공경제학을 가르치고 있다. 피케티와 사에즈는 모두 영국 불평등 경제학의 대가 앳킨슨으로부터 큰 학문적 영향을 받았다. 그래서 앳킨슨이 영국의 불평등에 대한 선도적 연구를 한 뒤, 피케티가 프랑스의 불평등을, 사에즈가 미국의 불평등을 연구하면서 사실상 역할 분담을 해왔다고 해도 큰 무리가 없다.

사에즈는 사실 2014년 '피케티 신드롬' 이전에도 이미 부와 소득의 불평등 문제에서 미국 내 최고의 권위자로 인정받아온 학자다. 그는 미국에서 상위 1%에 집중되는 부와 소득이 불평등 문제의 핵심이라는 분석하에, 주로 정부가 이러한 심화된 불평등 문제를 완화하기 위해 취할 수 있는 최선의 조세정책과 가계의 대응 수단을 연구하는 조세이론에 기여해왔다. 그리고 이를 바탕으로 피케티와 함께 프랑스의 조세정책이나 이론에도 많은 논쟁 지점들을 제공해왔다. 그는 2009년에 미국의 40대 이하 경제학자들에게 최고 영예로 꼽히는 존 베이츠 클라크 메달John Bates Clark Medal을 수상했다. 프랑스 국적자로서는 사에즈가 처음으로 받았던 이 메달은, 2014년 현재까지 소장 경제학자 시절 이 메달을 수상한 경제학자들 중 약 65%가 노벨 경제학상을 수상했을 정도로 권위를 인정받고 있다.

에스테르 뒤플로, 미국 MIT 경제학과 교수

'피케티의 친구들' 중에서 주목할 만한 또 다른 학자는 MIT 경제학과의 에스테르 뒤플로Esther Duflo 교수다. 뒤플로는 경제적 불평등을 다루는 제도 경제학보다는 저소득국의 개발협력 현장에서의 문제의식을 바탕으로 개발경제학 분야에서 현재 전 세계에서 가장 촉망받는 신진학자 중 하나다. 뒤플로는 그동안 이매뉴얼 사에즈 교수와는 여러 가지 공동작업을 해왔지만,

피케티와 불평등에 대한 공동 연구를 수행한 적은 없다. 그래서 뒤플로와 피케티의 관계를 상상하는 것은 생각보다 쉽지 않다. 하지만 사실 그녀가 경제학자가 된 동기는 바로 피케티 덕분이었다. 뒤플로는 파리고등사범학교를 다니던 시절 피케티의 1년 후배이자, 사에즈의 동기였는데, 학부 때 역사학을 공부했지만, 졸업 후 피케티의 조언에 영향을 받아 방향을 전환해 경제학을 공부하게 된 것이다.

그래서 뒤플로 또한 사에즈와 같이 지금의 지금 파리경제대학의 전신인 델타에서 경제학 석사학위를 마치고, MIT에서 26세에 경제학 박사학위를 취득했다. 이후 MIT 경제학과에서 교수로 임용되어 현재까지 빈곤연구소를 운영하면서 개발경제학을 연구하며 가르치고 있다. 그녀의 주요 연구 주제는 사실 불평등 문제와 뗄 수 없는 '빈곤' 문제다. 뒤플로는 그중에서도 특히 보건, 교육, 신용 접근성 등에 대해 개발협력 현장에 연구팀을 파견해 현장에서 실제로 제기되는 현실적인 문제의식을 바탕으로 구체적이면서도 간단한 해결책들을 찾아낼 수 있는 학문적 연결고리를 찾는 노력을 해오고 있다. 특히 뒤플로가 수행해온 아프리카에서의 저조한 백신 접종률을 높이기 위한 경제학적 연구는 학계는 물론 필드 전문가들 사이에서도 그 살아 있는 학문적 문제의식 때문에 오랫동안 회자되어왔다.

MIT 경제학과의 압히지트 바네르지Abhijit Banerjee 교수와 함께 쓴 『빈곤의 경제학Poor Economics』은 그녀의 대표적인 저서다.[3] 빈곤 감소를 위해 통용되는 일반화된 논리를 거부하고, 그 대신 빈곤에 처한 사람들이 실제로 현장에서 어떻게 생각을 하고 어떻게 결정을 내리는지를 '근거 기반 무작위 비교연구evidence-based randomized control trial'라는 방법을 통해서 접근한다. 그래서 이러한 현장 사례들을 바탕으로 '가진 것이 적은 가난한 사람들일수록 선택을 할 때 더욱더 신중해진다'는 원리에 근거해 빈곤을 완화시킬 방법들을 과학적이고 실증적으로 찾아내 개발경제학의 새 지평을 열었다는 평가를 받고 있다. 뒤플로는 2010년에 미국의 40대 이하 최고의 경제학자들에게 수여하는 존 베이츠 클라크 메달을 수상했다. 앞서 사에즈가 수상한 바로 그다음 해였다. 미국 경제학계에서 2년 연속으로 프랑스 출신 경제학자들이 존 베이츠 클라크 메달을 받게 된 것은 상당히 이례적인 일이었다.

카미유 랑데, 줄리아 카제, 가브리엘 주크먼

'피케티의 친구들'에서 주목할 만한 또 다른 사람들은 바로 피케티의 제자 그룹이다. 제자 그룹은 아직까지는 세간에 크게 알려져 있지는 않지만, 피케티 및 사에즈와 공동 연구들을 활발히 수행하면서 그들의 연구 성과를 계승하고 확대해 나가는 역할을 맡고 있다. 그중에서 현재 학계에서 가장 두각을 나타내는 제자 그룹에는 카미유 랑데 런던정치경제대학 경제학과 교수, 줄리아 카제Julia Cagé 파리정치대학 경제학과 교수, 가브리엘 주크먼Gabriel Zucman 런던정치경제대학 교수가 있다. 이들은 모두 35세 미만의 소장 학자들이며, 파리고등사범학교ENS-Ulm에서 학부를 졸업하고, 파리경제대학에서 피케티의 지도로 석박사과정을 했다는 경험을 공유한다(이 중 줄리아 카제 교수만이 박사학위를 하버드 대학 경제학과에서 받았다).

우선, 카미유 랑데 런던정치경제대학 교수는 토마 피케티와 이매뉴얼 사에즈와 함께 2011년에 『조세혁명을 위하여』를 쓴 공저자로 학계는 물론 프랑스 대중에게도 비교적 잘 알려져 있는 학자다.[4] 그는 프랑스가 최근 영미권 국가들처럼 불평등이 심화되고 있다고 주장하는데, 이러한 현상을 완화하기 위한 적절한 조세정책의 중요성을 강조한다. 그래서 불평등의 심화를 진단하는 연구에서 점차 조세정책에 대한 연구로 관심사를 옮겨가고 있는데, 최근에는 연예인과 운동선수 등 소위 초고소득자들에 대한 조세정책이 불평등 완화에 미치는 영향들에 대한 실증적 연구를 진행하고 있다.

줄리아 카제 파리정치대학 교수는 피케티의 제자 그룹에 속해 있지만, 동시에 피케티의 아내라는 점에서 조금 특별한 주목을 받고 있기도 하다. 피케티는 2009년까지는 프랑스 사회당의 유력 여성 정치인인 오렐리 필리페티와 동거인 사이였다가 헤어진 바 있다. 그들의 결별 과정은 당시 프랑스 언론들의 많은 주목을 받기도 했었다. 이후 피케티는 카제와 새로운 인연을 맺게 되고 2014년에 결혼한 것으로 알려져 있다. 카제 교수는 주로 미디어 산업과 정치 참여, 개발협력 등을 연결시키는 정치경제학적 작업을 하고 있다. 특히 지역적으로는 유럽이나 서구보다는 아프리카 지역에 대해 관심을 두고 연구를 진행해왔으며, 최근 피케티의 새로운 연구의 관심사가 확장되는 데 적지 않은 영향을 미치고 있다.

마지막으로 가브리엘 주크먼 교수는 제자 그룹 안에서도 가장 젊다. 2014년 28세 나이로 런던정치경제대학 조교수에 임용된 그는 최근 피케티와 함께 「자본의 귀환: 부자 나라들에서의 부와 소득의 비율 1700~2010 Capital is Back: Wealth-Income Ratios in Rich Countries 1700~2010」이라는 논문을 함께 썼다.[5] 그는 연구 관심사 측면에서 피케티와 가장 가깝다는 평가를 받고 있으며, 최근에는 부와 소득의 불평등 문제와 더불어 조세 회피 구역으로 유출된 국부에 대한 연구를 통해 유럽 학계에서 상당한 주목을 받고 있다. 그의 조세 회피 구역 관련 연구가 주목을 받는 이유 중 하나는, 피케티가 정책적 제언으로 제시하는 유럽 차원(유럽연합 혹은 유로존 차원)에서의 각종 조세 정책의 현실성에 대한 비판에서 이 조세 회피 구역으로의 자본 유출 문제가 종종 언급되기 때문이다.

지금까지 소개한 '피케티의 친구들'을 2014년 전 세계를 휩쓴 '피케티 신드롬'이라는 맥락에서 소위 '피케티 학파'라는 이름으로 부르는 것은 적당하지 않을 수 있다. 그러기에는 개개인이 모두 피케티에 버금가는 학문적 역량이나 잠재력을 가진 학자들이기 때문이다. 하지만 그럼에도 불구하고 앞으로 이들은 언론들이나 대중에게 '피케티 학파' 혹은 '피케티 사단'이라고 불릴 가능성이 크다. 아직은 40대 중반 이하의 비교적 젊은 학자들이지만, 이들은 앞서 이야기한 바와 같이 기존의 순수 영미권, 순수 프랑스권 경제학자들과는 차별되는 혼성적hybrid 학풍으로 기존의 경제학계는 물론 사회과학계 전반에 미약하나마 의미 있는 새로운 바람을 불어넣어 주면서 그들 나름대로의 학문적 정체성을 조금씩 형성해 나가고 있다. 그러한 의미에서 2014년 '피케티 신드롬' 이후 피케티의 학문적 미래는 그와 '그의 친구들'이 함께 만들어가는 그림으로 바라볼 필요가 있다.

제3부

피케티 이론에
비추어본
한국의 현실

_주상영

제10장

피케티 이론을 한국에 적용할 수 있는가

문제는 분배다!

피케티는 간결한 이론과 데이터로 경제적 불평등의 동학을 밝혀냈다. 주요 선진국에 대해 300년에 걸친 자료를 제시하는데, 다양한 척도의 불평등 지표는 모두 U자 모양이다. 경제적 불평등은 18~19세기 유럽에서 가장 심각했고, 20세기 중반에는 큰 폭으로 둔화되는 모습을 보이기도 했으나 1970~1980년대 이후 다시 악화되었다. 이 추세대로라면 아마 21세기 중반쯤에는 다시 19세기 말의 모습으로 되돌아갈지 모른다. 이는 1950년대에 쿠즈네츠가 불평등에 관해 제시했던 낙관적 예측, 즉 역U자 가설을 뒤엎는 것이다.

피케티의 표현에 따르면 마르크스는 종말론적이며apocalyptic, 쿠즈네츠는 상당히 낙관적이다. 대신 그는 우울한 균제상태gloomy steady state를 예견하고 있다. 극단으로 치닫지는 않지만 데이비드 리카도David Ricardo와 마르크스를 떠올리기에 충분하다. 사실 피케티가 그들처럼 획기적인 이론을 내놓은 것은 아니다. 그렇지만 그의 업적은 역사 자료의 구축에 있으며, 이것만으로도 그의 책은 고전의 반열에 오를 것이다. 복잡한 수식과 이론보다는 시계열사serial history를 통해 법칙을 찾아내려고 노력했다. 단, 그는 역사적 데이터를 가급적 기존 주류 경제학의 틀로 설명하려고 한다. 이론적으로 완벽하다고 할 수는 없으나, 이는 대체로 성공적이며 미시와 거시를 아우르는 경제이론과 경제사까지 결합시키려고 시도한 대작이다.

피케티는 주류 경제학의 틀을 벗어나지 않으려고 애쓰고 있지만 그럼에도 불구하고 한계생산력설과 같은 핵심 명제에 대한 회의를 드러낸다. 또 정치와 제도의 중요성을 자주 언급하며 이것이 불평등의 방향을 결정짓는 동인이라고 되풀이해서 말한다. 부유세와 최고세율의 인상을 주장하는 것도 같은 맥락일 것이다. 불평등의 악화와 소수에게로의 자본 집중이 능력주의, 민주주의, 사회정의를 해치는 단계까지 가서는 안 된다고 주장한다. 인적자본이 결코 물적자본의 위력을 당해낼 수 없다고 본다. 앞으로 성장이 둔화되더라도 이윤율(자본수익률)은 떨어지지 않을 것이라고 믿는다. 그의 이러한 경제 분석은 주류 경제학에 의존하고 있지만 그것을 어디까지나 실용적으로만 활용한다는 인상을 준다. 남은 21세기가 자본이 극도로 위세를 떨치던 18~19세기의 모습으로 되돌아갈지 모른다고 자신 있게 경고하는데, 마르크스를 비판한다고는 하지만 여전히 그를 떠올리게 할 만한 대목들이 많다. 피케티의 진심은 무엇일까?

보수진영은 피케티를 달가워하지 않는다. 자본이라는 말을 반복해서 쓰는 데다가 그가 제안한 글로벌 부유세는 부자들을 움찔하게 만든다. 차분하고 합리적인 보수도 그가 분배 문제에만 집중하고 성장 이야기는 하지 않는 것을 불편하게 여긴다. 게다가 피케티는 더 큰 경제위기가 닥쳐올 것이라고 주장하기도 한다. 사실 피케티는 경제성장에 대해 연구한 학자는 아니다. 그렇다고 성장을 도외시하는 것도 아니다. 성장률이 높아지면 불평등이 완화된다는 것이 그의 이론의 일부이기 때문이다. 단, 그가 지적하는 것은 앞으로 성장률이 낮아질 것이고 적어도 여기서 더 높아지지는 않을 것이라는 것이다. 경제성장을 연구하는 학자들도 대부분 여기에 동의한다. 최근에는 피케티의 분배이론과 별개로 '장기침체론'이 대두하고 있다. 아마도 중국과 인도의 고도성장이 한계에 도달하게 되면 머지않아 세계 경제는 1%대의 성장에 만족해야 할지도 모른다. 앞으로 경제위기가 어떤 형태로 나타날지는 모르지만, 이제 세계 경제가 예전과 같은 속도로 성장하는 것은 불가능에 가깝다. 따라서 "지금은 분배가 나쁘더라도 좀 더 참고 성장에 매진하면 문제가 해결되지 않겠나" 하는 것은, 적어도 현 단계에서는 허망한 구호에 지나지 않는다. 지금은 성장과 분배가 함께 가야 하는 시대다. 실제로 글로벌 금융위기의 발생과 그 이후의 경과가 이를 잘 말해주고 있다.

2014년 9월 피케티가 한국을 방문했을 때 예상대로 반응은 뜨거웠고 모든 주요 언론이 그의 인터뷰 기사를 실었다. 그런데 대부분의 인터뷰 기사는 필자를 갸우뚱하게 만들었다. 인터뷰의 요지는 피케티가 교육의 중요성을 강조했다는 것이었다. 물론 계층이동이 닫힌 사회로 가는 것은 위험하며, 그런 의미에서 교육은 중요하다. 하지만 피케티는 교육의 중요성을 강조하기 위해 그렇게 두꺼운 책을 쓴 게 아니다. 물론 교육은 사다리가 될 수 있고 교육의 중요성에 대해서는 누구나 다 공감한다. 피케티는 단지 원칙론에 입각해 대답한 것이다. 게다가 한국의 교육열은 엄청나게 높고 그것이 성장의 원동력이 된 대표적인 나라이다. 멀쩡한 학자라면 이러한 나라에 와서 교육이 중요하지 않다고 말하겠는가? 교육 수준이 높아지는 것이 성장의 원동력이라는 데는 동의하지만, 교육이 불평등의 문제까지 해소할 수 있을지는 솔직히 의문이다. 교육은 그 어느 분야보다 경쟁이 치열한 영역이고, 재능과 노력에다 경제적 지원까지 합쳐지면 항상 남들보다 앞서

가는 사람이 존재하기 마련이다. 교육이 중요하기는 해도 그것만으로 불평등을 해소하기는 어렵다. 피케티의 책을 읽다 보면 그도 이 같은 생각을 한다는 것을 금방 알아차릴 수 있다. 주요 언론의 기사는 피케티의 논지를 그흔한 교육의 틀 속에 집어넣어 흐리게 만들었다. 그가 부각시키고자 한 것은 인적자본이 아니다. 바로 물적자본이다.

문제는 교육의 힘이든 무엇에 의해서든 승자가 된 사람들이 어떤 의식을 가지고, 사회를 위해 무슨 일을 하면서 사는가이다. 하버드 대학의 맨큐는 ≪저널 오브 이코노믹 퍼스펙티브Journal of Economic Perspective≫라는 유명 학술지에 피케티를 반박하기 위해 「1%를 위한 변호Defending the One Percent」는 글을 실었다. 최상위 1%가 '기술 편향적 경제성장'의 추세 속에서 높은 소득을 얻는 것인데 왜 이러한 불평등을 문제 삼느냐는 취지였다. 맨큐는 이들이 얻는 소득이 노력에 대한 마땅한 대가라고 주장한다. 일면 타당하기도 하지만 이 주장은 뒤집어서 생각해볼 필요가 있다. 그렇다면 최하위 1%는 어떻게 변호해야 하는가? 이들은 게으른 대가를 마땅히 받는 것일까? 물론 노력이 제일 중요하고 그 가치는 존중되어야 한다. 그러나 한 개인이 이루어내는 성과는 노력뿐만 아니라 타고난 재능, 환경, 운 등이 모두 결합되어 나타나는 것이다. 이러한 것들은 우리가 통제할 수 없다. 세상을 좀 더 겸허한 시각으로 바라보아야 한다. 월스트리트의 탐욕이 결국 2008년의 미국발 금융위기를 가져오지 않았는가? 그 이후 경제는 아직도 제대로 성장하지 못하고 있다. 엘리트의 탐욕이 그들만의 탐욕으로 그치는 것이 아니라 사회경제 전반에 나쁜 영향을 준 대표적인 사례이다.

피케티의 책은 프랑스 인권선언 제1조를 인용하는 것으로 시작된다. "인간은 자유롭게 태어나 살며 동등한 권리를 누린다. 오직 공공의 선l'utilite commune에 기초할 때에만 사회적 차별이 가능하다."

오늘날 심화된 불평등이 과연 공공의 선이라는 차원에서 허용될 만한 수준일까? 피케티는 그렇지 않다고 보는 것 같다. 현재 미국은 상위 10%가 부의 77%를 점유하고 있다. 피케티는 70% 정도로 보았는데, 사에즈와 주크먼의 최근 연구에서는 더 높게 나왔다.[1] 도대체 어디까지 가야 사회적 합의가 이루어질까?

대공황 이전 1920년대 선진국 경제는 금융 버블과 불평등의 악화라는 두 가지 문제를 동시에 앓고 있었다. 하지만 그 후 뉴딜New Deal을 포함한 각종 사회제도의 개혁으로 불평등을 완화시키는 길을 밟아나갔다. 당시 케인스는 자본주의를 구하려면 국가가 적극 개입해 총수요를 유지해야 한다는 주장을 폈다. 대공황 수준은 아니지만 최근의 글로벌 금융위기는 대침체를 가져왔다. 하지만 케인스만 한 대가는 등장하지 않았다. 사실 지난 수십 년간의 연구와 정책 실험으로 케인스도 빛이 바랜 지 오래였다. 대신 특급 소방수 벤 버냉키Ben Bernanke의 '양적완화' 정책을 한편으로 감탄스럽게, 한편으로 걱정스럽게 바라볼 뿐이었다. 마이너스의 성장이 언제 플러스로 바뀌나 지켜볼 뿐 정작 앞으로 자본주의를 어떻게 고쳐 써야 할지에 대한 진지한 관심은 보이지 않았다. 그런 상황에서 피케티가 화두를 던졌다

"문제는 분배다!"

한국은 왜 피케티가 필요한가

피케티는 탄탄한 역사적 통계, 직관적이고 단순한 이론, 세계 동시의 조세혁명이라는 급진적이고 담대한 제안을 들고나왔다. 케인스주의, 포스트-케인스주의, 좌파 경제학의 전형적 대안인 임금주도 성장, 노동의 협상권 강화, 독점이윤 축소 등의 대안을 한 번에 가로질러 유토피아적 대안을 제시했다. 자신의 이론과 주장을 대중화하는 데도 성공했다. 조금 어렵긴 하

지만 책을 재미있게 썼는데, 경제학을 마치 역사소설과 공상과학소설이 결합된 형태로 대중화했다. 경제학을 전공하지 않은 독자는 아마 이 책을 읽은 후 몇몇 역사적 통계에 대한 잔상과 글로벌 부유세라는 유토피아적 환상이 남게 될 것이다. 그리고 머릿속에는 자본주의의 근본적 취약성이 각인된다. 대단한 스토리텔링이다.

피케티는 경제학자들에게도 일침을 가했다. 사실 경제학자들은 수학을 너무 많이 사용하고 지나치게 꼼꼼하고 지루한 사람들이다. 게다가 현실의 관심사와 괴리되어 황당하기까지 한 문제를, 그것도 아주 잘게 나눠 연구하는 바람에 경제학자들끼리도 서로 뭘 하는지 이해하지 못할 정도다. 이러한 분위기에 매몰되면 대개는 그냥 똑똑한 전문가로 남는 것에 만족하게 된다. 돈이 되는 프로젝트에 몰두하거나 승진에 필요한 학술지 투고만 하면 그만이다. 원래 극우 성향이나 극좌 경향이 아니라면, 크고 핵심적인 주제에 대해서는 서로 치열하게 논쟁하기를 꺼린다. 그러는 사이 정작 중요한 문제는 다른 사회과학 분야로 넘어가 버린다. 경제학을 자연과학의 근처까지 가져다 놓아 '순수' 학문으로 만들어버리려는 시도는 가상하지만, 경제학은 엄연히 사회과학이다. 경제도 그러하거니와 경제학도 이제는 브레이크를 밟고 주위를 둘러볼 때다. 차갑고 냉소적인 인상을 주는 학문에서 더 좋은 사회, 더 나은 사회를 만드는 데 기여하는 논쟁적인 사회과학으로 거듭날 필요가 있다. 애덤 스미스Adam Smith와 고전파 경제학자들은 원래 정치경제학이라는 용어를 사용했다. 오랫동안 경제학과 정치경제학은 같은 의미로 쓰였지만, 오늘날에는 정치경제학이라고 하면 비주류 경제학이라는 뉘앙스가 있다. 그런 상황에서 피케티와 사에즈 같은 젊은 학자와 그 동료들이 세련된 틀로 정치경제학을 복원시키려는 시도는 환영할 만하다. 게다가 미국의 주류 경제학계에 충격을 주고 있다. 그저 벙벙한 이데올로기적 담론이 아니라 상당히 정치적인 틀을 가지고 도전하기 때문이다.

피케티를 무시할 수 없는 이유가 여기에 있다. 경제야 어떻게 돌아가든 끊임없이 분배만 강조하는 불만에 찬 지식인으로 매도할 수 없는 정당한 이유가 있는 것이다. 구체적으로 이는 크게 두 가지인데, 첫째는 데이터이다. 그는 중앙은행의 통계전문가들이 혀를 내두를 정도로 소득과 부의 측정과 역사에 대해 해박하다. 생산적 토론을 가능하게 해주는 기초자료를 만들어냈다. 물론 앞으로 데이터의 정확성에 대한 비판은 피할 수 없겠지만, 이것은 또 다른 진전을 가져다줄 것이다. 둘째는 주류 경제학이 이루어낸 성과를 받아들이고 있다는 점이다. 단, 이것을 분배를 강조하는 진보적 관점에서 적절히 재구성하고 있다. 사실 그는 수학도 잘한다. 젊은 시절 그가 매달렸던 주제는 신고전파 성장이론에다 부의 분배 문제까지 집어넣어 성장과 분배의 동태적 경로를 동시에 풀어내려는 것이었다. 그가 22세에 MIT 교수가 된 것은 바로 이러한 대담한 시도 때문이었다. 이건 마치 우주의 생성과 진행에 관해 일관된 원리를 밝혀보고자 하는 천재과학도의 꿈과도 같은 것인데, 노벨상을 받은 스티글리츠도 젊은 시절에는 이러한 시도를 했지만 썩 좋은 결과를 얻지 못했다. 최근에도 피케티는 노동소득, 자본소득, 상속자산 등에 대한 최적의 과세가 어떻게 이루어져야 하는지에 대한 난해한 논문을 미국 최고의 학술지에 연달아 발표했다. 프랑스에서 활동하는 진보 성향의 젊은 학자가 미국의 주류 경제학계에서 최고의 연구 성과를 내고 있는 것이다. 이렇듯 누구보다 주류 경제학과 그 흐름을 잘 이해하는 사람이, 그것을 적절히 배치하고 엮어서 300년의 데이터와 함께 제시하고 있으니 무시할 수 없는 게 당연하다.

피케티는 2014년 9월 한국을 방문했을 때, 한 강연에서 자신의 책 내용에 대해 다 동의할 필요는 없다고 말했다. 책의 마지막 부분에 나오는 글로벌 부유세라든지 사회국가 같은 개념이 부담스러우면 그건 독자의 판단에 맡기겠다는 것이다. 대신 책의 제3부까지의 내용, 즉 기본 이론과 역사 자료에 대해서는 상당한 자신감을 보였다. 적어도 이 부분은 보수든 진보든, 주류든 비주류든 모두 주목할 필요가 있다는 뜻이다. 필자도 그렇게 생각한다. 그렇다면 문제는 한국이다. 그의 분석 틀에 비추어본 한국 경제의 실상은 어떨까? 특히 한국에서는 1997~1998년 외환위기를 기점으로 불평등에 관한 모든 지표가 악화되었다. 문제는 선진국에서 오랜 기간에 걸쳐 진행된 현상이 한국에서는 지난 수십 년 동안에 압축적으로 발생했다는 것이다. 분배 상태가 나빠졌다는 것은 이제 누구나 다 안다. 그러면 피케티의 접근 방식에 따를 때 한국의 상황은 얼마나 나빠진 것인가? 주요 선진국을 분석한 피케티는 이 추세대로 가면 아마 21세기 중반쯤에는 분배 상태가 가장 나빴던 19세기 말의 모습으로 되돌아갈지 모른다고 했다. 도대체 지금 한국 경제는 어느 정도에 와 있는가? 이하의 분석에서는 이 문제를 자세히 다룬다. 다만 경제학적 접근에 익숙하지 않은 독자들을 위해 연구 결과를 간단히 요약한 후 본격적인 진행을 하기로 한다.

피케티 이론의 적용: 제3부 요약

피케티의 이론에 등장하는 주요 변수는 자본/소득 비율, 자본소득분배율, 자본수익률, 그리고 자본수익률과 성장률의 차이이다. 이는 모두 거시경제변수들인데, 그가 규정한 자본주의 제1근본법칙과 제2근본법칙에다 역사적으로 자본수익률이 성장률보다 높았다는 사실을 결합하면 자본주의 체제 자체에 불평등을 심화시키는 메커니즘이 작동하고 있다는 결론이 나온다. 그렇다면 한국에서도 이러한 메커니즘이 작동할까? 한국에서는 특히 외환위기 이후에 불평등이 심화되었다. 어떤 통계를 보더라도 그렇다. 지난 10여 년 사이에 급격하게 일어난 변화를 피케티의 이론으로 설명할 수 있을까? 비록 제한적이긴 하지만 이 글에서는 피케티의 분석 틀을 한국 경제에 적용해보기로 했고, 소위 '피케티 비율'이라고 할 수 있는 수치들을 계산해보았다.

외환위기 이후 한국의 자본소득분배율은 급격하게 올라갔으며, 현재는 이미 선진국을 상회하는 수준에 이르렀다. 자본소득은 노동소득에 비해 훨씬 더 불평등하게 분포되어 있으므로 생산과 분배 과정에서 자본의 몫이 증가하는 것은 결국 개인별 소득분배의 악화로 나타나게 된다. 실제로 (수정)지니계수와 상위소득점유율은 외환위기 이후 크게 올라갔다. 상위 10%가 차지하는 소득점유율은 45%로 미국 다음으로 높다. 한편 최근 발표된 '국민대차대조표'를 포함한 한국은행의 '국민계정체계'를 이용해 추계한 결과, 한국의 자본/소득 비율은 민간부 기준으로 이미 7배에 달하며, 국부 기준으로는 9배 수준으로 나타났다. 민간부 기준으로는 이미 선진국 수준으로 올라갔고, 국부 기준으로는 그 어느 선진국보다도 높다. 피케티가 계산한 19세기 말 20세기 초 불평등이 극에 달했던 영국과 프랑스의 수준 혹은 그 이상이다. 즉, 자본/소득 비율의 상승과 자본소득분배율의 상승이 동시에 관찰된다. 선진국에서 1980년대 이후 나타난 변화가 한국에서는 지난 10여 년간 압축적으로 일어난 것이다.

한국에서 자본/소득 비율이 높게 나오는 것은 기본적으로는 높은 저축률 때문이지만, 자본의 가격이 일반 물가에 비해 빠른 속도로 증가하는 현상이 지속되었기 때문이다. 소득도 빠르게 증가했지만 부는 훨씬 더 빠른 속도로 증가했다. 부의 상승은 저축과 자본이득으로 분해될 수 있는데, 자본이득이 기여한 정도는 한국이 선진국에 비해 더 높다. 자본/소득 비율이 높다는 것은 한 사회에서 평균적인 소득을 올리는 사람이 평균적인 부를 쌓는 데 그만큼 더 오랜 시간이 걸린다는 뜻이다. 그리고 이것은 대부분의 경우에 자산 분포가 불평등하다는 것, 즉 소수가 고가의 자산을 많이 점유하는 상황이라는 것을 말해준다. 자본/소득 비율이 높은 상태에서 성장이 정체되면 보통 사람이 노동소득만으로 충분히 저축해 부를 쌓는 것은 역부족이다.

한국에서도 자본수익률이 소득증가율을 초과하는 것으로 나온다. 피케티에 따르면 자본수익률과 소득증가율의 차이가 클수록 부의 불평등이 더 확대된다. 자료의 한계로 장기 추세를 볼 수는 없지만, 지난 수년간 민간부의 수익률은 평가 기준에 따라 4.5~5.5% 정도인 것으로 분석되었다. 아직은 경제성장률이 선진국보다 높은 상태이므로 두 변수 간의 차이가 선진국에 비해 크다고 볼 수는 없다. 최근에 급격하게 악화된 소득 및 자산의 불평등은 자본수익률과 소득증가율 차의 확대보다는 자본/소득 비율과 자본소득분배율의 급격한 상승과 관련이 더 높아 보인다. 물론 분석 기간이 짧기 때문에 이는 잠정적인 해석이다.

피케티는 소득의 분포뿐만 아니라 부의 분포, 나아가 부에서 상속된 부와 저축으로 쌓은 부가 차지하는 비중에도 주목한다. 그러나 한국에는 부의 분포에 대한 믿을 만한 통계가 없다. 누락 및 축소 응답 때문에 가계조사만으로 상위층의 순자산 점유율을 파악하는 것은 불가능에 가깝다. 가계조사로 파악한 순자산 규모는 국민대차대조표상의 순자산 규모에 훨씬 못 미친다. 누락되고 축소된 부분, 그리고 상위층 개인에 의해 '실질적'으로 소유되고 있는 법인, 준법인, 비영리단체의 순자산까지 감안하면, 상위 순자산점유율은 가계조사에 나타난 것보다 훨씬 높은 수준임이 확실하다. 소득의 집중과 강화는 결국 부의 집중을 강화할 것이다. 게다가 앞으로 인구마저 정체되면 부의 집중은 더 강화될 것이다. 분산된 세습이 아닌 집중된 세습이 일어나기 때문이다. 부의 집중도는 더 올라가고 동시에 전체 부에서 상속된 부가 차지하는 비율도 올라갈 가능성이 높다.

한국의 불평등은 이미 심각한 상태이다. 불평등은 축소되고 관리되어야 한다. 능력주의 원칙의 구현, 정치적·사회적 안정은 물론이고, 안정적이고 장기적인 성장을 위해서도 그렇다. 불평등이 심한 상태에서는 상위계층에서는 인적자본에 대한 과잉 투자, 하위계층에서는 과소 투자가 일어나므로 사회 전체의 관점에서 볼 때 바람직하지 않다. 이것은 경제적 이동성과 역동성을 떨어뜨린다. 게다가 불평등은 소비를 제약하는 측면도 있다. 소비와 저축 모두 하고 싶지만 현재 한국 가계의 대부분은 그러지 못하고 있다. 가계소득 안정화, 재분배 강화를 통해 소비가 정상적으로 성장할 수 있도록 해야 한다. 소비 잠재력이 없으면 투자도 없고, 투자가 없으면 생산성의 증가도 기대할 수 없다. 기업의 이윤 동기를 자극시켜 성장을 유도하고 그것을 통해 분배 문제까지 해결하겠다는 인식은 이제 너무 안이하다. 이런 식으로 분배 문제를 외면해서는 안 된다.

제11장

노동의 몫과 자본의 몫

기능적 분배와 개인별 분배

쥐꼬리만 한 월급으로 아등바등 살아가는 직장인이라면 누구에게든 모아놓은 재산이 좀 있었으면 하는 바람이 있을 것이다. 이자나 배당, 기타 재산을 활용해서 얻는 소득이 재산소득인데, 평범한 직장인일지라도 약간의 재산소득은 있기 마련이다. 물려받은 재산이 있거나 가족의 도움을 받거나, 아니면 지독하게 저축해서 매달 적게는 수십만 원, 많게는 수백만 원 이상의 재산소득을 올리는 사람도 꽤 많다. 그런데 한국의 가계조사를 보면 가구소득에서 재산소득이 차지하는 비중은 아주 미미해서 1%가 채 되지 않는다. OECD 국가에서 이 비중은 대략 8~10%이다(임대소득 제외). 하지만 한국의 통계를 믿을 수 있을까? 임대소득까지 포함해야 재산소득이 겨우 3%대로 올라간다.

한 가구의 소득에서 노동을 제공한 대가로 얻는 노동소득, 자기 책임하에 사업을 벌어 얻는 사업소득, 가진 재산을 통해 얻는 재산소득을 명확히 분리하기란 쉽지 않다. 당사자도 헷갈리는데 통계 조사원이 이를 구분해서 파악하는 것은 얼마나 어렵겠는가? 게다가 많은 재산을 굴리는 사람이 조사에 제대로 응할까? 가족 친지에게도 비밀로 할 때가 많은데 말이다. 소득이 어떤 형태로 어떤 비율로 구성되어 있는지 가계조사로 다 알기는 어렵다. 물론 세금을 내기 때문에 국세청 자료로 소득을 역으로 추적하는 방법은 있다. 하지만 모든 사람이 다 세금을 내는 것은 아닌 데다가, 국세청은 개인정보 보호를 내세워 세세한 자료를 주지 않는다. 어쩔 수 없이 이 문제를 둘러가는 방법은 우선 전체적인 윤곽을 잡기 위해 국민소득 통계를 들여다보는 것이다.

통계청의 가계조사에서는 일반인도 이해하기 쉽게 소득을 근로소득, 사업소득, 재산소득으로 구분하지만, 한국은행이 발표하는 국민소득계정에서는 피용자보수, 영업잉여, 재산소득으로 구분한다. 근로소득 대신 피용자보수라는 어려운 용어를 사용하는 것은 여기에는 근로자가 받는 임금을 포함해 고용주가 내는 사회부담금 등도 다 포함되기 때문이다. 영업잉여는 이윤에 해당하고 재산소득은 이자, 배당, 임대료 수입이라고 보면 된다. 국민소득을 이러한 방식으로 추계하는 것은 경제이론에 뿌리를 두기 때문이다. 생산된 것은 결국에는 소득으로 잡히므로 국민계정상 생산된 것(정확하게는 부가가치)의 양은 소득의 양과 일치한다. 생산을 하려면 무언가 투입되어야 하는데, 그 가운데 가장 중요한 것은 노동이고 또 다른 요소는 우리가 자본이라고 부르는 것이다. 자본의 개념에 대한 논쟁은 실로 경제학의 역사와 함께하지만 여기서는 노동 이외에 생산에 투입되는 모든 요소를 자본으로 통칭하기로 한다. 따라서 국민소득계정에서의 피용자보수는 노동소득, 영업잉여와 재산소득은 자본소득을 가리키는 것으로 이해하면 된다. 이렇게 하면 경제학에서 노동과 자본에 의해 생산물이 산출되며, 동시에 그 산출물이 생산에 기여한 노동과 자본에 돌아간다는 논리에 더 잘 들어

맞는다. 물론 노동과 자본이 각각 기여한 만큼 배분받는다는 것은 아니다. 잘은 모르지만, 일단 국가 전체의 소득을 노동소득과 자본소득으로 양분해서 쪼갤 수는 있다.

노동과 자본이 각각 생산에 기여한 대가로 얼마씩 가져가는가를 '기능적 분배'라고 한다. 어떤 업종이나 사업장에서는 노동이 가져가는 몫이 더 많을 수 있고, 반대의 경우도 가능하다. 즉, 생산에 투입되는 요소로서의 기능에 초점을 둔 분배 개념인데, 개별 업종이나 사업장 단위로 파악될 수도 있지만 국가 전체로도 파악되므로 하나의 대표 숫자로 제시가 가능하다는 점이 사람들의 관심을 끈다. 우리가 만들어내는 소득 가운데 노동이 가져가는 몫은 얼마이고 자본이 가져가는 몫은 얼마일까? 그런데 여기서 주의할 점은 적어도 논리적으로는 기능적 분배와 인적 분배가 무관하다는 것이다. 개인별로 얻은 총소득에는 노동소득과 자본소득이 섞여 있다. 개인별로 어떤 사람은 노동소득이 주된 수입원이고 어떤 사람은 자본소득이 주된 수입원일지라도 개인별 소득분배(인적 분배)는 그 합계가 중요하므로 소득의 기능적 구분을 따지지 않는다. 자본소득이 엄청나게 많아서 소득 상위에 들 수는 있지만 어떤 사람은 노동소득이 많아서 소득 상위에 들 수도 있다. 기능적 분배와 개인별 분배는 개념상 이러한 차이가 있다.

그럼에도 불구하고 우리가 기능적 분배에 주목하는 것은 일반적으로 노동소득에 비해 자본소득이 더 불평등하게 분포되어 있기 때문이다. 자본소득이란 사업을 하거나 재산을 통해 얻은 소득인데, 이러한 소득은 일을 해서 번 소득에 비해 '빈익빈 부익부' 경향이 더 심하다. 따라서 경제 전체적으로 노동의 몫이 줄고 자본의 몫이 늘어나는 현상이 발견되면 개인별 불평등도 함께 나빠지게 된다.

사실 한국은 1997년 외환위기 이후 소득분배가 급속하게 나빠졌고, 선진국에서는 이러한 추세가 이미 1970년대부터 시작되었다. 지니계수 등으로 요약되는 개인별 분배지표가 나빠졌을 뿐만 아니라 노동소득분배율(전체 소득에서 노동소득이 차지하는 몫)이 하락하는 추세를 보였다. 사실 노동과 자본 간의 기능적 소득분배는 1950~1960년대까지 경제학의 주요 관심사였으나, 당시는 노동소득분배율이 정체 또는 약간의 상승 추세를 보였기 때문에 그 이후로는 별 주목을 받지 못했고, 소득분배라고 하면 개인별 소득분배만을 의미하는 것으로 여겨질 정도였다. 그러나 최근에는 기능적 소득분배가 다시 주목받고 있다. 지난 30~40년간 노동소득분배율은 하락하고 자본소득분배율(전체 소득에서 자본소득이 차지하는 몫)은 상승했기 때문이다. 개인별 분배지표가 나빠지는 동안 기능적 분배에도 변화가 발생한 것인데, 이는 다음의 근본적인 질문을 던진다. 자본의 역할이 강화되고 노동의 역할은 축소된 것이 개인별 소득분포를 나빠지게 한 근원적 요인이 아닌가? 이러한 추세가 지속된다면 자본주의의 미래는 어떻게 될 것인가? 이는 어쩔 수 없는 현상인가, 아니면 시급히 교정되어야 할 문제인가?

부분적이나마 이 문제에 답하기 위해서는 기능적 분배가 어떤 모습을 보이고 있는지에 대한 정확한 실태 파악이 있어야 한다. 물론 기능적 분배 지표인 노동소득분배율은 한국은행에서 매년 발표한다. 그러나 이 숫자를 그대로 받아들여서는 안 된다. 사실 개인별 분배지표에도 마찬가지의 문제가 있다. 동국대학교 김낙년 교수에 따르면 가계조사에 의거한 통계청의 소득분배지표는 불평등도의 수준과 추이를 제대로 반영하지 못하고 있다. 상위 소득자의 누락과 금융소득 등의 과소 보고가 심각하기 때문이다. 이를 보정할 경우 한국의 소득분배 지표는 상당히 달라진다. 예를 들면 시장소득 기준 지니계수는 2010년에 0.339에서 0.415로 높아지고, 가처분소득 기준으로는 0.308에서 0.371로 높아진다. 이는 OECD 국가 중에서는 칠레, 멕시코, 터키, 미국에 이어 다섯 번째로 불평등도가 높은 수치이다.[1]

측정의 문제는 중요하다. 한국은행에서 매년 발표하는 노동소득분배율을 보면 한국의 기능적 분배는 별로 나빠지지 않은 것처럼 보인다. 그러나 여기에도 측정의 문제가 있다. 한국은행의 노동소득분배율은 자영업자의 소득을 모두 자본소득으로 계상하는 방식을 취한다. 한국에는 자영업자가 무수히 많은데, 그들이 버는 소득이 모두 사업소득이나 재산소득일까? 오히려 노동소득이 아닌가? 그러면 자영업자의 소득을 어떻게 처리해야 진정한 노동의 몫의 크기를 잴 수 있을까?

다소 지루하더라도 우리는 노동소득분배율의 측정 문제를 다루지 않을 수 없다. 과연 한국의 기능적 분배가 그동안 얼마나 나빠졌는지 알아야 하기 때문이다. 피케티의 책도, 그가 '자본주의 제1근본법칙'이라고 불렀던 식을 통해 자본소득분배율(1 – 노동소득분배율)을 정의하는 것에서 출발한다. 다만 한국과 같이 자영업 비중이 높은 나라는 측정의 문제 자체가 간단하지 않다는 데 유의해야 한다.

한국의 노동소득분배율: 한국은행 기준

한 국가에서 창출된 소득은 노동을 제공한 자에게는 피용자보수로, 경영자 및 자본을 제공한 자에게는 영업잉여로, 정부에 대해서는 생산 및 수입세로 각각 분배된다. 여기서 생산 및 수입세는 정부에 귀속되는 소득이라고 보면 된다. 즉, 창출된 소득은 노동자, 경영자 및 자본가, 정부가 각각 나누어 가진다. 이 가운데 민간의 소득인 피용자보수와 영업잉여를 합해 요소비용국민소득이라고 부르는데, 한국은행은 요소비용국민소득 가운데 피용자보수가 차지하는 비율로 노동소득분배율을 정의한다. 여기서 분모를 요소비용국민소득에 한정하는 것은 국민소득 가운데 정부에 귀속되는 소득을 노동소득과 자본소득으로 구분할 기준이 없기 때문이다.

그림 11.1 **한국은행 방식의 노동소득분배율**

자료: 한국은행, 「국민계정」에 근거해 필자 계산.

$$\text{한국은행의 노동소득분배율} = \frac{\text{피용자보수}}{\text{피용자보수} + \text{영업잉여}}$$

그림 11.1은 한국은행 방식에 의한 노동소득분배율의 변화 추이를 보여
준다. 노동소득분배율은 1970년 41.0%에서 꾸준히 상승하는 모습을 보이
다가 1997년 외환위기를 기점으로 상승 추세가 멈추었고, 그 후로는 하락
과 상승을 반복하고 있다. 이 방식에 의하면 외환위기를 기점으로 노동소
득분배율이 안정된 것처럼 보인다.

그러나 문제는 노동소득분배율을 측정할 때 자영업자 소득이 피용자보
수에 반영되지 않고 모두 영업잉여(자본소득)에 포함되는 데 있다. 자영업
하면 으레 치킨가게나 빵집이 떠오른다. 만약 어느 치킨가게 주인이 한 달
에 200만 원을 벌었다면, 한국은행의 방식으로는 200만 원 전체가 자본소
득으로 간주된다. 그러나 자영업자는 자본을 소유하는 동시에 스스로 일해
야 하는 노동자이기도 하다. 따라서 200만 원 중 상당 부분은 노동소득으

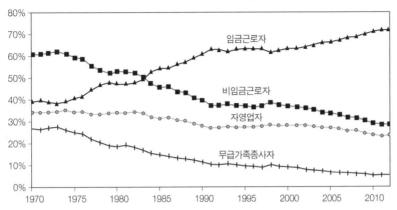

그림 11.2 **한국의 고용구조**

주: 총 취업자 대비 임금근로자, 비임금근로자, 자영업자, 무급가족종사자의 비율을 나타낸다.
자료 : 통계청, 「경제활동인구조사」 종사상 지위별 취업자 자료에 근거해 필자 계산.

로 계산해야 한다. 한국의 경우 자영업이 차지하는 비중이 전체 고용인구
의 약 30%나 되어 선진국 수준의 3배에 이른다. 농업이나 영세 도소매업의
비중이 여전히 높은 데다 대부분이 가족 단위의 자영업이다. 이들 소득의
대부분이 영업잉여로 처리되면 주요 선진국에 비해 노동소득분배율이 낮
게 나오는 문제가 생긴다. 대부분의 선진국에서는 농업이나 영세 도소매업
의 비중이 낮을 뿐만 아니라 이들 부문에서도 피용자보수로 잡히는 노동소
득이 상당히 많다. 자영업의 비중이 높은 한국에서 자영업자의 소득을 자
본소득과 노동소득으로 적절하게 나누지 않으면 현실과는 동떨어진 결과
가 나오기 쉽다. 따라서 피용자보수만을 사용한 노동소득분배율로 선진국
과 직접 비교하는 것은 주의가 필요하다.

　그림 11.2를 보면 자영업자와 무급가족종사자의 비중이 계속 줄어들고
있는 반면 임금근로자의 비중은 지속적으로 상승하는 것을 알 수 있다.[2]
이는 자연스러운 추세이며 앞으로도 자영업의 비중은 줄고 임금근로의 비
중은 높아지게 될 것이다. 그런데 그림 11.1과 그림 11.2를 자세히 보면 조

금 이상한 점을 발견할 수 있다. 외환위기 이전까지는 임금근로자의 비중이 확대되면서 노동소득분배율도 동시에 상승했다. 농업의 비중이 높고 산업화가 덜 진행되었던 시기에는 임금근로자 비중도 낮고 노동소득분배율도 낮았으나, 시간에 따라 두 변수는 함께 조금씩 상승해왔다. 그런데 외환위기 이후로는 더 이상 같이 올라가는 추세가 아니다. 임금근로자의 비중이 더 높아졌음에도 불구하고 노동소득분배율은 그에 상응하는 상승 추세를 보이지 않는다. 자영업 비중이 급격히 감소하면서 경제 전체적으로 자영업자의 총소득도 줄어들기 때문에 한국은행 기준의 자본소득분배율은 감소할 것으로 예상해볼 수 있을 것이다. 즉, 한국은행 기준으로 자본소득으로 간주되는 자영업의 소득이 줄어들기 때문에 상대적으로 노동소득분배율이 증가할 것으로 예상할 수 있는 것이다. 그러나 실제로는 그렇지 않은 것으로 나타나는데, 그림 11.1에서 외환위기 이후 노동소득분배율 증가 추세가 발견되지 않기 때문이다. 요컨대 임금근로자의 비중은 계속 높아지는데 경제 전체적으로 노동의 몫은 더 이상 증가하지 않고 있다.

자영업소득을 모두 자본소득으로 포함시키는 한국은행 방식은 한국의 고용구조를 적절히 반영하지 못한다. 노동소득분배율이 자영업 비중에 너무 민감하기 때문이다. 이는 소득분배 실태와 추세 변화에 대한 해석을 어렵게 만드는 근본적인 문제를 안고 있다. 그렇다고 모든 책임을 한국은행에 돌릴 필요는 없다. 자영업소득은 자본소득과 노동소득이 섞여 있는 일종의 혼합소득이므로 애초에 이를 정확히 구분할 방법이 없기 때문에, 한국은행은 모호성을 피하기 위해 자영업소득을 전부 자본소득으로 보는 방식을 택했을 뿐이다. 불가피하게 우리는 자영업소득, 즉 혼합소득의 일부를 자본소득으로, 일부를 노동소득으로 구분하는 보정 작업을 해야 한다.

노동소득분배율의 올바른 측정은 현실적으로도 중요하다. 한국은행의 노동소득분배율 때문에 오해가 많이 생긴다. 무엇보다 노사 간에 입장 차이가 존재할 수 있다. 노동계는 낮은 수준의 노동소득분배율을 근거로 임금 인상을 요구하고, 경영계는 높은 수준의 노동소득분배율을 임금 억제의 논리로 사용하는 경향이 있다. 실제로 최근 이슈가 된 것은, 2014년부터 최저임금을 정할 때 노동소득분배율을 반영하기로 한 것이다. 노동소득분배율은 2005년 '최저임금법'이 개정되면서 추가된 기준 가운데 하나였지만, 지표에 대한 명확한 정의 없이 포함되었으며 최근까지도 분명한 기준은 알려져 있지 않다. 사실 한국은행 방식에는 자영업소득이 빠져 있기 때문에 자영업소득의 일부를 노동소득에 포함시키는 보정 작업을 하면 노동소득분배율이 높아지게 된다. 얼핏 높게 수정된 수치는 임금협상에 임하는 노동계에는 불리한 소식, 경영계에는 유리한 소식으로 비칠 수 있다. 하지만 그렇지 않다. 절대적 수치도 중요하지만, 좀 더 중요한 것은 분배율이 어느 방향으로 움직이고 있는가이다.

보정된 노동소득분배율

자영업자는 자본을 투자하는 동시에 스스로 노동소득을 벌고 있기 때문에 소득이 노동소득과 자본소득으로 명확히 구분되지 않는다(혼합소득). 따라서 노동소득분배율을 측정할 때 자영업소득을 노동소득과 자본소득으로 어떻게 분리해낼 것인가에 대한 논란은 여전히 지속될 수밖에 없다. 사실 노동소득과 자본소득의 경계는 분명하지 않은 측면이 있다. 이러한 문제점에도 불구하고 최근 OECD는 자영업자 소득의 일부를 노동소득으로 간주하는 보정된 노동소득분배율을 발표하고 있는데, 이는 하나의 통일된 기준으로 OECD 국가의 기능적 소득분배 현황을 파악하려는 시도이다. OECD의 보정 방식은 자영업자의 경우 노동소득에 준하는 소득으로 임금근로자의 평균임금을 사용한다. 가상이기는 하지만, 자영업자가 만약 임금근로자로 일하게 된다면 받게 될 평균적인 임금을 자신의 노동소득으로 간주하는 것이다. 이 같은 기준에 의하면 2012년 한국의 노동소득분배율은 71.8%로, 주요 선진국과 비교할 때 비슷하거나 다소 높은 편에 속하게 된다. 반면, 한국은행 방식의 노동소득분배율은 2012년에 59.7%였다. 즉, 노동소득분배율은 한국은행처럼 자영업소득을 반영하지 않을 때는 낮게 나오지만, OECD 방식으로 자영업소득을 보정하면 높게 나오는 것이다.

한국은 자영업 비중이 매우 높기 때문에, 임금근로자의 보수만을 사용하는 한 가지 방식의 노동소득분배율이 주요 선진국에 비해 낮게 나오는 것은 어쩌면 당연한 것이다. 그러나 동시에 자영업 부문이 매우 취약한 상태에 있다는 것도 주지의 사실이다. 실제로 자영업 부문의 1인당(혹은 가구당) 소득은 평균적으로 임금근로자에 비해 낮은 상태이다. 따라서 임금근로자의 평균임금을 자영업자의 노동소득으로 간주하는 OECD 방식을 적용하는 경우 한국은행 방식과는 정반대로 노동소득분배율을 부풀려 산정하는 문제가 생긴다. 이와 같은 문제를 인식할 때, 한국의 경우에는 자영업자의 소득을 전부 노동소득으로 간주하든지 아니면 적절히 노동소득과 자본소득으로 분할하는 방법이 요구된다.

다시 말하지만 한국 자영업자의 소득은 임금근로자의 소득에 비해 낮은 상태이다. 이를 확인하기 위해 한국은행 국민계정과 통계청의 자료를 이용해 자영업자 1인당 소득(비법인 개인기업의 영업잉여/자영업자 수)과 임금근로자 1인당 임금소득(피용자보수/피용자 수)을 구했다. 그 결과는 그림 11.3과 같이 정리할 수 있다. 비교를 위해 1975년의 값을 1로 표준화했는데, 자영업자 1인당 소득과 임금근로자 1인당 소득은 이미 1993년을 기점으로 그 간격이 벌어지기 시작했다. 외환위기 당시 임금근로자의 소득 또한 부진한 가운데 격차가 다소 좁혀지기도 했으나, 이후 다시 벌어졌으며 그 추

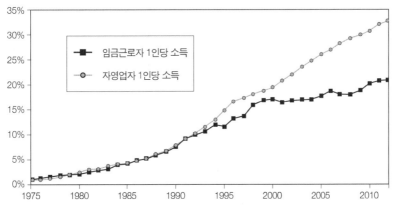

그림 11.3 **자영업자와 임금근로자의 1인당 소득 추이**

주: 1975년 값을 1로 통일.
자료: 한국은행, 「국민계정」과 통계청, 「경제활동인구조사」에 근거해 필자 계산.

세가 지속되고 있음을 알 수 있다.

한국의 자영업은 열악한 상태에 놓여 있으며, 그 비중 또한 월등히 높은 것이 특징이다. 따라서 임금근로자의 평균소득을 자영업자의 노동소득으로 보는 OECD 방식을 한국에 적용하면 노동소득분배율이 부풀려질 수밖에 없다. 게다가 OECD 방식은 무급가족종사자도 자영업의 범주에 포함시킨다. 결국 모든 비임금근로자의 평균소득이 임금근로자의 평균소득과 같다고 가정하는 것이므로 한국의 현실과는 크게 괴리된다. OECD 방식은 자영업소득을 보정해 선진국 간에 노동소득배율을 비교할 때는 어느 정도 타당한 방법이지만, 한국에 그대로 적용하는 것은 문제가 있다. 실제로 한국의 자영업은 임금근로자로의 취업 및 재취업 기회가 제한되는 현실에서 소규모 자본으로 창업되는 형태가 많은데, 이 같은 경향은 외환위기 이후 가속화되었다.

사실 자영업소득을 감안해 노동소득분배율을 보정해야 한다는 인식은 오래전부터 있어 왔다. 여기에서는 필자의 최근 연구에서 사용한 노동소득분배율을 보정하는 방식을 소개하기로 한다.[3] 우연의 일치지만 이는 피케티가 사용한 방식과 동일하다. 보정하는 방식은 간단하다. 자영업소득이 경제의 나머지 부문에서와 같은 비율로 노동소득과 자본소득으로 배분된다는 가정을 사용하는 것이다. 이러한 가정하에서 새로 계산되는 노동소득분배율은 다음과 같다.

$$\text{보정 노동소득분배율} = \frac{\text{피용자보수}}{\text{피용자보수} + \text{영업잉여} - \text{자영업소득}}$$

이 식에서 영업잉여 안에 자영업소득이 포함되어 있다는 것에 유의하면 이는 결국 다음과 같은 내용이다.

$$\text{보정 노동소득분배율} = \frac{\text{피용자보수}}{\text{피용자보수} + \text{법인의 영업잉여}}$$

한국에서 자영업소득(혼합소득)은 1975년부터 공시되므로 보정된 분배율은 이때부터 계산이 가능하다. 그림 11.4는 이렇게 보정된 노동소득분배율을 보여준다.

여기서는 편의상 한국은행 방식의 노동소득분배율과 개인별 소득분배표의 대표격이라 할 수 있는 지니계수를 함께 나타냈다. 보정된 노동소득분배율은 한국은행 방식과 비교할 때, 크기와 추세 면에서 큰 차이를 보인다. 노동소득을 피용자보수로 한정한 한국은행 방식에 비해 보정된 분배율이 높게 나온 것은 당연한 결과이다. 그러나 더 중요한 것은 추세이다. 보정된 노동소득분배율은 외환위기 이전까지 등락을 거듭하는 모습을 보이다가 위기 이후 하락 추세로 돌아섰다. 외환위기 이전까지는 그렇지 않았지만, 외환위기 이후에는 노동의 몫이 자본의 몫에 비해 크게 줄어든 것이

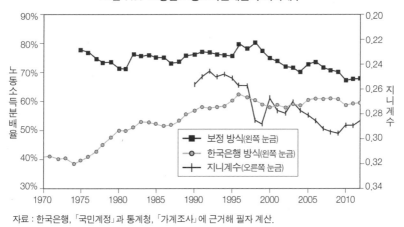

그림 11.4 **보정된 노동소득분배율과 지니계수**

자료 : 한국은행, 「국민계정」과 통계청, 「가계조사」에 근거해 필자 계산.

다. 물론 한국은행 방식으로는 이러한 추세를 확인할 수 없다.

피케티는 주요 선진국의 경우 1970년대 후반부터 노동소득분배율이 하락하고 자본소득분배율은 상승하는 모습을 보여주었다. 한국에서 이러한 추세는 외환위기 이후부터 시작되었다. 세계화의 대열에 다소 늦게 합류한 한국이 선진국 추세를 따라간 것이다. 한국까지 포함시키면, 이제 노동의 몫이 줄고 자본의 몫이 강화되는 것은 주요 국가에서 공통적으로 발견되는 현상이다. 그림 11.4를 보면 지니계수도 상승한 것을 알 수 있는데, 동시에 개인별 소득분배도 악화되었음을 확인할 수 있다. 이미 언급한 대로 노동소득분배율과 자본소득분배율은 기능적 분배의 개념이므로 정의상 개인별 소득분배와는 논리적 관계가 없지만, 일반적으로는 자본소득이 노동소득에 비해 더 불평등하게 분포되어 있어서 노동소득분배율의 하락은 소득불평등의 심화를 야기하는 경향이 있다. 그림 11.4는 기능적 분배와 개인별 분배가 동시에 나빠진 것을 분명하게 보여준다.

이것이 세계적 현상이라면 한국의 상황은 다른 국가와 비교해 얼마나

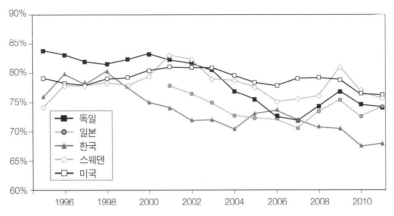

그림 11.5 **한국과 주요국의 노동소득분배율**

자료: OECD Stat, 각국의 'National Accounts'에 근거해 필자 계산.

더 나빠졌을까? 그림 11.5는 주요국에 대해 같은 보정 방식을 적용해 계산한 결과이다. 한국의 노동소득분배율은 1990년대 후반까지 비교 대상국과 엇비슷한 수준이었지만 지금은 훨씬 낮은 수준으로 추락했다. 단순히 OECD 방식에 의한 국제 비교를 통해 한국의 노동소득분배율이 높다고 주장하면서 아직은 괜찮다고 하는 것은 말도 안 되는 이야기이다.

비교 대상국에서도 노동소득분배율은 모두 하락했다. 미국도 그렇지만 일본, 독일, 스웨덴의 경우는 더 그렇다. 그럼에도 불구하고 한국의 하락 폭은 대단히 큰데, 1990년대 80%에 육박하던 수치가 최근에는 60%대로 주저앉았다. 물론 한국은 자영업의 몰락 과정에서 크게 하락한 것이지만 비교 대상국들은 자영업 비중이 안정적인 상태에서 하락한 것이 차이점이다. 그러나 한국의 경우 자영업의 몰락만이 노동소득분배율 하락을 주도한 것은 아니다. 그림 11.2에서 보았듯이 외환위기 이후 임금근로자의 비중이 꾸준히 증가했음에도 불구하고 경제 전체적으로 임금소득(피용자보수) 비중이 늘지 않았기 때문이다. 결국 한국에서 불과 10여 년 만에 노동소득분배율이 이렇게 급락한 것은 전 세계적인 동반 하락 추세에서 자영업의 몰락이 하락의 추세를 가속화시켰기 때문이다. 한국에서 노동소득분배율은 외환위기 이후 압축적으로 하락했다.

사실 OECD 국가의 경우 이미 오래전부터 노동소득분배율이 하락하는 추세를 보였으며, 이와 관련해 국제무역개발위원회UNCTAD, 국제노동기구 ILO 등은 노동소득분배율이 왜 하락하는지에 대해 이미 다양한 학술 연구를 진행하고 있었다. 연구자뿐 아니라 일반인에게까지 그 어느 때보다 불평등에 대한 관심이 높아졌고, 이제서야 불편한 진실을 바로 보기 시작했다. 이러한 분위기에서 피케티의 책이 큰 반향을 일으킨 것은 결코 놀라운 일이 아니다.

제12장

한국 경제의 피케티 비율 I

한국 경제의 대차대조표

지난 2014년 5월 한국은행이 훌륭한 일을 해냈다. 통계청과 함께 한국 경제 전체의 대차대조표를 개발한 것이다. 국민대차대조표는 한 국가가 보유한 유·무형의 실물자산, 금융자산/부채의 규모 및 증감 내역을 기록한 스톡stock 통계이다. 보통 대차대조표란 기업이나 경제 주체별로 자산 – 부채 – 자본 현황을 일목요연하게 정리한 장부이지만, 국민대차대조표는 이를 국가 단위로 확장한 것이다. 과거에는 개별 연구자들에 의해 힘겹게 추정되는 정도에 그쳤으나, 이제는 공식기관인 중앙은행이 국민대차대조표를 작성해 발표함에 따라 경제활동을 통해 창출된 소득이 자산으로 축적된 과정을 쉽게 파악할 수 있게 되었다. 이 통계는 국제통계편제기준(UN의 2008 SNA)과 2009년 OECD의 자본 측정 매뉴얼을 기초로 작성된 것이다.

한 국가의 대차대조표란 쉽게 말해 국부national wealth 통계이다. 과거로부터 쌓아놓은 부가 국가 전체적으로 얼마나 되는지 항목별·주체별로 모두 보여주니 흥미로운 통계일 수밖에 없다. 그런데 피케티와 그의 동료들은 주요 선진국에 대해 지난 300년에 걸친 자료를 수집하고 정리해냈다. 실로 놀라운 일이 아닐 수 없다. 하지만 한국에 대해 그만한 자료를 모으는 것은 사실상 불가능하다. 이에 대한 연구는 경제사가經濟史家들에게 맡기고 일단 현재의 모습만이라도 간략히 살펴보기로 하자. 한국은행의 잠정 집계에 따르면 2012년 말 현재 한국의 국부라고 할 수 있는 국민순자산 규모는 1경 630조 6000억 원으로 GDP의 7.7배이며, 국민 1인당으로 환산하면 2억 1259만 원으로 상당히 많은 액수이다. 그렇다면 이러한 수치가 어떻게 나온 것인지 자세히 살펴보기로 하자. 또한 피케티가 측정하는 방식과 비교해보기로 한다.

자본의 개념과 측정

피케티는 자본capital의 개념을 부wealth로 확장했다. 경제학에서는 전통적으로는 자본의 개념이 비금융 생산자산produced non-financial asset에 국한되지만,[1] 피케티의 특징은 비생산자산non-produced asset인 토지와 자원까지 포괄해 자본을 광범위하게 정의한다는 것이다. 이는 국민대차대조표의 작성원리에도 잘 부합된다. 정확하게 말하면 국부는 국내자본에 대외 순자산을 합한 것으로 정의된다. 대외적으로 빚을 지고 있다면 그만큼 국부에서 빼주어야 하고 대외적으로 자산을 가지고 있다면 더해주어야 하니, 국부를 계산할 때 대외 총자산에서 대외 총부채를 뺀 대외 순자산이 더해져야 하는 것이다.

이렇게 정리해보자. 우리가 부라고 할 때에는 순자산을 의미한다. 순자산은 총자산에서 총부채를 뺀 것이다(부=순자산). 순자산을 그냥 자본이라고 부르기도 한다(부=순자산=자본). 그런데 복잡하게 만드는 것은 자산이 크게 비금융자산(실물자산)과 금융자산으로 나누어진다는 것이다. 사실 금융자산의 규모는 실물자산의 크기와 상관없이 스스로 커지기도 하고 작아지기도 한다. 그러나 금융자산의 이면에는 금융부채가 있으므로 실제로 중요한 것은 금융자산에서 금융부채를 뺀 순금융자산의 크기이다. 보통 기업은 금융자산보다 금융부채가 많아 순금융자산이 마이너스이고, 가계는 금융자산이 금융부채보다 많아 순금융자산이 플러스이다. 그런데 국민 경제 내에서 어느 한 부문이 부담하고 있는 금융부채는 자금을 빌려준 부문의 입장에서는 그 부문이 보유하고 있는 금융자산, 즉 청구권claims 에 해당되기 때문에 국민 경제 전체로는 금융자산의 합계가 금융부채의 합계와 일치하게 된다. 다시 말해 자금의 대차관계가 발생할 때 자금 융자액과 동일한 규모의 부채가 발생하므로 한 국민 경제 내의 금융자산 총액과 부채 총액은 일치하게 된다. 국민 경제 전체적으로 금융자산이 총부채와 일치하기 때문에 각 경제 주체가 보유하고 있는 실물자산의 총계는 각 경제 주체가 보유하고 있는 자본의 총계와 일치한다. 다만, 대외 부문이 있다는 점에 유의해야 한다. 국가 단위로 볼 때 대외적으로 순금융자산이 플러스일 수도 있고 마이너스일 수도 있다. 예를 들어 아주 오랫동안 경상수지 흑자를 기록했던 일본의 경우는 대외 순금융자산이 플러스이지만, 한국은 2012년 한 해만 볼 때 대외 순금융자산이 −100조 정도인 것으로 나타난다. 이는 전체 비금융자산 규모에 비하면 미미한 수준이므로, 사실 한국의 국부(국민순자산)가 어느 정도 수준인지를 가늠할 때 금융자산과 부채가 각각 얼마인지 따질 필요 없이 비금융자산의 총가치만 보아도 크게 무리는 없다.

부는 정부 자산의 포함 여부에 따라 국부와 민간부로 구분할 수 있다. 국부에서 정부가 보유한 부를 빼면 민간부가 된다. 선진국에 대한 분석에서 피케티는 민간부를 '가계 및 비영리단체'의 부로 정의했는데, 여기에서는 주택, 토지뿐만 아니라 법인에 대한 주식평가액까지도 포함한다.

한국의 경우 국민계정 및 대차대조표상 제도 부문은 법인(비금융+금융), 가계 및 비영리단체, 정부로 구분된다(즉, 가계·법인·정부로 3분). 피케티는 법인을 개인에 귀속시킴으로써 개인과 정부로 크게 2분했다. 피케티가 민간의 부를 가계의 부에 한정한 것은 가계가 소유한 주식의 평가액이 결국 법인이 소유한 실물자산의 가치를 반영한다고 보았기 때문이다. 여기에는 오랜 역사 자료를 일관성 있게 작성해보려는 의도가 존재한다. 그러나 한국의 경우 가계 부문의 주식 평가액은 법인의 실물자산 평가액에 비해 턱없이 낮은 수준이므로 피케티 방식을 그대로 적용하는 데는 무리가 따른다. 한국의 상황에 비추어볼 때는 국민대차대조표의 분류대로 가계와 법인을 합해 민간으로 보는 것이 타당해 보인다.

이제 한국은행의 국민대차대조표와 자금순환계정을 이용해 한국의 국부national wealth 와 민간부를 다음과 같이 정의해보자.[2]

국부

= 국내 순자본스톡 + 대외 순금융자산

= 가계 및 비영리단체의 '순자본스톡 + 순금융자산'

　+ 법인의 '순자본스톡 + 순금융자산'

　+ 정부의 '순자본스톡 + 순금융자산'

민간부

= 가계 및 비영리단체의 '순자본스톡 + 순금융자산'

　+ 법인의 '순자본스톡 + 순금융자산'

= 국부 – 정부의 '순자본스톡 + 순금융자산'

여기서 '순'이라는 글자가 혼동을 일으킬 수 있는데, 순자본스톡의 '순'은 감가상각, 즉 실물자산이 시간의 경과에 따라 소모된 부분을 제거하고 측정했다는 뜻인 반면, 순금융자산의 '순'은 자산에서 부채를 뺀 것이라는 뜻이다. 폐쇄경제라면 자금순환 계정상 가계·법인·정부의 순금융자산이 서로 상쇄되어 그 합이 0이 되겠지만, 개방경제에서는 이 세 부분을 합한 것이 대외 순금융자산이 되므로 플러스 또는 마이너스의 값을 가질 수 있다.

자본의 구성

한국은행의 국민대차대조표에 따르면 국민순자산(국부)은 비금융자산과 순금융자산(경제 전체의 금융자산 – 금융부채)으로 구분된다. 다시 말하지만, 한국의 대외 순금융자산은 국내 비금융자산 규모에 비하면 미미한 수준이므로(대략 1% 이내), 한국의 국부가 어느 정도인지 전체적인 규모를 가늠할 때는 비금융자산의 총가치만 보아도 크게 무리가 없다. 즉, 국가 전체적으로 순자산과 비금융자산은 거의 같은 수준이다. 한국은행의 국민대차대조표는 2014년 5월 최초로 발표되었기 때문에 현재로서는 이용 가능한 시계열이 매우 제한적이다. '자산별' 순자본스톡 자료는 2000년부터 이용 가능한 반면(재고자산을 제외한 시계열은 1995년부터 이용 가능), '제도 부문별' 자료는 2005년부터 이용 가능하다. 즉, 생산자산과 비생산자산으로 구분되는 시계열은 2000년부터, 가계·법인·정부별로 세분되는 시계열은 2005년부터 이용 가능하다.

표 12.1에 따르면 한국의 순자본스톡 규모는 2000년 380조 정도였으나 2012년에는 1경을 넘는 수준으로 대폭 증가했다. 먼저 순자본스톡이 자산별로 어떻게 구성되어 있는지 살펴보자. 비금융자산은 비금융 생산자산

표 12.1 **자산별 순자본스톡**(단위: 10억 원, %)

항목	2000년		2012년	
	금액	비중	금액	비중
비금융 생산자산	1,827,873.8	47.65	5,079,302.5	47.33
고정자산	1,699,176.7	(44.30)	4,765,145.9	(44.40)
건설자산	1,266,645.4	(33.02)	3,852,485.5	(35.89)
(주거용 건물)	390,392.2	(10.17)	1,131,185.5	(10.54)
(비주거용 건물)	376,479.3	(9.81)	1,169,132.4	(10.89)
(토목건설)	499,774.0	(13.03)	1,552,167.5	(14.46)
설비자산	355,943.7	(9.28)	659,999.3	(6.15)
지식재산생산물	76,587.5	(1.99)	252,661.2	(2.35)
재고자산	128,697.1	(3.35)	314,156.6	(2.92)
비금융 비생산자산	2,007,548.6	52.34	5,652,359.2	52.66
토지자산	1,989,727.0	(51.87)	5,604,838.8	(52.22)
지하자산	12,252.8	(0.31)	25,957.4	(0.24)
입목지산	5,568.8	(0.14)	21,563.1	(0.20)
합계	3,835,422.4	100.00	10,731,661.7	100.00

자료: 한국은행·통계청, 「국민대차대조표 공동개발 결과(잠정)」(2014.5).

과 비금융 비생산자산으로 구분된다. 한국의 경우 비생산자산의 비중이 매우 높은 것이 특징인데, 전체 자산의 절반 이상을 차지하며 2000년과 2012년 모두 52% 내외의 수준을 유지하고 있다. 비생산자산의 대부분은 토지이다.[3] 비생산자산 가운데 지하자산과 입목자산은 극히 일부에 지나지 않으므로 한국에서는 토지가 비금융자산의 절반 이상을 차지하는 셈이다.[4] 전통적 자본 개념인 생산자산과 비생산자산인 토지는, 2000년대 이후 대략 48:52의 비중을 유지하고 있다.

생산자산 가운데 고정자산의 비중은 일정하게 유지되고 있지만 그 안에서는 변화의 추세가 관찰되는데, 건설자산 비중이 증가하고 설비자산의 비

표 12.2 **제도 부문별 순자본스톡**(단위: 10억 원, %)

항목	구분	2005년		2012년	
		금액	비중	금액	비중
비금융법인	비금융 생산자산	1,306,405.1	(21.09)	2,399,429.9	(22.35)
	비금융 비생산자산	633,800.8	(10.23)	1,140,635.3	(10.62)
	합계	1,940,205.9	31.33	3,540,065.2	32.98
금융법인	비금융 생산자산	61,096.6	(0.99)	103,984.0	(0.96)
	비금융 비생산자산	23,400.9	(0.38)	45,583.0	(0.42)
	합계	84,497.5	1.36	149,567.0	1.39
일반정부	비금융 생산자산	563,370.6	(9.10)	1,077,464.3	(10.04)
	비금융 비생산자산	734,327.7	(11.86)	1,228,043.5	(11.44)
	합계	1,297,698.3	20.95	2,305,507.8	21.48
가계 및 비영리단체	비금융 생산자산	931,298.8	(15.04)	1,498,424.3	(13.96)
	비금융 비생산자산	1,939,584.1	(31.32)	3,238,097.5	(30.17)
	합계	2,870,882.9	46.35	4,736,521.8	44.13
국내	비금융 생산자산	2,862,171.1	46.21	5,079,302.5	47.33
	비금융 비생산자산	3,331,113.5	53.79	5,652,359.2	52.66
	합계	6,193,284.6	100.00	10,731,661.7	100

자료: 한국은행·통계청, 「국민대차대조표 공동개발 결과(잠정)」.

중이 축소된 것이 특징이다. 이는 그동안 건설투자(SOC 투자 포함)에 비해 설비투자가 상대적으로 부진했던 추세를 반영하는 것이다. 또한 전체에서 차지하는 비중은 낮지만 지식재산생산물의 규모가 급속히 증가한 것을 알 수 있다. 그동안 R&D 투자가 급증한 것을 반영하는 것으로, 설비자산의 규모가 2000년부터 2012년 사이에 (명목 기준으로) 1.8배 증가한 반면, 지식 재산생산물 자산의 규모는 3.3배나 증가했다.

표 12.2는 제도 부문별, 다시 말해 경제 주체별로 자산을 각각 얼마나 보유하고 있는지를 보여준다. 자산 보유 비중을 볼 때, 2005년에 비해 2012년에는 법인과 일반정부의 비중이 각각 다소 상승한 반면, 가계 및 비

영리단체의 비중은 축소되었다. 한국은 선진국에 비해 정부가 차지하는 비중이 매우 높은 편이다(21.48%). 국민대차대조표상 한국 정부는 2012년 현재 2300조 원 정도의 비금융자산을 보유하고 있으며, 여기서 따로 자료를 제시하지는 않았지만 한국은행의 자금순환계정으로 볼 때 430조 원 정도의 순금융자산을 보유하고 있으므로 무려 2730조 원의 순자산을 보유하고 있는 셈이다.[5] 정부의 비중이 높은 한국 경제의 단면을 보여주는 통계라고 할 수 있다. 이와 같은 점을 고려하면 한국의 경우에는 자본/소득 비율을 민간부와 국부에 따라 적용하는 것이 타당하다.

이번 한국은행의 조사로 한국의 GDP에 대한 국민순자산 비(7.7배)가 주요국에 비해 높은 수준인 것으로 나타났는데(참고로 일본은 6.4배), 이는 놀라운 결과라고 하지 않을 수 없다. 한국 경제는 이미 자산화가 급속히 진전된 상태이다. 이제 한국의 대차대조표를 근거로 피케티가 중시하는 몇 가지 비율을 계산해보기로 하자.

한국의 자본/소득 비율

피케티의 주요 관심사는 분배이지만, 그는 거시경제학에서 출발해 이 문제를 풀어나간다. 거시경제학에서 출발해 미시적 불평등, 즉 개인별 불평등으로 가는 과정을 밟아나간다. 그는 주요 거시변수가 개인별 불평등지표와 높은 상관관계를 맺고 있다는 점을 발견했는데, 출발점이 바로 자본/소득 비율이다. 자본/소득 비율은 현재까지 축적된 자본의 양이 한 해 동안 버는 소득의 몇 배인가를 나타낸다. 이 비율은 앞에서 소개한 국민대차대조표와 국민소득계정을 통해 계산된다. 즉, 경제 전체적으로 집계한 변수 간의 비율인 것인데 도대체 이 비율이 개인 간 불평등과 무슨 관계가 있단 말인가?

그가 '자본주의 제1근본법칙'이라 부른 식부터 살펴보기로 하자. 자본소득분배율, 자본수익률, 자본/소득 비율 간에는 다음과 같은 관계가 있다.

자본소득분배율 = 자본수익률 × 자본/소득 비율

자본소득분배율은 소득 가운데 자본소득이 차지하는 비율로, 정의상 자본소득분배율과 노동소득분배율을 합하면 1이 되므로 '1 – 노동소득분배율'이다. 자본수익률은 자본이 한 해 동안 어느 정도의 수익을 낳는지 나타내는 수익률이다. 피케티의 확장된 자본 개념은 부와 일치하므로 부의 수익률이라고도 할 수 있다. 변수의 정의에 따라 위의 식을 풀어서 쓰면 다음과 같다.

$$\frac{\text{자본소득}}{\text{소득}} = \frac{\text{자본소득}}{\text{자본}} \times \frac{\text{자본}}{\text{소득}}$$

정의상 언제나 성립할 수밖에 없는 항등식이다. 자본수익률의 정의와 관련된 항등식이므로 사실 법칙이라는 명칭까지 부여하는 것이 어색하지만, 아마도 일반 독자를 위해 그렇게 했을 것이다. 그가 사용한 표기에 따라 다시 써보자.

$$\alpha = r \times \beta$$

여기서 α, r, β는 각각 자본소득분배율, 자본수익률, 자본/소득 비율을 나타낸다. 세 변수 모두 일종의 거시비율이다. 또 중요한 것은 세 변수 가운데 둘을 알면 하나는 자동으로 계산되어 나온다는 것이다. 우리는 앞에서 노동소득분배율의 측정, 즉 자본소득분배율(α)의 측정 문제를 먼저 다루었다. 따라서 이미 α에 대한 정보를 알고 있으므로 r과 β 중 하나만 더 계산하면 된다. 피케티는 『21세기 자본』에서 β(자본/소득 비율)부터 언급한다. 그렇다면 이제 한국 경제의 β값을 계산해보자. 이 값을 계산하기 위해서는 소득뿐만 아니라 자본의 크기를 알아야 하는데, 바로 여기에서 국민대차대조표가 쓰인다. 피케티의 책이 등장하자마자 한국은행이 잠정적이나마 국민대차대조표를 발표한 것은 우연의 일치이지만 참으로 다행스러운 일이다. 한국이 보유한 자본(부)의 크기가 어느 정도인지 가늠할 수 있게 되었기 때문이다.

주의할 것은 피케티는 소득 개념으로 일반인에게 익숙한 GDP를 쓰지 않는다는 점이다. 원래 GDP에는 자본의 감가상각(고정자본소모)이 포함되어 있다. 우리가 쌓아놓은 자본은 해마다 조금씩 그 가치가 소모되어 없어진다. 공장 시설도 그렇고 우리가 사는 집도 마찬가지이다. 사실 해마다 얼마나 소모되는지 재는 것은 쉽지 않은데, 생산설비는 좀 더 빨리, 주택은 좀 더 느리게 소모되는 편이다. 경제 전체적으로는 해마다 총자본의 5~6%가 소모되는 것으로 알려져 있다. 말하자면 해마다 5~6%의 자본이 사라지는 것인데, 이 부분은 누구에게 속하는 진정한 소득으로 볼 수는 없으므로 피케티는 이 부분을 GDP에서 뺀다. 또한 GDP에는 국경 내에서 창출된 것만 포함되어 있으므로 국제거래에서 얻은 순소득, 즉 국외 순수취요소소득을 더해준다. 따라서 피케티의 소득 개념은 GDP에서 자본의 소모분을 빼고 대외적으로 순수취(지급 - 수취)한 소득을 더해준 것이다.

앞에서 노동소득분배율을 정의할 때 소개한 것과 연결시켜보면 피케티의 소득 개념은 다음과 같다.

소득 = 피용자보수 + 영업잉여 + 생산 및 수입세

- 보조금 + 국외 순수취요소소득

여기서 '생산 및 수입세 – 보조금'은 정부에 귀속되는 순소득이다. 정부 역시 국민의 것이므로 당연히 포함되어야 한다. 다만, 정부에 귀속되는 소득의 성격에 대해서는 그것이 자본소득인가 노동소득인가를 구분할 수 없는 문제가 남는다. 그래도 분명한 것은 그것이 자본소득과 노동소득의 합이라는 점이다. 어쩔 수 없이 자본 대 노동의 비율을 구분해야 한다면 경제의 나머지에서 성립하는 비율대로 나눌 수밖에 없는데, 피케티도 이 방법을 택한다.

이제 한국 경제의 자본/소득 비율을 계산할 준비가 된 것 같다. 다만 아쉬운 것은 한국은행의 대차대조표를 따를 때 자본의 규모에 관해 현재로서는 2000년 또는 2005년 이후의 자료만 사용할 수 있다는 점이다. 자산별 자료는 2000년부터 경제 주체별 자료는 2005년부터 가능하다. 피케티가 보여준 300년 자료에 비하면 초라하기 그지없다. 자본이 아닌 소득에 대한 한국은행의 공식 통계는 1970년으로 거슬러 올라가니, 최소한 자본에 관한 공식 통계도 거기까지 가주기를 기대해본다. 참고로 피케티는 자본의 개념을 토지까지 확장해 광범위하게 정의하므로 자본/소득 비율은 부/소득 비율이라고 불러도 된다.

한국 경제의 자본/소득 비율을 구하기 위한 정의는 다음과 같다.

부(순자산) = 순자본스톡 + 순금융자산
민간부 = 개인과 법인의 순자산 = 국내 순자산 – 일반정부 순자산
소득 = 국민총소득(국내총생산 + 국외 순수취 요소소득) – 고정자본소모

표 12.1과 표 12.2는 비금융자산, 즉 순자본스톡 규모만을 제시하는데,

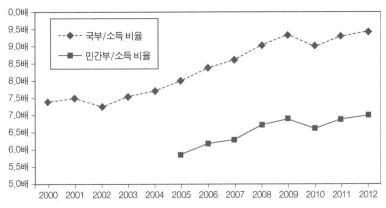

그림 12.1 **한국의 자본/소득 비율(2000~2012)**

자료 : 한국은행·통계청, 「국민대차대조표 공동개발 결과(잠정)」에 근거해 필자 계산.

부(순자산)를 정확히 측정하기 위해서는 순금융자산을 가감해주어야 한다.
예를 들어 자금순환표상 2012년의 대외 순금융자산은 −100조 원 정도이므
로, 이를 순자본스톡(비금융자산) 1경 731조 원에 더하면 1경 630조 원이다.
즉, 2012년 현재 한국의 국부는 1경 630조 원이다. 이를 2012년의 국민(순)
소득 1124조 원으로 나누면 9.45의 비율을 얻는다. 국부/소득 비율 9.45는
대단히 높은 값이다.[6] 민간부/소득 비율은 얼마인가? 국부에서 정부의 순
자산 2730조 원을 뺀 값 7900조 원이 민간부이므로 이를 국민(순)소득으로
나누면 7.02인데 이 수치 역시 상당히 높다.

　한국의 자본/소득 비율은 이미 매우 높은 수준에 도달한 것으로 보인다.
민간부 기준으로 한국의 자본/소득 비율은 2005년 5.89에서 2012년 7.02
로 상승했다. 국부 기준으로는 2005년 8.02에서 2012년 9.45로 상승했다.
이는 피케티가 분석한 주요국에 비해 현저히 높은 값이다. 피케티가 분석
한 주요국에서 이 비율이 현재 8배를 넘는 국가는 없다. 물론 일본의 경우
는 1980년대 말 1990년대 초 거품이 극에 달했을 때, 이 비율이 9.8배까지

표 12.3 **주요국의 국부/소득 비율(2010)** (단위: 배)

미국	일본	독일	프랑스	영국	캐나다	호주
4.45	7.95	5.67	7.34	4.92	5.03	7.07

주: 법인의 순자산을 가계의 주식평가액으로 대체하지 않고, 한국과의 직접 비교를 위해 「국민대차대조
표 공동개발 결과(잠정)」상의 값으로 평가.

자료: Thomas Piketty·Gabriel Zucman, "Capital is Back," *Quarterly Journal of Economics*, Vol.129,
No.3(2014), data appendix.

상승한 적이 있지만, 그 값을 정점으로 안정화되었다. 한국의 경우 시계열
이 짧기 때문이 이 비율이 2000년 이전부터 지속적으로 상승해온 것인지,
아니면 순환적으로 변동했는지 판단하기는 아직 이르다. 1980년대 말
1990년대 초에 주택 및 토지가격이 급등했기 때문에 이미 당시에 자본/소
득 비율이 한 단계 높은 수준으로 상승했을지 모른다. 어쨌든 한국은행 추
계에 별 문제가 없다는 전제하에서는, 자본/소득 비율이 높은 수준이라는
점은 분명해 보인다. 단정할 수는 없지만 2009년 이후로 더 이상 증가하지
않는 것도 이를 말해준다.

한국의 자본/소득 비율이 높게 나오는 것은 일차적으로 국민소득에서
토지자산이 차지하는 비중이 선진국보다 높기 때문인 것으로 보인다(그림
12.2 참조). 국가별로 토지자산가액을 집계하는 방식에 차이가 있을 수 있
지만, 이를 감안하더라도 한국의 토지가액은 매우 높은 편이다. 사실 토지
가액을 한국은행이 집계한 수준의 2/3 정도로 축소하더라도 한국의 자본/
소득 비율은 여전히 높은 수준으로 평가된다. 토지를 제외한 생산자산 기
준으로 볼 때도 한국의 자본축적 수준은 이미 높은 상태이다. 한국은행의
국민대차대조표에 따르면, 한국의 GDP 대비 자본축적 수준은(고정자산 기
준) 주요 선진국 가운데 영국, 호주를 제외하면 가장 높은 수준으로, 프랑
스와 비슷하며 미국, 일본, 독일보다 높다.[7] 즉, 다른 국가에 비해 토지가액
이 상대적으로 높게 평가된 점을 감안하더라도 한국의 자본/소득 비율은

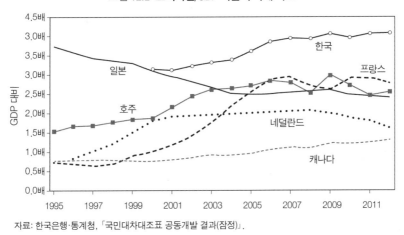

그림 12.2 **토지자산/GDP 비율의 국제 비교**

자료: 한국은행·통계청, 「국민대차대조표 공동개발 결과(잠정)」.

표 12.4 **정부의 비금융자산/국민소득 비율(2010)**　　　(단위: %)

미국	일본	독일	프랑스	영국	캐나다	호주	한국
93	150	60	93	59	51	76	205

자료: Thomas Piketty·Gabriel Zucman, "Capital is Back," data appendix.

이미 상당히 높은 수준에 도달해 있는 것이다.

　국부 기준으로 볼 때 자본/소득 비율이 9배를 넘을 정도로 높은 것은 토지가격 때문이기도 하지만, 한국의 경우 정부가 소유한 자산의 규모가 크기 때문이기도 하다. 오래전부터 한국은 정부가 직접 투자를 담당하는 경우가 많았고 아직도 그렇기 때문에, 국부에서 정부가 소유한 부의 비중이 높다. 전체 순자본스톡의 1/5 정도가 되며, 국민소득에 대비해도 200% 정도이다. 참고로 일본을 제외하면 주요국의 국민소득 대비 정부 비금융자산의 비율은 100% 미만이다.

자본주의 제2근본법칙과 중심모순의 이해

자본/소득 비율 β를 구했으므로 이제 자본수익률 r을 구할 준비가 되었다. 자본소득분배율 α는 앞에서 노동소득분배율 측정 문제를 다룰 때 이미 구한 것이므로 '$\alpha = r \times \beta$' 공식에 대입하면 간단히 해결된다. 이는 항등식(제1근본법칙)에 지나지 않는데, 피케티의 이론은 여기에다 '자본주의 제2근본법칙'과 '자본주의 중심모순'이라고 부른 관계식을 합해야 완성된다. 따라서 자본수익률의 계산을 잠시 미루고 이 관계식을 정리해보기로 하자. 먼저 '제2근본법칙'을 보자.

$$\beta \rightarrow s/g$$

앞에서 한국의 β가 이미 상당히 높은 수준에 도달해 있음을 알았다. 이 비율은 어디까지 올라갈 수 있을까? 아니 너무 많이 올랐다면 얼마나 내려가야 안정될까? 위의 식은 β가 어느 일정한 값으로 수렴할 것이라는 것을 말해준다. 다시 말해 β는 폭발적으로 증가하지도 않고 한없이 내려앉지도 않을 것이다.

여기서 불가피하게 어려운 경제이론이 등장한다. 자본, 그리고 자본축적의 의미를 차근차근 생각해보자. 소비하지 않고 남은 것, 즉 저축이 쌓여 자본이 되는데, 이것은 생산에 기여하면서 높은 수익을 추구한다. 자본을 제공한 대가로 얻은 소득(자본소득) 가운데 일부는 소비되지만 나머지는 다시 자본을 증식하는 데 투여된다. 물론 노동을 제공한 대가로 얻은 소득(노동소득) 가운데 일부도 자본을 증식하는 데 투여된다. 이 과정에서 자본은 계속 증가한다. 생산(소득)도 증가하기 때문에, 자본이 소득보다 빠르게 증가할 수도 있고 반대의 경우도 가능하다. 자본이 소득보다 빠르게 증가하면 β값은 커지고, 반대로 소득이 자본보다 빠르게 증가하면 β값은 작아진다. 단, 자본의 증가 속도와 소득의 증가 속도가 같은 상태가 존재할 수 있다. 경제가 이 상태에 들어서면 β는 더 이상 변하지 않는다. 그러한 상태에서 β값이 얼마인지를 정해주는 것이 위의 식이다. 솔로 모형으로 대표되는 신고전파 성장이론은 β값이 저축률(s)을 소득증가율(g)로 나눈 값, 즉 s/g로 수렴해간다는 것을 보여주었다. 이는 신고전파 성장이론이 이룩한 성과인데, 피케티는 이것을 받아들인다.

위의 식이 무엇을 말해주는지 가능한 쉽게 풀이해보자. 만약 어느 경제가 성장률 4% 상태를 충분히 오랫동안 유지하고, 전체 소득 중에서 소비하지 않고 저축하는 비율도 20%로 유지된다면, 자본/소득 비율 $\beta=s/g=$ 20/4=5, 즉 자본이 소득의 5배 정도 되는 수준이 계속 유지될 것이라는 뜻이다. 경제가 항상 이러한 상태에 있는 것은 아니지만, 일단 여기에 도달하면 이 비율은 변하지 않는다. 예를 들어, 올해 국민소득이 100이고 자본 총량(부)이 500이라고 하자. 이때 β는 5이다. 만약 소득증가율이 4%이면 내년의 소득은 104가 된다. 만약 저축이 소득의 20%이면 올해의 자본 총량 500에 20이 보태져 내년의 자본 총량은 520으로 늘어난다. 따라서 내년의 자본/소득 비율(β)은 520/104=5가 되는데, 이것은 $s/g=$20/4=5와 같다.[8] β가 계속 5로 유지되는 것이다. 그리고 이때 자본의 증가율은 20/500=4%로 소득증가율과 같다. 즉, 자본과 소득 모두 g율로 증가한다.[9]

만약 s=20%로 고정된 상태에서 성장률이 g=3%, 2%, 1%로 내려가면 그에 상응해 자본/소득 비율은 β=6.7, 10, 20으로 상승하게 된다. 실제로 피케티는 주요 선진국에서 지난 수백 년 동안 저축률이 10% 내외로 움직였음을 발견했는데, 이 비율이 앞으로도 그대로 유지되는 가운데 성장률이 1.5% 정도로 내려앉는다면(현재 선진국의 장기화된 경기침체를 감안하면 이것도 상당히 높게 평가한 성장률 전망일지 모른다), 경제는 β=10/1.5=6.7을 향해가고 있는 셈이다. 피케티는 앞으로 인구증가와 기술진보가 둔화될 가능성이 높아 β가 올라갈 가능성을 암시한다. 그런데 흥미롭게도 피케티는 마르크스의 세계를 "$g \to 0$, $\beta \to \infty$"의 상태로 간단히 묘사한다. 이렇게 함으로써 자신이 마르크스보다는 덜 극단적이라는 뉘앙스를 준다. 물론 $g=0$일 수 있으나, 인구증가와 기술진보로 인해 $g > 0$인 상태가 유지되는 것은 가능하다고 본다. 여기까지, 즉 제1근본법칙과 제2근본법칙만 보아서는 이론적으로는 학부 거시경제학 수준과 크게 다를 바가 없다. 사실 피케티가 새로운 이론을 제시한 것은 아니다.

제1근본법칙과 제2근본법칙의 평범함과는 대조적으로 그가 보여주는 데이터는 매우 강렬하다. 그가 구축한 자료에 따르면 미국과 유럽에서 정도의 차이는 있지만 지난 100여 년 동안 β의 추이는 U자형 곡선을 나타내고 있으며, β만큼 뚜렷하지는 않지만 α 역시 U자형이다. 이에 비하면 r의 추이는 상대적으로 안정적이다. 제1근본법칙에서 r이 상대적으로 안정적인 가운데 α와 β가 동시에 U자형 추세를 보여주는 것이다. 그러면 제2근본법칙은 역사적 자료에 부합하는가? 전 세계 기준의 경제성장률을 볼 때, 19세기와 20세기 초반에는 1~2% 정도였다가 20세기 중반 이후 4~5%까지 올라갔으나 20세기 후반 하락해 3% 내외를 기록하고 있다. 물론 선진국은 이미 그 아래로 떨어졌다. 즉, g는 역U자 모양을 보여준다. 반면 s에 관한 자료는 비교적 안정적인 모습을 보여준다. 따라서 $\beta(= s/g)$의 U자형 모습은 g의 역U자형 모습과 잘 대응된다.

마지막으로 피케티가 말하는 '자본주의 중심모순'은 역사적으로 성립해왔던 관계로서 자본수익률이 경제성장률보다 높다는 것이며 다음과 같다.

$$r > g$$

이 관계는 이론적으로 성립할 뿐만 아니라 그가 구축한 자료에서도 입증되고 있다. 경제학에서는 이 식이 성립하지 않으면 '동태적으로 비효율적'이라고 하는데, 과도하게 자본을 축적하고 소비는 상대적으로 희생된다는 뜻에서다. 사실 이렇게 어렵게 생각하지 않아도 된다. 자본의 수익률은 다른 한편으로 보면 자본을 조달하는 데 드는 비용이기 때문에, 만약 성장률이 자본의 조달 비용보다 높으면 사람들은 차입에 차입을 거듭할 것이고 이 과정에서 자산가격은 폭발적으로 증가할 것이므로 차입이 자유로운 상황에서 $r < g$ 의 상태는 오래 지속될 수 없다.

중요한 것은 부등식의 성립 자체보다는 r이 g보다 얼마나 크며, 또 그 간격이 시간에 따라 벌어지는가 좁혀지는가이다. 제1근본법칙과 제2근본법칙을 결합해보자. 즉 $\alpha = r/g \times s$인데, 여기에서 r과 g의 격차가 커질수록, 즉 r/g의 값이 커질수록 α는 커지게 된다.[10] 피케티의 역사 자료에 따르면 $r-g$ 또한 U자형 모습을 보인다. 결국 $r-g$, α, β가 모두 U자형인 것은 매우 인상적이다. 이 값들이 커지는 시기에 개인별 불평등도가 확대되는 것을 보여준다. 18~19세기에는 매우 높은 수준이었고 20세기 중반에 낮아졌다가 20세기 후반에 다시 높아졌다. 피케티는 $r > g$의 논리가 매우 강력해서 불평등의 동학을 대부분 설명할 수 있다고 믿는다. 스승인 앳킨슨과 동료인 사에즈와 함께 상위 0.1%, 1%, 10% 등의 소득 비중을 조사해 발표한 연구는, 그의 책이 나오기 전부터 이미 유명세를 타고 일반인에게 알려졌다. 그는 $r-g$가 커질 때 상위 소득자들의 점유율이 높아진다는 것을 보여준다. 게다가 $r-g$가 커질 때 경제 전체의 부(자본)에서 상속받은 부가 차지하는 비중이 높아진다는 것까지 보여준다.

사실 r과 g는 기본적으로 거시변수이다. 그런데 이 두 거시변수가 미시적 불평등, 즉 개인 간의 불평등까지 설명할 정도로 강력한 힘을 발휘하는 것은 무엇 때문일까? 직관적인 이해를 위해 우선 r이 g보다 충분히 큰 경우를 생각해보자. 축적해놓은 부가 많은 사람은 소비를 충분히 해도 부에서 얻은 자본소득의 상당 부분을 저축할 수 있으므로 부의 증가 속도를 높게 유지할 수 있다. 반대로 축적해놓은 부가 하나도 없는 사람을 생각해보라. 그의 저축은 오로지 노동소득에서만 나오는데 노동소득은 r보다 훨씬 낮은 g율로만 증가하므로 부의 증가 속도가 상대적으로 제한될 수밖에 없다(저축 성향이 일정할 때 증가 속도는 g). 즉, $r-g$가 확대되면 개인별로 부의 격차가 더 커지는 경향이 발생한다. 다시 말해 $r-g$가 확대되면 기존에 쌓아놓은 부가 없거나 별로 없는 사람은 느리게, 쌓아놓은 부가 많은 사람은 빠르게 축적한다. 오로지 땀 흘려 일해서 경제성장률 정도로 소득이 증가하는 사람과 운이 좋거나 상속받은 사람의 격차는 자연스럽게 더 벌어진다. 이들은 피케티가 강조하는 상위 10% 또는 1%, 즉 소득 가운데 자본소득 비중이 높은 사람들로서 재산도 많은 사람들이다. 따라서 이들이 점유하는 비중은 $r-g$와 함께 확대된다. 이와 같이 피케티 이론에서 거시와 미시를 연결시켜주는 고리는 바로 $r-g$이다. 피케티는 책에서 다음과 같이 말하고 있다.

(19세기까지 대부분의 역사가 그러했으며 21세기에도 아마 다시 그러할 것처럼), 자본수익률과 경제성장률의 차이가 유의미하게 커지면, 논리적으로 상속받은 부가 산출이나 소득보다 더 빨리 성장할 것이다. 상속받은 부를 가진 사람들은 그들의 소득 중 일부만을 저축하더라도 자본이 경제 전체보다 더 빨리 성장하는 것을 보게 된다. 그러한 조건하에서는 거의 불가피하게, 상속받은 부가 평생의 노동으로 축적한 부를 큰 차이로 압도하게 될 것이며 자본의 집적은 매우 높은 수준, 즉 현대 민주주의사회에 근본적인 능력주의적 가치와 사회정의의 원칙과 잠재적으로 양립 불가능한 수준까지 도달할 것이다.[11]

제13장

한국 경제의 피케티 비율 II

한국 경제의 α

피케티의 300년 자료에서는 $r-g$, α, β가 모두 U자형을 보이지만, 아쉽게도 우리에게는 이렇게 긴 시계열이 없기 때문에 장기 추세를 평가할 근거는 없다. 제한된 자료를 이용할 수밖에 없지만, 이제까지 노동소득분배율($1-\alpha$), 자본/소득 비율(β)을 계산했으므로 나머지 변수들, 즉 자본수익률(r), 성장률(g), 저축률(s)을 구해볼 수 있다. 제12장에서 설명한 대로 r은 제1근본법칙에 따라 구하면 된다. 즉, $r=\alpha/\beta$이다. 이미 $1-\alpha$와 β를 계산했으므로 식을 적용하기만 하면 된다.

먼저 α의 추이를 확인해보자. 이는 노동소득분배율 그래프를 뒤집어 놓은 것에 지나지 않는다. 그림 13.1을 보면 외환위기 이후 자본소득분배율의 상승 혹은 노동소득분배율의 하락이 진행되었음을 알 수 있는데, 2000년 25.5%에서 2010년 32.4%까지 급격히 증가했으나 2012년에는 다소 하락해 31.4%를 기록하고 있다. 그림 12.1과 비교해볼 때 한국에서 자

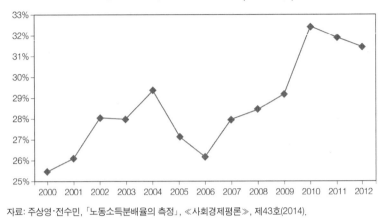

그림 13.1 **한국의 자본소득분배율(2000~2012)**

자료: 주상영·전수민, 「노동소득분배율의 측정」, ≪사회경제평론≫, 제43호(2014).

본/소득 비율과 자본소득분배율의 동반 상승 추세는 2009~2010년을 기점
으로 일단 진정된 것으로 보인다. 짧은 기간에 지나지 않지만 두 비율이 대
체로 유사한 모습을 보이는 것은 매우 흥미롭다. 피케티의 발견이 예사롭
지 않음을 부분적으로나마 확인할 수 있는 대목이다.

한국 경제의 $r-g$

이제 자본수익률(r)을 계산해보자. 자본수익률은 자본소득분배율(α)을
자본/소득 비율(β)로 나눈 값으로 정의되는데, β를 민간부/소득 비율 혹
은 국부/소득 비율로 잡는가에 따라 두 가지 값을 갖게 된다. 또 하나 유의
할 것은 자본은 기말스톡stock으로 측정되는 반면, 소득은 연간 플로우flow
라는 것이다. 따라서 α를 β로 그대로 나누어주면 기말스톡 대비 수익률이
되므로 기초(전기 말) 자본스톡 대비 수익률(자본소득/전기 말 자본스톡)이
되도록 조정했다. 그림 13.2는 이렇게 구한 자본수익률을 보여준다. 민간

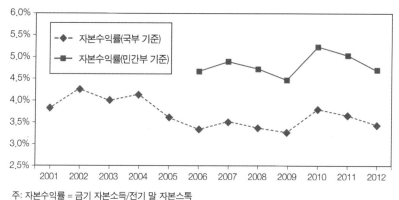

그림 13.2 **한국의 자본수익률(2000~2012)**

주: 자본수익률 = 금기 자본소득/전기 말 자본스톡
자료: 한국은행·통계청, 「국민대차대조표 공동개발 결과(잠정)」에 근거해 필자 계산.

부 기준으로 자본수익률은 4.5~5.2%에서 등락하고 있으며, 국부 기준으로
보면 2000년대 초에는 4%를 넘는 수준이었으나 그 이후에는 3% 중반 정도
를 유지하고 있다. 2000년대 중반 이후 성장률이 급락했음에도 불구하고
민간의 자본수익률이 4.5% 이상을 유지하고 있는 것은 흥미로운 결과이
다.[1] 성장률이 낮더라도 자본수익률은 대략 4~5% 정도를 유지하는 경향이
있다는 것을 피케티가 역사 자료를 통해 입증해 보였기 때문이다.

한편, 피케티는 자본수익률과 소득증가율의 차인 $r-g$를 중시했으므로
성장률 자료도 필요하다. 실질소득으로의 전환은 2010년 기준 GDP디플레
이터를 적용했는데, 2005년부터 2012년까지 연평균 소득증가율을 구하면
3.66%이다.[2] 같은 기간 평균 자본수익률은 4.82%이므로, $r-g$는 1.16%이
다. 한국의 $r-g$는 아직 높은 수준은 아니다. 한국의 자본수익률은 선진국
과 유사한 수준이나 성장률이 상대적으로 높기 때문에 $r-g$는 다소 낮은
편이다.[3] 다만, 2012년에는 g가 2.30%로 하락했으며 2013년에는 1.98%에
지나지 않는다는 점에 유의할 필요가 있다. 앞으로 $r-g$가 확대될지는 두
고 보아야 할 것이다.[4] 분명한 것은 소득증가율의 등락이 심한 것에 비하

면(글로벌 금융위기 직후인 2009년에는 마이너스) 자본수익률은 상대적으로 안정적이라는 것이다.

이상의 분석으로부터 크게 두 가지 질문이 제기될 수 있다. 첫째, 한국의 자본/소득 비율은 왜 높으며, 이 비율은 정상적인가? 둘째, 자본/소득 비율의 증가가 자본소득분배율의 상승(노동소득분배율의 하락)을 가져왔는가? 사실 또 하나의 중요한 질문은 $r-g$의 추세에 관한 것이다. 사실 외환위기 이후 자본/소득 비율(β)과 자본소득분배율(α)이 급격히 상승했지만 $r-g$의 움직임은 그만큼 뚜렷하지 않은 것으로 보인다. 특히 β와 $r-g$ 간의 장기적 관계에 대해서는 면밀한 검토가 필요하지만, 아쉽게도 현재로서는 자료의 한계 때문에 이 문제를 다루지는 못한다.

적정한 β의 값은?

이론적으로 자본/소득 비율은 어느 수준으로 수렴하게 되는가? 자본주의 제2근본법칙에 의하면 $\beta \to s/g$의 관계가 성립한다. 즉, β는 성장률과 저축률에 의해 의존한다. 여기서 g는 인구증가율+기술진보율, 즉 균제상태에서의 국민소득증가율이다. 저축률 s가 주어져 있을 때 균제상태의 β는 소득증가율(g)의 감소함수이다. 물론 저축률이 외생적으로 주어지지 않는 경우에도 β는 g의 감소함수임을 보일 수 있다.[5] 그렇다면 피케티의 주장대로 r과 s가 안정적으로 유지되는 가운데 g가 하락하면 β가 증가하는 동시에 불평등이 심화될 것이다(피케티에 의하면 불평등은 $r-g$와 양의 상관관계이다).

그렇다면 한국의 β는 s/g에 비해 높은 수준인가 낮은 수준인가? 성장률 g에는 문제가 없지만, 저축률 s를 구할 때에는 약간의 주의가 필요하

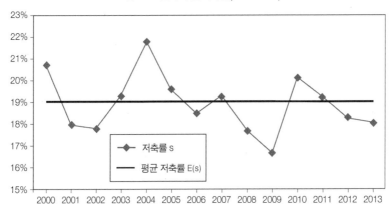

그림13.3 **한국의 순저축률(2000~2013)**

주: 가운데 선은 2000~2013년 평균 = 19.03%
자료: 한국은행, 「국민계정」에 근거해 필자 계산.

다. 민간부를 기준으로 한 분석에서는 민간저축을 사용하고, 국부를 기준
으로 한 분석에서는 정부저축까지 포함된 국민저축 개념을 적용하는 것이
원칙이기 때문이다. 여기서는 일단 국부 기준의 자본/소득 비율을 택하고,
저축은 국민저축 개념을 사용하기로 한다. 다만, 피케티의 정의에 따르면
고정자본소모를 제한 저축이어야 하므로 한국은행 국민계정상의 '순저축'
개념을 사용한다.

그림 13.3은 이렇게 구한 저축률을 보여준다. 감가상각이 포함된 총저
축률은 30%대로 여전히 높지만 피케티의 정의에 따른 순저축률은 그보다
훨씬 낮은 수준이라는 것을 확인할 수 있다. 피케티의 정의에 해당하는 저
축률은 2000년 이후 17~22% 정도를 보이고 있으며 평균 19%이다. 피케티
가 분석한 주요 선진국의 경우 저축률은 대체로 10% 내외이고, 높은 경우
에도 15%를 넘는 경우는 없으므로 한국의 저축률은 여전히 높은 편이다.

이제 '제2근본법칙'에 따라 자본/소득 비율이 적절한 수준인지를 가늠해
보자. 과거에 실현된 값들을 이용한다면 2000~2013년 연평균 소득증가율

표 13.1 **주요국의 순저축률(1970~2010)** (단위: %)

미국	일본	독일	프랑스	영국	이탈리아	캐나다	호주
5.2	14.6	10.2	9.2	5.3	8.5	10.1	8.9

자료: Thomas Piketty·Gabriel Zucman, "Capital is Back," data appendix.

이 4.12%이고 저축률은 평균 19%이므로, 이를 적용할 때 s/g = 4.6이다. 그러나 2012년 현재 국부 기준의 β는 9.45이므로 매우 높은 수준이다. 실제의 β와 s/g 사이에 매우 큰 차이가 있는 것이다.[6] 실제의 β와 달리 '제2 근본법칙'에 있는 s/g는 그때그때 변하는 수치를 대입해서는 안 되고 장기에 걸쳐 안정적으로 유지될 것으로 예상되는 값을 사용하는 것이 타당하다. 한국의 경우 장기시계열을 사용할 수 없는 문제가 있는 데다, 앞으로 한국의 저축률과 성장률이 어느 정도 수준을 안정적으로 유지할지는 알 수 없다. 다만, 앞으로 한국 경제의 g가 4%대를 유지될 것으로 보이지는 않으므로 과거 자료에 입각한 s/g = 4.6은 저평가된 수치일 가능성이 크다. 그럼에도 불구하고 현재의 β가 상당히 높은 수준이라는 사실만은 분명하다. 여전히 저축률이 높은 것이 특징이므로 s가 앞으로 18% 정도를 유지한다고 가정하면, g = 4%이면 β = 4.5, g = 3%이면 β = 6, g = 2%이면 β = 9이다. 따라서 현재 국부 기준의 자본/소득 비율은 이미 균제상태의 값을 넘은 수준이거나, 아니면 이미 높은 수준의 균제상태에 도달했는지 모른다.

한국의 β는 왜 높은가

그렇다면 한국의 자본/소득 비율은 왜 이렇게 높은가? 선진국과 비교할 때 성장률이 아직은 더 높은 수준이므로 높은 성장률이 높은 자본/소득 비

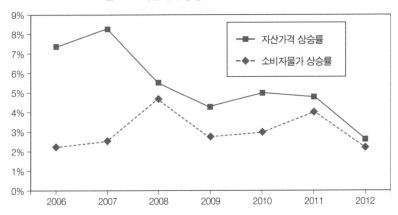

그림 13.4 **자산가격 상승률과 소비자물가 상승률**

주: 자산가격 상승률(%) = 당기 명목보유손익/전기 순자본스톡
자료: 한국은행·통계청, 「국민대차대조표 공동개발 결과(잠정)」에 근거해 필자 계산.

율의 원인일 수는 없다. 그렇다면 저축률이 높기 때문인가? 물론 그럴 가
능성이 크다. 성장률에 비해 높은 저축률이 자본/소득 비율을 끌어올리는
요인이기 때문이다. 그런데 그림 13.4는 또 다른 요인이 존재할 가능성을
암시한다. 그림 13.4는 소비자물가 상승률과 자산가격 상승률을 보여준다.
2006년과 2007년에는 자산가격 상승률이 소비자물가 상승률을 크게 상회
했고, 그 이후에 격차가 좁혀졌으나 자산가격 상승률은 소비자물가 상승률
을 여전히 넘는 수준이다. 자본/소득 비율의 상승은 저축에도 기인하지만
일반 물가 상승률을 상회하는 수준으로 발생한 실질자본이득^{real capital gain}
에도 의존한다. 즉, 한국에서 지난 10여 년 동안 자본/소득 비율이 급격히
상승한 것은 높은 저축률과 높은 자본이득률의 상승 작용에 의한 것이다.

그러면 실질국부의 상승을 저축에 의한 부분과 자본이득에 의한 부분으
로 분해해보자. 실질자본이득은 소비재에 대한 자본재의 상대가격 상승으
로 이해되므로, 우선 물가지수를 기준으로 명목국부와 명목소득을 실질국
부와 실질소득으로 전환할 필요가 있다.

표 13.2 **주요국의 국부 상승 요인분해(1970~2010)**　　(단위: %)

	미국	일본	독일	프랑스	영국	이탈리아	캐나다	호주
저축 요인	72	78	114	75	42	63	89	61
자본이득 요인	28	22	-14	25	58	37	11	39

자료: Thomas Piketty·Gabriel Zucman, "Capital is Back," data appendix.

$$1 + g_w = (1 + g_{ws})(1 + q)$$

여기서 g_w는 실질부의 증가율, g_{ws}는 저축에 의한 실질부의 증가율, q는 실질자산가격의 증가율이다. 만약 실질자산가격의 증가율이 0이면, 즉 자산가격과 일반 물가가 같은 비율로 올라서 상대가격에 변화가 없으면 실질부의 증가는 오로지 저축으로부터 나오는 것으로 보면 된다. 그러나 그림 13.4에서 알 수 있듯이 한국과 같이 자산가격이 일반 물가보다 더 빠른 속도로 오르는 경우에는 위의 식을 적용해야 한다.

한국의 경우 2005년부터 2012년까지 소비자물가는 23.4% 상승했다. 소비자물가지수로 디플레이트한 실질부는 42.4% 증가했고, 이 기간 소비자물가지수로 디플레이트한 실질자산가격은 17.6% 증가했다(g_w=0.424, q=0.176). 따라서 저축에 의한 실질부의 상승률은 21.1%이다. 이를 비중으로 표시할 때, 실질국부 상승의 54%는 저축에 의한 것이지만 나머지 46%는 실질자산가격의 상승에 의한 것이다.

표 13.2에 의하면 영국을 제외하면 선진국에서 자본이득 요인은 대체로 40% 아래이며 평균값은 26%이다. 한국은 46%이므로 자본이득이 차지하는 비중이 상당히 높다. 한국에서 자본/소득 비율이 높게 나오는 것은 근본적으로는 저축률이 높게 유지되었기 때문이기도 하지만 자본의 상대가격이 가파르게 상승했기 때문이다.[7]

가계조사로 본 자본/소득 비율

이상과 같이 국민계정체계를 이용해 계산하면 한국의 자본/소득 비율은 민간부 기준이든 국부 기준이든 모두 상당히 높은 값을 보인다. 민간부 기준으로 통일해서 볼 때, 2012년 한국의 자본/소득 비율인 7.02는 피케티가 분석한 18~19세기 영국과 프랑스의 수준이다. 국민대차대조표의 순자본스톡이 말기잔고(말잔) 기준으로 보고되기 때문에 평균잔고(평잔) 기준으로 바꾸어 계산해도 6.86이니 여전히 높은 값이다. 그러면 이 값은 신뢰할 만한 수치인가? 그 타당성을 평가하기 위해 통계청·한국은행·금융감독원이 공동으로 발표하는 「가계금융·복지조사」를 이용해 가구의 관점에서 본 자본/소득 비율을 살펴보기로 하자.

「가계금융·복지조사」에 따르면 2013년 3월 말 현재 한국의 가구당 보유 자산은 평균 3억 2557만 원, 부채는 5818만 원으로 가구당 평균 순자산은 2억 6738만 원이다. 표 13.3에 의하면 2012년의 평균 가구소득이 4475만 원이니 이 값을 그대로 적용하면 한국의 가구당 순자산/소득 비율은 5.97이다. 참고로 상위 20%, 즉 5분위의 순자산 점유율이 62.7%이고, 1·2분위를 합친 하위 40%의 점유율은 5.3%에 지나지 않는다. 그런데 소득 기준으로 분위를 나누어 순자산/소득 비율을 구한 값과 순자산 기준으로 분위를 나누어 구한 값은 다르게 나올 것이다.

소득 기준과 순자산 기준을 각각 따로 적용해 비율을 구해본 결과, 소득 기준 상위 20%인 가구의 순자산/소득 비율은 5.92, 순자산 기준으로 상위 20%인 가구의 순자산/소득 비율은 10.28인 것으로 나타났다. 예상대로 자산의 집중도가 높고 상위계층에 속할수록 부/소득 비율이 높다. 참고로 표 13.4는 순자산 및 소득을 10분위별로 세분화한 통계를 보여준다. 중앙값 기준으로 단순 비교할 때 순자산/소득 비율은 4.02에 지나지 않는다. 이는

표 13.3 **가계조사로 본 가구당 순자산/소득 비율**(2012)

평균	순자산 (만 원)	가구소득 (만 원)	순자산/소득 비율(배)		순자산 점유율(%)
			소득 기준	순자산 기준	
전체	26,738	4,475	5.97		100
1분위	447	811	10.88	0.22	0.3
2분위	6,700	2,173	6.66	2.28	5.0
3분위	14,732	3,586	5.53	3.68	11.0
4분위	27,920	5,386	5.34	5.27	20.9
5분위	83,882	10,417	5.92	10.28	62.7

주: 분위는 순자산 기준과 소득 기준이 별도로 적용됨에 유의.
자료: 통계청·한국은행·금융감독원, 「가계금융·복지조사」(2013).

평균값 기준 5.97에 비해 크게 낮은 수치이며 순자산이 소득보다 훨씬 불평등하게 분포되어 있음을 말해준다. 지니계수로도 이를 확인할 수 있는데 순자산 지니계수는 0.607로 소득 지니계수 0.307에 비해 훨씬 높다.

그런데 이와 같이 가계조사를 토대로 부/소득 비율을 계산하는 데는 한계가 있다. 국민계정체계를 기반으로 한 부/소득 비율과의 비교 또한 주의가 필요하다. 우선 가계조사에서 가구당 소득은 크게 근로소득, 사업소득, 재산소득으로 나누어지는데, 근로소득에는 고용주의 사회부담금 지급이 빠져 있어 국민계정의 '가계 및 비영리단체' 부문의 노동소득(피용자보수)에 비해 저평가된다. 또한 가계조사상의 재산소득은 심각할 정도로 과소 보고된다. 또한 사업소득의 정확성에도 의문이 제기되는데, 국민계정상 '가계 및 비영리단체'의 영업잉여 항목과 가계조사상의 사업소득 간에는 적지 않은 괴리가 있다. 사업소득은 오히려 가계조사에서 더 높게 나온다. 이는 개인사업자의 경우에 국민계정으로 포착되지 않는 소득이 적지 않다는 것을 암시한다.

이와 같은 문제와는 별도로, 가장 주의해야 할 부분은 상위계층으로 올

표 13.4 **순자산 및 소득의 10분위별 분포(2012)**

경계값 기준	순자산 (만 원)	가구소득 (만 원)	순자산 점유율(%)
상위 10%	60,519	8,825	45.0
상위 20%	37,950	6,600	17.8
상위 30%	27,400	5,350	12.1
상위 40%	20,087	4,320	8.8
중앙값	14,492	3,600	6.4
하위 40%	10,225	2,900	4.6
하위 30%	6,600	2,160	3.1
하위 20%	3,422	1,488	1.9
하위 10%	876	800	0.8
하위 0%	-	-	-0.4

주: 1) 분위는 순자산 기준과 소득 기준이 별도로 적용됨에 유의.
  2) 순자산 점유율은 해당 경계값 이상에 속한 분위의 점유율.
자료: 통계청·한국은행·금융감독원, 「가계금융·복지조사」.

라갈수록 조사 자체가 되지 않거나 축소 보고되는 경향이 강하다는 것이
다. 이것은 가계조사 방식의 가장 큰 한계이다.[8] 소득도 그러하지만 자산
규모를 당사자 스스로 응답하는 조사 방식으로 파악하는 데는 어려움이 따
른다. 평균적인 부를 가진 사람도 그럴 것인데 고액자산가라면 더욱 자기
재산이 그대로 노출되는 것을 꺼릴 것이다. 실제로 2012년 기준으로 가구
당 평균 순자산인 2억 6738만 원에 가구 수 1786만 7704를 곱하면 4777조
5000억 원이라는 수치가 나온다. 과연 이것이 한국 가계 부문의 전체 순자
산 규모일까? 한국은행의 국민대차대조표와 자금순환계정을 결합해 계산
하면 '가계 및 비영리단체'의 순자산 규모는 6056조 7000억 원이다. 무려
1280조 원이나 차이가 난다. 비영리단체의 순자산 규모가 별로 크지 않다
는 것을 감안할 때, 이렇게 큰 차이가 나는 것은 가계조사 방식으로는 개인

의 자산 규모를 제대로 파악할 수 없다는 뜻이다.

그러면 다시 국민계정으로 가보자. 앞에서는 민간부/소득 비율을 계산할 때 법인과 개인을 합했지만, 이번에는 민간 가운데 법인을 제외하고 가계 부문만 따로 떼어 부/소득 비율을 계산해보기로 한다. '가계 및 비영리단체'의 순자산(순자본스톡 + 순금융자산) 6056조 7000억 원을 2012년 '가계 및 비영리단체'의 순본원소득NNI으로 나누면 7.56이라는 값이 나온다. 이 역시 높은 수치이다.

요컨대 한국의 민간부문 부/소득 비율은 2012년 기준으로 7 내외이거나 7을 넘는 수준이다. 물론 법인이라 할지라도 궁극적으로는 개인의 소유이므로 민간부/소득 비율을 계산할 때에는 법인의 순자산과 소득을 포함시키는 것이 타당할 것이다. 정부의 순자산 또한 궁극적으로는 국민에게 귀속되는 것이므로 국가 전체의 부/소득 비율도 의미가 있는데, 이 값이 9를 넘는다는 것은 놀라운 일이다. 가상이긴 하지만, 계산 방식의 차이이든 무엇이든 한국의 토지가액이 부풀려진 숫자라고 해보자. 예를 들어 일본과 프랑스의 토지가액/GDP 배율이 한국의 65% 정도 수준이므로,[9] 한국은행이 집계한 토지가액의 35%를 덜어내고 국부/소득 비율을 계산하면 7.7이다. 이렇게 해도 국부/소득 비율이 높은 일본과 프랑스와 비슷한 값이다. 토지가액의 절반을 덜어내도 6.9라는 값이 나온다. 여전히 높은 비율이 아닐 수 없다.

α와 β의 동반 상승

한 경제의 자본/소득 비율(부/소득 비율)이 높으면 평균적인 소득으로 평균적인 부를 쌓는 데 더 많은 시간이 걸린다. 부/소득 비율이 5일 때와 9일

때를 비교해보라. 비율이 5이면 평균적인 부를 쌓기 위해 5년 치 소득을 모으면 되지만, 비율이 9로 올라가면 9년 치의 소득을 모아야 한다. 부/소득 비율이 높은 사회에서는 일정 수준의 부를 쌓기 위해 더 오래 더 많이 소득을 모아야 한다. 모아놓은 게 별로 없어서 소득의 대부분을 일해서 버는 보통 사람들의 삶은 쉽지 않다. 그런데 부/소득 비율이 올라가는 동안 자본소득분배율도 상승했다. 노동소득분배율이 하락했다는 것인데, 이는 소득 가운데 노동소득이 차지하는 몫이 줄어든 것을 뜻한다. 부/소득 비율이 상승하는 가운데 부에서 창출되는 소득이 노동의 대가로 창출되는 소득에 비해 상대적으로 더 커진 것이다.

이미 언급한 대로 논리적으로만 본다면, 소득 가운데 자본의 몫이 커지고 노동의 몫이 작아진다고 해서 소득분배가 나빠지는 것은 아니다. 한 개인의 소득 안에는 자본소득도 있고 노동소득도 있기 때문이다. 노동소득 또한 불평등하게 분포되어 있지만, 현실적으로 자본소득은 노동소득에 비해 훨씬 더 불평등하게 분포되어 있다. 이는 쉽게 짐작할 수 있을 뿐만 아니라 데이터로 언제나 입증되는 사실이다. 예를 들어 상위 10%가 차지하는 부의 점유율은 유럽에서는 60%가 넘고 미국에서는 70%가 넘는다. 한국의 경우 「가계금융·복지조사」가 이를 확인해준다. 불평등도를 지니계수로 평가할 때, 2012년 기준으로 소득의 지니계수는 0.307인 반면 부의 지니계수는 0.617이다. 이렇게 부가 소득보다 훨씬 불평등하게 분포되어 있으니 부에서 나오는 소득이 일해서 버는 소득보다 불평등하게 분포되는 것은 자명하다. 설사 수학적으로 반례를 보일 수 있다 하더라도, 부의 집중도가 높은 현실에서 자본소득분배율이 상승하면 개인별 소득분배도 악화되는 것은 의심할 여지가 없다.

자본으로 대체되는 노동: 대체탄력성 논쟁

자본/소득 비율과 자본소득분배율이 동반 상승하는 현상을 어떻게 설명해야 할까? 이에 대한 답은 논리적으로도 현실적으로도 쉽지 않다. 일단 피케티가 설명한 방식을 보자. 자본주의 경제에서 항상 성립하는 관계, 즉 그가 '제1근본법칙'이라 부른 식은 $\alpha = r \times \beta$이다. 즉 자본소득분배율(α)= 자본수익률(r)×자본/소득 비율(β)이다. 얼핏 β가 상승하면 α도 상승할 것처럼 보인다. 그런데 문제는 β가 상승할 때 r이 하락하는 경향이 있다는 것이다. 축적된 자본의 양이 많아질수록 수확체감의 법칙이 작용해 자본수익률이 하락한다. 따라서 β가 상승하는 동시에 r이 하락하면 α는 어떻게 될지 알 수 없다. 바로 여기에 경제학자들도 골치 아파하는 '대체탄력성'이라는 개념이 등장한다. 결론부터 말하면 대체탄력성이 1보다 크면 β가 상승할 때 α도 상승하지만, 대체탄력성이 1보다 작으면 β가 상승할 때 α는 감소한다. 즉, 대체탄력성의 크기에 따라 자본/소득 비율의 상승이 자본소득분배율을 높일 수도 있고 낮출 수도 있다.

엄밀한 정의는 제쳐두고 대체탄력성이 대강 어떤 개념인지 살펴보자. 노동과 자본을 투입하고 결합해 소득을 창출한다고 할 때, 때로는 노동을 더 많이 투입하는 방식, 때로는 자본을 더 많이 투입하는 방식을 선택할 수 있을 것이다. 노동과 자본의 비중을 자유자재로 선택할 수 있는 생산기술, 즉 노동과 자본을 서로 쉽게 대체할 수 있는 유연한 생산기술을 가지고 있을 때 노동과 자본 간의 대체탄력성이 높다고 말한다. 그리고 구체적인 수치인 1을 기준으로 1보다 높으면 탄력적이고 1보다 낮으면 비탄력적이라 부른다. 피케티는 바로 이 대체탄력성으로 β와 α의 동반 상승을 설명하는데, 특히 생산기술이 탄력적인 경우를 상정했다. 즉, 대체탄력성이 1보다클 때 r의 하락보다는 β의 상승이 더 커서 α가 상승하는데, 역사적으로 관찰되는 추세가 이 경우에 해당한다고 보았다.

경제가 성장하는 과정에서 자본이 축적되고 노동의 생산성이 증가한다. 노동생산성의 증가는 임금(w) 상승으로 이어진다. 반면 축적된 자본의 양이 많아지면서 자본수익률(r)은 떨어진다. 자본수익률은 다른 한편으로는 자본비용이므로 노동비용이 자본비용에 비해 상대적으로 비싸진다(r/w의 하락). 따라서 기업은 자본(K)에 비해 노동(L)을 상대적으로 적게 쓰기를 원한다(K/L의 상승). 문제는 어느 정도 변경시킬 수 있는가인데, 대체탄력성의 정의상 r/w이 1% 하락할 때 K/L를 1% 넘게 증가시킬 수 있는 유연한 경우가 탄력적인 생산기술이다. 즉, 대체탄력성이 1보다 큰 생산기술이다. 이러한 경우에는 r/w이 1% 하락했음에도 불구하고 K/L가 1% 넘게 증가했으므로 r/w에 K/L을 곱한 값은 증가한다. 그런데 이 값은 바로 rK/wL, 즉 자본소득/노동소득 비율이므로, 분배 측면에서 노동소득에 비해 자본소득이 상대적으로 증가하는 결과로 이어진다.

피케티는 경제학에서 사용되는 구체적이고 복잡한 생산함수를 예로 들었지만, 관통하는 원리는 이와 같다. 경제성장 과정에서 기업은 단위당 비용이 높아진 노동은 가능한 적게, 단위당 비용이 낮아진 자본은 가급적 많이 사용하려 한다. 특히 대체탄력성이 1보다 큰, 다시 말해 매우 유연한 생산기술하에서는 총노동비용에 비해 총자본비용이 더 많이 증가한다. 분배의 측면에서 보면 자본의 몫이 커지고 노동의 몫은 줄어드는 것이다.

자본/소득 비율과 자본소득분배율의 동반 상승에 대한 피케티의 설명은 전적으로 1보다 큰 대체탄력성에 의존한다. 논리적으로는 문제가 없지만, 바로 여기에 논쟁과 비판이 쏟아질 소지가 있다. 피케티는 주요선진국에서 대체탄력성이 1.3 정도로 추정된다는 최근의 한 연구를 들었지만, 사실 수많은 선행 연구와 비교할 때 이는 이례적인 수치에 속한다.[10] 대부분의 연구는 대체탄력성이 1보다 작거나 1에 근접한 수준이라고 보고한다.[11] 필자가 계산한 바에 따르면, 2000년 이후 한국에서 관찰되는 자본/소득 비율과 자본소득분배율의 동반 상승을 대체탄력성으로 합리화하기 위해서는 대체탄력성이 최소한 2가 넘어야 한다.[12] 즉, 한국에서 발견되는 β와 α의 높은 상관관계는 비현실적으로 높은 대체탄력성을 전제해야만 설명이 가능하다. 현재의 생산기술이 이 정도로 유연해졌다고 받아들이기는 어렵다. 자본/소득 비율이 상승한 것은 사실이지만, 그에 상응해 관찰되는 자본소득분배율의 급격한 상승을 생산기술의 변화로만 설명하기는 아무래도 부족해 보인다. 물론 정보통신기술[ICT] 자본의 비중이 높아지는 추세에 따라 대체탄력성이 상승했을 가능성을 배제할 수 없으나, 이는 면밀한 추정을 요하는 과제이다. 한국에서 2000년대에 자본소득분배율이 급격히 상승한 것을 대체탄력성만으로 설명하기는 쉽지 않아 보인다. 독점력이나 협상력 등 다른 요인들을 추가로 고려해야 종합적인 설명이 가능할 것이다. 많은 사람들이 지적하고 있듯이 이는 피케티 이론의 취약한 부분이기도 하다.

피케티 비율의 평가

한국은행의 국민대차대조표 자료를 이용해, 2000년대 한국의 자본/소득 비율, 자본수익률 등 주요 피케티 비율을 측정한 결과를 요약하면 다음과 같다. 한국의 자본/소득 비율은 피케티가 분석한 주요 선진국에 비해 높은 수준이다. 이는 주요국에 비해 토지가 부에서 차지하는 비중이 매우 높기 때문이기도 하지만, 토지를 제외하더라도 한국의 비율은 주요 선진국에 비해 결코 낮지 않다. 물론 토지자산의 추계 방식 차이로 토지가 포함된 비율의 국가별 단순 비교에 유의할 필요가 있으나, 그것을 감안하더라도 한국의 자본/소득 비율은 이미 높은 수준에 도달한 것으로 보인다. 즉, 한국의 경우 소득도 빠르게 증가했지만 부는 훨씬 더 빠른 속도로 증가했다. 부의 상승은 저축과 자본이득으로 분해되는데, 자본이득이 기여한 정도는 한국이 선진국에 비해 더 높다. 한국에서 자본/소득 비율이 높게 나오는 것은 근본적으로는 높은 저축률 때문이지만, 자본의 가격이 일반 물가에 비해 빠른 속도로 증가하는 현상이 지속되었기 때문이다.

주요 선진국과 마찬가지로 2000년대 한국에서도 자본/소득 비율 상승과 자본소득분배율의 상승이 동시에 관찰된다. 선진국의 경우 1970~1980년대부터 이러한 추세가 발견되지만 한국은 외환위기 이후 매우 짧은 기간에 압축적으로 발생했다. 한편, 한국에서도 자본수익률이 소득증가율을 초과하는 것으로 나오지만 주요국과 비교할 때 그 정도는 크지 않다.[13] 2000년대 이후 자본수익률은 민간부 기준으로 4.5~5.2%이며, 국부 기준으로 3%대를 기록하고 있는데, 아직은 성장률이 선진국보다 높은 상태이므로 두 거시변수 간의 차이는 크다고 볼 수 없다. 분석 기간이 짧아서 신뢰할 만한 결론을 내리기 어렵지만, 한국에서 최근 악화된 소득 및 자산의 불평등은 $r-g$의 확대보다는 α와 β의 상승과 관련성이 더 높은 것으로 보인다. 물론 이는 잠정적인 해석이다.

이미 자본/소득 비율이 높은 데다 자본수익률이 높다고 볼 수는 없으므로, 자본/소득 비율의 상승 추세가 앞으로도 지속될 수 있을지는 의문이다. 저축률과 성장률에 비추어보아도 높은 수준이다. 물론 2010년을 기점으로 상승 추세가 멈춘 상태이므로 이미 조정 과정에 들어섰는지 모른다. 앞으로 성장의 정체와 함께 불평등이 더 악화된다면 여기에는 α와 β의 상승 요인보다 $r-g$ 확대 요인이 더 크게 작용할지 모른다. 물론 이것도 직관에 의한 추측임을 밝혀둔다.

제14장

불평등의 축소와 관리

불평등의 측정

피케티는 불평등을 경제 문제의 핵심으로 가져다 놓았다. 그러나 문제는 불평등의 정도를 어떻게 정확히 측정하는가이다. 자료가 있어야 생산적 토론이 가능할 것이다. 이상적으로는 소득과 자산의 크기를 파악해서 스프레드시트에 일등부터 꼴찌까지 나열하면 되지만, 쉬운 일이 아니다. 아마도 이를 잘 해낼 수 있는 기관은 국세청일 것이다. 그러나 국세청에는 면세점 이하 개인에 대한 자료는 아예 없다는 문제가 있다. 흔히 실시하는 공식적인 가계조사는 대략 1만 명 내외의 표본을 사용한다. 그런데 가계조사의 경우 소득과 자산이 심각할 정도로 과소 보고되며, 이는 상위로 갈수록 더하다. 예를 들어 가구소득이 2~3억 원을 넘는 가구는 거의 표본에 포함되지 않는다. 어렵사리 이들에게 접근하더라도 정확하게 보고해야 할 의무가 없으므로 소득과 자산 규모를 축소해서 응답하는 게 어쩌면 당연한지 모른다. 특히 금융소득을 포함한 재산소득의 과소 보고는 심각하다. 이는 고액 자산가에만 해당하는 일이 아닌데, 꼭 축소하려는 의도가 아니더라도 사람들은 자신이 금융소득을 얼마나 벌고 있는지 잘 모른다. 금융소득의 경우 가계조사로는 실제의 10%도 파악하지 못하는 것으로 알려져 있다.

소득의 불평등

최근 김낙년 교수는 이와 같은 문제점을 인식하고 가계조사와 국세청 자료를 결합해 한국의 소득분포를 새롭게 추정했다. 결과는 놀라울 정도였다. 상위 1%의 소득점유율은 45%이고 1%의 점유율은 12%나 되었던 것이다. 늘 수행해오던 가계조사로는 상위 20%의 점유율이 38% 정도이므로 이는 엄청난 차이라고 할 수 있다. '1:99 사회'로 알려진 미국의 1% 점유율이 48%이므로 이는 거기에 근접한 수치이며 유럽과 일본보다 높다. 김낙년 교수는 소득세 통계에다 소위 '파레토분포Pareto distribution'를 이용한 보간법 interpolation을 이용해 상위계층의 소득을 추정했다.[1]

한국에서 상위 1%의 점유율이 12%이고 10%의 점유율이 45%나 된다는 것이 금액으로 어느 정도인지 어림 계산으로 그려보자. 국민계정상 2012년 기준으로 가계 및 비영리단체의 순본원소득이 약 800조 원이므로 가구 수를 적용해 나누어보면, 상위 1% 가구의 평균소득은 약 5억 3000만 원, 상위 10%는 약 2억 원이라는 계산이 나온다. 반면 대다수 90%의 평균소득은 2700만 원 정도에 지나지 않는다. 물론 노령가구와 1인가구의 증가가 그 차이를 벌어지게 한 요인 중 하나이지만, 악화된 속도를 볼 때 가구 구성의 변화로만 설명할 수는 없다. 이렇게 악화된 것은 외환위기 이후이다.

지니계수를 보더라도 통계청의 지니계수에 비해 김낙년 교수가 새로 계산한 지니계수는 더 가파르게 상승했다. 한국의 소득불평등도는 멕시코나

그림 14.1 상위 1%의 소득점유율

자료: 김낙년·김종일, "Top Incomes in Korea 1933~2010", ≪Working Paper≫, 제3호(낙성대경제연구소, 2014).

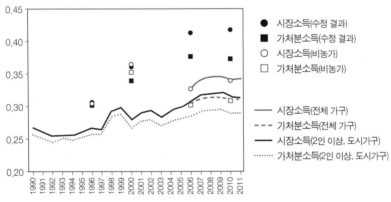

그림 14.2 수정된 지니계수

자료: 김낙년, 「한국의 소득분배」, ≪Working Paper≫, 제6권(낙성대경제연구소, 2013).

칠레를 제외할 때 OECD 국가 가운데 꼴찌라고 보아도 무방하다. 시장소득 기준의 지니계수와 세금을 뺀 가처분소득을 기준으로 계산한 지니계수

표 14.1 상위계층의 소득 구성 (단위: %)

	노동소득	사업소득	이자소득	배당소득
상위 10%	82.6	14.2	0.9	2.2
상위 1%	59.9	29.6	2.7	7.8
상위 0.1%	39.5	36.8	4.8	18.8

주: 임대소득은 사업소득에 포함.
자료: 김낙년·김종일, "Top Incomes in Korea."

의 차이도 크지 않은데, 그 차이도 꼴찌이다. 그만큼 재분배도 하지 않고 있다는 뜻이다.

그렇다면 전체 소득의 45%를 점유한다는 상위 10%의 소득은 어떤 형태로 구성되어 있을까? 노동소득의 비중이 높을까 아니면 다른 소득의 비중이 높을까? 표 14.1은 상위 10%를 좀 더 세분해서 볼 필요가 있음을 알려준다. 상위 10%에서도 최상위계층으로 갈수록 노동소득의 비중이 줄고 다른 소득의 비중이 높아진다는 것을 알 수 있다. 위로 올라갈수록 사업소득의 비중이 높아지는 것은 아무래도 부자 가운데 봉급생활자가 아닌 사업가가 적지 않기 때문일 것이다. 그런데 사업소득 말고 재산소득의 비중은 더 급격하게 증가한다. 특히 상위 0.1%에 속하는 슈퍼리치super rich 계층에서 이자소득과 배당소득이 차지하는 비중은 23.6%나 된다. 상위 10%에 속한 계층의 평균은 3.1%에 지나지 않는데도 말이다.

재산소득이 최상위계층에 집중되어 있다는 사실은 2014년 10월 7일 국세청이 국정감사 제출용으로 내놓은 자료에서 여실히 드러났다.[2] 이에 따르면 2012년도에 이자소득자가 4785만여 명이니 웬만한 아이라도 예금통장 하나쯤은 갖고 있는 셈인데, 전체 이자소득 24조여 원 가운데 상위 1%가 44.8%, 상위 10%가 90.6%를 가져간 것으로 나온다. 배당소득의 집중은 더 심하다. 배당소득을 받은 사람은 모두 882만여 명이고 배당소득 총액은

11조여 원인데, 이 가운데 상위 1%가 72.1%, 상위 10%가 93.5%를 가져갔다. 실제로 배당소득을 올린 사람은 성인 인구의 1/4에도 미치지 않는다. 따라서 성인 인구 전체를 놓고 보면 배당소득의 거의 전부가 상위 10%에 돌아갔다고 해도 과언이 아닐 것이다. 이 자료를 갖고 계산하면 2012년 한국에서 성인의 상위 0.22%에 속하는 8만 8000명이 1인당 평균 9200만 원의 배당소득을 올렸다. 짐작은 했지만 소득의 집중, 특히 재산소득의 집중은 이 정도로 심한 것이다. 하위 90%에게 이자소득은 무시할 정도로 작고 배당소득은 거의 없다. 노동소득에 비해 자본소득의 불평등이 훨씬 심하다는 것을 실감하지 않을 수 없다.[3]

자산의 불평등

사실 피케티의 연구에서는 소득의 불평등도 중요하지만 자산의 불평등이 더 중요하다. 그러나 소득에 비해 자산의 불평등도는 더 측정하기 어렵다. 한국에는 아직 이에 대한 종합적인 연구가 없다. 가계부채의 심각성을 인지한 통계 당국이 3~4년 전부터 가계의 자산, 부채, 순자산 규모를 조사하기 시작했다. 통계청, 한국은행, 금융감독원이 공동으로 발표하는 「가계금융·복지조사」가 그것이다. 그러면 이것을 가지고 어림 계산이라도 해보자. 「가계금융·복지조사」에 따르면 2012년 기준으로 가구당 평균 순자산은 2억 6738만 원이다. 여기에 가구 수 1786만 7704를 곱하면 4777조 5000억 원이라는 수치가 나온다. 과연 이것이 한국 가계 부문의 전체 순자산 규모일까? 최근에 발표한 한국은행의 국민대차대조표와 자금순환계정을 결합해 계산하면 '가계 및 비영리단체'의 순자산 규모는 6056조 7000억 원이다. 무려 1280조 원이나 차이가 난다.[4] 이렇게 큰 차이가 나는 것은 가계조사 방식으로는 개인의 자산 규모를 제대로 파악할 수 없다는 뜻이다.

세금 자료를 이용해 치밀하게 역추적하지 않는 한, 현재로서는 가계조사만을 이용해 자산분포를 분위별로 측정할 수 있는 방법은 없어 보인다. 다만, 앞서 표 13.4에서 상위 10%의 순자산 점유율이 45%임을 감안해 상위 10%의 점유율을 가늠해볼 수는 있다. 총 1280조 원의 순자산이 누락되었다고 보고, 만약 누락된 순자산의 70%가 본래 상위 10%에 속한 것이라면 상위 10%의 순자산 점유율은 50.3%로 수정된다. 누락된 금액의 80%가 상위 10% 자산가에 속한다면 상위 10%의 점유율은 52.4%로 수정된다. 만약 누락된 90%가 상위 10%에 속한 것이라면 점유율은 54.5%로 수정된다. 피케티에 의하면 이 비율은 미국 70%, 유럽 60% 정도로 이미 경계할 만한 수준으로 올라갔다. 한국의 경우는 아직 이보다는 조금 낮은 수치이다. 그러나 사실상 상위 10%(아니 1% 혹은 0.1%)에 의해 '실질적으로' 소유되는 법인의 순자산을 감안하면, 아마도 유럽 정도의 수준에는 이미 도달해 있는지 모른다.

피케티는 글로벌 부유세 도입을 주장했다. 스스로 유토피아적이라고 할 만큼 현실성은 떨어진다. 사실 부유세는 '순자산세'라고 불러야 맞다. 한 개인이 갖고 있는 자산에서 부채를 뺀 금액에 대해 매기는 세금이기 때문이다. 소득세를 부과할 때 소득 파악과 신고가 전제되어야 하는 것처럼 순자산세를 부과할 때에도 자산과 부채 규모의 파악이 필수적이다. 피케티는 순자산에 매기는 세금이 과격할 정도로 많을 필요는 없다고 본다. 무엇보다 순자산세의 도입이 가져오는 장점은 순자산의 규모를 파악하는 데 도움이 된다는 것이다. 자료가 있어야 토론과 합리적 의사결정이 가능한데, 가령 누진의 정도를 어떻게 정할지 결정하는 데도 일단 자료가 있어야 하기 때문이다. 사실 순자산세 도입 자체를 결정하는 데에도 개인별 순자산 자료가 필요하다.

사실 세무 당국이 개인의 모든 자산과 부채를 낱낱이 다 파악한다는 것, 또한 조세 회피 수단을 일일이 다 차단한다는 것이 현실적으로는 거의 불가능할 것이다. 그러나 이상적이라는 것을 인정하면서도 산술적으로 볼 때 순자산세가 매력적인 대안인 것만은 부인하기 어렵다. 간단한 예를 들어보자. 한 국가의 순자산/소득 비율(β)이 6이라고 하고, 상위 10%가 순자산의 60%를 소유한다고 하자. 상위 10%의 자산가에게 평균 1%의 순자산세를 부과하면 $6 \times 0.6 \times 1\% = 3.6\%$이므로 국민소득 대비 3.6%의 세수를 거둘 수 있다. 물론 공제 및 누진제도 때문에 계산은 이처럼 간단하지 않을 것이다. 하지만 우리는 실제로 재산세를 내고 일부는 종합부동산세도 낸다. 순자산세와 달리 부채를 감해주는 방식이 아니라는 것이 차이일 뿐이다.

불평등이 초래하는 문제들

불평등이 초래하는 결과는 무엇인가? 피케티는 불평등이 여기서 더 이상 악화되면 능력주의 원칙이 크게 훼손되고 민주주의와 사회정의마저 위협할 것이라고 경고한다. 사회과학도로서 원대한 포부를 품고 자본주의 역사를 탐구했고, 또 충분히 호소력 있는 주장을 하고 있다. 그러나 사실 피케티의 분석은 소득과 자산의 분배에 집중되어 있고 정책 대안은 누진과세의 강화와 부유세와 같은 조세정책이다. 치밀한 경제 분석은 여기에서 끝나고 불평등이 초래하는 다양한 문제들에 대해서는 세세한 분석을 덧붙이지 않았다. 단지 누진적 부유세가 인센티브를 저하시켜 성장을 해칠 정도는 아니라고 보았을 뿐이다.

그렇다면 불평등이 초래하는 더 구체적이고 경제적인 문제들은 무엇일까? 불평등이 능력주의, 민주주의 등 사회적 가치를 훼손한다면 순수하게 경제적 성과에 미치는 영향은 무엇일까? 신고전학파의 전통대로 효율과 형평이 상충관계에 있다면 불평등은 경제성장을 위해 어쩔 수 없는 것 아닌가? 그렇다면 불평등을 해소시키려는 노력은 성장을 해치지 않을까? 그가 공백으로 남겨놓은 문제들은 여전히 많다. 이 글에서는 평등이 심해지면 경제적 성과 자체에도 도움이 되지 않는다는 점을 부각시켜보고자 한다. 불평등이 경제를 침체에 빠뜨리고 효율성과 역동성을 제약하는 측면을 짚어보기로 한다. 물론 미리 말해둘 것은 정도의 문제이다. 완전 평등을 전제로 하는 사회에서는 기업가정신과 혁신 자체가 촉발되지 않기 때문에 경제가 스스로 도약하기 어려울 것이다. 사실 물적자본이 축적되기까지는 어느 정도의 불평등은 불가피한 측면이 있다. 문제는 자본이 고도로 축적된 이후에도 평등을 희생하면서 지속적으로 성장할 수 있는가이다. 그것이 바람직한가를 떠나서 말이다.

불평등과 인적자본

현대 경제이론은 경제성장의 원동력으로 인적자본의 역할을 강조한다. 그런데 불평등이 인적자본 축적에 미치는 효과는 부정적이라고 알려져 있다. 물적자본과 달리 인적자본은 개인에게 체화되는 특성이 있으므로 다른 사람에게 쉽게 이전되지 않는다. 인적자본의 한계생산성은 물적자본의 한계생산성과 마찬가지로 체감하는 특성을 보인다. 예를 들어, 이미 교육비를 충분히 지출하고 있어 한계생산성이 떨어지는 고소득층 자녀에게 1000만 원을 더 투자하는 것보다는 저소득층 자녀에게 1000만 원을 투자하는 것이 사회 전체의 인적자본 수준을 높일 수 있다. 하지만 물적자본과 달리 고소득층이 축적한 인적자본을 저소득층이 함께 사용할 수 있도록 하는 것은 어렵다. 따라서 소득재분배는 경제 전체의 인적자본 총량 확대에 기여하고, 그 경로를 통해 성장에 기여한다.

경제발전 초기 단계에는 소득 수준이 높고 저축 성향이 높은 계층에게 자원이 집중될 수밖에 없기 때문에 경제성장과 불평등이 동시에 진행되는 경향이 있다. 저축보다 소비가 미덕이라고 주장한 케인스조차 19세기 말에서 20세기 초의 엄청난 물적자본의 축적은 평등한 소득분배하에서는 불가능했을 것이라고 인정한 바 있다. 그러나 경제가 성숙 단계에 진입하면 추가적인 성장을 위해 물적자본에 비해 인적자본의 역할이 상대적으로 더 중요해진다. 이 단계에서는 불평등이 성장을 저하하는 요인으로 작용할 수 있다. 사회 전체의 관점에서 볼 때, 불평등이 심한 상태에서는 상위계층에서는 인적자본에 대한 과잉 투자, 하위계층에서는 과소 투자가 일어난다. 아무리 공교육을 강화한다고 해도 저소득층의 인적자본 축적은 상대적으로 제약될 수밖에 없고, 이것이 성장을 제약하는 요인이 되는 것이다.[5]

불평등과 경제적 이동성

상위층은 자식에게 충분한 인적자본 투자를 할 수 있는 반면 하위층은 그렇지 못하다. 물론 재산도 세대 간에 이전된다. 그렇다면 경제적 지위는 대물림되는 것일까? 최근 캐나다의 경제학자 마일스 코락Miles Corak 은 이에 관한 연구 결과를 발표했다.[6] 결론은 일반적으로 예상할 수 있는 것이었다. 경제적 불평등이 높은 국가에서 세대 간의 이동성도 낮은 경향이 있었다. 여기서 세대 간 이동성이란 자식의 경제력이 부모의 경제력과 얼마나 상관관계가 있는가를 나타낸다. 세대 간 이동성이 높다는 것은 자식과 부모의 경제력 간에 상관관계가 낮은 것이고, 세대 간 이동성이 낮다는 것은

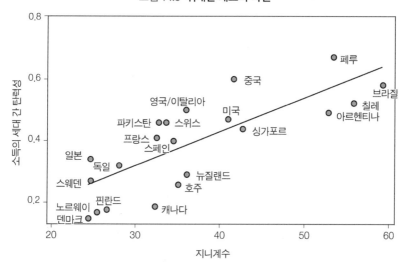

그림 14.3 **위대한 개츠비 곡선**

주: 세로축은 소득의 세대 간 탄력성(intergenerational elasticity of income)으로서 값이 클수록 이동성
   이 낮다. 가로축은 지니계수(%)이다.
자료: Miles Corak, "Income Inequality, Equality of Opportunity, and Intergenerational Mobility,"
   Journal of Economic Perspectives, Vol.27, No.3(2013), pp.79~102.

자식과 부모의 경제력 간에 상관관계가 높다는 것이다.

그림 14.3은 지니계수로 측정한 소득불평등이 높은 국가일수록 세대 간
의 이동성이 낮다는 것을 보여준다. 여기서 세대 간 이동성은 소득의 세대
간 탄력성으로 측정된 것이다. 소득의 대물림 정도를 재는 하나의 척도인
데, 예를 들어 이 값이 0.5라면 부모의 소득이 부모 세대의 평균에 비해
100%(2배) 높으면 자식의 소득은 자식 세대의 평균에 비해 50% 높은 것이
다. 만약 이 값이 0이라면 자식의 소득은 부모의 소득과 아무런 상관관계
가 없다. 그림 14.3을 보면 북유럽 국가에서는 소득불평등이 낮고 이동성
은 높은 반면 남미 국가에서는 소득불평등은 높고 이동성은 낮다. 불평등
수준이 비슷하더라도 이동성이 높으면 역동성이 높은 사회일 것이다. 그러
나 불평등한 사회일수록 역동성도 낮은 경향이 있음을 보여주는 것이다.

미국 프린스턴 대학의 앨런 크루거Alan Krueger는 코락이 제시한 그래프에 '위대한 개츠비 곡선The Great Gatsby Curve'이라는 멋진 이름을 붙여주었다. 크루거는 오바마 정부에서 경제자문회의 의장을 맡았던 경제학자이기도 하다. 『위대한 개츠비』는 미국의 작가 스콧 피츠제럴드Scott Fitzgerald의 대표작이다. 황금만능주의 시대의 신분상승에 대한 열망, 상류층 연인과의 실패한 사랑, 억눌림, 도덕성의 타락 등을 잘 묘사한 작품이다. 피케티의 책에는 프랑스 사실주의 문학의 거장인 발자크의 소설 『고리오 영감』이 나온다. 여기에는 청운의 뜻을 품고 상경해 파리의 하숙집에서 쓰라린 면학의 길을 걷는 시골 출신의 가난한 청년 라스티냐크가 등장한다. 그는 오직 능력과 정직으로 입신출세할 수 있는가를 놓고 고민한다. 크루거가 아니라 피케티가 위 그래프에 이름을 붙였다면 아마도 라스티냐크 곡선이라고 불렀을 것이다.

코락이 제시한 그래프에 한국은 없다. 사실 한국을 다루는 일부 연구가 있지만, 소득의 세대 간 탄력성은 낮게 나오는 편이다. 즉, 국제적으로 비교할 때 한국의 경제적 이동성은 높게 나오는 편이다.[7] 그러나 이러한 연구에서 주의할 점은 한국의 경우 지난 수십 년간 압축적인 고도성장을 했고, 수십 년 전에는 대부분이 가난했다는 점이다. 극단적으로 말해 1950~1960년대 한국은 평등하게 못살던 나라이다. 한 세대 간의 차이가 30년이라고 해보자. 추측이지만, '1950년 → 1980년'의 이동성은 그 어느 나라보다도 높았을 것이다. 그리고 '1980년 → 2010년'의 이동성은 이전보다는 낮지만 그래도 다른 국가와 비교하면 조금 높을 수 있다. 그렇다면 '2010년 → 2040년'의 이동성은 어떻게 될까? 현재 20대 청년이 80대, 50대가 과거에 체험했던 이동성을 앞으로 실현할 수 있을까? 한국의 교육열은 대단하다. 특히 상위계층은 과잉 투자라고 할 정도로 자녀의 인적자본 축적에 돈을 쏟아붓는다. 게다가 앞서 분석한 대로 한국의 부/소득 비율은 이미 상당히 높다. 이것은 교육투자뿐만 아니라 상속 및 증여에 의한 경제력의 대물림 현상이 강화되고 있음을 시사한다. 불과 20~30년 전까지만 해도 고도성장과 경제적 이동성이 높은 역동적 사회였지만, 성장이 둔화된 지금 우리는 이미 피케티가 경고하는 세습자본주의 시대를 살고 있는지 모른다.

불평등과 수요

글로벌 금융위기 이후 국제무역개발위원회UNCTAD, 국제노동기구ILO 등에서 대안적 성장모델로 제시하는 임금주도 성장wage-led growth 또는 소득주도 성장income-led growth이 관심을 끌고 있다.[8] 사실 주류 경제학으로 불리는 신고전파 이론에서는 일반적으로 소득분배 변수가 성장의 동력으로 중요하게 취급되지 않는다. 한계소비성향의 개념을 도입한 케인스의 유효수요 이론은 소득분배 악화가 평균 소비성향을 감소시킬 수 있다는 점을 지적하지만, 특별히 투자의 불안정성을 강조하는 그의 이론에서는 분배의 변수가 성장에 결정적인 역할을 하는 것은 아니다. 그러나 포스트-케인지언post-Keynesian의 관점에서는 임금주도 성장인가 이윤주도 성장인가의 구분이 핵심적인 연구 주제로 다루어진다.[9]

포스트-케인지언 이론에서 분배와 성장을 연결하는 고리는 노동소득분배율이다. 일반적으로 자본소득이 노동소득에 비해 더 불평등하게 분포되어 있으므로 노동소득분배율의 하락(자본소득분배율의 상승)은 소득불평등의 심화를 야기한다. 단, 노동소득분배율이 지니계수와 같은 소득불평등지표와 차별화되는 점은 생산비용과도 관련된다는 것이다. 노동소득분배율은 비용의 측면에서는 단위노동비용unit labor cost의 의미를 갖고 있으므로, 노동소득분배율의 하락은 기업의 입장에서 보면 경쟁력의 제고를 의미하

는 것이기도 하다.[10]

　포스트-케인지언은 분배가 유효수요 (및 성장)에 영향을 준다는 관점을 견지하는데, 소득을 노동소득과 자본소득으로 구분할 때, 소비에는 노동소득이, 투자에는 자본소득이 미치는 영향이 상대적으로 더 크다는 점을 강조한다. 따라서 노동소득분배율이 개선되면 소비에는 정(+)의 효과, 투자에는 부(−)의 효과를 미치게 된다. 노동소득분배율이 생산비용이라는 점을 감안할 때 국제수지에 미치는 영향도 부(−)이다. 따라서 이론적으로는 노동소득분배율이 국민소득에 미치는 효과는 불확실하다.[11] 결국, 노동소득분배율이 종합적으로 경제의 소득 수준에 어떤 영향을 줄 것인지는 실증적으로 확인해보아야 할 문제로 남는다. 포스트-케인지언에 의하면 노동소득분배율의 상승이 소비에 미치는 정(+)의 효과가 투자와 순수출에 미치는 부(−)의 효과를 압도하면 임금주도 성장 국면에 있고, 그 반대의 경우이면 이윤주도 성장 국면에 있다고 구분한다.

　피케티의 연구에서도 확인된 바 있듯이 OECD 국가들의 경우 1980년대 이후에 노동소득분배율이 하락하는 추세를 보였다. 한국의 경우는 외환위기 이후 노동소득분배율의 하락 추세가 뚜렷하다. 그런데 최근의 연구들은 대부분의 국가에서 노동소득분배율의 하락이 국민소득을 감소시켰음을 보여준다.[12] 즉, 대부분이 '임금주도 성장'의 특성을 보이고 있다.[13] 경제가 임금주도 성장 국면에 있는데 막연히 투자만 강조하는 정책은 경제를 제대로 활성화시킬 수 없다. 한국의 경우만 따로 분석한 경우에도 한국이 이윤도가 아닌 임금주도 성장 국면에 놓여 있음을 시사한다.[14]

　임금주도 성장론은 소비의 주된 원천인 노동소득의 정체, 소득의 불안정이 내수경기를 지속적으로 침체시키고, 이것이 결국 잠재성장률마저 떨어뜨릴 수 있다고 본다. 보통 주류 경제학은 임금을 비용 개념으로 보고 투자를 촉진하는 자본친화적 정책이 성장에 도움을 줄 것이라고 기대한다.

그러나 지금 한국 경제는 무엇보다 일하는 사람들의 소득과 생활을 안정화해 소비가 꾸준히 유지되도록 하는 것이 중요한 국면에 와 있다. 안정적이고 지속 가능한 성장을 담보하기 위해서는 좀 더 적극적인 분배 개선이 필요하다는 것이 임금주도 성장론의 주장이다. 그런데 굳이 포스트-케인지언이나 임금주도 성장이라는 진보적 학술 개념을 들먹일 필요가 없다. 외환위기 이후 한국 경제의 구조조정 필요성을 역설하던 맥킨지 연구소조차도 2013년 발간한 「제2차 한국 보고서: 신성장공식」에서 수출주도의 성장모델이 한계에 도달했으며 국가 경제와 가계 경제 간의 탈동조화 현상이 본격화되고 있다고 지적하고, 이와 같은 추세가 지속될 경우 불평등이 심화되고 소비성장이 위축되어 성장을 지속할 수 없는 상황에 다다를 수 있다고 경고하고 있다.[15]

맥킨지가 한국 경제에 왜 이러한 훈수를 두는지는 굳이 노동소득분배율이나 자본소득분배율 같은 개념을 사용하지 않더라도 그림 14.4와 그림 14.5를 보면 쉽게 알 수 있다. 그림 14.4는 놀라운 결과를 보여준다. 분배 측면의 국민소득에서 가계가 차지하는 비중은 1970년 이후 줄곧 80% 내외를 차지해왔으나 외환위기 이후 급격히 하락해 지금은 70%에도 미치지 못한다. 반면 기업(비금융 + 금융)이 차지하는 비중은 외환위기 이전까지 10% 내외였으나 그 이후 급격히 증가해 20%에 육박한다. 그림 14.5는 더 놀라운 결과를 보여준다. 한국 가계의 순저축률은 한때 20%에 달하는 높은 수준이었지만 이제는 고작 3%에 지나지 않는다. 반면 한국의 기업은 가계와 정부를 합한 것보다도 더 많은 저축을 하고 있다. 기업의 저축은 외환위기를 맞아 한때 순저축률이 마이너스를 기록하기도 했다. 지금은 내부 유보로 기업의 내부 자금으로 남겨놓은 금액이 그만큼 많다는 뜻이다.

한국의 가계는 소비할 여력이 없다. 소비는 경제활동의 궁극적인 목표이자 경제에 활력을 불러일으키는 가장 중요한 덕목이다. 투자는 경제 전

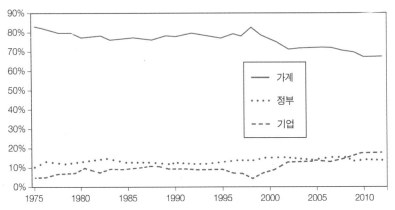

그림 14.4 **국민소득에서 가계·기업·정부가 차지하는 비중**

주: 국민소득은 순본원소득(NNI) 기준.
자료: 한국은행, 「국민계정」에 근거해 필자 계산.

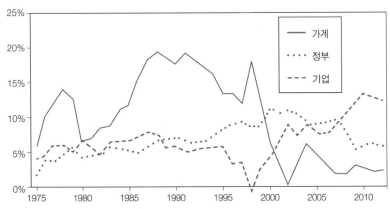

그림 14.5 **국민소득에서 가계·기업·정부의 순저축률**

주: 순저축률은 순본원소득에서 순저축이 차지하는 비중.
자료: 한국은행, 「국민계정」에 근거해 필자 계산.

체의 생산성을 향상시키는 중요한 항목이지만 소비가 제약되는 현실에서
는 별 의미가 없다. 규제를 완화하고 기업의 이윤 동기를 자극하는 정책이
잘 통하지 않는 이유도 결국 수요처인 가계소득의 부진에 있다. 그럭저럭

수출은 되지만 내수는 여전히 부족하다. 최대 소비처인 중산층을 보자. 소득은 늘지 않고 불안정한 데다 앞으로도 늘어날 이유를 찾기 어렵다. 불안정한 고용상태에 고령화까지 감안하면 이들이 지갑을 열 이유는 없다. '결혼은 하고 싶지만 경제적으로 유망한 비즈니스가 아니다' 생각하더라도 아이를 낳지 않거나 적게 낳는 것으로 대응하고 인구는 점점 줄어든다. 물론 가계소득을 획기적으로 증가시킬 방법은 없다. 가계소득의 안정화, 재분배의 강화를 통해 소비가 정상적으로 성장할 수 있도록 해야 한다. 소비 잠재력이 없으면 투자도 없다.

불평등과 장기적 성장

불평등이 경제의 장기적 성장에 어떤 영향을 주는지는 오랜 논란거리였다. 사실 그 중요성과 관심도에도 불구하고 기존의 연구들, 특히 실증분석 결과들은 불평등이 경제의 성장에 미치는 전반적인 영향을 파악하는 데에는 별로 성공적이지 못했다. 여기서 우리는 '불평등 → 성장'의 관계 대신 '재분배 → 성장'의 관계로 논의를 좁혀볼 필요성을 느끼게 된다. 불평등의 정도를 파악하는 것도 중요하고, 또 불평등이 성장에 미치는 효과를 분석하는 것도 중요하지만, 이와는 별도로 불평등을 해소하려는 노력, 즉 재분배가 성장에 어떤 영향을 주는가가 정책 관점에서 현실적으로 맞닥뜨리게 되는 주제이기 때문이다. 불평등을 교정하기 위한 노력은 성장에 긍정적인가 부정적인가? 물론 이에 대한 연구는 상당히 많지만, 그간의 실증 연구들은 대체로 부정적인 결론을 내는 경향이 있었다.

사실 효율과 형평 사이에 상충관계가 있다는 것이 주류 경제학계의 정설이기 때문에 성장을 위해서는 어느 정도 형평을 희생하는 것이 불가피한 것으로 받아들여졌다. 따라서 재분배는 사회적 가치의 측면에서 정당성이 부여될지 몰라도 경제적 효율성을 제고하는 데는 부정적이라고 인식되었다. 그러나 최근에는 이러한 인식에 반전을 가져올 만한 흥미로운 결과들이 나오고 있다. 특히 최근 IMF가 내놓은 한 연구는 그간의 혼란을 잠재울 정도로 분명한 결과를 보여준다.[16] 이는 수많은 우수한 연구자가 포진되어 있고, 또 그동안 분배 문제에 별다른 관심을 보이지 않았던 IMF에서 나온 연구 결과라 더 주목할 만하다.

이 연구에서 수십 년간의 국가별 데이터를 분석해 발견한 사실은 다음과 같다. 첫째, 불평등한 사회일수록 재분배를 더 하는 경향이 있으므로 시장소득의 불평등과 가처분소득의 불평등을 구분하는 것이 중요하다. 가처분소득의 불평등은 세금 및 이전지출 후의 불평등, 즉 순불평등net inequality 이다. 정도의 차이가 있을 뿐이지 대부분의 국가는 재분배정책을 펴기 때문에 사람들에게 실질적으로 중요한 것은 순불평등이다. 둘째, 순불평등 수준이 낮을수록 경제의 성장 속도가 빠르고 성장이 지속되는 기간도 길다. 셋째, 재분배가 성장에 미치는 효과는 대체로 긍정적이다. 물론 몇몇 극단적인 경우에는 재분배가 성장에 나쁜 영향을 주기도 한다. 그러나 재분배가 성장에 도움을 주고 또 성장으로 인해 불평등이 완화되는 간접적인 효과까지 고려한다면, 재분배가 성장에 미치는 효과는 전반적으로 긍정적이다. 이들이 내린 결론은 이제 재분배와 성장 사이에 상충관계가 있다는 통념은 더 이상 유효하지 않다는 것이다.

이 연구의 결정적 기여는 시장소득불평등과 가처분소득불평등을 구분해 분석했다는 점이다. 시장소득불평등과 가처분소득불평등은 각각 지니계수로 측정되는데, 시장소득 지니계수에서 가처분소득 지니계수를 뺀 것이 재분배의 정도로 정의된다. 우선 시장소득불평등의 증가가 재분배를 증가시킨다는 점에 주목하자. 이때 재분배가 시장소득불평등에는 영향을 주지 않는다고 가정하면, 재분배가 성장에 미치는 경로는 두 가지로 구분될 수 있다. 하나는 직접적인 경로로서, 경제 주체의 인센티브를 저해함으로써 성장률을 떨어뜨리는 것이다. 다른 하나는 간접적인 경로로서 재분배가 가처분소득불평등, 즉 순불평등을 완화하는 것이다. 그런데 순불평등의 완화는 인적자본의 축적이나 정치적·사회적 안정성 등에 미치는 긍정적 효과를 통해 성장률을 높일 수 있다. 이 경로가 강하게 작동하면 재분배에 의한 순불평등의 완화가 성장에 긍정적인 역할을 한다고 볼 수 있다.

만약 재분배가 경제의 효율을 떨어뜨리는 효과가 아주 크다면 완화된 불평등이 성장을 올리는 효과를 상쇄하고도 남을 것이다. 그러나 결과는 그렇지 않았다. 실증분석 결과 순불평등은 성장을 저해하지만, 재분배 자체가 성장에 미치는 효과는 없거나 미약한 것으로 나타났기 때문이다. 단계적 접근이 이와 같은 해석을 가능하게 한다. 즉, 재분배는 순불평등을 완화한다. 그리고 순불평등의 완화는 사회적 안정성을 유지시키고 인적자본의 축적에 기여해 성장을 높인다. 물론 재분배가 경제의 효율을 떨어뜨려 성장을 낮추는 효과를 무시할 수 없다. 그러나 중간 단계인 순불평등을 감안하지 않고 분석할 때 재분배가 성장에 주는 영향은 없거나 미약한 것으로 나타난다. 이는 재분배가 경제의 효율을 떨어뜨리는 효과가 있더라도 순불평등의 완화가 성장을 제고하는 효과를 압도하지 못한다는 뜻이다.

과거와 같이 단순히 '시장소득불평등 → 성장'의 관계를 분석하면 직간접 혹은 단계별 효과를 구분할 수 없다. '가처분소득불평등 → 성장'의 경로가 더 중요하다. IMF의 연구는 한 걸음 더 나아가 불평등이 성장의 지속기간에 미치는 효과도 분석한다. 결론은 불평등도가 높을수록 성장의 지속기간이 짧다는 것이다. 즉, 불평등한 사회는 성장 국면으로 접어들더라도 그 지속기간이 짧다.

불평등을 좀 더 적극적으로 해소하는 것이 바람직하다는 주장은 이제

진보진영이나 국제노동기구 같은 기관만 주장하는 것이 아니다. IMF와 맥킨지와 같이 기본적으로 보수적일 수밖에 없는 기관도 비슷한 목소리를 내기 시작했다. 물론 불평등이 장기적 성장에 미치는 효과는 세부 경로별로 더욱 엄밀하게 분석되어야 할 것이다. 그러나 분명한 것은, 불평등이 능력주의와 민주주의에 해가 된다는 것과는 별개의 차원으로, 경제적 성과 자체에도 부정적인 영향을 줄 수 있다는 데 관심이 모이고 있다는 점이다.

불평등의 관리

불평등이 여기서 더 악화되면 안 된다. 능력주의 원칙의 구현, 정치적·사회적 안정, 민주적 제도의 설계, 사회통합을 위해서이다. 안정적이고 장기적인 성장을 위해서도 불평등이 더 악화되면 안 된다. 이것은 불평등이 사회적 차원에서 관리되어야 한다는 것을 의미한다. 피케티의 논리적 대안은 누진세제 강화와 순자산세 도입이다. 결국 세금으로 해결하자는 것이다. 물론 인적자본의 역할을 강조하는 입장에서는 교육이 중요할 것이다. 기회의 평등과 공교육의 중요성에 대해서는 누구나 다 공감하며 피케티도 이를 부인하지 않는다. 그러나 교육 수준이 전반적으로 높아지는 것이 성장의 원동력이긴 하지만, 그것이 불평등의 문제까지 해소할 수 있을지는 솔직히 의문이다. 교육은 그 어디보다 경쟁이 치열할 부문이기 때문이다. 사적인 교육열을 막을 수 없으며 재능과 노력, 여기에 경제적 지원까지 합쳐지면 항상 멀리 앞서가는 사람이 존재하게 마련이다. 어쩔 수 없이 중요한 대안은 세금에 의한 불평등의 교정이다.

표 14.2는 한국의 소득분위별 사회부담률을 보여준다. 세금에다 공적연금 및 사회보험료 지출까지 합한 사회부담률의 누진성은 충분하지 않다.

표 14.2 **소득 대비 사회부담률** (단위: %)

	1분위	2분위	3분위	4분위	5분위
공적연금 및 사회보험	3.5	5.4	6.2	6.4	5.6
세금	1.7	2.1	2.6	3.4	6.0
합계	5.2	7.5	8.8	9.8	11.6

자료: 통계청·한국은행·금융감독원, 「가계금융·복지조사」.

한국 세제의 누진성이 약하다는 것은 시장소득 지니계수와 가처분소득 지니계수의 차이가 OECD 최하위권이라는 데서도 알 수 있다. 그만큼 조세의 불평등 교정 기능이 약하다. 한국의 조세부담률은 GDP 대비 20% 정도에 지나지 않는다. OECD 국가들은 대개 30~50% 사이에 놓여 있다. 전반적인 증세와 누진성의 강화는 우리가 어쩔 수 없이 가야 할 길이다.

증세 없이 불평등을 교정하는 것은 불가능하다. 물론 급격한 고령화와 연금제도의 성숙으로 인해 이미 장착된 제도만으로도 복지지출이 급증하게 되어 있다. 재원의 필요성 때문이기도 하지만, 증세라는 제약 조건이 있어야 우선순위에 입각한 효과적인 재분배와 사회투자가 가능할 것이다. 그리고 한국 경제가 어차피 증세를 해야 할 단계에 왔다면 첫째, 소득세의 누진성을 강화하고, 둘째, 노동소득보다 자본소득에 대한 과세를 강화하고, 셋째, 자산 보유에 대한 과세를 강화하는 방향으로 나아갈 수밖에 없다.

그런데 이러한 방향에 당위성이 있다 하더라도 이것이 정치적으로 실현 가능한 일일까? 실제로 증세는 정치적으로 매우 부담스러운 정책이 아닐 수 없다. 일방적 누진성 강화에 대한 대안으로 예일 대학의 로버트 실러 Robert Shiller는 새로운 세제 도입을 주장한 바 있다. 이른바 '불평등 연동세제'이다.[17] 불평등의 수준을 관리하기 위해 사후적으로 세율을 조정하는 방식을 도입하자는 것이다. 목표로 하는 세후 불평등의 수준을 미리 정해놓고 그에 맞춰 해마다 자동적으로 세율을 조정하는 방식이다. 만약 시장소득의 불평등이 악화되면 세율을 조정해 누진성을 강화하면 된다. 그런데 이들은 놀라운 사실을 발견했다. 미국의 세후 소득불평등 수준을 1979년 수준으로 되돌리려면 최고세율을 38%에서 75%로 올려야 한다는 시뮬레이션 결과가 나왔기 때문이다. 정치적으로 당장 실현 가능한 일이 아니었다.

그럼에도 불구하고 이것이 창의적인 아이디어임에는 틀림없다. 경제학은 때로는 퍽 쓸모 있는 학문이다. 1970년대에 세계적으로 인플레이션이 문제가 되자 인플레이션을 억제할 근본적인 대책이 무엇인지 본격적으로 연구했고, 다각적으로 검토한 끝에 결국 인플레이션 목표제Inflation Targeting라는 것을 만들어냈다.[18] 한국도 이 제도를 받아들여 실행한 지 15년이 지났다. 비록 이름을 그렇게 붙이지지는 않았지만, 노벨상을 받은 실러가 생각해낸 것은, 말하자면 '불평등 목표제'와 같은 것이다.[19] 목표로 하는 불평등의 수준을 달성하기 위해 세율을 조정하거나 세율 구간 등을 조정하는 준칙을 정교하게 개발할 필요가 있다. 지금은 순진한 발상이라고 폄하될지 모르지만, 불평등이 계속해서 문제가 된다면 언젠가 그의 제안이 받아들여질지 모른다.

그렇다면 우리는 어떻게 해야 하는가? 우리 스스로 정교한 '불평등 연동 세제'를 만들어 세계 최초로 도입할 자신이 없다면, 일단 '불평등 축소 5개년 계획'이라도 세워야 하지 않을까? '경제개발 5개년 계획'도 잘 해냈었고, 지금은 소위 '창조경제 3개년 계획'도 있지 않은가? 물론 외환위기 이전의 수준으로 되돌리기는 쉽지 않을 것이다. 다만 성장만 하면 분배가 해결되겠지 하는 생각만은 버리자. 성장으로 분배를 해결하려면 성장률이 상당히 높아야 하지만 그런 시대는 지나간 것 같다. 성장으로 분배를 해결하겠다는 인식은 이제 너무 안이하다. 대신 분배가 악화되면 그것이 도리어 성장을 제약할 수 있다는 논리에 눈을 돌릴 필요가 있다. 성장, 분배, 민주적 가치라는 세 마리 토끼를 잡는 데 분배가 뒷전으로 밀려서는 안 된다.

제4부

피케티의
『21세기 자본』과
한국 경제

자수성가형 사회에서 세습자본주의로의 퇴화

_이진순

　한국 '베이비붐' 세대는 전후 폐허 속에서 태어나 가난 속에서 성장했지만, 동시에 지속적인 고도성장으로 용이한 취업과 생활수준의 향상 그리고 계층이동의 수혜자이기도 했다. 사실 과거의 한국은 부모의 경제력과는 상관없이 자신이 열심히 노력하면 '개천에서 용 나는 사회'였다. 그러나 최근에는 더 이상 개천에서 용이 나오기를 기대하기가 점점 어려워지고 있다는 인식이 확산되고 있다. 많은 사람들은 그 원인을 주로 종래 놀라운 사회적 계층 상승 이동의 통로였던 교육이 사교육 열풍으로 '부모의 경제력이 자녀의 학력을 규정'함에 따라 그 문이 급격히 좁아진 데서 찾는다. 이 가설은 최근 서울 강남에서 자녀를 명문대에 합격시키기 위한 3대 조건으로 '할아버지의 재력, 엄마의 정보력 그리고 아빠의 무관심'으로 진화했다. 여기서 아버지의 재력이 아니고 '할아버지의 재력'이 중요시된다는 점에 주의해야 한다. 경제력의 세대 간 대물림의 두 통로는 자녀의 교육에 대한 투자, 상속이나 증여 같은 직접적 부富의 이전이 대표적인데, 그동안 대다수 한국 국민들은 전자에만 관심을 기울인 경향이 있었다. 그러나 베이비붐 세대의 자녀 세대인 '에코세대'에서는 후자, 즉 상속과 증여 같은 직접적 부의 이전이 계층 결정에 더 강력한 영향력을 미치는 세습자본주의가 도래할 전망이다.

　한국은 소득과 부의 분배가 비교적 평등한 초기 조건에서 고도성장을 했기 때문에, 1960년대 이후 1980년대 중반까지 압도적으로 소득 등의 유량流量, flow이 지배적인 사회였다. 빈부의 격차는 부모로부터 상속받은 재산의 격차가 아니라, 자신이 사업에서 일군 성공 여부와 정부나 기업 같은 조직 내에서의 승진 정도에 크게 의존했다. 한국 재벌들도 대부분 당대에 자수성가해 거대한 자산가가 되었다. 대부분의 중산층 또한 자신의 소득을 저축해 내 집을 마련했다. 경제성장에 따라 좀 더 좋은 일자리가 창출되어, 낙수효과를 통해 성장과 분배의 선순환이 이루어졌다. 이처럼 고도성장기 한국 경제는 부나 상속 등 저량貯量, stock 보다 소득 등의 유량이 훨씬 중요한 사회였다. 그야말로 유량이 지배하는 역동적인 한국Dynamic Korea 이었다.

그러나 한국 경제의 이러한 경향은 고도성장기의 높은 투자율, 1970년대 이후 재벌로의 경제력 집중과 1980년대 중반 이후 부동산가격 인플레이션으로 인해 급속히 저량경제stock economy로 전환되었다. 지가 인플레이션으로 인한 한국 경제의 저량화는 분배의 불평등 심화를 초래하고 있다. 땅값의 상승으로 토지소유자는 자본가치 증가로 이익을 얻는 반면, 토지를 보유하지 않고 있는 사람들은 장래 토지 구입에 대비한 축적의 가치가 저하한다. 따라서 저량사회에서의 빈부는 진지한 노력의 결과라기보다는 과거로부터의 자산 보유량에 의해 결정된다.[1]

2000년대 이후 수출이 경제성장에 압도적인 기여를 하고 있지만, 수출 증대는 더 이상 일자리를 창출하지 못하고 '고용 없는 성장'을 초래해 성장과 분배의 선순환 구조도 붕괴되고 있다. 그 결과 통계청의 가계조사에 따르면, 1980년대 개선 추세를 보이던 소득분배가 1993년 이후 악화되는 경향을 보이고 있다. 그러나 가계조사 자료는 소득분배상 최상층을 적절히 파악하지 못하는 한계를 지니고 있다. 이를 고려해 2014년 김낙년 교수와 김종일 교수가 국세청이 발간하는 『국세통계연보』의 소득세 자료를 이용해 추계한 바에 따르면, 최상층으로의 소득 집중도는 1980년대와 1990년대에 비교적 낮은 수준에서 안정세를 보이다 2000년대 이후 급상승함을 발견했다.[2]

피케티의 이론은 프랑스, 영국, 미국 등 주로 선진국의 역사 연구에 입각해 개발된 것은 사실이다. 따라서 한국의 일부 학자들이 한국의 경우 경제성장률이 자본수익률보다 높기 때문에 피케티의 이론을 한국 경제에 적용하기는 어렵다고 주장한다. 그런데 이 연구가 피케티의 분석 틀을 한국 경제에 적용해본 결과, 놀랍게도 잘 맞음을 발견했다.

이 글은 한국 사회의 역동성을 저하시키는 저량경제화와 상속의 중요성 증대, 최상층으로의 소득 집중 등의 문제를, 좌우이념을 떠나, 피케티의 이론에 입각해 좀 더 체계적인 분석을 시도하고, 그 분석을 기초로 정책 대안을 모색하는 것이 목적이다.[3]

한국 사회의 세습자본주의화가 이미 선진국들보다 훨씬 심각한 수준까지 심화되었다. 2012년 기준 한국의 GDP에 대한 국민순자산 배율(β)은 7.7배로, 캐나다 3.5배, 호주 5.9배, 프랑스 6.7배, 일본 6.4배 등에 비해 높은 수준이다. 세계적으로 높은 한국의 β는 자본소득분배율이 선진국들에 비해 높음을 시사하고, 현재 생산되는 소득에 비해 과거에 축적된 부와 그 상속이 향후 계층 결정 과정에서 세계적으로 가장 큰 영향력을 행사한다는 것을 의미한다. 이처럼 한국 경제의 저량경제화가 선진국들에 비해서도 심화된 것은 1960년대 말, 1970년대 말 그리고 1980년대 말 주기적으로 발생한 부동산가격 인플레이션에 기인한 바가 크지만, 피케티가 발견한 자본주의의 내재적 불평등화 동학이 2002년 이후 본격적으로 작용한 결과이다.

1980년대와 1990년대까지는 일부 학자들이 주장하듯이, 경제성장률이 자본수익률을 상회해 최상층으로의 소득 집중도가 선진국들 중 불평등도가 가장 낮은 스칸디나비아 국가들 수준에서 안정세를 보여왔다. 그러나 2002년 이후 기업구조조정 과정에서 살아남은 기업들의 자기자본 순이익률은 크게 높아진 반면, 한국 경제가 성숙해 본격적인 저성장 국면에 진입함에 따라 자본수익률이 경제성장률을 큰 폭으로 상회하는 추세를 보이고 있다. 이는 과거에 축적된 부가 벌어들이는 수익이 현재 생산을 통해 만들어내는 소득에 비해 빠르게 증가하고 있음을 의미한다. 그 결과 최상층으로의 소득 집중도가 급상승해 이미 선진국들 중 불평등도가 중간 수준인 프랑스와 일본을 넘어섰고, 2016년에는 선진국들 중 불평등도가 가장 높은 미국 수준에 근접할 것으로 추정된다.

한국의 연간 GDP의 5.7배에 이르는 민간소유 자산이 최상층에 집중되어 있는 상황에서, 이 막대한 부가 다음 세대로 본격으로 상속되고 있다. 이미 재벌들은 2세를 거쳐 3세로 경영권을 물려주고 있고, '베이비붐 세대' 중 고액자산가들도 자산을 '에코세대'로 상속하기 시작했다. 그 결과 에코세대의 경우 상속받지 않고는 계층 상승이 힘들며, 열심히 노력해서 성공하는 사람보다 상속자들이 월등하게 많은 부와 특권을 누리고, 그 결과 상속받은 재산을 굴리며 놀고먹는 사람이 지배하는 세습자본주의로 퇴화함으로써 민주주의 사회의 토대를 이루는 능력주의의 가치들을 근본적으로 침식하고 경제성장률도 더욱 낮아질 전망이다.

이러한 경향성을 저지하기 위한 자유주의적 방안은 관치부동산제도의 잔재를 청산하고 누진세를 강화하는 것이다. 최상위 0.1%에 대해 50%의 소득세 최고세율 계급 신설과 일종의 부유세지만 중산층에 불공평한 부담을 지우고 있는 종합부동산세를 과세 대상 안에 주식 등 금융자산까지 포괄해 부유세로 개편할 것을 제안한다.

제15장

피케티의 자본주의 내재적 불평등화 법칙

피케티는 경제학의 새로운 지평을 연 저작,『21세기 자본』을 2014년 출간했다. 피케티와 그의 동료들의 업적은 크게 두 가지이다. 첫째, 가계조사가 아닌 과세 자료[1]를 이용해, 세계 27개국의 최상층의 소득 및 부의 집중도에 관한 장기 통계인 '세계 최상위소득 데이터베이스WTID'를 구축했다. 둘째, 성장이론과 기능적 및 개인적 소득분배이론을 통합해, 자본주의 경제의 포괄적인 분석 틀을 제공했다. 이 이론에 기초해, 그림 15.1에서 확인할 수 있는 총소득에서 상위 1%가 차지하는 소득점유율의 장기 추세, 즉 1910~1980년에 이르는 하락 추세와 1980년 이후 상승 추세를 통합적으로 설명하는 것이 거의 700쪽에 이르는 방대한 책의 목적이다.[2]

쿠즈네츠의 '역U자 가설' 비판

피케티는 쿠즈네츠의 '역U자 가설'의 비판적 검토로부터 논의를 출발한

그림 15.1 앵글로색슨 국가에서의 소득불평등도 추이

그림 15.1 앵글로색슨 국가에서의 소득불평등도 추이

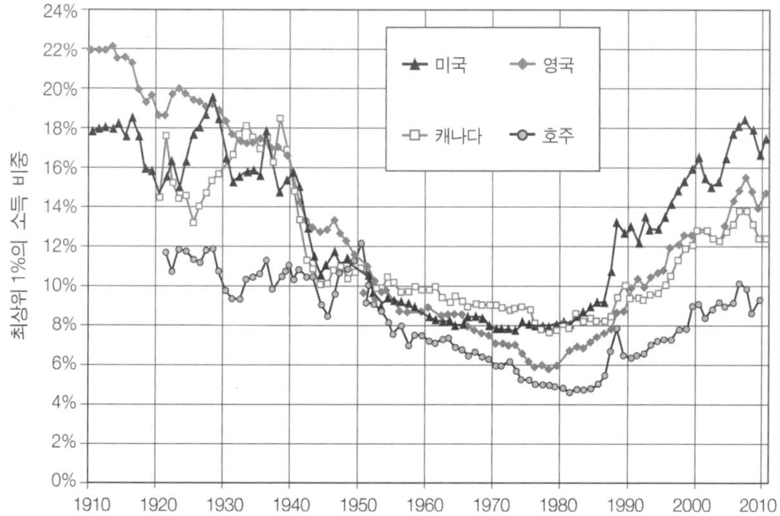

자료: piketty.pse.ens.fr/capital21

다. 분배 변화의 장기 추세에 관한 고전적인 연구 결과인 쿠즈네츠의 '역U
자 가설'은 자본주의 경제의 발전 과정에서 공통적으로 발견할 수 있는 일
종의 법칙이다. 공업화의 초기 단계에서는 소수만이 공업화가 가져다준 새
로운 부富로부터 혜택을 받기 때문에 불평등도가 점차 높아지다가, 경제발
전이 성숙 단계에 이르면 인구의 더 큰 부문이 경제성장의 과실을 향유하
기 때문에, 그림 15.1에서 보듯이, 20세기 전반의 불평등도는 자동으로 하
락한다는 것이다.

그러나 피케티는 이와 같은 설명이 소득분배의 역사적 자료를 보면 전
혀 설득력을 갖지 못한다고 비판한다. 프랑스 역사에서 소위 아름다운 시
대라고 불렸던 벨에포크 시대(1871~1914)와 미국 역사의 도금시대(1865~
1893년)에는 세습된 자본을 소유한 소수의 사람들이 사회를 지배하고 있었
다. 피케티는 이 두 나라의 극심한 불평등이 1914년에서 1945년에 이르는

시기에 급격한 반전의 양상을 보이는 데 주목한다.

경제발전에 따라 노동이 저임금 작업으로부터 고임금 작업으로 기계적으로 이동한다는 쿠즈네츠의 이론과는 반대로, 프랑스와 미국에서 1900~1910년과 1950~1960년 사이에 노동소득의 불평등도는 감소하지 않았다. 피케티는 이 두 기간 사이에 총소득의 불평등도가 급감한 것은 본질적으로 자본으로부터의 고소득이 붕괴했기 때문이라고 말한다.[3] 정점을 달리던 불평등성이 1914년을 전후해 갑자기 반전의 양상으로 돌아선 것은, 쿠즈네츠가 말하는 경제성장 과정의 동학 때문이 아니라 두 번에 걸쳐 발생한 세계대전과 전비 조달을 위한 누진소득세제의 도입 등의 정치적 변화 때문이었다는 것이다. 또 그는 소득과 부의 분배의 역사는 항상 정치와 깊이 연관되어 있어서, 순수한 경제 메커니즘으로 축약될 수 없다고 말한다. 따라서 역사는 사회가 불평등을 어떻게 인식하는지와 그들이 이를 변화시키기 위해 어떤 정책과 제도를 선택하느냐에 달려 있다는 것이다. "이처럼 소득 집중을 초래하는 주요한 동력을 전쟁, 중과세 등으로 보는 피케티의 소득 집중 이론은 일종의 '정치이론'이라고 부를 수 있다"[4]

세습자본주의의 경향성

피케티가 볼 때 분배의 평등화를 가져오는 핵심적 요인은 지식의 전파와 숙련 및 훈련에 대한 투자이고, 불평등을 가져오는 핵심적 요인은 바로 자본capital 혹은 wealth[5]이다. 노동에서 나오는 소득과 달리 자본에서 나오는 소득은 부유한 소수의 수중에 집중되므로, 한 경제의 국민소득 중 자본소득이 차지하는 비중(자본소득분배율)이 클수록 분배 상태는 더욱 불평등해지기 마련이다. 그런데 부유한 사람일수록 저축 성향이 높기 때문에 이 자본소득 중 많은 부분이 저축되어 자본은 더 큰 규모로 늘어나게 된다. 그리고 이 자본을 상속받은 후속 세대는 자신의 능력이나 노력과는 관계없이 대를 이어 부유층에 편입되고 그들은 또다시 사회 지배계층dominant class 이 된다.

이와 같은 자본의 끊임없는 축적 과정과 이로 인한 불평등의 심화가 바로 자본주의의 본질이라는 것이 피케티의 주장이다. 이러한 자본주의에서는 자본이 축적된 그 세대에만 불평등을 만들어내는 요인으로 작용하는 것이 아니라, 대를 이어 영향을 미친다는 점에서 피케티는 이를 '세습자본주의'라고 부른다. 그는 프랑스의 벨에포크 시대와 미국의 도금시대가 바로 그 세습자본주의가 최정점에 달했던 시기라고 본다. 두 차례에 걸친 세계대전으로 인해 각국의 자본이 결정적인 타격을 입지 않았다면, 그리고 각국 정부가 누진적 소득세를 도입해 자본축적의 속도를 늦추지 않았다면, 세습자본주의의 근본적 동력은 어떤 제동 없이 그 예정된 길로 돌진해갔을 것이다.

자본주의의 두 가지 근본법칙

그렇다면 자본주의 체제는 왜 외부적인 충격이 없는 한 끊임없는 불평등화의 길을 달릴 수밖에 없는 것일까? 피케티는 그 이유를 자본주의의 두 가지 근본법칙fundamental law of capitalism 으로 설명한다. 우선 그가 말하는 제1근본법칙은 다음과 같다.

$$\alpha = r \times \beta$$

(α는 자본소득분배율, r은 자본수익률, β는 자본/소득 비율)

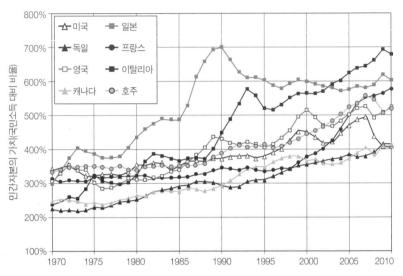

그림 15.2 **선진국들에서 민간소유 국민순자산의 GDP 배율 추이**

자료: piketty.pse.ens.fr/capital21

국민소득을 Y, 자본의 총량을 K라고 할 때, β는 K/Y로 표현할 수 있고 자본소득은 $r \times K$가 된다. 이 식의 우변은 $r \times K/Y$이 되어 좌변과 같다. 즉, 이 식은 순수한 회계적 항등식 혹은 정의식이다. 다른 조건이 동일하다면 자본수익률이 올라가거나 자본/소득 비율이 커지면 자본소득분배율은 따라서 상승한다.

피케티의 추계에 따르면, β는 역사적으로 U자형 패턴을 보였다. 유럽의 자본/소득 비율은 1870년부터 1910년 기간 중 6.5를 유지했으나, 두 차례의 세계대전을 거치면서 하락해 1950년 1까지 하락했다가, 그 이후 상승세로 돌아서 2010년 약 6.5까지 상승했다. 미국의 경우 1870~1910년 기간 중 4~5 사이에서 등락하다가 1930년경 5로 정점을 찍은 후 하락해 3~4 수준을 유지한 뒤, 1970년부터 반등하기 시작해 1990년대에는 4.5까지 상승했다.

그림 15.2에서 보듯이, 1970년대 초 세계 부국들의 민간 순자산은 국민소득의 2~3.5배에서 2010년에는 4~7배로 상승했다. 이로 인해 선진국들에서 1970년대 이후 과거에 축적된 부가 더 중요해지는 새로운 세습자본주의patrimonial capitalism가 등장하게 되었다.

이처럼 유럽과 미국 모두 자본/소득 비율이 역사적 최고 수준으로 복귀하고, 유럽이 미국보다 구조적으로 높은지를 설명하는 것이 피케티의 제2근본법칙이며, 다음과 같다.

$$\beta = s/g$$

(s는 저축률, g는 경제성장률)

저축은 자본의 증가($\triangle K$)로 이어지기 때문에 저축률 s는 $\triangle K/Y$와 그 값이 같다고 할 수 있다. 경제성장률 g는 $\triangle Y/Y$를 뜻하므로, 이 둘을 위 식의 우변에 대입하면 $\triangle K/\triangle Y$가 나온다. 엄밀하게 말해 β는 K/Y를 뜻하기 때문에 좌변과 우변이 완전히 똑같을 수는 없다. 그러나 수십 년이라는 장기로 보면 자본/소득 비율이 s/g에 수렴하는 경향을 갖는다는 것이다. 솔로Solow형 경제성장이론에 따르면, 균제상태steady-state에서의 자본/소득 비율(β)은 (감가상각률이 0이면) 저축률(s)/성장률(g)과 같다.[6] 이는 제1근본법칙처럼 항등식이 아니라 장기적 균형조건이다.

제2근본법칙은 나라에 따라 성장률과 저축률이 다르면 자본/소득 비율 역시 상이하다는 것도 설명한다. 8개 선진국의 1970~2010년 1인당 국민소득의 연평균 성장률은 1.6~2.0%이었다. 그리고 민간저축은 국민소득의 약 10~12%이다. 즉, 자본/소득 비율은 약 6이다. 예외적으로 일본의 저축률은 15%에 육박하고 경제성장률은 겨우 2%여서, 제2근본법칙에 따르면, 일본의 자본/소득 비율은 7이다. 그리고 미국은 저축률은 7.7%로 일본보다 훨씬 낮고 성장률은 2.8%로 일본보다 높아, 자본/소득 비율은 일본보다 낮은 4를 보이고 있는 것은 놀라운 일이 아니다. 한국의 민간저축률은 23.3%로 높으며, 1인당 국민소득 연평균 성장률도 6.0%에 이르러 민간자본/소득 비율은 약 4배로 추정된다.

위의 두 식을 결합해보면 자본주의경제의 발전 과정에서 소득분배에 어떤 변화가 일어날지 알 수 있다. 로버트 솔로와 에브세이 도마Evsey Domar 등 대부분의 성장모형[7]에서처럼 일단 저축률은 일정한 수준에 머물러 있다고 가정하자. 이 상황에서 경제성장률(g)이 낮을수록 β의 값이 커질 것이고, β의 값이 커지면 α, 즉 자본소득분배율이 더 커질 것이다. 그런데 제1근본법칙을 나타내는 식을 보면 β값에 아무 변화가 없어도 r, 즉 자본수익률이 커지면 자본소득분배율이 더 커진다. 따라서 경제성장 과정에서 g와 r 사이의 관계가 어떤 것인지에 따라 자본소득분배율이 커지기도 하고 작아지기도 한다는 것이 피케티 이론의 핵심이다.

피케티는 바로 이 대목에서 자본주의 경제가 발전해온 긴 역사에서 과연 두 변수의 값이 어떤 추이를 보여왔는지를 예의 주시할 필요가 있다고 강조한다. 경제이론에 따르면 한계생산 체감의 법칙이 적용되기 때문에 자본이 축적됨에 따라 자본수익률은 낮은 수준으로 내려가게 된다. 마르크스는 이것을 자본주의 체제의 기본적 운행원리 중 하나로 '이윤율 저하의 법칙'이라고 불렀다. 그러나 피케티가 수집한 장기 통계자료에 따르면 자본수익률은 거의 일정한 수준에서 유지되었고 이렇다 할 하락 현상을 관찰할 수 없었다. 평균적인 자본수익률은 대체로 4~5% 수준에 유지되어왔고, 이것이 2~3% 수준으로 떨어진 사례는 거의 없었다.

피케티는 그의 책에서 "장기간으로 보면 r이 g보다 높은 것은 논란의 여지가 없는 역사적 실체이다"[8]라고 말한다.

자본주의경제 발전의 역사에서 $r > g$의 관계가 유지되어왔으며, 이는

표 15.1 경제성장률과 저축률(1970~2010)　　　　　(단위: %)

국가	국민소득 성장률	인구증가율	1인당 국민소득 증가율	민간 순저축률
미국	2.8	1.0	1.8	7.7
일본	2.5	0.5	2.0	14.6
독일	2.0	0.2	1.8	12.2
프랑스	2.2	0.5	1.7	11.1
영국	2.2	0.3	1.9	7.3
이탈리아	1.9	0.3	1.6	15.0
캐나다	2.8	1.1	1.7	12.1
호주	3.2	1.4	1.7	9.9
한국	7.1	1.1	6.0	23.3

자료: 선진국들은 Thomas Piketty, *Capital in the Twenty-First Century*, p.174, 한국은 필자 계산.

그림 15.3 세계의 세후 자본수익률과 경제성장률 장기 추이

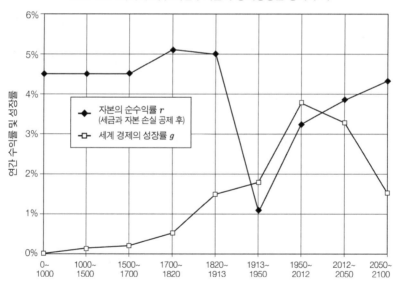

자료: piketty.pse.ens.fr/capital21

자본/소득 비율(β) 상승과 결합해 국민소득에서 차지하는 자본소득의 비중을 상승시켰다. 이 과정은 정(+)의 환원 순환이다. 즉, 자본소득분배율(α)이 상승함에 따라, 자본 소유자들은 더 부유해질 뿐 아니라, 그들이 자본으로부터의 수익을 모두 소비하지 않는 한, 재투자할 수 있는 더 많은 자금이 남게 된다. 증대된 저축은 다시 자본수익률이 국민소득의 성장률을 상회하는 메커니즘을 통해 자본/소득 비율(β)을 증가시킨다. 이처럼 더 높은 β는 더 높은 α를 초래할 뿐 아니라 더 높은 α는 더 높은 β를 만들어낸다. 이 과정은 기능적 소득분배를 자본에 유리하게 변화시키고, 자본소득은 노동소득에 비해 소수에게 집중되어 있으므로, 개인적 소득분배 역시 점점 불평등해진다.[9]

다만 그림 15.1에서 보듯이, 세계대전이라는 역사적 우연이 개입되어 1914년에서 1980년에 이르는 기간 평등화로의 일시적인 반전이 일어난 것일 뿐이다. 여기에는 전쟁으로 인한 많은 자산의 파괴와, 자본에 대한 조세부과가 핵심적인 역할을 했다. 1차 세계대전 이전 서구에서 자본에 대한 조세는 매우 낮았으나, 1차 세계대전 이후, 최고소득, 이윤, 부에 대한 조세가 급증했다. 그 결과, 그림 15.3에서 보듯이 자본 손실과 조세를 공제한 자본의 순수익률은 1914~1945년 기간 중 경제성장률보다 낮은 1~1.5%로 하락했다. 그리고 1945~1980년 기간에는 예외적으로 높은 경제성장률로 인해 자본의 순수익률이 경제성장률을 하회하는 역사적으로 유례없는 상황이 거의 한 세기 동안 지속되었다. 1970년대까지만 해도 자본은 세계대전으로 인한 타격에서 충분히 회복되지 못한 상태였다. 그러나 1980년대에 들어오면서 자본이 상당한 회복세를 보이고, 21세기에 들어오면서부터는 19세기 말 벨에포크 시대의 상태로 완전히 회복되기에 이르렀다는 것이 그의 분석이다.

세습자본주의로의 복귀

피케티가 예의 주시하고 있는 또 하나의 시기는 1980년 이후다. 쿠즈네츠는 경제가 발전하게 되면 소득불평등도가 하락할 것이라는 낙관론을 폈지만, 이와 반대로 그림 15.1에서 보듯이 고도로 발전한 미국을 비롯한 여러 선진국들에서는 이때 이후 다시 불평등화로의 급격한 반전이 일어나기 시작했다. 경제학자들이 그동안 이러한 불평등화로의 반전에 대해 많은 가설을 제시했지만, 그는 그 어느 것에도 별로 설득되지 않는 모습이다. 문제의 핵심은 자본과 그것의 축적 과정에 있는데, 지금까지 제시된 그 어떤 가설도 이 핵심을 제대로 파악하지 못하고 있다는 한계를 가지기 때문이다.

유럽 현대사에서 미국 따라잡기 시대인 '영광의 30년(1945~1975)'이 끝나고, 인구증가율이 둔화됨에 따라 선진국들의 경제성장률이 연 1~1.5% 수준으로 저하되었으며, 대처-레이건의 극단적 보수주의 세제개혁으로 이윤에 대한 세율이 크게 인하되었다. 만약 지금까지 보여온 장기 추세와 비슷하게 자본수익률이 4~5% 수준을 유지하고 경제성장률이 1~2% 수준을 유지한다면 자본/소득 비율(β)은 걷잡을 수 없이 높은 수준으로 올라갈 것이다. 이에 따라 자본소득분배율(α)도 계속 높아질 것이고, 그 결과 최상층에 집중된 자본이 다음 세대로 상속되어 결국 세습자본주의로 복귀할 것으로 전망한다. 이에 따라 노동에 비해 자본이 유리하게 되고, 기회균등이나 능력주의는 조롱거리가 되며, 부자들이 자신의 돈으로 자신들이 좋아하는 정치를 구입해 민주주의는 잠식될 것이다. 그 결과 전 세계적으로 불평등이 역사상 최고의 수준으로 올라가게 될 것이다.

피케티는 경제가 성숙함에 따라 성장률이 둔화되는 것은 불가피하다고 본다. 높은 자본/소득 비율, 즉 과거 세대의 "죽은 손"[10]과 자본의 높은 수익률이 오늘날 선진자본주의 사회적 토대를 파괴한다고 주장한다. "과거가 미래를 집어 삼킨다"[11]는 것이다.

피케티의 처방

이미 성숙기에 접어든 선진경제에서 경제성장률을 획기적으로 높이는 것은 불가능한 일이다. 세계 경제는 이미 장기적 저성장의 단계에 진입해 있을 가능성이 크다. 따라서 경제성장률을 높이는 방식을 통해 r과 g 사이의 격차를 줄이는 것은 우리에게 불가능한 선택일 수밖에 없다. 그렇다면 남아 있는 유일한 대안은 어떤 방법으로든 r을 떨어뜨리는 것이다. 자본소득에 충분히 높은 세율을 적용해 세후post-tax 수익률을 낮춘다면 둘 사이의 격차를 해소할 길이 열릴 수 있다. 사실 두 차례의 세계대전을 거치면서 평등화의 길을 걷게 된 것은 전쟁이라는 비상 상황으로 인해 고소득에 대해 엄청나게 높은 세율을 적용할 수 있었기 때문이었다. 이 높은 세율을 통해 자본축적의 속도를 늦춤으로써 자본주의경제의 내재적 불평등화 요인을 잠시 억누를 수 있었던 것이다.

그러나 레이거노믹스Reaganomics와 대처리즘Thatcherism으로 대표되는 극단적 보수주의 탓에 이제 그 정도로 높은 소득세율은 옛날 이야기가 되어버렸다. 이에 더해 세계 경제가 글로벌화되어감에 따라 각국 정부가 경쟁적으로 세율을 낮춰가는 조세 경쟁이 진행되고 있다. 소득세율을 전반적으로 낮추는 데 그치지 않고, 자본소득에 대해서는 더 많은 특혜를 주는 경우가 많기 때문에 피케티가 우려하고 있는 범세계적 차원의 불평등화는 더욱 심화될 전망이다.

피케티는 이러한 불평등성 심화에 대한 대항 수단으로서 조세제도 개혁에 있어, 이미 존재하고 있는 소득세와 상속·증여세의 누진성은 크게 높이

고, 글로벌한 차원의 자본과세global tax on capital를 하는 방안을 주요한 정책
수단으로 제시하고 있다.

물론 피케티 자신이 인정하고 있듯이, 글로벌 부유세는 정치적으로 당
장 실현 가능한 것은 아니다. 미국 같은 나라도 개별 국가 차원에서 부유세
를 도입할 경우 자본 도피가 초래될 것이기 때문이다. 따라서 국제적 공조
가 필요하지만, 이는 기대하기 어려운 것이 현실이다. 피케티는 2010년 3
월 신설된 미국의 '외국계좌 납세협력법Foreign Account Tax Compliance Act'12을 자
본에 대한 지역조세regional tax로 발전될 수 있는 첫걸음으로 간주한다.

피케티의 '자본'에 대한 애쓰모글루·로빈슨의 비판

피케티의 『21세기 자본』이 출판된 후 많은 비판이 뒤따랐다. 애쓰모글
루와 로빈슨은 피케티의 이론을 위의 두 식으로부터 다음 세 가지 일반법
칙이 도출되는 것으로 요약하고 각각을 이론 및 실증적으로 비판한다.[13]

제1일반법칙
저축률과 자본수익률이 일정할 경우, 경제성장률이 하락하면 국민소득
중 자본소득의 비중이 상승한다.

비판
그러나 경제성장률이 변화하면 저축률도 변화할 것이며, 더욱이 이자율
역시 소비와 생산이라는 두 경로를 통해 경제성장률의 변화에 반응할
것이다. 피케티는 노동과 자본 사이의 대체탄력성이 높기 때문에, 이자
율은 경제성장률의 변화에 반응해 크게 변하지 않을 것이라고 주장한
다. 그러나 실증연구에 따르면 단기 및 장기 대체탄력성은 대부분 1보

다 작고, 단지 기술이 내생적인 모델에서 장기 탄력성이 1보다 크게 나왔다. 그리고 많은 나라의 국민소득에서 자본소득의 비중이 증가한 것은 피케티가 강조한 자본주의의 법칙성 때문이라기보다는 부동산가격이 상승한 데 기인한 것이었다.

제2일반법칙

실질이자율은 경제성장률을 상회한다.

비판

그러나 이자율이 내생적인 성장 모델에서는 이자율이 성장률을 상회할 필요가 없지만, 단지 동태적으로 효율적인 경제에서만 이 법칙은 성립한다. 그러나 피케티가 전망했듯이, 자본/소득 비율이 매우 높을 경우, 동태적 비효율의 가능성이 높다.

제3일반법칙

$r > g$이면, 자본이 주도하는 불평등도가 상승하는 경향이 있다.

비판

이는 자본소득은 대체로 이자율의 속도로 증가하고, 비자본 소득은 경제성장률에 맞추어 증가하며, 자본소득은 최상층에 집중되어 있기 때문에 자본주도의 불평등도의 상승이 발생한다는 것이다. 그러나 이자율과 성장률 모두 정책, 기술 그리고 자본스톡의 변화에 따라 조정되는 내생변수이므로, $r-g$가 미래를 예측하는 데 근원적 요인일 수는 없다. 미래에 대한 예측은 내생변수가 아닌 외생변수에 의해 행해져야 한다. 그리고 이들은 세계 최상위소득 데이터베이스[WTID]와 앵거스 매디슨[Angus Maddison]이 추계한 GDP 통계를 이용해 회귀분석한 결과, 제3일반법칙을 지지하지 않음을 발견했다.

피케티와 주크먼은 자본/소득 비율, 부의 집중, 상속자산의 비중의 역사적 진화 과정에 작용하는 각종 요인들을 엄밀하게 양적으로 평가할 수 있는 포괄적 이론 모형을 아직 개발하지는 못했지만, 기존의 광범한 경제모형에서 장기적인 부와 상속의 크기와 집중은 $r-g$의 증가함수임을 보이고 있다.[14]

이들의 가장 핵심적인 비판은 피케티가 $r-g$를 지나치게 강조한 결과, 제도와 정치를 무시하고 있다는 점이다. 역사는 단순히 반복되는 것이 아니라, 경제 및 사회와 제도는 계속해 진화하기 때문에, 피케티의 일반법칙들은 미래의 불평등에 대한 믿을 만한 지침이 될 것 같지 않다는 것이다. 그리고 애쓰모글루·존슨·로빈슨이 제시한 정치제도-경제제도-경제성과가 상호작용하는 동태모형[15]에 불평등도를 추가한 분석 틀을 그 대안으로 제시한다. 그리고 이 분석 틀을 남아공과 스웨덴에 적용하고 있으나, 피케티 자본론의 중심 연구 대상인 미국이나 프랑스 등에 적용한 결과는 보여주지 않았다는 한계를 지니고 있다.

그리고 앞에서 살펴본 바와 같이, 피케티의 이론 역시 일종의 정치이론이기 때문에 정치를 무시했다고 볼 수 없다. 단지 정치제도와 경제제도의 동학적 상호관계를 체계적으로 포괄하지 않아서, 과도한 단순화와 기계론의 오류에 빠질 수 있다고 볼 수 있다.

제16장

피케티 이론, 한국 경제에의 적용

피케티가 지적했듯이, 경제학자들은 흔히 수리모형에 지나치게 집착한 나머지 우리가 살고 있는 세계가 제기하는 훨씬 복잡한 문제들에 대한 답은 내놓지 못하고 있다.[1] 피케티의 이론은 한국이 현재 경험하고 있는 급속한 저량경제화, 최상층으로의 소득 및 부의 집중 그리고 세습자본주의로 변모해가는 현상을 심층적으로 분석할 수 있는 유용한 이론 틀을 제공한다고 볼 수 있다.

한국의 저량경제화와 최상층으로의 소득 집중

한국 경제는 소득 중심의 유량경제로부터 1980년대 후반 이후 자산 중심의 저량경제로 급속히 이행하면서 커다란 사회적 변화를 겪고 있다. 토지는 저량이고, 한국 경제에서 가장 중요한 자산인데, 1980년대 후반 이후 전국에 걸친 급속한 토지가격 인플레이션으로 한국 사회는 빠르게 저량경

표 16.1 **국민대차대조표 총괄(2012)**

	금액(조 원)	GDP 배율(배)	구성비(%)
순금융자산(A)	-101.1	-0.07	-1
금융자산	10,995.0	7.98	103.3
금융부채	11,096.1	8.05	104.3
비금융자산(B)	10,731.7	7.79	101
생산자산	5,079.3	3.68	48.3
고정자산	4,765.1	3.46	44.7
(건설자산)	(3,852.5)	(2.79)	(36.2)
(설비자산)	(660.0)	(0.47)	(6.2)
(지식재산생산물)	(252.7)	(0.18)	(2.3)
재고자산	314.2	0.22	3.6
비생산자산	5,652.4	4.10	52.7
토지자산	5,604.8	4.07	52.3
지하자산	26.0	0.01	0.2
입목자산	21.6	0.01	0.2
국민순자산 (A+B)	10,630.6	7.72	100

자료: 한국은행·통계청, 「국민대차대조표 공동개발 결과(잠정)」(2014.5).

제로 이행하게 되었다.

　한국 경제가 그동안 유량경제로부터 저량경제로 전환해온 결과, 이미 선진국보다 높은 수준으로 저량경제화되었다는 사실은 최근 '국민대차대조표'에 의해 확인되었다. 한국은행과 통계청은 매년 말 시점을 기준으로 각 경제 주체와 한국이 보유한 유·무형의 비금융자산과 금융자산 및 부채의 가액을 추정한 스톡stock 통계인 국민대차대조표를 역사상 최초로 2014년 5월에 신규로 편재했다.

　이에 따르면, 2012년 말 한국의 국민순자산國富은 1경 630조 6000억 원(GDP의 7.72배)으로 추정되었다. 이 중 비금융자산이 1경 731조 7000억 원

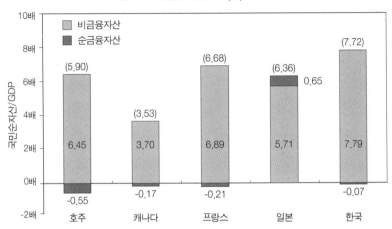

그림 16.1 **국민순자산의 대(對)GDP 배율**

자료: 한국은행·통계청, 「국민대차대조표 공동개발 결과(잠정)」.

(GDP의 7.79배)으로 대부분을 차지하며 순금융자산(금융자산 - 금융부채)은
-101조 1000억 원(GDP의 -0.07배)을 기록했다. 다시 비금융자산 중 생산자
산(고정자산과 재고자산)이 47.3%, 비생산자산(토지자산, 지하자산, 입목자산)
이 52.7%를 차지하고 있다(표 16.1).

한국의 GDP에 대한 국민순자산 배율(β)은 7.7배로, 호주 5.9배, 캐나다
3.5배, 프랑스 6.7배, 일본 6.4배 등에 비해 높은 수준이다(그림 16.1).

피케티의 추정에 따르면, 미국, 영국, 독일, 프랑스, 이탈리아, 일본, 캐
나다, 호주 등 부유한 국가들의 자본(국민순자산)은 대부분 민간소유이며,
이들 나라에서 GDP에 대한 민간소유 국민순자산의 배율은 1970년 2~3.5
배에서 2010년 4~7배로 장기적으로 상승 추세를 보였다. 이는 부유한 국
가들에서 새로운 세습자본주의가 등장하고 있음을 의미한다. 이러한 구조
적 진화를 피케티는 그의 제2근본법칙에 입각해, 장기적 성장률 둔화(특히
인구증가율의 둔화)와 높은 저축률 그리고 1980년대와 1990년대의 민간부
에 대한 호의적인 정치적 환경으로 설명한다. 2010년 GDP에 대한 민간소

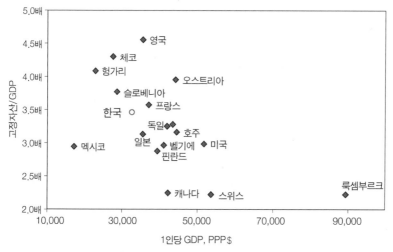

그림 16.2 **고정자산/GDP 배율의 국제 비교**

자료: 한국은행·통계청, 「국민대차대조표 공동개발 결과(잠정)」.

유 국민순자산의 배율은 미국, 독일, 캐나다는 약 4배, 영국 5배, 프랑스 5.8배, 일본 6배, 이탈리아는 7배이다(그림 15.2).

한국은 2012년 일반정부가 국민순자산의 25.7%를 소유하고 있으므로, 민간소유 국민순자산은 GDP의 5.7배이다. 이는 한국이 대부분의 선진국 들에 비해 저량경제화가 더욱 심화되었음을 의미한다.

그리고 자본/소득 비율 5.7은 제15장에서 다룬 자본주의 제2근본법칙에 입각해 1970~2010년 기간 중 민간저축률과 1인당 국민소득 연평균 성장률 을 이용해 추정한 4에 비해서도 높다. 이것은 토지자산가액이 다른 국가에 비해 높은 데 주로 기인한 것이다.

생산자산의 주류를 이루는 고정자산(건설자산, 설비자산, 지식재산생산물) 은 1970년대 전반에 GDP의 1.3~1.6배 수준이었으나 이후 높은 투자율과 함께 가파르게 상승해, 2006년 이후 3배를 상회했고, 2012년 현재 4765조 1000억 원으로 GDP의 3.5배 수준이다. 그림 16.2를 보면, 주요 선진국들

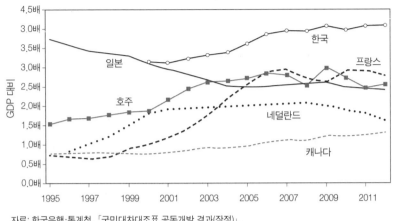

그림 16.3 **토지자산/GDP 배율의 국제 비교**

자료: 한국은행·통계청, 「국민대차대조표 공동개발 결과(잠정)」.

의 이 배율은 2.9~4.6배(평균 3.5배)에 위치하고 있다. 이는 한국도 좁은 의미의 자본의 축적이 선진국과 비슷한 수준에 도달했음을 보여준다.

　2012년 기준 토지자산은 한국 전체 비금융자산의 52.2%를 차지해 다른 나라에 비해 높은 비중을 차지하고 있다. 1975년 한국 지가총액을 그해 GNP의 1.7배로 추정한 연구가 있었다.[2] 그 후 1970년대 후반과 1980년대 후반 두 차례에 걸친 지가 인플레이션으로 토지자산은 2000년 GDP의 3.1배로 상승했고, 이후 완만한 상승세를 보여 2012년 4.1배에 이르고 있다. 그림 16.3을 보면, 토지자산의 GDP 배율이 일본, 프랑스, 호주 등은 2.4~2.8배, 캐나다와 네덜란드는 각각 1.3배, 1.6배 수준인 데 비해, 한국은 4.1배로 매우 높은 수준이다. 이는 한국 지가에 아직 거품이 남아 있을 가능성을 시사한다. 필자는 한국 토지자산의 GDP 배율이 국제적으로 높은 원인을 관치부동산제도 때문이라고 주장한다.[3]

　요컨대, 세계화에 따라 세계 금융시장이 통합되어 자본수익률(r)이 국제적으로 평준화되어가고 있다는 점을 고려하면, 피케티의 제1근본법칙에 따를 경우 한국의 GDP에 대한 국민순자산 배율(β)이 선진국들에 비해서도 높은 것은 자본소득분배율이 선진국들에 비해 높다는 것을 시사한다. 노동에서 나오는 소득과 달리 자본에서 나오는 소득은 부유한 소수에게 집중되어 발생하는 것이 보통이다. 따라서 자본/소득 비율이 상승해 자본소득분배율이 클수록 분배 상태는 더욱 불평등하게 되기 마련이다. 또한 세계적으로 높은 β는 현재 생산되는 소득보다 과거에 축적된 부가 계층 결정에 세계적으로도 가장 큰 영향력을 행사한다는 것을 의미한다.

자본수익률과 경제성장률의 추이

자본의 평균수익률은 아주 추상적인 개념이다. 수익률은 자산의 종류에 따라 크게 다르다. 산업자본과 같이 가장 위험한 자산의 수익률은 흔히 7~8%를 상회하지만, 안정자산인 정기예금의 실질이자율은 1~2%에 지나지 않는다. 피케티는 국민소득계정에서 이윤, 배당, 지대, 이자, 특허료 등 각종 자본소득을 합산한 금액을 국민소득으로 나누어 자본소득분배율(α)을 추정하고, 자본소득 총계를 국민순자산으로 나누어 평균 자본수익률(r)을 추정했다.

한국의 경우 자영업자 비중이 OECD 국가들 중 가장 높은 편에 속하는데, 자영업자 혼합소득에서 자본소득 귀속 부분을 분리하는 객관적 지표가 없고, 국민순자산 통계도 최근에야 작성되었기 때문에 피케티 방식으로는 자본수익률을 계산할 수 없어 한국은행 「기업경영분석」의 제조업 자기자본 순이익률을 대용변수로 사용했다. 이는 피케티가 말한 위험도 높고 수익도 높은 산업자본의 수익률로서, 장기 국채수익률보다는 최상층의 자본수익률을 좀 더 잘 대변한다고 볼 수 있다.

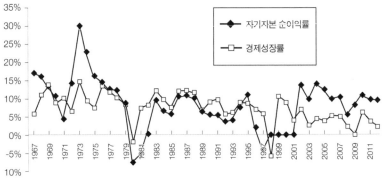

그림 16.4 한국의 자본수익률과 경제성장률 추이

자료: 한국은행, 「기업경영분석」, 「국민계정」.

　　한국 경제는 압축성장을 해왔기 때문에, 자본수익률과 경제성장률 사이의 관계 또한 선진국에 비해 단기간에 역동적인 변동을 보였다. 그림 16.4를 보면, 한국 역시 1967~2012년 기간 중 평균적으로 자본수익률 8.9%가 경제성장률 7.4%를 상회해 $r > g$의 관계가 성립한다. 이는 피케티 이론에 따르면 자본소득분배율은 시간이 흐름에 따라 더 커지게 되고 최상층으로 소득 집중도가 상승했을 것임을 의미한다. 다만 1960년대 말 차관기업의 위기, 1980년경 중화학공업의 위기, 그리고 1990년 초반 재벌들의 과다 차입에 의존한 과잉 투자 위기 때 일시적으로 제조업 자기자본 순이익률이 경제성장률을 크게 하회했다.

　　추세적으로 1979년까지는 자기자본 순이익률이 경제성장률을 상회했다. 그러나 1980~2002년 기간 중, 반도체 호황이 있었던 1995년을 제외하고는 자기자본 순이익률이 경제성장률을 지속적으로 하회하고 있다. 그리고 2002년 이후 제조업의 자기자본 순이익률은 경제성장률을 크게 상회하고 있다.

상위계층으로의 소득 집중도의 추이

자본수익률과 경제성장률의 이러한 추세는 피케티의 이론에 따르면 상위계층 소득점유율이 1979년까지 상승하다가 1980~2002년 무렵에는 하락하고, 2002년 이후에는 급속도로 상승할 것으로 예측된다.

1978년까지는 『국세통계연보』에 상위계층의 소득점유율을 추정할 수 있는 정보가 없어 상위계층 소득점유율이 상승했다는 사실은 확인할 수 없다. 다만, 김낙년·김종일 교수가 『국세통계연보』의 소득세 통계를 이용해 피케티와 동일한 방법으로 추정한 바에 따르면, 1979년 상위 10%의 소득점유율은 27%로 선진국 중 불평등도가 낮은 스칸디나비아 국가들(1970~1980년대)의 25%를 상회하기 시작했고, 상위 1%의 소득점유율도 7.17%로 스칸디나비아 국가들 수준인 7% 정도에 이르렀음을 확인할 수 있다.[4]

또 이 연구에서 추계한 1979년 이후 상위계층으로의 소득 집중도의 추이는 대체로 피케티 이론의 예측과 일치하는 것으로 볼 수 있다. 1980년대와 1990년대 자본수익률이 경제성장률을 하회한 결과, 상위계층의 소득점유 비율은 불평등도가 낮은 스칸디나비아 국가들과 유사한 비교적 낮은 수준에서 안정적인 추세를 보였다. 다만 1980년 후반 전국적인 지가 인플레이션으로 국민순자산의 대GDP 배율(β)이 상승해 상위계층으로의 소득 집중도를 상승시켰을 것이다. 1988년 현재 개인이 소유하고 있는 토지의 65.2%를 토지 소유자 상위 5%가 소유하고 있는 상황에서 1980년대 말 토지로부터 천문학적 규모의 자본이득이 상위계층에 집중적으로 귀속되었다. 하지만 한국의 소득세제는 양도소득은 분리과세하고 있는데 이 연구에는 소득세 통계에서 종합소득과 근로소득만을 통합했기 때문에, 상위계층 소득점유율을 추정하는 과정에는 양도소득이 반영되지 않았음에 주의해야한다.

그러나 2002년 이후 자본수익률이 경제성장률을 크게 상회하고 있는 것은 과거에 축적된 부가 벌어들이는 수익이 현재 생산을 통해 만들어내는 소득보다 빠르게 증가하는 자본주의 내재적 불평등화 동학이 2002년 이후 한국에서도 본격적으로 작동하고 있음을 의미한다. 그 결과 상위계층, 특히 자본소득에 크게 의존하는 최상위 0.1% 계층으로의 소득 집중도가 빠르게 상승해 선진국들 중 불평등도가 중간 정도인 유럽 국가들 수준을 넘어섰다. 김낙년·김종일 교수는 그 원인을 소득세 한계세율의 인하로 최상층의 저축 여력을 증대시켜 그들의 부의 축적을 도운 점과 1998년 앵글로색슨형 기업지배구조 도입에서 찾고 있다. 물론 미국형 기업지배구조로의 개편이 2000년대 재벌기업 및 은행들 임원 보수의 급격한 상승의 촉매 역할을 했지만, 기본적으로 이는 기업구조조정 이후 살아남은 대기업들의 이익률이 크게 상승했기 때문에 가능했던 것이었다.

상위 10%의 소득 집중도

상위 10%upper class가 전체 소득에서 차지하는 비중은 1979~1999년 30% 대에 머무르다가, 이후 상승 추세를 보여 2000년 35%를 넘어섰고 2006년에는 42%로 치솟아 2012년에는 45%에 이르고 있다. 이는 선진국들 중 불평등도가 낮은 스칸디나비아 국가들(1970~1980년대)의 25%는 물론, 불평등도가 중간 수준인 일본(40.50%), 프랑스(32.69%)보다 높고, 선진국들 중에서 소득불평등도가 가장 높은 미국(48.16%)에 육박하는 수준이다.

상위계층의 두 개의 세계

피케티에 따르면, 소득 상위 10%는 보편적으로 두 개의 상이한 세계로 구성되어 있다. '최상위 1%'는 자본소득의 비중이 큰 '지배층dominant class인데 비해, 그 바로 아래 '9%'는 의사, 변호사 등 노동소득의 비중이 큰 '부유

표 16.2 한국 상위계층 소득의 구성비 (단위: %)

	상위 0.05%				상위 0.1%				상위 1%				상위 10%			
	임금	사업 및 임대 소득	이자	배당	임금	사업 및 임대 소득	이자	배당	임금	사업 및 임대 소득	이자	배당	임금	사업 및 임대 소득	이자	배당
2007	39.5	28.4	7.6	24.5	42.5	30.6	6.9	19.9	62.7	25.2	3.9	8.2	83.1	12.8	1.5	2.7
2008	40.1	29.3	7.2	23.4	41.7	32.2	6.6	19.5	61.3	27.3	3.6	7.8	83.5	13.0	1.2	2.3
2009	39.5	32.0	7.2	21.3	41.1	34.4	6.7	17.8	60.3	28.9	3.7	7.2	82.9	13.7	1.3	2.1
2010	38.7	31.2	5.1	25.0	40.9	33.5	4.7	20.9	58.0	30.0	2.8	9.3	82.6	14.0	0.9	2.5
2011	36.6	35.6	4.7	23.1	38.4	38.0	4.3	19.3	59.6	30.1	2.4	7.9	82.1	14.6	0.9	2.4
2012	37.1	34.8	5.3	22.7	39.5	36.8	4.8	18.8	59.9	29.6	2.7	7.8	82.6	14.2	0.9	2.2

주: 금융소득 4000만 원 이하의 납세자는 제외.
자료: 김낙년·김종일, "Top Incomes in Korea 1933~2010", ≪Working Paper≫, 제3호(낙성대경제연구소, 2014).

층well-to-do class'이다.

좀 더 상위계층으로 갈수록 자본소득의 비중은 증가한다. 자본소득이 노동소득을 능가하는 것은 최상위 0.1% 계층뿐이다.[5] 부자 중의 부자인 상위 0.01%는 캐나다의 경우 소득의 20%를, 프랑스의 경우 60%를 자본으로부터 얻고 있다. 미국과 캐나다의 경우, 1980년대 이후 최고경영자들의 빠르게 증가한 높은 연봉이 지배층의 소득증가를 주도했다. 이에 비해 부유층(상위 10~1%)의 소득 중 노동소득의 비중이 이탈리아는 70%, 캐나다는 85%이다.[6]

김낙년·김종일 교수가 2012년 상위층의 원천별 소득 구성을 추계한 바에 따르면, 한국 또한 최상위 0.1% 계층의 소득에서 자본소득이 60.5%를, 최상위 1% 계층에서는 40.1%를 차지하고 있으나, 상위 10% 계층 소득의 82.6%가 노동소득이다(표 16.2).

상위 1%의 소득 집중도

OECD에 따르면, 많은 선진국들에서 상위 1%가 세전 총소득에서 차지하는 점유율은 지난 30년 동안 현저하게 상승했다.[7] 특히 미국의 경우 상위 1%의 세전 소득점유율은 1980년 이후 2배로 상승해 2012년 20%에 이르고 있다. 그리고 호주, 캐나다, 아일랜드, 영국 등 영어 사용권 국가에서 상위 1%의 소득점유율이 현저히 상승했다. 또 하나의 놀라운 변화는 비교적 평등한 소득분배의 역사를 가진 스칸디나비아 국가들에서 관찰된다. 1980년과 2000년대 말 기간 중 핀란드, 노르웨이, 스웨덴에서 상위 1%의 소득점유율은 70%나 증가해 7~8%에 이르고 있다. 이에 비해 프랑스, 네덜란드, 스페인을 포함한 유럽대륙 국가들에서 상위 1%의 소득점유율은 훨씬 적게 상승했다.

영어 사용권 국가에서 상위 1%는 1975~2007년 기간 중 세전 소득 성장 과실의 큰 부분을 차지했다. 성장 과실이 최상층 1%에 돌아간 비중은 미국 47%, 캐나다 37%, 호주와 영국은 20%를 상회한다. 반면 스칸디나비아 국가들과 프랑스, 이탈리아, 포르투갈, 스페인에서는 성장 과실의 약 90%가 하위 99%에 귀속되었다.

소득 상위 1% 그룹 내에서도 최상층으로 소득이 더욱 집중되었다. 미국에서 상위 0.1%가 세전 총소득에서 차지하는 점유율은 1980년 2%에서 2010년 8%를 상회하는 수준으로 높아졌다. 이에 비해 캐나다, 영국, 스위스의 상위 0.1%의 소득점유율은 4~5%이고, 호주, 이탈리아, 프랑스의 경우 그 비율은 3%에 가까운 수준이다.

더욱이 소득분배의 최상층에서의 이동성 역시 높지 않다. 최상위 1% 계층이 다음 해에 이 그룹을 벗어날 확률은 미국, 캐나다, 프랑스에서는 30%를 넘지 않고, 호주, 노르웨이에서 그 확률은 40%의 수준을 보인다. 미국에서 상위 1%에 속한 사람이 다음 해에도 상위 1%에 머물 확률은 1970년 이후 안정적 추세를 보이고 있다.

한국의 소득 상위 1%의 소득점유율도 1999년까지 스칸디나비아 국가들 수준인 7%대에 머물다가, 그 이후 상승해 2005년 10%를 돌파해, 선진국들 중 불평등도가 중간 수준인 일본과 프랑스를 이미 넘어섰으며, 2012년 12.41%를 보이고 있다. 이는 상위 1%는 국민 전체의 평균소득의 12.4배의 소득을 올리고 있다는 것을 의미한다.

피케티 가설의 검증

앞에서 살펴본 바와 같이 애쓰모글루와 로빈슨은 최상층으로의 소득 집 중도는 $r-g$의 증가함수라는 피케티의 핵심 가설을 세계 최상위소득 데이 터베이스WITD와 매디슨Maddison이 추계한 GDP 통계를 이용해 회귀분석한 결과, 피케티의 핵심 가설을 지지하지 않음을 발견했다.[8] 종속변수를 상위 1%의 소득점유율로 하고, OECD 각국의 장기국채 실질이자율을 자본수익 률(r)의 대용변수로 사용한 회귀분석에서 설명변수 $(r-g)_t$의 추정계수 는 대부분의 회귀식에서 1% 유의 수준에서 통계적으로 유의했으나, 기호 는 피케티 이론과는 정반대로 부(−)였다. 설명변수에 $(r-g)_{t-1}$를 비롯 한 시차변수를 추가한 회귀분석 결과에서 또한 모든 시차 설명변수들은 통 계적으로 유의하지 않았다. 그리고 경제 전체에서의 자본의 한계생산물에 서 감가상각률을 뺀 값을 자본수익률(r)의 대용변수로 한 회귀분석에서 일부 회귀식에서는 설명변수 $(r-g)_{t-3}$의 계수가 정(+)이었으나 통계적 으로 유의하지 않았다. 이러한 계량분석 결과는 피케티가 제3일반법칙을 보편적 법칙이라고 주장했지만, 최상위계층의 원천별 소득 구성, 경제제 도, 정치제도가 나라마다 상이하기 때문에 세계 모든 나라에 보편적으로

그림 16.5 한국과 주요국의 상위 1%의 소득점유율 추이

자료: 김낙년·김종일, "Top Incomes in Korea 1933~2010," FIG.3

타당하지는 않다는 것을 시사한다.

그렇다면 과연 피케티의 가설이 한국에 타당한가? 이를 검증하기 위해 간단한 회귀분석을 시도한 결과가 표 16.3에 요약되어 있다. 종속변수는 김낙년·김종일 교수가 2014년 『국세통계연보』의 소득세 과세 자료를 이용해 추정한 상위계층의 소득점유율이다.[9] 표 16.2에서 보듯이 소득분배상 상위계층 내부에서도 최상위 0.05%, 상위 0.1%, 상위 1% 그리고 상위 10%의 원천별 소득 구성상 자본소득 비중이 상이한 점을 고려해, 각각을 종속변수로 한 회귀분석을 수행했다. 상위계층 소득점유율을 추정할 수 있는 정보를 제공하는 『국세통계연보』는 1979~1985년과 1995년 이후 자료이기 때문에 관측치 수가 25개에 지나지 않는다는 점이 본 회귀분석의 가장 큰 한계이다. 그리고 설명변수는 제조업 자기자본 순이익률과 경제성장률 사이의 차, $(r-g)_t$와 $(r-g)_{t-1}$이다.

표 16.3 최상위 소득점유율을 종속변수로 한 $r-g$의 회귀계수

	상위 0.05%		상위 0.1%		상위 1%		상위 10%	
$(r-g)_t$	0.075**	0.046**	0.091**	0.056*	0.186**	0.127**	0.524**	0.391*
	(5.20)	(2.03)	(4.97)	(1.94)	(5.00)	(2.16)	(4.19)	(2.05)
$(r-g)_{t-1}$		0.038		0.046		0.079		0.181
		(1.49)		(1.55)		(1.31)		(0.93)
조정결정계수	0.521	0.566	0.496	0.544	0.500	0.543	0.408	0.462

주: 괄호 안 수치는 t값이며, *는 10% 유의 수준에서, **는 1% 유의 수준에서 통계적으로 유의함을 나타낸다.

피케티의 이론은 $(r-g)_t$와 $(r-g)_{t-1}$의 계수가 정(+)이고 유의하다고 제시한다. 실제로 $(r-g)_t$만을 설명변수로 한 회귀분석에서 그 계수는 다양한 상위계층 소득점유율을 종속변수로 한 모든 회귀식에서 정(+)이고 1% 유의 수준에서 통계적으로 유의하다. 한국의 2002년 이후처럼 제조업 자기자본 순이익률이 경제성장률을 10%p가량 상회하는 추세가 앞으로도 지속될 경우, 상위 1%의 소득점유율은 매년 1.86%p씩 상승해 2016년이 되면 미국의 20% 수준에 근접하게 될 것이라는 것을 의미한다.

그리고 설명변수에 $(r-g)_{t-1}$을 추가한 다양한 상위계층의 소득점유율을 종속변수로 한 회귀식에서도 $(r-g)_t$ 계수의 부호는 모두 여전히 정(+)이고 통계적으로 유의하다. 하지만 $(r-g)_{t-1}$ 계수의 기호는 모두 정(+)이나, 통계적으로 유의하지 않다. 이상의 회귀분석 결과는, 관측치가 지나치게 작다는 한계는 있지만, 한국의 경우 피케티의 이론이 타당하다는 것을 시사한다.[10]

상속이 지배적인 세습사회의 도래

한국은 자산의 분배가 비교적 평등한 상황에서 고도성장을 해왔기 때문에, 국민이 재산 대부분을 자신의 노력으로 당대에 축적한 자수성가형 사회였다. 따라서 소득과 재산의 분배에서 상속의 역할은 크지 않았다.

그러나 피케티의 이론에 따르면, 한국 또한 현재 민간소유 국민순자산이 GDP의 5.7배(β)에 이르고, 2000년대 이후 저성장 국면에 접어든 상황에서 자본수익률은 상승($r > g$)해, 부모세대에 축적된 재산의 상속이 당대의 저축을 통해 축적한 재산을 압도하게 될 것이라 전망할 수 있다.[11] 또 사회 최상층에서 상속받은 자본으로부터의 소득이 노동으로부터의 소득을 압도하기 위해서는 다음의 두 조건이 충족되어야 한다. 첫째, 민간소유 국민순자산이 GDP의 6~7배에 이르러야 한다. 둘째, 상속받은 재산이 최상층 1%으로 총자산의 20% 이상이 집중되어야 한다.[12] 한국의 경우 첫째 조건이 충족되고 있다는 점은 확인했지만, 부의 분배 상태에 대한 자료가 없어 둘째 조건의 충족 여부는 확인할 수 없다. 다만 부의 집중도는 소득의 집중도에 비해 훨씬 높은 것이 보편적이며,[13] 한국의 상위계층으로의 소득 집중도는 이미 유럽 대륙 국가들의 수준을 넘어 미국 수준에 근접하고 있다는 사실에 비추어보면 둘째 조건도 충족될 개연성이 높다.[14]

한국 경제의 고도성장기에는 임금도 빠르게 상승해 젊은 세대가 노인세대와 맞먹는 재산을 축적할 수 있었다. 그러나 저성장 국면에 접어들면서 신규 저축의 연간 규모가 상대적으로 작아져 전체 부의 축적에서 상속의 비중이 높아지고 있다. 한국에서 연간 GDP의 5.7배에 이르는 자산의 대부분을 이미 노인세대가 소유하고 있는 현 상황에서, 비록 2000년대 들어 경제성장률은 5% 이하로 하락해 임금 상승률도 크게 둔화되었지만, 자본수익률(제조업 자기자본 순이익률)은 경제성장률을 크게 상회했다.

피케티는 그의 책에서 다음과 같이 언급한다.

부등식 $r > g$는 과거가 미래를 집어삼키게 되는 경향을 의미한다. 즉, 과거에 축적된 부는 자동으로 노동으로 얻는 부보다 빠르게 성장하게 된다는 것이다.[15]

이미 재벌들은 2세를 거쳐 3세로 경영권을 물려주고 있고, '베이비붐 세대' 중 고액자산가들도 자산을 '에코세대'로 상속하기 시작했다. 그리고 현재 에코세대의 경우 상속받지 않고는 계층 상승이 힘든 세습자본주의화도 심화되고 있다. 세습자본주의는 열심히 노력해서 성공하는 사람보다 상속자들이 월등하게 많은 부와 특권을 누리며 상속받은 재산을 굴리며 놀고먹는 사람이 지배하는 사회이다. 그 결과 한국은 부와 특권이 세습되어 기회의 평등은 사라지고 소수의 상속 부자들이 부와 특권을 독점하는 사회로 퇴화함으로써 민주주의의 사회의 토대를 이루는 능력주의의 가치들은 근본적으로 침식될 전망이다.

중산층이 사라진 서민사회의 등장

한국이 자수성가형 사회일 때는 신분상승의 희망이 존재했고, 그러한 긍정적 기대감이 한국 사회의 대다수를 스스로 중산층이라고 생각하게 했다. 그러나 세습자본주의가 심화되면서 중산층 의식이 실종되어가고 있다. 조사에 따르면 한국의 1인당 국민총소득^{GNI}은 1988년 5000달러에서 2013년 2만 6000달러로 상승해 5배 더 부유해졌지만, 국민 중 자신이 중산층이라고 답한 비율은 1989년 75%에서 1990년대 중반 42%로 줄었고, 2013년에는 20.2%로 급감했다.[16] 2013년 조사에서 응답자들은 평균 자산 10억원, 연봉 7000만 원 이상이 되어야 중산층이라고 답했다. 2012년 자산이

10억 원 이상 가구는 4.2%, 연소득 7000만 원 이상은 6.5%에 지나지 않는다. 한국 사회에서 상위 4~6% 이상에 해당하는 사람들만이 스스로를 중산층이라고 생각하고 있는 것이다.

이 조사에서는 "한국 사회가 10년 후 어떤 방향으로 변할 것인가" 하는 질문에 "중산층은 줄어들고 빈곤층은 늘어나서 빈부격차가 심해질 것"이라는 응답은 77%를 넘는 반면, "중산층이 늘어나고 빈곤층이 점차 줄어들어 빈부격차가 완화될 것"이라는 응답은 20.1%에 지나지 않았다. 또한 희망을 가진 계층은 더 희망적이 되고, 희망을 포기한 하층은 더욱 절망적이 되고 있어 상층과 하층의 희망 격차는 더욱 벌어지고 있는 것으로 조사되었다.

자신을 중산층에서 탈락한 하위계층이라고 생각하는 사람들은 한국 사회에서 가장 심각한 문제로 계층 격차를 꼽았다. 이들은 정부개입과 재벌규제에 대해 찬성하는 입장을 보였으며, 고소득자들이 현재보다 세금을 더 내야 한다는 응답 또한 84.8%에 달했다.

계층이동에 대한 비관적 전망의 확산

계층이동에 대한 주관적 인식은 상당한 시차를 두고 실제 현상보다 늦게 나타나는 것이 일반적이다. 그러나 이미 세대 간 계층이동에 대한 희망마저도 점차 비관적으로 바뀌고 있는 것으로 나타났다.

통계청의 「사회조사」에서 "우리 사회에서 본인 세대에 비해 자녀세대의 사회경제적 지위가 높아질 가능성이 어느 정도라고 보는가?"라는 질문에 대한 응답을 보면, 계층이동에 대한 비관적 전망이 점차 확산되는 추세라는 것을 알 수 있다(표 16.4). 2006년도 조사에서는 가능성이 '높다'는 응답(39.9%)이 '낮다'는 응답(29.0%)보다 10.9%p 높았고, 2009년도 조사에서도 가능성이 '높다'는 응답(48.4%)이 '낮다'는 응답(30.8%)보다 17.6%p나 높게

표 16.4 **다음 세대 계층이동에 대한 주관적 평가(19세 이상 가구주 대상)** (단위: %)

		계	높다	매우	비교적	낮다	비교적	매우	모르겠다
2011년		100.0	41.7	4.0	37.7	42.9	33.4	9.6	15.4
2013년		100.0	39.9	3.6	36.3	43.7	34.0	9.8	16.4
계층 의식	상층	100.0	62.9	13.2	49.7	28.6	21.8	6.8	8.5
	중층	100.0	47.2	4.3	43.0	42.1	35.3	6.9	10.6
	하층	100.0	30.9	2.4	28.4	46.1	33.0	13.1	23.0

자료: 통계청, 「사회조사」.

나왔다.

그러나 2011년도 조사에서는 가능성이 '높다'는 응답(41.7%)이 '낮다'는 응답(43.0%)보다 낮아 역전 현상이 발생했으며, 2013년도 조사에서도 가능성이 '높다'는 응답은 39.9%로 감소했고, 반대로 '낮다'는 응답은 43.7%로 증가했다. 이는 한국의 세대 간 계층이동성이 낮아지는 현실을 보여준다.

이러한 계층의 고착화로 한국 사회는 활력이 감소하고 갈등이 격화될 조짐마저 보이고 있다.

제17장

세습사회로의 퇴화를 저지하기 위한 정책 제안

어느 정도의 소득 및 부의 불평등은 사람들이 열심히 일하고 혁신할 유인으로 작동하기 때문에 불가피한 측면이 있다. 그러나 이상의 분석을 통해, 국제적으로 한국의 높은 국민순자산/GDP 비율(β)은 높은 자본소득분배율(α)을 낳을 뿐 아니라, 자본 소유자들의 증대된 저축은 2002년 이후 자본수익률이 국민소득의 성장률을 상회하는 메커니즘을 통해 다시 자본/소득 비율(β)과 α를 더욱 증가시키는 정(+)의 환원 순환이 작동하고 있음을 시사한다. 그 결과 기능적 소득분배를 자본에 유리하게 변화시키고, 자본소득은 노동소득에 비해 최상층에 집중되어 있으므로, 개인 소득의 분배 역시 최상층으로의 집중도가 선진국들 중 불평등도가 중간 수준인 일본과 프랑스를 이미 넘어섰고 불평등도가 제일 높은 미국 수준에 근접하고 있다. 그리고 최상층에 집중된 자산은 대물림되어 세습자본주의로 변모되고 있다. 한국 고도성장의 원동력이었던 기회균등과 노동소득에 기초한 능력주의 그리고 역동성은 퇴조하고 있다.

21세기 사회과학의 새로운 지평을 개척한 애쓰모글루와 로빈슨은 왜 어떤 나라는 부유하고 어떤 나라는 가난한지에 대한 세계 여러 나라의 광범한 역사적 사례 분석을 통해 포용적^{inclusive} 정치·경제제도의 유무가 국가의 흥망성쇠를 결정한다는 가설을 정립했다.[1] 포용적 경제제도란 사유재산을 보장하고 법이 공평무사하게 시행되며, 계약과 교환의 자유를 보장하는 제도이다. 포용적 정치제도는 이를 뒷받침하는데, 권력이 사회 전반에 고루 분배되어 있고 자의적 권력을 제한하면서도 질서를 유지할 만큼 중앙집권화를 이루는 것이다.

애쓰모글루와 로빈슨의 이 명제와 피케티의 이론에 입각한 이상의 분석을 종합하면, 한국의 높은 자본/소득 비율과 2000년대 이후 자본수익률이 경제성장률을 크게 상회하는 현상은 서로 상승 작용을 통해 자기 강화적으로 불평등을 심화시키고, 그로 인한 경제 및 정치제도의 포용성 저하는 미래의 성장마저 저해할 것이라는 결론에 도달하게 된다. 이러한 경향성을 저지하기 위해서는 첫째, 관치부동산제도를 개혁해 자본/소득 비율(β) 비율을 낮추고, 둘째, 교육 및 직업훈련과 공공 R&D 투자의 효율성을 높여 경제성장률(g)을 제고하며, 셋째, 세제개혁을 통해 세후 자본수익률(r)을 인하하며 민주주의의 건강성 회복을 위해 정보공개를 해야 한다. 다음에서는 이 중 셋째 사항에 대해서 자세히 살펴보기로 한다.

소득세제에 50%의 최고세율 계급 신설

피케티는 그의 책에서 누진세에 대해 다음과 같이 언급하고 있다.

조세제도에서 누진적 소득세와 누진적 유산세는 20세기 주요한 혁신이었다. 이 제도들은 20세기 선진국에서 불평등을 줄이는 데 중심적인 역할을 했

으며, 오늘날 국가 간 조세경쟁 때문에 심각하게 위협당하고 있다.[2]

소득과 유산에 대해 최고세율 70%로 과세한 최초의 나라는 미국이었다 (미국은 소득에 대해서는 1919~1922년, 유산에 대해서는 1937~1939년에 과세를 시작했다). 누진세는 자유경쟁과 사유재산권을 존중하면서 불평등을 완화하기 위한 자유주의적 방안이었다.

소득세의 최고세율은 높을 경우 최고경영자들이 과도한 보상을 요구하지 않도록 하는 방어벽protective barrier 역할을 하기도 하고, 낮을 경우 과도한 보상을 요구하는 그릇된 행동을 유인incentive to mischief하는 기능을 하기도 한다. 1980년대 이후 미국과 영국의 극단적 보수주의 정부가 소득세 최고세율을 대폭 인하한 세제개편은 최고소득계층의 소득의 폭발적 증가를 초래했다. 그리고 이렇게 생긴 뭉칫돈을 보수정당과 압력단체 그리고 연구소 등에 기부해 최고세율을 더 낮추도록 정치적 영향력을 행사했다.[3] 그러므로 최상위 1% 혹은 0.5%에 최고세율 80%로 과세하는 것은 미국의 경제성장을 저해하지 않고 성장의 과실을 재분배하며, 최고경영자들의 경제적으로 쓸모없는 행위들에 합리적 제한을 가하는 조치라고 피케티는 주장한다.

한국의 소득세의 최고세율은 1960~1970년대에 빠르게 상승해 70%까지 도달했으나, 1980년대 이후 신자유주의 흐름에 편승해 거의 매년 인하해 2008년 35%까지 하락했다가, 2012년 38%를 보이고 있다. 이러한 소득세 최고세율 인하로 한국에서도 2000년대 이후 미국에서처럼 금융기관과 재벌기업들의 최고경영자들의 세전 임금이 급상승했다.[4] 한국의 근로소득 기준 최상위 0.1% 근로자 전체 평균임금 배율은 2000년대 이후 급속히 상승해 이미 일본과 미국 중간 수준에 이르고 있다. 그뿐만 아니라 앞의 간단한 계량검증에서 자본주도의 불평등도 상승 메커니즘이 작동한다는 잠정적 결론에 도달했다.

따라서 소득분포 최상위 0.1%에 대해 최고세율 계급을 신설하는 것이 필요하다. 그러나 한국이 소국개방경제라는 점을 고려해 최상층에 대한 세율을 피케티가 제안한 80%보다는, 프랑스나 독일의 50~60% 수준에서 결정하는 것이 현실적일 것으로 보인다. 그런데 박근혜 정부의 2014년 세제 개편은 이러한 시대적 요구에 역행하고 있다. 세계사에서 성공 사례를 찾아보기 힘든 '기업소득 환류세제'를 신설해 기업 사내유보금에 대해 과세할 계획이다. 그리고 기업의 사내유보금이 가계로 흘러가도록 하기 위해, 고배당 주식 배당소득 원천징수 세율을 14%에서 9%로 인하하고, 금융소득 종합과세 대상자에게 선택적 분리과세(25%)를 허용하는 안은, 배당소득이 주로 최고소득계층의 소득이라는 점을 고려하면, '제2의 부자감세'라는 비난을 피하기 어렵다.

종합부동산세를 부유세로 확대 개편

저량경제에서는 분배의 불공평 문제도 종래와는 다른 관점에서 접근할 필요가 있다. 자산과세 중 상속세의 강화도 필요하다. 그러나 상속세는 기껏해야 30년에 한 번 우발적으로 과세하기 때문에, 30년 동안 다양한 절세 전략을 구사할 수 있어 실효성이 낮다. 이보다는 자산 보유에 대해 매년 과세하는 부유세가 좀 더 유효한 수단이다. 소득세, 상속세 그리고 부유세는 부의 과도한 집중을 억제하기 위한 상호보완적인 유효한 수단이다.

독일과 스웨덴은 이미 19세기 말과 20세기 초에 순자산에 대해 매년 누진과세하는 부유세를 도입했다. 그러나 이 조세들은 과세 대상 자산의 시장가치가 아니라 과세 당국이 이따금씩 재평가한 감정가액에 의거해 과세하는 바람에 자산의 시장가치와의 모든 관련성을 상실했고, 결국 쓸모없는 조세로 전락했다. 결국 1995년 독일 헌법재판소는 토지자산의 경우 1964년 이후 단 한 차례도 재평가하지 않고 단순히 1964년 평가액을 40% 인상해 과세표준으로 사용하고 있는 데 반해, 증권 등 금융자산은 현재 가치로 평가하는 것은 부유세 과세 대상 자산의 평가 불균일의 문제가 있으며, 세 부담 균등화 원칙에 위배된다는 판결을 내렸다. 이에 따라 입법부가 1996년 말까지 새로운 과세표준 산정 방식을 마련하지 않는 한 현행 부유세법은 자동 실효된다고 결정했다. 이에 독일 연방정부는 1997년 초 부동산세와 상속·증여세의 인상을 통해 세수 부족분을 메우는 대신 1997년부터 부유세 시행을 정지시켰다.[5] 스웨덴은 보수당에 의해 2007년 폐지되었으나, 최근 재집권한 사회민주당은 부유세 부활을 공약했다.

비교적 근래에 부유세를 도입한 프랑스와 스페인은 '부의 불균등 분배 완화'를 목적으로 누진세율 구조를 택하고 있다. 1982년 사회당 집권으로 도입된 프랑스의 현행 부유세는 다양한 자산을 매년 재평가한 시장가치에 기초해 과세하지만, 납세자가 자진 신고하는 보유 자산에 기초해 과세한다는 한계를 가지고 있다. 이탈리아도 2012년에 기묘한 부유세를 도입했으며, 스페인의 부유세는 과거 독일과 스웨덴 식으로 부동산과 다른 자산들을 자의적으로 평가한 가치에 기초한다. 부유세를 한 국가 단위에서 적절히 설계하는 것은 어렵다.[6] 이렇듯 유럽 국가들의 부유세 시행 경험은 그다지 만족스럽지 못한 편이다. 그러나 피케티가 주요국의 최상위 1%으로의 부의 집중도를 추정한 바에 따르면, 1910~1970년 기간 중 부의 집중도가 급격히 하락한 나라들, 그리고 1980년대 이후 부의 집중도가 증가하지 않은 나라들은 스웨덴, 프랑스 등 부유세 시행국이었다는 사실은 눈여겨볼 만하다.[7]

한국 경제가 향후에도 활력을 유지하기 위해서는 지나친 부의 집중은 억제되어야 하고, 이를 위해서는 자산과세를 좀 더 강화해야 할 것이다. 한국은 이미 일종의 부유세로서 종합부동산세를 실시하고 있으나, 이는 중산층에 중과되는 약점을 지니고 있다. 세계 어느 나라에서나 중산층은 자산을 주로 부동산 형태로 보유하는 데 비해 최상층은 주식으로 보유하는 것이 보편적이기 때문이다. 과세 대상에 주택뿐 아니라 모든 건물과 금융자산까지 포괄하도록 해서 순자산세(부유세)로 발전시킬 필요가 있다. 이를 위한 정보의 하부구조를 정비하기 위해서는 미국, 독일, 프랑스처럼 금융기관의 정보가 세무 당국과 자동적으로 공유되는 시스템을 갖추어야 한다. 또한 최근 OECD를 중심으로 자동조세정보교환AEOI 프로그램 확산, 한국의 해외금융계좌 신고제도 시행, 그리고 2015년 말에는 G20 국가들 간에 자동 금융정보교환이 실시될 예정이어서 금융자산을 부유세 부과 대상에 포괄하기 위한 행정 인프라는 개선되고 있다.[8]

주식이나 채권 등 금융자산은 시장에서 널리 거래되므로 시장가격이 잘 형성되어 있어 세무행정상 평가가 비교적 용이하다. 그러나 부동산은 강한 개별성 때문에 세무행정상 심각한 평가 문제를 야기시킨다. 앞에서 살펴본 바와 같이, 독일과 스웨덴의 부유세는 바로 이 부동산 가치 평가 문제 때문에 실패했던 것이다. 다행히 한국은 1980년대 말 이래 부동산가격 인플레이션 문제를 극복하기 위해 정부가 지속적으로 노력한 결과 전국 부동산가격 평가 인프라가 국세청 기준시가, 국토부 공시가격 등 다각도로 잘 정비되어 있다. 부동산 실거래가격 신고제도가 정착되어 있고, 비교적 표준화된 부동산인 아파트의 경우 최근 실거래가격 정보까지 파악되어 국토부가 이를 홈페이지에 공개하고 있다. 따라서 부유세 세무행정상 부유세를 도입한 여러 유럽 국가들에 비해 한국은 유리한 입장이다. 이에 앞서 한국의 자본/소득 비율을 선진국들에 비해서도 높게 만드는 주요 원인인 관치부동산제도를 청산해야 할 것이다.

1988년 현재 '개인이 소유하고 있는 토지의 65.2%를 토지소유자 상위

5%가 소유하고 있다'는 사실 공개가 종합토지세를 도입하는 동력으로 작용했듯이, 부유세 도입을 위한 첫걸음은 정부가 자본소득과 자산소유에 대한 데이터를 수집해 공개하는 것이다. 누가 자본을 소유하고 있는지를 아는 것은 사회가 오늘날의 높은 불평등도에 어떻게 대응하기를 원하는지 이해하는 데 도움이 된다. 민주적으로 선출된 유능한 정부는 부유세를 부과할 힘을 가지고 있다. 자본주의 체제 내에 공평한 성장을 달성하는 자연적인 힘은 존재하지 않으므로, 정책 형성자들의 역할이 결정적이다.

민주주의의 건강성을 담보하기 위한 정보공개의 의무화

피케티, 그리고 애쓰모글루와 로빈슨이 지적했듯이, 최상층으로의 소득과 부의 집중은 민주주의의 건강성을 훼손해 정치제도의 포용성을 저하시킨다. 소수의 가문에 경제력이 집중되어 있는 사회에서는 정치제도의 건강성이 유지되기 어렵다. 이러한 사회에서는 정치권력이 사회의 광범한 계층에 분배되거나, 이들이 정치에 접근할 수 있는 정치제도를 유지하기 어렵다. 중세 베니스에서는 막강한 경제력을 가진 소수 가문이 여타 세력의 정치권력으로의 접근을 봉쇄해 정치권력을 사실상 독점하고, 경제제도를 자신들의 이익에 맞도록 개편해 여타 가문이 수익성 있는 사업에 참여하는 것을 봉쇄했다. 이러한 정치권력의 독점과 이에 기초한 경제제도의 악화는 결국 베니스의 쇠락으로 귀결되었다.[9]

한국의 재벌들은 경제력을 바탕으로 정치권에 막강한 영향력을 행사하고, 법조계와 관계도 포섭하고 있다. 이를 통해 형성된 재계·정치계·관계의 유착으로 정실자본주의 체제의 정점을 차지하고 있다. 남북한의 대결상황에서 자유시장 옹호자들은 전경련과 같은 재벌들과 연대할 수밖에 없었다. 자유시장의 깃발은 완전히 전경련의 전유물이 되어, 친親시장 pro-market 과 친親기업 probusiness[10]이 혼돈되고 있다. 이로 인해 진정한 자유주의 정당의 발전이 저해되어, 보수정당마저 상호 정합적일 수 없는 관치주의와 신자유주의 사이를 방황하며 인기영합주의에 편승하고 있다. 그 결과 급격한 여건 변화에도 불구하고 2000년대 이후 정치·경제·사회제도는 진화를 멈추어, 포용적 제도로 나아가지 못하고 있다.

이처럼 재벌들이 경제력을 바탕으로 민주주의의 건강성을 훼손하는 것을 저지하기 위해서는, 루이지 징갈레스Luigi Zingales가 주장하듯이 우선 국민에게 정보를 공개해야 한다.[11] 정보는 권력에 대한 주요한 도전이다. 모든 독재정부는 국민이 그 체제의 결함을 알아차리는 것을 방지하기 위해 정보를 엄격히 통제하고 빈번하게 조작한다. 옛날에는 정보를 수집하고 저장하고 분석하는 데 엄청난 비용이 소요되었다. 이 비용이 권력자가 정보를 수집하고 분석하는 것을 거부할 정당성을 제공했다.

그러나 디지털 세계에서는 정보는 자동적으로 수집되며 용이하게 저장되고 분석할 수 있다. 인터넷의 진화 덕분에 정보로의 접근성이 폭발적으로 높아졌다. 정보는 정부, 금융회사, 재벌 등의 부패와 비도덕적 행위 그리고 과오와 비효율성을 만천하에 드러나게 한다. 정보공개의 의무화는 사회적·산업적 질병을 치유하는 데 가장 강력한 수단이다. 기업 비밀이나 사생활은 보호되어야 하지만, 일정 기간이 경과한 정보를 공개하도록 의무화하는 것은 어느 누구도 해치지 않을 것이며, 부정부패와 연고주의를 세상에 드러나게 할 것이다.

연고주의를 극소화하기 위해 새로운 정부규제기관을 도입하는 것은 도움이 되지 않는다. 그들이 가장 먼저 기득권 세력에 포획되기 때문이다. 이보다는 내부고발자whistle blower를 보호하고 보상하는 입법과 집단소송제도의 적용범위를 확대해야 한다.[12]

주

제1부 피케티는 무엇을 말하고 있나

제1장 1:99 사회를 발견하다

1 '20:80 사회'란 상위 20%의 인구는 부유하지만 나머지 80%는 빈곤해질 수밖에 없다는 이
  론으로 《슈피겔(Der Spiegel)》지 편집자였던 한스 페터 마르틴(Hans-Peter Martin)과 하
  랄트 슈만(Harald Schumann)의 *The Global Trap: Civilization and the Assault on
  Democracy and Prosperity*(London: Zed Books, 1997)에서 제기되었다. 이 책은 1996년
  독일에서 출판된 이후 세계적인 베스트셀러가 되었으며 한국에서도 출판되었다. 한스 페
  터 마르틴, 『세계화의 덫』, 강수돌 옮김(영림카디널, 2003).

2 이 책에 나오는 피케티의 모든 그림과 도표, 그리고 그 바탕이 되는 데이터는 피케티의 『21
  세기 자본』 홈페이지(piketty.pse.ens.fr/capital21c)에서 누구나 볼 수 있다.

3 이 데이터베이스 또한 누구나 자유롭게 활용할 수 있도록 공개하고 있다. 관심 있는 독자는
  홈페이지에 접속해볼 것을 권한다. http://www.parisschoolofeconomics.eu/en/research/
  the-world-top-incomes-database/

4 '벨에포크'란 '좋은 시대'라는 뜻으로서 좁게는 파리, 넓게는 유럽이 풍요와 평화 및 문화예
  술의 번창을 구가한 19세기 말에서 20세기 초에 걸친 기간을 이르는 말이다.

5 피케티는 중국, 인도, 남아프리카공화국, 아르헨티나 등 신흥국들의 소득불평등에 관한 연
  구 결과도 언급하고 있는데, 이들 국가 또한 최상위 1%의 소득 비중이 12~18% 정도로 선
  진국과 별반 다르지 않으며, 선진국들과 유사하게 1980년대 이후로 불평등이 증가하고 있
  다는 것을 보여주고 있다.

6 노동의 한계생산성이란 노동 한 단위를 더 투입할 때 생산이 얼마나 증가하는지를 의미한
  다. 예를 들어 어떤 회사에서 1명이 추가적으로 고용되어 만들어내는 생산물의 가치만큼 1
  인당 임금이 지급될 것이라는 논리다. 이에 따르면 회사가 노동자에게 한계생산성 이상으

로 임금을 줄 리는 만무한데, 이 사람을 고용하는 것이 회사에게 손해가 되기 때문이다. 회사가 만약 임금을 한계생산성보다 작게 지급하려고 하면 다른 경쟁 기업에서는 임금을 좀 더 지급한다고 하고 이 사람을 데려갈 것이다. 이 사람이 만들어낼 가치, 즉 한계생산성이 임금보다 높으면 회사에게 이익이 되기 때문이다. 결국 이러한 경쟁을 통해 임금은 한계생산성과 같은 수준에서 결정된다는 것이다.

7 소득세 최고 한계세율의 대폭적인 인하로 보수 인상을 위해 노력할 유인이 커졌고, 보수 인상이 이루어진 후에는 막대한 부를 바탕으로 입법 로비를 해서 세금을 더욱 인하시키는 악순환이 일어났다고 한다. 최근 미국 학계에서는 소득불평등의 심화가 부유층에 의한 정치 장악을 강화하고 이것이 다시 불평등을 고조시키는 방향으로 제도와 정책의 변화를 유발하는 악순환, 즉 경제적 불평등과 정치적 불평등의 상승 작용이 많이 논의되고 있다.

제2장　자본축적과 소득분배의 역사적 동학

1 Thomas Piketty, *Capital in the Twenty-First Century*, translated by Arthur Gold hammer (Cambridge, MA: Belknap Press of Harvard University Press, 2014), p.32.

2 이 책의 제3부에서 보여주는 것과 같이 한국의 β는 매우 높은데, 그 가장 중요한 이유는 소득 대비 부동산가격이 매우 높기 때문이다.

3 Robert J. Gordon, "Is U.S. Economic Growth Over? Faltering Innovation Confronts the Six Headwinds," *NBER Working Paper*, No.18315(August 2012).

4 경제학에서 가장 흔하게 사용되는 생산함수인 콥-더글러스(Cobb-Douglas) 함수에서는 대체탄력성이 1인데, 이 경우에는 β의 증가와 r의 감소가 같은 비율로 일어나 자본소득분배율 α의 값은 변하지 않는다.

제3장　세습자본주의의 재림과 정책 대응

1 Ricardo Fuentes-Nieva and Nicholas Galasso, "Working for the Few: Political Capture and Economic Inequality," *Oxfam Briefing Paper*, Vol.178(January 2014).

2 Edward N. Wolff, "Recent Trends in Household Wealth in the United States: Rising Debt and the Middle-Class Squeeze-an Update to 2007"(Levy Economics Institute of Bard College, March 2010).

3 Emmanuel Saez and Gabriel Zucman, "Wealth Inequality in the Unites States since 1913: Evidence from Capitalized Income Tax Data," *CEPR Discussion Paper*, No.10227 (October 2014).

4 Michael Moore, "America Is Not Broke," *Huffington Post,* March 6, 2011, retrieved from

http://www.huffingtonpost.com/michael-moore/america-is-not-broke_b_832006.html;
무어 감독의 주장은 여러 신빙성 있는 자료에 근거한 것이었고, 정치적 주장의 진실성을 검
증하는 단체인 폴리티팩트(PolitiFact)에 의해 진실이라고 판명되었다. Tom Kertscher and
Greg Borowski, "The Truth-O-Meter Says: True-Michael Moore says 400 Americans have
more wealth than half of all Americans combined," *PolitiFact,* March 10, 2011.

5 Thomas Piketty, *Capital in the Twenty-First Century*, p.422.

6 워런 버핏처럼 '착한' 억만장자들도 존재하지만 대다수의 억만장자들은 세금을 더 낮추기 위
해 로비를 하고 여론전을 펼치는 것이 현실이다. 이들은 아메리칸 엔터프라이즈 인스티튜트
(American Enterprise Institute)나 헤리티지재단(The Heritage Foundation) 같은 보수진영
의 싱크탱크를 후원하고, 공화당 우파 정치인들을 위한 막대한 정치헌금을 하며, ≪월스트리
트저널≫과 같은 보수언론의 든든한 버팀목이 되어준다.

제4장 피케티가 옳다!

1 이러한 연구 결과를 집대성한 대표적인 책으로 다음을 들 수 있다. Richard Wilkinson and
Kate Pickett, *The Spirit Level: Why Greater Equality Makes Societies Stronger*(New
York: Bloomsbury Press, 2009).

2 "How Increasing Income Inequality Is Dampening U.S. Economic Growth, And Possible
Ways To Change The Tide," *S&P Global Credit Portal*, August 5, 2014.

3 Joseph Stiglitz, *The Price of Inequality: How Today's Divided Society Endangers Our
Future*(New York: W.W.Norton & Company, 2012).

4 Paul Krugman, *The Conscience of a Liberal*(New York: W.W.Norton & Company, 2007)

5 Simon Johnson, "The Quiet Coup," *The Atlantic*(May 2009).

6 Martin Gilens and Benjamin I. Page, "Testing Theories of American Politics: Elites,
Interest Groups, and Average Citizens," *Perspectives on Politics*(Fall 2014).

7 Gregory Mankiw, "Defending the One Percent," *Journal of Economic Perspectives*,
Vol.27, No.3(2013), pp.21~34.

8 "韓 은행권 CEO 연봉, 日의 최고 3배 … 순익은 10분의 1", ≪연합뉴스≫, 2014년 9월 28일
자, retrieved from http://www.yonhapnews.co.kr/bulletin/2014/09/26/0200000000AKR
20140926181800002.HTML?input=1179m

9 Bill Gates, "Why Inequality Matters," *gatesnotes,* October 13, 2014, retrieved from
http://www.gatesnotes.com/Books/Why-Inequality-Matters-Capital-in-21st-Century-
Review

10 Ronald Mckinnon, "The Conservative Case for a Wealth Tax," *Wall Street Journal*,

January 9, 2012.

11 ≪포브스≫지의 억만장자 리스트에 따르면 2015년 초 기준으로 전 세계에 1826명의 억만 장자가 존재한다고 한다. 여기서 억만장자는 연소득이 10억 달러 이상인 사람들을 말한다. 달러와 유로의 환율은 변동이 심하지만 역사적 평균치인 1유로=1.5달러의 환율을 사용해 연소득이 10억 유로(15억 달러) 이상인 사람들을 따져보면 2015년 5월 현재 1250명이다.

12 Thomas Piketty, *Capital in the Twenty-First Century*, p.572.

13 Jonathan D. Ostry, Andrew Berg and Charalambos G. Tsangarides, "Redistribution, Inequality, and Growth," *IMF Staff Discussion Note*(IMF, April 2014)

14 Peter H. Lindert, *Growing Public: Social Spending and Economic Growth since the Eighteenth Century, Volume 1, The Story*(New York: Cambridge University Press, 2004).

15 필자는 한국의 경우 이런 면에서 우려할 점이 많다고 본다. "정부와 공공부문의 역할을 강조하는 것이 곧 이들의 지출을 정당화하는 것은 아니다. 이들이 함부로 돈을 쓰면 나라는 망한다. 무조건 복지를 확대하면 좋다는 사고방식은 거꾸로 복지확대에 가장 커다란 장애물이 될 수 있다. 정부와 공공부문의 역할을 중시할수록 이들이 자원을 효율적으로 사용하고 제도를 효율적으로 설계하도록 각별한 주의를 기울여야 한다." 유종일, "재정에 관한 첫째 진실", ≪허핑턴포스트 코리아≫, 2015년 1월 23일 게시, Retrieved from http://www.huffingtonpost.kr/jongil-you/story_b_6528090.html

16 Thomas Piketty, *Capital in the Twenty-First Century*, p.572.

17 같은 책, p.513.

18 유종일, "재정에 관한 여덟째 거짓말: 팽창적 긴축과 하버드 교수들의 망신", ≪허핑턴포스트 코리아≫, 2015년 1월 6일 게시, Retrieved from http://www.huffingtonpost.kr/jongil-you/story_b_6420410.html

19 Emmanuel Saez and Gabriel Zucman, "Wealth Inequality in the Unites States since 1913: Evidence from Capitalized Income Tax Data."

20 예를 들어, ≪포브스≫지가 선정하는 400대 부자들의 60%가 특권층의 자제였다고 한다. Matt Bruenig, "You call this a meritocracy? How rich inheritance is poisoning the American economy," *Salon*, March 24, 2014; Sam Pizzigati, "The 'Self-Made' Hallucination of America's Rich," *Institute for Policy Studies*, September 24, 2012.

21 Robert Reich, "The Rise of the Non-Working Rich," Blog piece on July 15, 2014, retrieve from http://robertreich.org/post/91880951615

22 이 문제와 관련한 주요 논문은 다음과 같다. Odran Bonnet et al., "Does housing capital contribute to inequality? A comment on Thomas Piketty's Capital in the 21st Century," *Sciences Po Economics Discussion Paper*(July 2014); Robert Rowthorn, "A Note on Thomas Pikettys Capital in the Twenty-First Century," *Faculty of Economics*(University

of Cambridge, 2014); David N. Weil, "Capital and Wealth in the Twenty-First Century," *American Economic Review: Papers & Proceedings*, Vol.105, No.5(2015). Retrieved from http://dx.doi.org/ 10.1257/aer.p20151057

23 최근 여러 선진국에서 발견되는 '고용 없는 성장' 현상이나 실질임금의 정체 등으로 인해 자동화의 고용에 끼치는 영향에 대해 우려의 목소리가 커지고 있다. 옥스퍼드 대학의 경제학자 칼 프레이(Carl Benedikt Frey)와 정보공학자 마이클 오스본(Michael A. Osborne)은 702개의 직업에 대해 조만간 자동화되어 사라질 확률을 추정한 연구를 발표했다. 그들은 미국에서 대출심사요원, 세무사, 상점 점원, 법무보조원, 택시운전수 등 무려 47%의 일자리가 사라질 위험이 크다고 보았다. Carl Benedikt Frey and Michael A. Osborne, "The Future of Employment: How Susceptible are Jobs to Computerisation?" *OMS working paper*(Oxford University, 2013). 최근에 발간된 주목할 만한 책 『제2의 기계시대』에서는 산업혁명 이래 과거의 기계는 육체노동을 대체했지만, 21세기의 기계는 정신노동을 대체하는 질적으로 완전히 다른 기계로서 엄청난 사회경제적 변화를 초래할 것이라고 주장한다. 기계가 육체노동뿐만 아니라 정신노동까지 대체한다면 자본과 노동의 대체탄력성은 매우 높아질 수 있다. 극단적으로 인간노동 대신에 자본으로 만든 로봇을 사용하면 될 테니까 말이다. Erik Brynjolfsson and Andrew McAfee, *The Second Machine Age: Work, Progress, and Prosperity in a Time of Brilliant Tech nologies*(New York: W.W.Norton & Company, 2014)

24 Matthew Rognlie, "A note on Piketty and diminishing returns to capital," mimeograph(MIT Department of Economics, 2014); Robert Rowthorn, "A Note on Thomas Piketty's Capital in the Twenty-First Century," *Faculty of Economics*(University of Cambridge, 2014).

25 David N. Weil, "Capital and Wealth in the Twenty-First Century."

26 Robert Rowthorn, "A Note on Thomas Pikettys Capital in the Twenty-First Century."

27 James Galbraith, "Kapital for the TwentyFirst Century?" *Dissent*(Spring 2014).

28 Dean Baker, "Economic Policy in a Post Piketty World," *Huffington Post,* April 21, 2014, Retrieved from http://www.huffingtonpost.com/deanbaker/economicpolicyinapost_b_5187840.html

29 Joseph Stiglitz, "Inequality Is Not Inevitable," *New York Times*, June 27, 2014, Retrieved from http://opinionator.blogs.nytimes.com/2014/06/27/inequality-is-not-inevitable/

30 Thomas Piketty, "About Capital in the Twenty-First Century," *American Economic Review: Papers & Proceedings*, Vol.105, No.5(2015), Retrieved from http://dx.doi.org/ 10.1257/aer.p20151060

31 1960년대에 영국의 케임브리지 대학 학자들과 미국 케임브리지 대학의 MIT 학자들 사이에

벌어졌던 자본논쟁(capital controversy)은 자본의 수익률이 정해지지 않으면 자본의 양도 엄밀하게 정해질 수 없다는 영국 쪽의 승리로 귀결되었다. 이로써 자본의 한계생산성에 의해 자본수익률이 결정된다는 근대경제학의 논리적 기초는 붕괴되었다고 할 수 있다. 그러나 주류 경제학계에서는 편리성 때문에 자본의 양을 분배와 무관하게 양적으로 측정 가능한 것으로 가정하고 생산함수를 사용하거나 한계생산성 이론을 활용해왔다. 이러한 현실 때문에 피케티는 마치 영국 쪽이 논쟁에서 진 것처럼 이야기하고 있으나, 사실 논쟁의 종결 시점에서 폴 새뮤얼슨(Paul Samuelson) 등 미국 측 학자들은 자신들의 오류를 공개적으로 인정한 바 있다.

32 Lawrence Kotlikoff, "Will the rich always get richer?" *PBS News Hour*, May 16, 2014, retrieved from http://www.pbs.org/newshour/making-sense/will-rich-always-get-richer/

33 Debraj Ray, "Nit-Piketty: A comment on Thomas Piketty's Capital in the Twenty First Century," mimeo(New York University, 2014), Retrieved from http://www.econ.nyu.edu/user/debraj/Papers/Piketty.pdf

34 일례로 오늘날 미국의 최상위 1% 가계는 소득의 약 35%를 저축하는 반면, 하위 90%는 저축이 제로 수준이다. Emmanuel Saez and Gabriel Zucman, "Wealth Inequality in the United States since 1913: Evidence from Capitalized Income Tax Data."

35 Gregory Mankiw, "Yes, r>g. So What?" *American Economic Review: Papers & Proceedings*, Vol.105, No.5(2015), Retrieved from http://dx.doi.org/10.1257/aer.p20151059

36 피케티는 동료 주크먼과 함께 각 이슈에 대한 세계 최고의 권위자들이 집필하는 '경제학 핸드북' 시리즈인 『소득분배 핸드북』의 「장기적인 부와 상속」 부분을 집필했고, 이와 관련된 수리모형들에 관한 자세한 참고문헌 목록을 제시하고 있다. Thomas Piketty and Gabriel Zucman, "Wealth and Inheritance in the Long Run," in A. Atkinson, F. Bourguignon (eds.), *Handbook of Income Distribution*, Vol 2(Amsterdam: Elsevier, 2015).

37 Thomas Piketty, "About Capital in the Twenty-First Century."

38 Daron Acemoglu and James A. Robinson, "The Rise and Fall of General Laws of Capitalism," mimeograph(MIT Department of Economics, August 2014).

39 순저축률을 τ라고 부르고 불변이라고 가정하자. $r = \alpha g/\tau$, $r - g = (\alpha - \tau)g/\tau$이다. $r > g$라는 동태적 효율성 조건으로부터 $a - \tau > 0$이므로, $d(r-g)/dg = (\alpha - \tau)/\tau > 0$이다. 따라서 $r - g$와 g는 반드시 동일한 방향으로 움직이게 된다.

40 만약 총저축률과 순저축률 사이에 항상 일정한 관계가 유지된다면 이 두 가정의 차이는 사라질 것이다. 그러나 총저축률이 일정할 때 성장률이 하락하면 순저축률은 급격히 하락한다. Per Krusell and Tony Smith, "Is Piketty's 'Second Law of Capitalism' Fundamental?" mimeo(2014). 이는 미국의 전후 데이터를 보아도 확인할 수 있는 현상이며, 솔로 모형의

균제상태를 기준으로 하면 수식으로도 확인할 수 있다. 자본의 감가상각률을 δ, 총저축을 S라고 할 때, $\tau = (S - \delta K)Y = S/Y - \delta K/Y = s - \delta\beta$이다. 균제상태에서 $\beta = s/(\delta + g)$이므로, $\tau - s[g/(\delta + g)]$이고 g의 하락이 순저축률과 총저축률의 관계를 변화시키는 것을 알 수 있다. 특히 총저축률이 불변일 때, g의 하락은 순저축률의 하락을 초래한다.

41 만약 총저축률 s가 불변이고 τ는 상황에 따라 결정되는 가변적인 변수라면, $r - g = (\alpha - \tau)g/\tau$에서 τ가 g의 함수이므로 이 식으로부터 $r - g$와 g의 관계를 바로 알아낼 수가 없다. 그 대신 s가 불변이므로, $r = \alpha(\delta + g)/s$로부터 $r - g = [\alpha\delta + (\alpha - s)g]/s$가 된다. 이 경우에 동태적 효율성 조건이 반드시 $\alpha - s > 0$을 요구하지 않으며, 따라서 $d(r - g)/dg = (\alpha - s)/s$가 반드시 양일 필요가 없다. 즉, $r - g$가 반드시 g와 동일한 방향으로 움직여야 하는 것은 아니다.

42 김낙년·김종일, 「한국의 소득분배 지표의 재검토」, ≪한국경제의 분석≫, 제19권, 제2호 (2013). 아울러 통계청 조사의 부실을 설명한 다음 글 참조. 김낙년, 「현행 가계조사 방식의 개선 필요하다」, ≪좋은나라 이슈페이퍼≫, 제44호(2014).

43 한국의 소득분배에 관한 김낙년 교수와 김종일 교수의 연구 결과가 2014년 제1장에서 소개한 '세계 최상위소득 데이터베이스(WTID)'에 채택되었고, 이 데이터베이스에 나와 있는 OECD 국가들 중에서 한국의 상위 1% 소득 비중은 미국 다음으로 높게 나타난다.

44 정부는 창조경제를 주창하고, 경제혁신을 도모하고 있다. 과거에 선진국 '따라잡기 성장'을 할 때와 달리 이제는 '가지 않은 길'을 개척하고 나아가야 한다. 혁신적인 기업이 기존 재벌을 제치고 성장할 수 있어야 한다. 세습기득권 체제가 경제를 지배하는 한 창조와 혁신이 제대로 될 리 만무하다. 창조경제는 세습자본주의 청산에서부터 시작할 일이다. 편법적인 상속 및 증여, 그리고 재벌의 횡포와 불공정 행위를 철저히 차단하는 것이 그 첫걸음이다.

45 Robert Solow, "Thomas Piketty Is Right: Everything you need to know about 'Capital in the Twenty First Century'," *New Republic*, April 22, 2014.

46 진보적 자유주의에 대해서는 다음을 참조. 박동천 외, 『자유주의는 진보적일 수 있는가』 (폴리테이아, 2011). 진보적 자유주의에 대한 필자의 생각은 다음을 참조. 유종일, 『유종일의 진보경제학: 철학, 역사 그리고 대안』(모티브북, 2012).

47 최장집, "피케티의 "21세기의 자본": 자본주의에 대한 탈이념적, 현대적 해석", 네이버 열린논단, 2014.5.7, retrieved from http://openlectures.naver.com/contents?rid=253&contents_id=54662; 안재욱·현진권 편저, 『피케티의 『21세기 자본』 바로읽기: 피케티가 전 세계에 던진 평등의 메시지』(백년동안, 2014).

48 "피케티, 새 책서 오류 지적된 가설 수정", ≪연합뉴스≫, 2015년 3월 10일 자, retrieved from http://www.yonhapnews.co.kr/bulletin/2015/03/10/0200000000AKR20150310050800009.HTML?input=1195m; "피케티, 5월에 새 논문 출간 … '21세기 자본' 일부 오류 수정", ≪조선일보≫, 2015년 3월 11일 자, retrieved from http://news.chosun.com/site/

data/html_dir/2015/03/11/2015031100224.html; "'21세기 자본론' 피케티의 말 바꾸기 논
란", ≪매일경제≫, 2015월 3월 11일 자, retrieved from http://news.mk.co.kr/news
Read.php?year=2015&no=230524; "고개 숙인 피케티 … '부의 불평등' 오류 인정", ≪한국
경제≫, 2015년 3월 10일 자, retrieved from http://www.hankyung.com/news/app/
newsview. php?aid=201503 1023151

49 Salim Furth, "Why Thomas Piketty's Revisions Don't Fix His Book," Washington Wire,
   Wall Street Journal, March 9, 2015, retrieved from http://blogs.wsj.com/washwire/
   2015/03/09/why-thomas-pikettys-revisions-dont-fix-his-book; Robert Rosen kranz, "Piketty
   Corrects the Inequality Crowd," *Wall Street Journal,* March 8, 2015, retrieved from
   http://www.wsj.com/articles/robert-rosenkranz-piketty-corrects-the-inequality-
   crowd-1425854415

50 "피케티, 새 책에서 '명제 논란' 부연설명", ≪경향신문≫, 2015년 3월 10일 자, retrieved
   from http://news.khan.co.kr/kh_news/khan_art_view.html?artid=201503102103145&co
   de=970100; Rich Miller, "French Economist Piketty Clarifies Findings on Rising
   Inequality," *Bloomberg*, March 9, 2015, retrieved from http://www. bloomberg.com/
   news/articles/ 2015-03-09/french-economist-piketty-clarifies-findings-on-rising-inequality

51 이상에서 인용한 피케티의 말들은 다음에서 인용. Thomas Piketty, "About Capital in the
   Twenty-First Century."

52 유종일, 『위기의 경제: 금융위기와 한국경제』(생각의 나무, 2008)

제2부 피케티와 미국, 프랑스, 유럽연합

제5장 2014년 세계는 왜 피케티에 열광했는가

1 Thomas Piketty, *Le capital au XXIe siècle*(Paris: Seuil, 2013).

2 구글 트렌드에서 관심도 수치는 차트에서 가장 높은 지점을 기준으로 상대적인 검색 관심
  도를 나타낸다. 예를 들어, 특정 지역에서 특정 기간 수행된 검색 중 10%가 'Piketty'에 대한
  검색이고, 이 수치가 최대값인 경우, 구글 트렌드에서는 이를 100으로 간주한다. 즉, 이 수
  치는 절대적인 검색량을 반영하는 것이 아니라, 비교를 위한 상대적인 검색량을 보여주는
  것이다 .

3 Thomas Piketty, "Social Mobility and Redistributive Politics," *The Quarterly Journal of
  Economics*, Vol.110, No.3(1995), pp.551~584.

4 Thomas Piketty and Emmanuel Saez, "Income Inequality in the United States, 1913~

1998"(series Updated to 2000 Available), *National bureau of economic research*(2001), Retrieved from http://www.nber.org/papers/w8467

5 Camille Landais, Thomas Piketty and Emmanuel Saez, *Pour une révolution fiscale: Un impôt sur le revenu pour le XXIe siècle*(Paris: Seuil, 2011).

6 Alicia P. Q. Wittmeyer, "The FP Top 100 Global Thinkers," *Foreign Policy*, November 26, 2012, Retrieved from http://foreignpolicy.com/2012/11/26/the-fp-top-100-global-thinkers

7 변증법적 유물론에서 양의 증가가 질의 변화까지 초래하는 현상.

8 Joseph E. Stiglitz, *The Price of Inequality: How Today's Divided Society Endangers Our Future*, 1st edition(New York: W.W.Norton & Company, 2013).

9 Jacob S. Hacker and Paul Pierson, *Winner-Take-All Politics: How Washington Made the Rich Richer-and Turned Its Back on the Middle Class*(New York: Simon & Schuster, 2011).

10 Justin Wolfers, "Piketty's Book on Wealth and Inequality Is More Popular in Richer States," *The New York Times*, April 23, 2014, Retrieved from http://www.nytimes.com/2014/04/24/upshot/pikettys-book-on-wealth-and-inequality-is-more-popular-in-rich er-states.html

11 같은 글.

제6장 **피케티와 프랑스, 그리고 유럽연합**

1 윤석준, "소수 세습자본이 정치 호령 … 투명성 없인 민주주의 위기", ≪한겨레≫, 2014년 5월 15일 자, 1~3면.

2 프랑스의 고등교육제도는 국가 엘리트 양성을 위해서 치열한 경쟁의 원리가 적용되는 '그랑제콜'과 시민의 교육권 보장 차원에서 보편적 평등의 원리가 적용되는 '국립대학'으로 이원화되어 있다.

3 Camille Landais, Thomas Piketty and Emmanuel Saez, *Pour une révolution fiscale: Un impôt sur le revenu pour le XXIe siècle*.

4 Thomas Piketty, "Nous, économistes, soutenons Hollande," *Le Monde.fr*, April 17, 2012, retrieve from http://www.lemonde.fr/idees/article/2012/04/17/nous-economistes-soute nons-hollande_1686249_3232.html

5 Thomas Piketty, "Manifeste pour une union politique de l'euro," *Le Monde.fr*, February 16, 2014, retrieve from http://www.lemonde.fr/idees/article/2014/02/16/manifeste-pour-une-union-politique-de-l-euro_4366865_3232.html

6 Glienicker Gruppe, "Euro-Vertrag: Mobil, Gerecht, Einig," *Die Zeit*, October 25, 2013, retrieve from http://www.zeit.de/2013/43/glienicker-gruppe-europaeis che-union

제7장 불평등의 경제학에서 불평등의 정치학으로

1 윤석준, "소수 세습자본이 정치 호령 … 투명성 없인 민주주의 위기".
2 같은 글.
3 Jacob S. Hacker and Paul Pierson, *Winner-Take-All Politics: How Washington Made the Rich Richer and Turned Its Back on the Middle Class*.
4 김윤태, 『한국의 재벌과 발전국가: 고도성장과 독재, 지배계급의 형성』(도서출판 한울, 2012).
5 Branko Milanovic, *The Haves and the Have-Nots: A Brief and Idiosyncratic History of Global Inequality*(New York: Basic Books, 2012); Thomas Piketty, *Le capital au XXIe siècle*; United Nations Department of Economic and Social Affairs, *Report on World Social Situation 2013: Inequality Matters*(New York: United Nations, 2013); Facundo Alvaredo et al., "The World Top Incomes Database," *The World Top Incomes Database*(2014), retrieve from http://topincomes.g-mond.parisschoolofeconomics.eu/
6 Geoffrey Evans, "The Continued Significance of Class Voting," *Annual Review of Political Science,* Vol.3, No.1(2000), pp.401~417; Clem Brooks, Paul Nieuwbeerta and Jeff Manza, "Cleavage-Based Voting Behavior in Cross-National Perspective: Evidence from Six Postwar Democracies," *Social Science Research*, Vol.35, No.1(March, 2006), pp.88~128; Jeroen van der Waal, Peter Achterberg and Dick Houtman, "Class Is Not Dead It-Has Been Buried Alive: Class Voting and Cultural Voting in Postwar Western Societies(1956~1990)," *Politics & Society*, Vol.35, No.3(September 2007), pp.403~426.
7 Jonas Pontusson and David Rueda, "The Politics of Inequality: Voter Mobilization and Left Parties in Advanced Industrial States," *Comparative Political Studies*(March 1, 2010), retrieve from http://cps.sagepub.com/content/early/2010/03/01/0010414009358672; Kris-Stella Trump, "Accepting Inequality: How 'What Is' Influences 'What Ought to Be'," presented at the NYU CESS 6th Annual Experimental Political Science Conference(March 2013), retrieve from http://www.kstrump.com/wp-content/uploads/2013/06/Trump-Accepting-InequalityMPSA-2013.pdf
8 Thiam Chye Tay, "Tolerance for Income Inequality and Redistributive Preferences: Cross-Nation and Multilevel Perspectives"(Doctoral Dissertation, Department of Philosophy, UCLA, 2013), retrieve from http://escholarship.org/uc/item/4z92q212

9 James R. Kluegel and E. R. Smith, *Beliefs About Inequality: Americans' Views of What Is and What Ought to Be*(New York: Aldine Transaction, 1986); Benjamin I. Page, *Class War?: What Americans Really Think about Economic Inequality*, 1st edition(Chicago: University of Chicago Press, 2009).

10 Thorstein Veblen, *The Theory of the Leisure Class*, Reprint edition(New York: Dover Publications, 1994).

11 Richard R. Lau and David P. Redlawsk, *How Voters Decide: Information Processing in Election Campaigns*(New York: Cambridge University Press, 2006).

12 Tamás Keller, Márton Medgyesi and István György Tóth, "Analysing the Link between Measured and Perceived Income Inequality in European Countries," *Research Note*, No.8(European Commmission, 2010); Guillermo Cruces, Ricardo Perez-Truglia and Martin Tetaz, "Biased Perceptions of Income Distribution and Preferences for Redistribution: Evidence from a Survey Experiment," *Journal of Public Economics,* Vol. 98(2013), pp.100~112.

13 Thiam Chye Tay, "Tolerance for Income Inequality and Redistributive Preferences: Cross-Nation and Multilevel Perspectives."

14 같은 글.

15 Thomas Piketty, "Social Mobility and Redistributive Politics."

16 Thomas Piketty, "Attitudes vis-à-vis des inégalités de revenu en France: existerait-il un consensus?" *Comprendre(PUF)*, No.4(October 2003), retrieve from http://piketty.pse. ens.fr/fichiers/public/Piketty2003c.pdf

17 Tamás Keller, Márton Medgyesi and István György Tóth, "Analysing the Link between Measured and Perceived Income Inequality in European Countries."

18 Thiam Chye Tay, "Tolerance for Income Inequality and Redistributive Preferences: Cross-Nation and Multilevel Perspectives."

19 Tamás Keller, Márton Medgyesi and István György Tóth, "Analysing the Link between Measured and Perceived Income Inequality in European Countries."

20 Roland Verwiebe and Bernd Wegener, "Social Inequality and the Perceived Income Justice Gap," *Social Justice Research,* Vol.13, No.2(2000), pp.123~149.

제8장 '피케티 신드롬'에 대한 우려와 기대

1 피케티의 『21세기 자본』이 국내에 소개되는 과정에 대한 문제의식의 단초를 제공해주신 서강대학교 정치외교학과 류석진 교수님과 동 대학교 정치외교학과 및 사회과학연구소 연

구자분들에게 감사의 인사를 드린다.

2 앤서니 앳킨슨[A.B.아트킨슨(Anthony B. Atkinson)], 『所得分配論 : 不平等의 經濟學(소득 분배론: 불평등의 경제학)』, 裵茂基 옮김[서울: 全國自動車勞動組合京畿道協議會(전국자동 차노동조합총연맹 경기지부), 1979].

3 이정우, 『불평등의 경제학』(후마니타스, 2010).

4 이연호, 『불평등 발전과 민주주의: 한국정치경제론』(박영사, 2013).

5 이신화 외, 『불평등과 민주주의』(고려대학교출판부, 2014).

6 김공회 외, 『왜 우리는 더 불평등해지는가: 피케티가 말하지 않았거나 말하지 못한 것들』 (바다출판사, 2014).

제9장 **피케티와 '그의 친구들'**

1 윤석준, "소수 세습자본이 정치 호령 … 투명성 없인 민주주의 위기".

2 카망베르 치즈는 프랑스의 가장 대표적인 치즈 중 한 종류이며, 인앤아웃 버거는 미국 서부 의 가장 대표적인 햄버거 체인 중 하나이다.

3 Abhijit Banerjee and Esther Duflo, *Poor Economics: A Radical Rethinking of the Way to Fight Global Poverty*, Reprint edition(New York: Public Affairs, 2012).

4 Camille Landais, Thomas Piketty, and Emmanuel Saez, *Pour une révolution fiscale: Un impôt sur le revenu pour le XXIe siècle*.

5 Thomas Piketty and Gabriel Zucman, "Capital Is Back: Wealth-Income Ratios in Rich Countries 1700~2010," *The Quarterly Journal of Economics*, Vol.129, No.3(2014).

제3부 피케티 이론에 비추어본 한국의 현실

제10장 **피케티 이론을 한국에 적용할 수 있는가**

1 Emmanuel Saez and Gabriel Zucman, "Wealth Inequality in the United States since 1913: Evidence from Capitalized Income Tax Data," *NBER Working Paper,* No.20625(2014).

제11장 **노동의 몫과 자본의 몫**

1 김낙년, 「한국의 소득분배」, ≪Working Paper≫, 제6권(낙성대경제연구소, 2013).

2 무급가족종사자도 광범위하게 자영업의 범주에 넣을 수 있으며, 이러한 기준에 따르면 취

업자 가운데 비임금근로자는 모두 자영업자에 해당된다.

3 주상영·전수민, 「노동소득분배율의 측정: 한국에 적합한 대안의 모색」, ≪사회경제평론≫, 제43호(2014), 31-65쪽.

제12장 한국 경제의 피케티 비율 I

1 비금융 생산자산=고정자산+재고자산, 고정자산=건설자산+설비자산+지식생산물. 한국 은행은 2014년 국민계정 개편을 통해 지식생산물(연구개발+기타지식생산물)을 고정자산 에 포함시켰다.

2 자금순환계정이란 금융자산의 거래 및 금융자산부채 잔액을 요약해서 나타내는 표로서, 국민대차대조표가 발표되기 훨씬 전부터 작성되어왔다. 국민소득계정과 자금순환계정은 오래전부터 발표되었지만 여기에 국민대차대조표가 추가됨으로써 비로소 국민계정체계가 완성 단계에 온 것이라 평가할 수 있다.

3 참고로 주택자산은 '주거용 건물+주거용 건물 부속토지'인데, 주거용건물은 비금융 생산자 산에, 주거용 건물 부속토지는 비금융 비생산자산에 포함된다.

4 좁은 국토와 높은 인구밀도가 토지가액이 높게 평가되는 이유로 작용하는 듯하며, 부동산 에 대해 공시가격제도를 유지하고 있는 점도 높은 토지 비중(가격 기준)과 무관하지 않다.

5 여기에는 주의할 점이 있다. 비록 정부의 순금융자산이 플러스일지라도, 공기업에 대한 주 식 지분은 정부 자산으로 간주되는 해당 공기업의 부채는 정부 부채로 간주되지 않는다.

6 국부 자료는 민간부와 달리 2000년부터 이용이 가능해 시계열이 확장되는 장점도 있다.

7 성장이론의 관점에서 보면 자본/소득 비율이 높은 수준에 도달해 더 이상 증가하지 않으 면, 이는 성장의 제약 요인으로 작용하게 된다.

8 여기서 자본과 소득 모두 감가상각을 제한 개념이며, 피케티의 저축률이 거시경제학에서 일반적으로 정의하는 저축률과 다르다는 점에 유의해야 한다. 일반적으로 저축률은 (자본 의 감가상각이 포함된) GDP에서 총저축이 차지하는 비율을 나타내지만, 피케티의 저축률 은 'GDP-감가상각+국외 순수취요소소득'에서 순저축(=총저축-감가상각)이 차지하는 비 율이다.

9 경제학에서는 이러한 상태를 균제상태(steady state)라고 부른다. 여기서는 자본의 증가 속 도와 소득의 증가 속도가 같아서 자본/소득 비율이 일정하게 유지되는 상태이다. 솔로 모 형은 경제가 성장하면서 균제상태로 수렴해간다는 것을 보여준 큰 성과를 이루었다.

10 여기서 주의할 점은 부등식의 성립($r-g>0$) 자체가 더 큰 α(와 β)로 연결되는 것은 아니 라는 것이다. 저축률이 일정할 때, $r-g$가 0보다 크더라도 일정한 값을 가지면 α는 변하지 않기 때문이다.

11 Thomas Piketty, *Capital in the Twenty-First Century*, p.26.

1 국부를 기준으로 하면 r과 g의 차이는 거의 없는 수준이다.

2 최근 들어 GDP에서 자본의 감가상각이 차지하는 비율이 증가하는 추세를 보이고 있으며 한국의 경우에 g는 GDP 증가율에 비해 다소 낮은 편이다.

3 장하성, 『한국 자본주의: 경제민주화를 넘어 정의로운 경제로』(헤이북스, 2014). 장하성은 이 책에서 한국의 자본수익률이 경제성장률보다 낮아서 피케티의 부등식($r > g$)이 성립하지 않는다는 주장을 하고 있다. 이 책의 566쪽과 주석 52를 보면, 한국의 자본수익률은 2011년에 −0.4%, 2012년에는 불과 1.2%이다. 이렇게 자본수익률이 낮으면 피케티가 제시한 자본에 대한 과세는 터무니없는 주장으로 전락하고 만다. 그러나 장하성 교수의 자본수익률은 '재산소득/자본'이어서 '자본소득/자본'인 피케티의 자본수익률에 비해 항상 작게 나올 수밖에 없다. 원래 자본소득에는 재산소득뿐만 아니라 사업소득(국민계정에서의 영업잉여)까지 포함되어 있기 때문에, 대체로 재산소득보다 사업소득이 더 많다. 게다가 그는 '재산소득/자본'의 수익률에서 물가상승률을 차감해 실질수익률을 구한다. 정의를 잘못 적용해 수익률이 낮아진 데다 물가상승률까지 빼주었기 때문에 마이너스 값까지 나온 것이다. 명목과 실질의 혼동이 어떻게 일어나는지 다음과 같은 간단한 예를 들어보자. 10억 원에 대한 예금 이자가 3000만 원이라고 하자. 이때 명목수익률은 3%인데, 물가상승률이 2%라면 실질수익률은 불과 1%이다. 여기서 중요한 것은 내년에도 10억 원이라는 투자 원금에는 변함이 없다는 것이다. 이처럼 투자 원금의 명목가치가 고정되어 있는 경우에는 명목수익률을 실질수익률로 전환해주는 것이 타당하다. 물가상승으로 원금의 실질가치가 줄어들기 때문이다. 그러나 피케티의 자본수익률에는 물가상승률을 빼줄 필요가 없다. 자본수익률의 정의상 분자와 분모의 명목가치가 동시에 변하고 있기 때문이다. 예를 들어 부동산 임대수입을 생각해보자. 올해 10억 원 상당의 빌딩에 대한 임대수입이 5000만 원이라고 하자. 이때 임대수익률은 5%이다. 일반 물가도 오르고 자산가격도 올라서 내년에는 빌딩의 가치가 12억 원이 되고 임대수입은 6000만 원이 되었다고 하자. 이때 임대수익률은 여전히 5%이다. 그러므로 이러한 개념으로 도출되는 피케티의 자본수익률은 물가상승률을 빼주지 않아도 되는 것이다. 다만 일반 물가에 비해 자산의 가격이 상대적으로 더 빠르게 (느리게) 오르는 경우에는 자본수익률은 하락(상승)하는 경향을 보인다. 피케티도 자본수익률(r)이 실질수익률이기 때문에 물가상승률을 빼려는 시도는 오류라는 점을 지적하고 있다. 자세한 내용은 Thomas Piketty, *Capital in the Twenty-First Century*, ch.6을 참조하면 된다.

4 피케티는 주요 선진국의 미래 예측에서 주로 $r = 4 \sim 5\%$, $g = 1.5\%$의 시나리오를 상정한다.

5 표준적인 효용함수를 가정한 램지-캐스(Ramsey-Cass) 모형에 의하면, 성장률이 증가하면 저축률도 증가하지만 성장률보다 작게 증가하므로 β는 하락한다.

6 단, 2013년 한 해만을 보면 저축률이 18.06%이고 소득증가율은 1.98%로 낮아졌으므로 이 비율은 9.12로 상승한다[$\beta_{2012} \approx (s/g)_{2013}$].

7 사실 $\beta \rightarrow s/g$기 도출되는 과정에는 소비재와 자본재의 가격이 같다는 전제가 깔려 있다. 그러나 β(=K/Y)가 시장가격 기준으로 계산되기 때문에 실제의 β는 자산가격의 등락에 민감하다. 반면 s와 g는 모두 장기 평균 개념이므로 실제의 자료로 '제2근본법칙'을 평가하는 것은 쉬운 일이 아니다. 참고로 피케티는 프랑스의 경우만 볼 때 1910~2010년의 기간 자본의 상대가격 효과는 사라진 것으로 평가한다. 이러한 상태에서 관찰되는 β는 단지 자산가격에 의해 부풀려진 값은 아니다.

8 한국의 소득불평등의 심각성을 잇따라 보고하고 있는 김낙년의 연구 「한국의 소득분배」 또한 가계조사의 한계를 인식하는 데서 비롯되었다.

9 한국은행·통계청, 「국민대차대조표 공동개발 결과(잠정)」(2014.5).

10 Loukas Karabarbounis and Brent Neiman, "The Global Decline of Labor Share," *Quarterly Journal of Economics*, Vol. 129, No. 1(2014), pp. 61~103.

11 Robert S. Chirinko, "Sigma: The Long and Short of It," *Journal of Macroeconomics*, Vol. 30(2008), pp. 671~686.

12 주상영, 「한국경제의 피케티 비율과 주요 쟁점」, ≪Working Paper≫, 제330호(SIES, 2014).

13 물론 이 또한 토지자산가액이 높은 것과 무관하지 않다.

제14장 **불평등의 축소와 관리**

1 김낙년·김종일, "Top Incomes in Korea 1933~2010", ≪Working Paper≫, 제3호(낙성대경제연구소, 2014).

2 국세청, 「2012년 배당소득·이자소득 100분위 자료」(2014.10.8). 김소연·김경락, "상위 1%가 배당소득의 72% 가져갔다", ≪한겨레≫, 2014년 10월 9일 자 재인용.

3 국세청이 내놓은 일부 자료만 보더라도 가계조사만으로는 자본소득과 부의 분포를 파악하는 데 한계가 있다는 것을 실감할 수 있다.

4 물론 이는 정확한 숫자가 아니다. 우선 '가계 및 비영리단체'에는 가계뿐만 아니라 비영리단체가 포함되어 있다. 가계조사의 대상인 일반 가구에 상응하는 주체는 아니기 때문에 비영리단체의 순자산은 빼주어야 한다. 그런데 또 다른 문제가 있다. 자영업 가구는 가계조사에 포함되지만 자영업 가운데에는 그 규모가 커서 '준법인기업'으로 분류되어 국민대차대조표상에서 '가계 및 비영리단체'가 아닌 '법인'으로 계상되는 부분이 있다. 이것은 더해주어야 할 부분이다.

5 금융의 역할도 중요하다. 인적자본의 역할이 중요한 성숙 단계에 진입했음에도 불구하고 금융의 발전이 미흡하면 불완전한 금융 중개 기능 때문에 저소득층의 인적자본 축적이 제

약되고 이것이 성장을 제약하는 요인이 된다.

6 Miles Corak, "Income Inequality, Equality of Opportunity, and Intergenerational Mobility," *Journal of Economic Perspectives*, Vol.27, No.3(2013), pp.79~102.

7 김희삼, 「세대 간 경제적 이동성의 현황과 전망」, ≪한국개발연구원(KDI) 정책연구시리즈≫, 제3권(2009).

8 '소득주도'라는 용어를 쓰는 것은 자영업자의 소득 등 임금 형태 이외의 노동소득까지 범위를 확장하기 위한 것인데, 여기서는 일단 '임금주도'로 용어를 통일하기로 한다.

9 대표적인 연구는 다음과 같다. Amit Bhaduri and Stephen Marglin, "Unemployment and the Real Wage: The Economic Basis for Contesting Political Ideologies," *Cambridge Journal of Economics*, Vol.14, No.4(1990).

10

$$\text{단위 노동비용} = \frac{\text{노동 1단위당 비용}}{\text{노동생산성}} = \frac{\text{노동비용/노동투입량}}{\text{산출량/노동투입량}} = \frac{\text{노동비용}}{\text{산출량}} = \text{노동소득분배율}$$

11 지출 측면의 GDP가 소비+투자+정부지출+순수출로 정의됨을 상기하자.

12 Özlem Onaran and Giorgos Galanis, "Is Aggregate Demand Wage-led or Profit-led?: National and Global Effects," *Conditions of Work and Employment Series*, No.40 (International Labor Office, 2012); Engelbert Stockhammer, "Why Have Wage Shares Fallen? Panel Analysis of the Determinants of Functional Income Distribution," *Conditions of Work and Employment Series*, No.35(International Labor Office, 2013).

13 물론 모든 국가가 '임금주도 성장'은 아닌데, '이윤주도 성장'의 대표적인 예가 중국이다.

14 대표적인 연구는 다음과 같다. 홍장표, 「한국의 노동소득분배율 변동이 총수요에 미치는 영향: 임금주도 성장모델의 적용 가능성」, ≪사회경제평론≫, 제43호(2014), 101~138쪽.

15 맥킨지, 「맥킨지 제2차 한국 보고서: 신성장공식」(McKinsey Global Institute, 2013).

16 Jonathan D. Ostry, Andrew Berg and Charalambos G. Tsangarides, "Redistribution, Inequality, and Growth," *IMF Staff Discussion Note*(IMF, April 2014).

17 Leonard E. Burman, Jeffrey Rohaly and Robert J. Shiller, "The Rising-Tide Tax System: Indexing (at Least Partially) for Changes in Inequality," *The Institute for the Study of Labor Discussion Paper*, No.7520(2006).

18 물가와 경기 상황을 근거로 자동적으로 금리를 올리고 내리는 방안을, 이것을 고안한 학자 존 테일러(John B. Taylor)의 이름을 따 테일러 준칙(Taylor rule)이라고 부른다. 이는 중앙은행이 재량적으로 통화관리를 할 것이 아니라 정해진 준칙을 따를 것을 요구한다.

19 사실 피케티가 제안한 글로벌 자본세는 그도 인정하듯이 유토피아적이다. 사실 개인의 사적인 부채까지 전부 뒤져서 일일이 순자산을 파악해내는 것은 쉽지 않기 때문에, 정치적으로도 행정적으로도 당장 도입하기에는 만만치 않은 과세 방식이다.

제4부 피케티의 『21세기 자본』과 한국 경제

1 野口悠紀雄, 『土地의 經濟學』(日本經濟新聞社, 1989), pp. 227~229.
2 김낙년·김종일, "Top Incomes in Korea 1933~2010", ≪Working Paper≫, 제3호(낙성대경제연구소, 2014).
3 제4부는 필자가 ≪재정학연구≫, 11월호(2014)에 게재한 논문을 일부 보완한 것이다.

제15장 피케티의 자본주의 내재적 불평등화 법칙

1 통상적인 가계조사 자료는 조사대상의 포괄범위 및 응답률의 한계 때문에 최상층의 소득을 정확히 포착하지 못한다. 이에 비해 과세 자료 통계는 이 목적에 좀 더 적합하다. 그러나 이 역시 한계가 있다. 많은 나라가 탈세와 절세 문제에 직면해 있어 소득을 과소 신고하는 문제가 있다. 그리고 부가급여나 귀속임대료의 경우 비과세 소득은 포착되지 않는다. 자본소득의 점점 많은 부분이 비과세되거나 원천징수되고 있어서 과세 자료는 최상층의 소득을 과소평가하는 경향이 있다.
2 제15장은 서울대학교 이준구 교수의 홈페이지에 게재된 피케티 『21세기 자본』 서평 ("Thomas Piketty, *Capital in the Twenty-First Century*, Cambridge, Mass.: Harvard University Press, 2014.")의 요약 부분을 발췌해 수정·보완한 것이다.
3 Thomas Piketty, *Capital in the Twenty-First Century*, p. 336.
4 Branko Milanovic, "The Return of "Patrimonial Capitalism": A review of Thomas Piketty's Capital in the Twenty-First Century," *Journal of Economic Literature*, Vol. 52. No. 2 (2014), p. 529.
5 피케티는 자본과 부를 동의어로 사용한다. 국가의 부 혹은 국가의 자본은 그 국민과 정부가 한 시점에서 소유하고 있는, 시장에서 거래될 수 있는 모든 것의 총 시장가치로 정의한다. 여기에는 비금융자산(토지, 주택, 상업적 재고, 기타 건물, 기계, 사회간접자본, 특허 및 전문자산)과 금융자산(은행예금, 펀드, 채권, 주식, 모든 종류의 금융투자, 보험, 연금 등)에서 금융부채를 공제한 총액이 포함된다. 다만 인적자본은 노예제 사회가 아닌 한 시장에서 거래될 수 없으므로 포함되지 않는다. 피케티는 마르크스가 『자본론』에서 직접 생산에 고용된 부의 일부만을 자본이라고 정의하는 사고를 거부한다. Thomas Piketty, *Capital in the Twenty-First Century*, pp. 47~50.
6 Daron Acemoglu and James A. Robinson, "The Rise and Fall of General Laws of Capitalism," mimeograph(MIT Department of Economics, August 2014). retrieved from http://polisci2.ucsd.edu/ pelg/AcemogluRobinsonGeneral%20Laws.pdf.
7 Robert M. Solow, "A Contribution to the Theory of Economic Growth," *The Quarterly*

Journal of Economics, Vol.70, No.1(1956); Evsey D. Domar, "Capital Expansion, Rate of Growth, and Employment," *Econometrica*, Vol.14(1946), pp.137~147.

8 Thomas Piketty, *Capital in the Twenty-First Century*, p.353.

9 Branko Milanovic, "The Return of "Patrimonial Capitalism": A review of Thomas Piketty's Capital in the Twenty-First Century," p.522.

10 Irving Fisher, Economists in Public Service, *American Economic Review*, Vol.9, No.1 (1919), pp.5~21. Thomas Piketty, *Capital in the Twenty-First Century* 재인용.

11 Thomas Piketty, *Capital in the Twenty-First Century*, p.571.

12 이 법은 미국인 납세자 계좌를 보유한 금융기관들이 미국 국세청(IRS)에 해당 계좌 정보를 제공하면 미국은 해당 금융기관의 미국 내 원천소득에 대한 30% 원천징수 의무를 면제하는 조항인데, 미국은 영국, 프랑스, 일본, 스위스 등 20개 국가와 조세정보 자동교환협정을 체결하고 있다. 노영훈, 「Piketty(2014)를 통해 살펴본 불평등의 심화와 조세정책적 대응방안」, ≪재정포럼≫, 8월호(2014), 25~26쪽.

13 Daron Acemoglu and James A. Robinson, "The Rise and Fall of General Laws of Capitalism."

14 Thomas Piketty and Gabriel Zucman, "Capital Is Back: Wealth-Income Ratios in Rich Countries 1700~2010," *The Quarterly Journal of Economics*, Vol.129, No.3(2014), pp. 1255~1310.

15 Daron Acemoglu, Simon Johnson and James A. Robinson. "Institutions as Fundamental Determinants of Long-Run Growth," in Phillipe Aghion and Steven Durlauf(eds.), *Handbook of Economic Growth*, Vol.1A(North-Holland, 2005), pp.385~472.

제16장 피케티 이론, 한국 경제에의 적용

1 Thomas Piketty, *Capital in the Twenty-First Century*, p.14

2 Edwin S. Mills and Song Byung-Nak, *Urbanization and Urban Problems in Korea* (Harvard University Press, 1979).

3 이처럼 한국의 토지자산의 GDP 배율이 국제적으로 높은 것은 피케티가 강조한 자본수익률과 경제성장률의 격차($r-g$)의 변화로는 설명이 어렵고, 관치경제라는 제도적 요인에 의해 좀 더 잘 설명할 수 있다. 한국의 토지자산 가격이 국제적으로 높은 가장 큰 원인은 '비좁은 국토를 더욱 비좁게 이용'하기 때문이다. 2007년 말 한국의 국토 이용 상황을 지목별로 보면 전 국토의 64.9%를 임야가, 그리고 19.9%를 논밭이 차지하고 있다. 도시용 토지로 볼 수 있는 대지, 공장용지, 공공용지(학교, 도로, 철도용지)는 6.3%(1인당 36.4평)만을 차지하고 있다. 한국의 도시용 토지의 비율은, 경직적 토지 이용 규제로 인해 빈번히 주택가

격 인플레이션에 시달려온 것으로 평가받고 있는 영국 13.0%(1인당 161평), 일본 7.0%(1인당 65평)와 비교해서도 낮은 수준이다. 전체 국토에서 도시용 토지가 차지하는 비중은 1980년 3.9%에서 1990년 4.4%, 2000년 5.5%, 2007년 6.3%로 증가해왔으나, 급속한 도시화의 진전 속도와 비교하면 크게 낮아 만성적인 도시용 토지 부족 현상이 초래되었다. 이는 도시화의 진전에 맞추어 농지와 임야의 도시용으로의 원활한 전용이 관치경제의 유산으로 난마처럼 얽힌 복잡다기한 규제로 인해 저해되어왔기 때문이다. 발터 오이켄(Walter Euken)이 중앙관리 경제 질서의 본질적 특성으로 지적했듯이, 박정희 정부는 국민들의 눈에 띄는 성과를 과시하기 위해 '거대한 투자에 의한 권력극대화'를 추구했다. 이를 위해 투자 지배를 위한 관치금융을 도입했고, 관치금융의 인위적 저금리 정책은 자산시장을 구조적 불균형에 빠뜨려 '토지 신화'를 낳았다. 그리고 이를 치유하기 위해 다시 도시용 토지 공급을 공공부문이 독점하고, 부동산 시장 규제를 남발하는 '개입의 악순환(intervention spiral)'의 산물이 관치부동산이다. 이진순, 『지방분권 개혁을 통한 脫統制: 官治集權으로부터 自治分權으로』(한국조세연구원, 2010).

4 김낙년·김종일, "Top Incomes in Korea 1933~2010."

5 Thomas Piketty, *Capital in the Twenty-First Century*, pp.278~280.

6 OECD, "Focus on Top incomes and Taxation in OECD countries: Was the crisis a game changer?"(May 2014), p.4.

7 같은 글, pp.1~3.

8 Daron Acemoglu and James A. Robinson, "The Rise and Fall of General Laws of Capitalism."

9 김낙년·김종일, "Top Incomes in Korea 1933~2010."

10 이 글에 대한 한 익명의 심사자는 최상층으로의 소득 집중도가 $r-g$의 증가함수라는 피케티의 핵심 가설은 "장기균형인 균제상태에서 성립하므로, 연단위의 시계열 회귀분석으로 이를 입증한다고 보기 어렵다"는 점을 지적했다. 그러나 애쓰모글루와 로빈슨도 기본적으로 연단위의 시계열 회귀분석을 통해 피케티의 가설을 검증하고 있다(Daron Acemoglu and James A. Robinson, "The Rise and Fall of General Laws of Capitalism," p.13, Table 1). 이들은 10년 혹은 20년 간격의 데이터를 이용해 다시 검증했으며 마찬가지 결과를 얻었다. 한국의 경우, 관측치 수가 25개로 한정되어 있어 후자의 검증은 적용되지 않으며, 선진국들과 달리 압축성장을 해왔다는 점을 고려해야 할 것이다.

11 Thomas Piketty, *Capital in the Twenty-First Century*, ch.11.

12 같은 책, pp.410~411.

13 통계청·한국은행·금융감독원의 「가계금융·복지조사」(2013)에 따르면, 2012년 순자산 지니계수는 0.616으로 소득의 지니계수 0.3~0.35의 두 배에 이르고 있다.

14 참고로 지배층(dominant class)인 최상위 1%으로의 부의 집중도를 보면, 가장 낮은 스칸디

나비아 국가들의 경우 20%, 유럽 25%, 미국 35%로 나타난다. 이에 비해 노동소득의 상위 1%으로의 집중도는 스칸디나비아 국가들(1970~1980년대) 5%, 2010년 유럽 7%, 미국은 12%로 추정된다. Thomas Piketty, *Capital in the Twenty-First Century*, pp.247~248.

15 Thomas Piketty, *Capital in the Twenty-First Century*, p.378.

16 강원택 외, 『당신은 중산층입니까』(21세기북스, 2014).

제17장 세습사회로의 퇴화를 저지하기 위한 정책 제안

1 Daron Acemoglu, Simon Johnson and James A. Robinson. "Institutions as Fundamental Determinants of Long-Run Growth."

2 Thomas Piketty, *Capital in the Twenty-First Century*, p.493.

3 같은 책, p.335.

4 피케티는 미국 최고경영자들의 연봉이 독일과 프랑스와는 달리, 1980년대 이후 폭발적으로 증가한 원인을 다각도로 검토한 결과, 소득세 최고세율이 1930~1980년 80%에서 1980~2010년에는 30~40%로 인하된 데 기인한 것으로 결론짓는다. 한국의 경우도 특히 주식 소유가가 광범위하게 분산된 금융지주회사들의 경우, 최고경영진은 소득세 최고세율이 70%였을 때 급여 증가분 중 70%는 정부에 돌아갈 것이기 때문에 자신들의 연봉 인상을 위해 노력할 유인이 작았으나, 최고세율이 35%로 인하된 후 급여 증가분 중 단지 35%(지방소득세 포함 시 38.5%)만 국고에 귀속되므로 큰 폭의 연봉 인상을 위해 이사들과 주주들을 설득하는 데 많은 노력을 기울였다는 다양한 일화가 존재한다. 아울러 제16장에서도 언급했듯이, 미국형 기업지배구조로의 개편과 2002년 이후 재벌기업 이익률의 급상승도 큰 영향을 미쳤을 것이다.

5 노영훈, 「부유세와 소득 및 자산관련 조세개혁 동향」, ≪재정포럼≫, 5월호(2012), 18쪽.

6 Thomas Piketty, *Capital in the Twenty-First Century*, pp.532~533.

7 노영훈, 「부유세와 소득 및 자산관련 조세개혁 동향」, 18쪽.

8 같은 글, 17~18쪽.

9 Daron Acemoglu and James A. Robinson, "The Rise and Fall of Genral Laws of Capitalism," p.19.

10 친기업(probusiness) 정책은 기존 기업들의 이윤 극대화를 추구하는 데 반해, 친시장 (pro-market) 정책은 모든 사람에게 최선의 사업 환경을 조성하는 것을 목표로 한다. Luigi Zingales, *A Capitalism for the People: Recapturing the Lost Genius of American Prosperity*(New York: Basic Books, 2012), pp.46~47.

11 같은 책.

12 같은 책, 제15장 Data to the People.

참고문헌

제1부 피케티는 무엇을 말하고 있나

김낙년. 2014. 「현행 가계조사 방식의 개선 필요하다」. ≪좋은나라 이슈페이퍼≫, 제44호.

김낙년·김종일. 2013. 「한국의 소득분배 지표의 재검토」. ≪한국경제의 분석≫, 제19권, 제2호.

박동천 외. 2011. 『자유주의는 진보적일 수 있는가』. 폴리테이아.

안재욱·현진권 편저. 2014. 『피케티의 『21세기 자본』 바로읽기: 피케티가 전 세계에 던진 평등의 메시지』. 백년동안.

유종일. 2008. 『위기의 경제: 금융위기와 한국경제』. 생각의 나무.

_____. 2012. 『유종일의 진보경제학: 철학, 역사 그리고 대안』. 모티브북.

_____. 2015.1.6 "재정에 관한 여덟째 거짓말: 팽창적 긴축과 하버드 교수들의 망신". ≪허핑턴포스트 코리아≫. Retrieved from http://www.huffingtonpost.kr/jongil-you/story_b_6420410.html

_____. 2015.1.23 "재정에 관한 첫째 진실". ≪허핑턴포스트 코리아≫. Retrieved from http://www.huffingtonpost.kr/jongil-you/story_b_6528090.html

최장집. 2014.5.7 "피케티의 '21세기의 자본': 자본주의에 대한 탈이념적, 현대적 해석". 네이버 열린논단. Retrieved from http://openlectures.naver.com/contents?contentsId=54662&rid=253

페터 마르틴, 한스(Hans-Peter Martin)·슈만, 하랄트(Harald Schumann). 2003. 『세계화의 덫』. 강수돌 옮김. 영림카디널.

Acemoglu, Daron and James A. Robinson. 2014. "The Rise and Decline of General Laws of Capitalism." mimeograph. MIT Department of Economics.

Baker, Dean. 2014.4.21 "Economic Policy in a Post-Piketty World." *Huffington Post*. Retrieved from http://www.huffingtonpost.com/deanbaker/economicpolicyinapost_b_51878 40.html

Bonnet, Odran. et al. 2014. "Does housing capital contribute to inequality? A comment on

Thomas Piketty's Capital in the 21st Century." *Sciences Po Economics Discussion Paper*(July).

Bruenig, Matt. 2014.3.24. "You call this a meritocracy? How rich inheritance is poisoning the American economy." *Salon*.

Brynjolfsson, Erik and Andrew McAfee. 2014. *The Second Machine Age: Work, Progress, and Prosperity in a Time of Brilliant Technologies*. New York: W.W.Norton & Company.

Frey, Carl Benedikt and Michael A. Osborne. 2013. "The Future of Employment: How Susceptible are Jobs to Computerisation?" *OMS Working Paper*. Oxford University.

Fuentes-Nieva, Ricardo and Nicholas Galasso. 2014. "Working for the Few: Political Capture and Economic Inequality." *Oxfam Briefing Paper*, Vol.178(January).

Galbraith, James. 2014. "Kapital for the Twenty First Century?" *Dissent*(Spring).

Gates, Bill. 2014.10.13. "Why Inequality Matters." *gatesnotes*. retrieved from http://www.gatesnotes.com/Books/Why-Inequality-Matters-Capital-in-21st-Century-Review

Gilens, Martin and Benjamin I. Page. 2014. "Testing Theories of American Politics: Elites, Interest Groups, and Average Citizens." *Perspectives on Politics*(Fall).

Gordon, Robert J. 2012. "Is U.S. Economic Growth Over? Faltering Innovation Confronts the Six Headwinds." *NBER Working Paper*, No.183152(August).

Johnson, Simon. 2009. "The Quiet Coup." *The Atlantic*(May).

Kertscher, Tom and Greg Borowski. 2011.3.10. "The Truth-O-Meter Says: True-Michael Moore says 400 Americans have more wealth than half of all Americans combined." *PolitiFact*.

Kotlikoff, Lawrence. 2014.5.16. "Will the rich always get richer?" *PBS News Hour* aired on May 16 at 12:40 PM. Retrieved from http://www.pbs.org/newshour/making-sense/will-rich-always-get-richer/

Krugman, Paul. 2007. *The Conscience of a Liberal*. New York: W.W.Norton & Company.

Krusell, Per and Tony Smith. 2014. "Is Piketty's 'Second Law of Capitalism' Fundamental?" mimeo.

Lindert, Peter H. 2004. *Growing Public: Social Spending and Economic Growth since the Eighteenth Century*. Volume 1. The Story. New York: Cambridge University Press.

Mankiw, Gregory. 2013. "Defending the One Percent." *Journal of Economic Perspectives*, Vol.27, No.3, pp.21~34.

_____. 2015. "Yes, r>g. So What?" *American Economic Review: Papers & Proceedings*, Vol.105, No.5. Retrieved from http://dx.doi.org/10.1257/aer.p20151059

Mckinnon, Ronald. 2012.1.9. "The Conservative Case for a Wealth Tax." *Wall Street Journal*.

Moore, Michael. 2011.3.6. "America Is Not Broke." *Huffington Post.* retrieved from http://www.huffingtonpost.com/michael-moore/america-is-not-broke_b_832006.html

Ostry, Jonathan D., Andrew Berg and Charalambos G. Tsangarides. 2014. "Redistribution, Inequality, and Growth." *IMF Staff Discussion Note* (April).

Piketty, Thomas. 2014. *Capital in the Twenty-First Century*, translated by Arthur Goldhammer. Cambridge, MA: Belknap Press of Harvard University Press.

_____. 2015. "About Capital in the Twenty-First Century." *American Economic Review. Papers & Proceedings*, Vol.105, No.5. Retrieved from http://dx.doi.org/10.1257/aer.p 20151060

Piketty, Thomas and Gabriel Zucman. 2015. "Wealth and Inheritance in the Long Run." in A. Atkinson, F. Bourguignon(eds.). *Handbook of Income Distribution*, Vol.2. Amsterdam: Elsevier.

Pizzigati, Sam. 2012.9.24. "The 'Self-Made' Hallucination of America's Rich." *Institute for Policy Studies.*

Ray, Debraj. 2014. "Nit-Piketty: A comment on Thomas Piketty's Capital in the Twenty First Century." mimeo. New York University. Retrieved from http://www.econ.nyu.edu/user/debraj/Papers/Piketty.pdf

Reich, Robert. 2014.7.15. "The Rise of the Non-Working Rich." Retrieved from http://robertreich.org/post/91880951615

Rognlie, Matthew. 2014. "A note on Piketty and diminishing returns to capital." mimeograph. MIT Department of Economics.

Rowthorn, Robert. 2014. "A Note on Thomas Piketty's Capital in the Twenty-First Century." mimeograph, *Faculty of Economics*, University of Cambridge.

Saez, Emmanuel and Gabriel Zucman. 2014. "Wealth Inequality in the United States since 1913: Evidence from Capitalized Income Tax Data." *CEPR Discussion Paper*, No.10227 (October).

Solow, Robert. 2014.4.22 "Thomas Piketty Is Right: Everything you need to know about 'Capital in the Twenty First Century'." *New Republic.*

Stiglitz, Joseph. 2012. *The Price of Inequality: How Today's Divided Society Endangers Our Future.* New York: W.W.Norton & Company.

_____. 2014.6.27. "Inequality Is Not Inevitable." *New York Times.* Retrieved from http://opinionator.blogs.nytimes.com/2014/06/27/inequality-is-not-inevitable/?_r=0

S&P Global Credit Portal. 2014.8.5 "How Increasing Income Inequality Is Dampening U.S. Economic Growth, And Possible Ways To Change The Tide."

Weil, David N. 2015. "Capital and Wealth in the Twenty-First Century." *American Economic Review: Papers & Proceedings*, Vol.105, No.5. Retrieved from http://dx.doi.org/10.1257/aer.p20151057

Wilkinson, Richard and Kate Pickett. 2009. *The Spirit Level: Why Greater Equality Makes Societies Stronger.* New York: Bloomsbury Press.

Wolff, Edward N. 2010. "Recent Trends in Household Wealth in the United States: Rising Debt and the Middle-Class Squeeze-an Update to 2007." Levy Economics Institute of Bard College. March.

제2부 피케티와 미국, 프랑스, 유럽연합

김공회 외. 2014. 『왜 우리는 더 불평등해지는가: 피케티가 말하지 않았거나 말하지 못한 것들』. 바다출판사.

김윤태. 2012. 『한국의 재벌과 발전국가: 고도성장과 독재, 지배계급의 형성』. 도서출판 한울.

앤서니 앳킨슨[A.B.아트킨슨(Anthony B. Atkinson)]. 1979. 『所得分配論 : 不平等의 經濟學(소득분배론: 불평등의 경제학)』, 裵茂基 옮김. 서울: 全國自動車勞動組合京畿道協議會(전국자동차노동조합총연맹 경기지부).

윤석준. 2014.5.15. "소수 세습자본이 정치 호령. 투명성 없인 민주주의 위기". ≪한겨레≫, 1~3면.

이신화 외. 2014. 『불평등과 민주주의』. 고려대학교출판부.

이연호. 2013. 『불평등 발전과 민주주의: 한국정치경제론』. 박영사.

이정우. 2010. 『불평등의 경제학』. 후마니타스.

Alvaredo, Facundo et al. 2014. "The World Top Incomes Database." *The World Top Incomes Database.* retrieved from http://topincomes.g-mond.parisschoolofeconomics.eu/

Banerjee, Abhijit and Esther Duflo. 2012. *Poor Economics: A Radical Rethinking of the Way to Fight Global Poverty.* Reprint edition. New York: Public Affairs.

Brooks, Clem, Paul Nieuwbeerta and Jeff Manza. 2006. "Cleavage-Based Voting Behavior in Cross-National Perspective: Evidence from Six Postwar Democracies." *Social Science Research*, Vol.35, No.1(March), pp.88~128.

Cruces, Guillermo, Ricardo Perez-Truglia, and Martin Tetaz. 2013. "Biased Perceptions of Income Distribution and Preferences for Redistribution: Evidence from a Survey Experiment." *Journal of Public Economics*, Vol.98, pp.100~112.

Evans, Geoffrey. 2000. "The Continued Significance of Class Voting." *Annual Review of Political Science*, Vol.3, No.1, pp.401~447.

Glienicker Gruppe. 2013.10.25. "Euro-Vertrag: Mobil, Gerecht, Einig." *Die Zeit.* retrieved from http://www.zeit.de/2013/43/glienicker-gruppe-europaeische-union.

Hacker, Jacob S. and Paul Pierson. 2011. *Winner-Take-All Politics: How Washington Made the Rich Richer-and Turned Its Back on the Middle Class.* New York: Simon & Schuster.

Keller, Tamás, Márton Medgyesi and István György Tóth. 2010. "Analysing the Link between Measured and Perceived Income Inequality in European Countries." *Research Note*, No.8. European Commmission.

Kluegel, James R. and Eliot R. Smith. 1986. *Beliefs about Inequality: Americans Views of What Is and What Ought to Be.* New York: Aldine Transaction.

Landais, Camille, Thomas Piketty and Emmanuel Saez. 2011. *Pour une révolution fiscale: Un impôt sur le revenu pour le XXIe siècle.* Paris: Seuil.

Lau, Richard R. and David P. Redlawsk. 2006. *How Voters Decide: Information Processing in Election Campaigns.* New York: Cambridge University Press.

Milanovic, Branko. 2012. *The Haves and the Have-Nots: A Brief and Idiosyncratic History of Global Inequality.* New York: Basic Books.

Page, Benjamin I. and Lawrence R. Jacobs. 2009. *Class War?: What Americans Really Think about Economic Inequality,* 1st edition. Chicago: University of Chicago Press.

Piketty, Thomas. 1995. "Social Mobility and Redistributive Politics." *The Quarterly Journal of Economics*, Vol.110, No.3, pp.551~554.

_____. 2003. "Attitudes vis-à-vis des inégalités de revenu en France: existerait-il un consensus?" *Comprendre(PUF)*, No.4(October). retrieve from http://piketty.pse.ens.fr/fichiers/ public/Piketty2003c.pdf

_____. 2012.4.17. "Nous, économistes, soutenons Hollande." *Le Monde.* retrieve from http://www.lemonde.fr/idees/article/2012/04/17/nous-economistes-soutenons-hollande_1686249_3232.html

_____. 2013. Le capital au XXIe siècle. Paris: Seuil.

_____. 2014.2.16. "Manifeste pour une union politique de l'euro." *Le Monde.* retrieve from http://www.lemonde.fr/idees/article/2014/02/16/manifeste-pour-une-union-politi-que-de-l-euro_4366865_3232.html

Piketty, Thomas and Emmanuel Saez. 2001. "Income Inequality in the United States, 1913~1998(series Updated to 2000 Available)." *National bureau of economic research.* retrieve from http://www.nber.org/papers/w8467

Piketty, Thomas and Gabriel Zucman. 2014. "Capital Is Back: Wealth-Income Ratios in Rich

Countries 1700~2010." *The Quarterly Journal of Economics*, Vol.129, No.3, pp.1255~ 1310.

Pontusson, Jonas and David Rueda. 2010. "The Politics of Inequality: Voter Mobilization and Left Parties in Advanced Industrial States." *Comparative Political Studies*(March). retrieve from http://cps.sagepub.com/content/early/2010/03/01/0010414009358672.

Stiglitz, Joseph E. 2013. *The Price of Inequality: How Today's Divided Society Endangers Our Future*, 1st edition. New York: W.W.Norton & Company.

Tay, Thiam Chye. 2013. "Tolerance for Income Inequality and Redistributive Preferences: Cross-Nation and Multilevel Perspectives." Doctoral Dissertation, Department of Philosophy, UCLA. retrieve from http://escholarship.org/uc/item/4z92q212.

Trump, Kris-Stella. 2013. "Accepting Inequality: How 'What Is' Influences 'What Ought to Be'." presented at the NYU CESS 6th Annual Experimental Political Science Conference, March. retrieve from http://www.kstrump.com/wp-content/uploads/2013/06/Trump-Accepting-InequalityMPSA-2013.pdf

United Nations Department of Economic and Social Affairs. 2013. "Report on World Social Situation 2013: Inequality Matters." New York: United Nations.

Veblen, Thorstein. 1994. *The Theory of the Leisure Class*, Reprint edition. New York: Dover Publications.

Verwiebe, Roland and Bernd Wegener. 2000. "Social Inequality and the Perceived Income Justice Gap." *Social Justice Research,* Vol.13, No.2, pp.123~149.

Waal, Jeroen van der, Peter Achterberg, and Dick Houtman. 2007. "Class Is Not Dead-It Has Been Buried Alive: Class Voting and Cultural Voting in Postwar Western Societies (1956~1990)." *Politics & Society*, Vol.35, No.3(September), pp.403~426.

Wittmeyer, Alicia P. Q. 2012.11.26. "The FP Top 100 Global Thinkers." *Foreign Policy*. Retrieved from http://www.foreignpolicy.com/articles/2012/11/26/the_fp_100_global_thinkers

Wolfers, Justin. 2014.4.23. "Piketty's Book on Wealth and Inequality Is More Popular in Richer States." *The New York Times*. retrieved from http://www.nytimes.com/2014/04/24/upshot/pikettys-book-on-wealth-and-inequality-is-more-popular-in-richer-states.html

제3부 피케티 이론에 비추어본 한국의 현실

김낙년. 2013. 「한국의 소득분배」. 낙성대경제연구소. ≪Working Paper≫, 제6권.

김낙년·김종일. 2014. "Top Incomes in Korea 1933~2010". 낙성대경제연구소. ≪Working

Paper》, 제3호.

김희삼. 2009. 「세대 간 경제적 이동성의 현황과 전망」. ≪한국개발연구원(KDI) 정책연구시리즈≫, 제3권.

류동민. 2014. 「마르크스 이후의 피케티 혹은 피케티 이후의 마르크스?」. ≪마르크스주의연구≫, 제11권, 제3호.

맥킨지. 2013. 「맥킨지 제2차 한국 보고서: 신성장공식」. McKinsey Global Institute.

유종일. 2014. 「자본주의와 불평등: 토마 피케티의 『21세기 자본』에 대하여」. ≪사회경제평론≫, 제44호, 221~234쪽.

장하성. 2014. 『한국 자본주의: 경제민주화를 넘어 정의로운 경제로』. 헤이북스.

주상영. 2013. 「노동소득분배율 변동이 내수에 미치는 영향」. ≪경제발전연구≫, 제19권, 제2호, 151~182쪽.

_____. 2014. 「한국경제의 피케티 비율과 주요 쟁점」. SIES. ≪Working Paper≫, 제330호.

주상영·전수민. 2014. 「노동소득분배율의 측정: 한국에 적합한 대안의 모색」. ≪사회경제평론≫, 제43호, 31~65쪽.

통계청·한국은행·금융감독원. 2013. 「가계금융·복지조사」.

한국은행. 각 연도. 「국민계정」.

한국은행·통계청. 2014.5. 「국민대차대조표 공동개발 결과(잠정)」.

홍장표. 2014. 「한국의 노동소득분배율 변동이 총수요에 미치는 영향: 임금주도 성장모델의 적용 가능성」. ≪사회경제평론≫, 제43호, 101~138쪽.

Acemoglu, Daron and James A. Robinson. 2014. "The Rise and Fall of General Laws of Capitalism." mimeograph(August). MIT Department of Economics. retrieved from http://polisci2.ucsd.edu/pelg/AcemogluRobinsonGeneral%20Laws.pdf

Bhaduri, Amit and Stephen Marglin. 1990. "Unemployment and the Real Wage: The Economic Basis for Contesting Political Ideologies." *Cambridge Journal of Economics*, Vol.14, No.4, pp.375~393.

Burman, Leonard E., Jeffrey Rohaly and Robert J. Shiller. 2006. "The Rising-Tide Tax System: Indexing (at Least Partially) for Changes in Inequality." *The Institute for the Study of Labor Discussion Paper*, No.7520.

Chirinko, Robert S. 2008. "Sigma: The Long and Short of It." *Journal of Macroeconomics*, Vol.30, pp.671~686.

Corak, Miles. 2013. "Income Inequality, Equality of Opportunity, and Intergenerational Mobility." *Journal of Economic Perspectives*, Vol.27, No.3, pp.79~102.

Karabarbounis, Loukas and Brent Neiman. 2014. "The Global Decline of Labor Share." *Quarterly Journal of Economics*, Vol.129, No.1, pp.61~103.

Krueger, Alan B. 2012. "The Rise and Consequences of Inequality in the United States." *The Center for American Progress.*

Kuznets, Simon. 1955. "Economic Growth and Economic Inequality." *American Economic Review*, Vol.45, pp.1~28.

Onaran, Özlem and Giorgos Galanis. 2012. "Is Aggregate Demand Wage-led or Profit-led?: National and Global Effects." *Conditions of Work and Employment Series*, No.40. International Labor Office.

Ostry, Jonathan D., Andrew Berg and Charalambos G. Tsangarides. 2014. "Redistribution, Inequality, and Growth." *IMF Staff Discussion Note*(April), IMF.

Piketty, Thomas. 2011. "On the Long-Run Evolution of Inheritance: France 1820~2050." *Quarterly Journal of Economics*, Vol.126, pp.1071~1131.

_____. 2014. *Capital in the Twenty-First Century.* translated by Arthur Goldhammer. Cambridge, MA: The Belknap Press of Harvard University Press.

Piketty, Thomas and Emmanuel Saez. 2014. "Inequality in the Long Run." *Science*, Vol.344 Issue.6186, pp.838~843.

Piketty, Thomas and Gabriel Zucman. 2014. "Capital Is Back: Wealth-Income Ratios in Rich Countries 1700~2010." *The Quarterly Journal of Economics*, Vol.129, No.3.

_____. 2014. "Wealth and Inheritance in the Long Run." *Handbook of Income Distribution*, Vol.2.

Saez, Emmanuel and Gabriel Zucman. 2014. "Wealth Inequality in the United States since 1913: Evidence from Capitalized Income Tax Data." *NBER Working Paper*, No.20625.

Stockhammer, Engelbert. 2013. "Why Have Wage Shares Fallen? Panel Analysis of the Determinants of Functional Income Distribution." *Conditions of Work and Employment Series*, No.35. International Labor Office.

제4부 피케티의 『21세기 자본』과 한국 경제

강원택 외. 2014. 『당신은 중산층입니까』. 21세기북스.

김낙년·김종일. 2014. "Top Incomes in Korea 1933~2010". 낙성대경제연구소. ≪Working Paper≫, 제3호.

노영훈. 2012. 「부유세와 소득 및 자산관련 조세개혁 동향」. ≪재정포럼≫, 5월호, 6~22쪽.

_____. 2014. 「Piketty(2014)를 통해 살펴본 불평등의 심화와 조세정책적 대응방안」. ≪재정포럼≫, 8월호, 6~26쪽.

애쓰모글루, 대런(Daron Acemoglu)·로빈슨, 제임스 A(James A. Robinson). 2012. 『국가는 왜 실패하는가』. 최완규 옮김. 시공사.

이준구. 2014.6.21. "Thomas Piketty, *Capital in the Twenty-First Century*, Cambridge, Mass: Harvard University Press, 2014."

이진순. 2010. 『지방분권 개혁을 통한 脫統制: 官治集權으로부터 自治分權으로』. 한국조세연구원.

한국은행. 각 연도. 「국민계정」.

_____. 각 연도. 「기업경영분석」.

한국은행·통계청. 2014.5. 「국민대차대조표 공동개발 결과(잠정)」.

野口悠紀雄. 1989. 『土地의 經濟學』. 日本經濟新聞社.

Acemoglu, Daron, Simon Johnson and James A. Robinson. 2005. "Institutions as Fundamental Determinants of Long-Run Growth." in Phillipe Aghion and Steven Durlauf(eds.). *Handbook of Economic Growth*, Vol.1A, pp.385~472, North-Holland.

Acemoglu, Daron and James A. Robinson. 2014. "The Rise and Fall of Genral Laws of Capitalism." mimeograph. MIT Department of Economics. retrieved from http://economics.mit.edu/faculty/acemoglu/paper

Domar, Evsey D. 1946. "Capital Expansion, Rate of Growth, and Employment." *Econometrica*, Vol.14, pp.137~147.

Milanovic, Branko. 2014. "The Return of "Patrimonial Capitalism": A review of Thomas Piketty's Capital in the Twenty-First Century." *Journal of Economic Literature*, Vol.52, No.2.

Mills, Edwin S. and Song Byung-Nak. 1979. *Urbanization and Urban Problems in Korea*. Cambridge, MA: Harvard University Press.

OECD. 2014. "Focus on Top incomes and Taxation in OECD countries: Was the crisis a game changer?"(May).

Piketty, Thomas. 2014. *Capital in the Twenty-First Century*. translated by Arthur Goldhammer. Cambridge, MA: The Belknap Press of Harvard University Press.

Piketty, Thomas and Gabriel Zucman. 2014. "Wealth and Inheritance in the Longrun." *Handbook of Income Distribution*. North-Holland, Vol.2.

_____. 2014. "Capital Is Back: Wealth-Income Ratios in Rich Countries 1700~2010," *The Quarterly Journal of Economics,* Vol.129, No.3, pp. 1255~1310.

Solow, Robert M. 1956. "A Contribution to the Theory of Economic Growth." *The Quarterly Journal of Economics*, Vol.70, No.1.

Zingales, Luigi. 2012. *A Capitalism for the People: Recapturing the Lost Genius of American Prosperity*. New York: Basic Books.

후기

　이 책이 나오기 약 1년 전인 2014년 5월, 필자는 토마 피케티와 따스한 봄볕 가득한 파리 14구에 있는 그의 연구실에서 ≪한겨레≫ 창간 26주년 특집 대담을 가졌다. 두 시간 정도 이어진 이 날 대담의 후반부에서 필자와 피케티는 『21세기 자본』이라는 책 이야기를 넘어서, 사회과학에 대한 일반론적 이야기를 한참 동안 나누었다. 당시 피케티는 "사회과학의 본령本領이 무엇이라고 생각하는가?" 라는 필자의 질문에 대해서 "사회과학은 우리 사회의 정치적 주체들과 일반 시민들이 보다 양질의 정보를 가지고, 좀 더 좋은 질문들에 초점을 맞추어, 민주적 토론을 하는 데 기여할 수 있다"고 하면서, "그건 사회과학이 할 수 있는 일인 동시에, 반드시 해야만 하는 일이기도 하다"라고 대답했다.

　피케티가 재직중인 파리경제대학PSE의 모토는 '사회에 도움이 되는 경제학La science économique au service de la société'이다. 일반적으로 경제학, 정치학, 사회학 등을 포괄하는 의미에서 현대의 사회과학은 인간 사이에서 일어나는 다양한 사회적 현상을 연구 대상으로 한다는 공통점을 가지고 있다. 하지만 영미권 사회과학계에서는 자연과학의 발전을 가져온 과학적 방법에 기반을 두고 사회적 현상을 연구하며 '과학성'이라는 측면을 상대적으로

가장 중시해온 반면, 불어권을 포함한 다수의 유럽대륙권 사회과학계에서
는 '인문'사회과학이라는 용어의 사용을 선호하면서 인식론 등에서 오히려
자연과학과 대비되는 차이를 강조하며 '사회성'이라는 측면을 상대적으로
더 강조해온 측면이 있다.

그러한 의미에서 피케티의 『21세기 자본』은 그가 이야기한 사회과학의
본령에 충실한 저작이었다. 그리고 영미권 사회과학에 익숙한 한국 사회가
프랑스 사회과학자인 피케티에 주목한 것 또한 반가운 일이었다. 사실, 지
난 해 프랑스와 미국을 필두로 전 세계에 몰아친 피케티 신드롬은 '불평등'
이라는 화두를 전 세계 시민들의 일상에 던져주었다고 해도 과언이 아니
다. 실제로 주변에서 보면, 연구자들뿐만 아니라 기업에 다니는 직장인 친
구, 선후배들 중에도 이 책을 구입한 사람들이 적지 않았다. 한동안 언론
기사들을 통해서 그리고 술자리 이야기들에서 피케티라는 학자의 이름을
어렵지 않게 들을 수 있었다. 불평등이라는 화두가 이만큼 사람들에게 회
자된 것만으로도 의미 있는 일이었다.

하지만 그만큼 아쉬움도 컸다. 책을 구입했던 사람들 중 많은 사람들이
이 책을 다 읽지 않았다는 고백을 했다. 다행히 라면냄비 받침대로 사용하
는 사람들은 거의 없는 것 같았지만, 대부분 책장에 예쁘게 꽂아두고 언젠
가 읽어보겠다고 생각만 하는 기약 없는 '약속의 책'이 되어버린 듯했다. 그
리고 책을 다 읽었다는 연구자들의 경우에도 서로 다른 책을 읽은 듯한 이
야기를 하는 경우도 종종 보았다. 세미나를 하거나 책 이야기를 해보면, 경
제학적 논의에 문외한이어서 상세한 해제 없이는 내용을 온전히 따라가지
못하는 경우도 있었고, 피케티가 서술한 내용들에 대한 시공간적 혹은 정
치사회적 맥락이 결여되어서 오독을 하거나 파편화된 이해만 한 경우들이
많았다.

이러한 맥락에서 이 책은 피케티의 『21세기 자본』을 아직 다 읽지 못한

사람들에게 그가 이야기하고자 했던 것들에 대한 전반적인 이해에 도움을 주고자 한다. 그리고 이미 이 책을 읽어본 독자들에게는 새로운 해석 혹은 폭넓은 재해석의 가능성을 열어주고자 한다. 특히 피케티의 논의가 한국의 현실에 대한 고민으로 이어질 수 있도록 징검다리 역할을 하고자 한다. 이러한 문제의식을 가지고 지식협동조합 좋은나라를 중심으로 모인 이 책의 필자들이 쓴 초고는 2014년 늦가을과 초겨울이 교차하던 시기에 대부분 완성되었다. 그때 서둘러 출간을 해서 당시 다소 과열된 듯한 '피케티 신드롬'에 합류할 수도 있었지만, 그렇게 하지 않고 이후 몇 달 간의 숙성 과정을 거쳐 이제 한 권의 책으로 세상의 빛을 보게 되었다.

하지만 이 책의 의미가 단순히 피케티의 『21세기 자본』을 제대로 혹은 새롭게 이해하는 데 기여하는 것에만 머무르지는 않았으면 한다. 오히려 피케티에 대한 관심보다, 불평등에 대한 관심이 한국 사회에서 지속되는 데 기여했으면 한다. 한국 사회에서 피케티의 역할은 불평등이라는 화두를 대중화시킨 것만으로도 충분하다. 이제는 한국 정치·경제·사회에서 불평등의 심화가 어느 정도에 와 있는지, 그리고 이것이 우리들의 일상에서 어떠한 질곡으로 작용하고 있는지, 그리고 우리가 이 문제를 어떻게 풀어가야 할지를 두고, 학계와 대중의 고민과 역량을 모아볼 시점이다. 그래야만 그 과정에서 우리의 사회과학은 학문으로서 엄정한 '과학성'을 잃지 않으면서 현실과 적극적으로 대화하는 '사회성'을 확보할 수 있을 것이다.

2015년 7월
윤석준

찾아보기

인물

[ㄱ]
골드햄머, 아서(Arthur Goldhammer) 179

[ㄷ]
뒤플로, 에스테르(Esther Duflo) 185~187

[ㄹ]
랑데, 카미유(Camille Landais) 153, 187
로빈슨, 제임스(James Robinson) 126, 291
루아얄, 세골렌(Ségolène Royal) 141, 154
리카도, 데이비드(David Ricardo) 192

[ㅁ]
마르크스, 카를(Karl Marx) 64, 127,
 192~193, 234, 286

[ㅂ]
바네르지, 압히지트(Abhijit Banerjee) 186
발자크, 오노레 드(Honoré de Balzac) 77, 264
버냉키, 벤(Ben Bernanke) 196

[ㅅ]
사에즈, 이매뉴얼(Emmanuel Saez) 19, 116,
 140, 143~144, 153, 184~185, 235

스미스, 애덤(Adam Smith) 197
스티글리츠, 조지프(Joseph Stiglitz) 99,
 122, 147, 198
실러, 로버트(Robert Shiller) 273

[ㅇ]
애쓰모글루, 대런(Daron Acemoglu) 126,
 291
앳킨슨, 앤서니(Anthony Atkinson) 20,
 176, 185, 235
오바마, 버락(Barack Obama) 16, 264
올랑드, 프랑수와(François Hollande) 154
울퍼스, 저스틴(Justin Wolfers) 148
이연호 177
이정우 176

[ㅈ]
주크먼, 가브리엘(Gabriel Zucman) 116,
 187~188

[ㅋ]
케인스, 존 메이너드(John Maynard Keynes)
 47, 64, 98, 196, 262, 265
코락, 마일스(Miles Corak) 262

쿠즈네츠, 사이먼(Simon Kuznets)   19~20, 45, 192, 280~282
크루거, 앨런(Alan Krueger)   264
크루그먼, 폴(Paul Krugman)   99, 143~144

[ㅍ]
피어슨, 폴(Paul Pierson)   147, 165
피츠제럴드, 스콧(Scott Fitzgerald)   264
필리페티, 오렐리(Aurélie_Filippetti)   141, 188

[ㅎ]
해커, 제이컵(Jacob Hacker)   147, 165

용어

[ㄱ]
가계 및 비영리단체   220, 246~247
가계금융·복지조사   245, 258
가계부채   258
가계소득   269
가계조사   204
가처분소득   256
　가처분소득분배   113
　가처분소득불평등   270
감가상각   227
개발경제학   186
개인별 소득분배   205
거시경제학   225
건설자산   223
경제민주화   96, 109, 166
경제성장률   7, 11, 234
고정자산   223, 297
공공자본   28, 55
과두적 지배 체제   101

관치부동산   298, 313, 317
교육 불평등   152
구제금융   17
국민계정체계   13, 200
국민대차대조표   200, 218, 247, 295
국민소득   204, 285, 292
　국민소득계정   204, 299
국민순자산   219, 299
국민저축   241
국민총자본   28
국부   28, 200, 219~221
규모의 경제   72
균제상태(steady state)   45, 52, 192, 242, 285
그랑제콜(Grandes écoles)   152
근거 기반 무작위 비교연구   186
근로소득   246, 314
근본 부등식   71, 77, 82
글로벌 금융위기   17, 104, 194
글로벌 부유세   12, 193, 259, 291
글로벌 자본세   93~94, 96, 151
금융부채   220
금융소득   254
금융자본주의   95
금융자산   218, 220, 295, 317
금융투명성   93
기능적 분배   205~206, 215
　기능적 소득분배   67, 206, 288
기술 편향적 경제성장   195
기술진보   234
기회균등   8, 289, 312
　기회균등의 원칙   8

[ㄴ]
낙수효과(trickle-down effect)   109, 277
네트워크 효과   102
노동소득   11, 26~28, 50, 200, 203, 302
　노동소득과 자본소득   26~27

노동소득분배율 62, 206, 208, 211, 213,
217, 226~227
노동소득의 분배 37
노동소득의 불평등 26~28
노동소득의 불평등과 자본소득의 불평등
27
노동의 한계생산성 33, 65
누진과세 47, 89, 92
누진세 89~90, 314
뉴딜 196
능력주의 9~10, 85, 101, 108, 193, 202,
236, 260, 272, 309

[ㄷ]
다보스포럼(Davos Forum) 69
다원주의 100
단위노동비용(unit labor cost) 265
대공황 39, 46, 55, 196
대압착(Great Compression) 20, 37, 46
대외 순자산 219
대체탄력성 65~67, 121, 250~252, 291
독점적 지대(rent) 102

[ㅁ]
메리토크라시(Meritocracy) 165
무급가족종사자 209, 213
물가지수 243
물적자본 195, 261
미국의 도금시대(The Gilded Age) 73, 281,
283
민간부 200, 220~221
민간자본 28
민주당 149
민주주의 177, 193, 260, 318

[ㅂ]
배당 204, 299

번역 178
법인 221
베이비붐 세대 309
벨에포크(Belle Époque) 27, 38, 73, 77, 79,
281, 283
보수파 혁명 35
보편적 사회보장기여금 153~155
부/소득 비율 228, 246, 248
부(wealth) 219
부동산가격 인플레이션 278
부유세 94~95, 107, 155, 279, 315
부의 불평등 39, 201, 312
불평등 목표제 274
불평등에 대한 관용도 164, 167, 169
비금융 생산자산(produced non-financial
asset) 219, 222
비금융자산 220, 222, 228, 295
비생산자산(non-produced asset) 219, 222,
296
비생산적 자본 29

[ㅅ]
사업소득 203, 246
사외이사 105
사회국가(the social state) 86~89
사회규범 35~36, 41, 65, 105
사회당 141, 153~155
사회부담금 204, 246
사회부담률 272
사회적 규범 35, 169
사회적 이동성 130, 170
사회정의 193, 236
사회지출 87~88
상속 및 증여 40, 42, 265
상속 및 증여의 규모 40
상속 및 증여의 비중 40
상속·증여세 290, 316

상속과 증여 26, 276

상속세 37, 315

상속자본의 집중도 79~81

상위 1%의 소득 집중도 304

상위 10%의 소득 집중도 302

상충관계 270

생산 및 수입세 207

생산기술 33, 250~252

생산성 202

생산자산 222, 296

생산적 자본 29

생산함수 251

생애주기 가설(life-time hypothesis) 67

선거민주주의 100

선성장 후분배 109

선진국 따라잡기 82, 110

설비자산 223

성장 동력 8

성장률 199

세계 최상위소득 데이터베이스(World Top
    Incomes Database: WTID) 24, 44, 280,
    305

세대 간 이동성 262

세습민주주의 165

세습사회의 도래 308

세습자본주의 8, 12, 61, 68, 70~71, 78,
    80~81, 85~86, 101, 165, 265, 276, 279,
    283, 285, 289, 296, 309, 312

    세습자본주의화 7, 278, 309

세후 자본수익률 114, 313

    세후 자본순수익률 75

소득분배 205

    소득분배의 동학 42

소득세 37, 153, 273, 290, 314

    소득세 최고 한계세율 92~93

    소득세 최고세율 89, 112

소득재분배 262

소득주도 성장(income-led growth) 265

소비자물가 243

숙련 노동과 비숙련 노동 32

숙련 편향적 기술 변화 32~33

순금융자산 220~222

순본원소득(NNI) 248, 255

순불평등(net inequality) 270~271

순수익률 63~64

순수취요소소득 227

순자본스톡 221~222

순자산 219

    순자산 지니계수 246

순저축 127, 241

    순저축률 241

슈퍼매니저 33~35, 37, 41, 92~93, 103, 105

슈퍼스타 33

    슈퍼스타 이론 32, 102

스톡(stock) 218, 238

승자독식(Winner-Take-All) 19, 102

시장만능주의 19, 99

시장소득분배 113

시장소득불평등 270

신고전학파 261

    신고전파 성장이론 59, 233

신자유주의 19, 37, 41, 46, 88, 90, 99, 319

실물자산 218, 220

[ㅇ]

아마존 142~143, 147

앵글로색슨 국가 30, 32, 34, 41, 92

야경국가 87~88

양적완화 196

에코세대 276, 279, 309

역U자 가설(Inverted U Hypothesis) 19~20,
    45, 192, 280~281

영업잉여 204, 207

옥스팜(Oxfam) 69~70

외환위기 213
요소비용국민소득 207
월가 점령운동(Occupy Wall Street) 17~18, 20
위대한 개츠비 곡선(The Great Gatsby Curve) 263~264
유럽 안정화 기구(European Stabilization Mechanism: ESM) 160
유럽 채무 상환기금(European Debt Restructuring Framework: EDRF) 160
유럽연합(European Union: EU) 156, 161
유럽의회(European Parliament) 159
유럽중앙은행(ECB) 160
유로 매니페스토(Manifeste pour une union politique de l'euro) 156
유로바로미터(Eurobarometer) 170
유로존(Eurozone) 156
유로존 의회 159
유효수요 265
이동성 61, 99
이윤율 하락의 법칙 64
이윤주도 성장 266
이자 204, 299
인구변천(demographic transition) 57
인구증가 56, 234
인적 분배 205
인적자본 28~29, 195, 261
인플레이션 274
임금 204
임금근로자 209~210
임금주도 성장(wage-led growth) 196, 265~266

[ㅈ]
자금순환계정 221, 225, 247
자본 소유의 불평등 27
자본/소득 비율 45~56, 61~67, 199~200, 226
자본/소득 비율의 불변성 47
자본/소득 비율의 상승 61
자본세 94, 96, 107, 112, 114
자본세 혹은 부유세 108
자본소득 11, 26~28, 200
자본소득의 분배 37
자본소득의 불평등 26, 28, 37, 41~42, 258
자본소득 비중 32
자본소득분배율 49~50, 61~67, 199, 206, 226
자본소득분배율 상승 67
자본소득자들의 안락사 64
자본수익률 11, 50, 61~65, 68, 199, 226, 234
자본의 수익률 7, 44
자본의 귀환 55~56, 61, 74
자본의 변신 30
자본의 한계생산성 65, 121
자본이득(capital gain) 243
자본주의의 근본 부등식 68, 80
자본주의 제1근본법칙 11, 48~50, 52, 61, 226, 283
자본주의 제2근본법칙 11, 48, 51~53, 61, 232, 285
자본주의 제3근본법칙 68
자본주의 중심모순 7, 11, 81, 107, 232
자본주의의 황금시대 46
자본축적 230, 232
자산가격 243
자영업자 207~208, 299
잠재성장률 60
장기침체론 194
재분배정책 10
재산소득 203~204, 246
저량경제(stock economy) 277, 294

저숙련 노동 33
저축률 200
전후 황금시대 86, 90, 92, 112
정보공개 319
정보통신기술(ICT) 252
정부저축 241
정실자본주의 318
정치경제학 197
제조업 자기자본 순이익률 299, 306
조세 회피 구역 188
조세경쟁 92
조세부담률 273
조세피난처 96, 130
존 베이츠 클라크 메달(John Bates Clark
    Medal) 185, 187
종합부동산세 315
중심모순 68
지니계수 21~23, 200, 206, 214, 255~256
지식재산생산물 224, 297

[ㅊ]
총수요 196
총저축률 241
최고한계세율 92
최저임금 36~37, 41, 211
최저임금제도 36
친(親)시장 319

[ㅋ]
캐비아 좌파(Gauche Caviar) 155
케인스주의 196
콜레주 드 프랑스(Collège de France) 137,
    141

[ㅌ]
토지자산가액 230
토지자산의 GDP 배율 298

[ㅍ]
파레토분포(Pareto distribution) 255
파리경제대학(Paris School of Economics:
    PSE) 137, 141, 154, 187
파리고등사범학교(ENS-Ulm) 140, 183, 187
파리정치대학(시앙스포) 152
평균 소비성향 265
포스트-케인스주의 196
    포스트-케인지언(post-Keynesian) 265~
    266
포용적 경제제도 313
플로우(flow) 238
플루토크라시(Plutocracy) 164~166
피용자보수 204, 207~208

[ㅎ]
하버드 대학 출판부 142~143, 179
한계생산성 34~35, 65, 103~104, 261
    한계생산성 이론 34, 65, 120, 122
한계소비성향 265
한국은행 206
행운의 보수(pay for luck) 103
협상력 35, 65, 67
혼합소득 210
황금시대 46, 59
휴리스틱스(heuristics) 168

[기타]
1:99 사회 11, 21, 41, 45, 255
1:99 현상 19, 21~23, 30, 32, 33~35, 37
GDP에 대한 국민순자산 배율 296
P90/P10 비율 23~24
R&D 224
'부익부'의 동학 12, 68, 73, 77, 80, 82~85

기획

지 식 협 동 조 합 좋 은 나 라   국내 최초의 협동조합형 정책연구기관으로
지난 2013년에 창립된 지식협동조합 좋은나라는 균형감각과 실사구시 정신에 입
각해서 미래지향적 정책 담론과 정책 대안을 개발하고 있다. 정파적 논리보다 객관
적 근거를 중시하고, 권력과 자본으로부터 자유로우며, 사회적 합의의 형성과 국민
통합의 증진을 지향한다. 정책연구뿐만 아니라 과학적 지식과 건강한 문화의 생산
과 공유 및 확산을 도모하는 다양한 활동을 전개하고 있으며, 이러한 활동에 관심
을 갖고 참여하는 시민들의 협동조합이다.

엮은이·지은이

유 종 일   현재 한국개발연구원(KDI) 국제정책대학원 교수이며 지식협동조합
좋은나라 이사장을 맡고 있다. 서울대학교에서 경제학을 공부했고, 하버드 대학에
서 경제학 박사학위를 받았다. 미국 노트르담 대학, 영국 케임브리지 대학, 일본 리
츠메이칸 대학 교수와 미국 캘리포니아주립대학(UCSD), 중국 베이징대학 초빙교
수 등을 역임했으며, 대통령 직속 동북아경제중심추진위원과 민주당 경제민주화특
별위원회 위원장을 맡은 바 있다. 주요 연구 주제는 경제성장과 소득분배, 경제민
주화 정책 등이며, 주요 저서로 *Capital, the State and Labour* (공저, 1995),
Democracy, Market Economics and Development (공저, 2001), 『한국경제 새
판짜기』(공저, 2007), 『위기의 경제: 금융위기와 한국경제』(2008), 『경제119』
(2011), 『박정희의 맨얼굴』(공저, 2011), 『유종일의 진보경제학: 철학, 역사 그리고
대안』(2012), 『경제민주화: 분배 친화적 성장은 가능한가』(공저, 2012), 『경제민주
화가 희망이다』(공저, 2012), 『MB의 비용』(공저, 2015) 등이 있다.

지은이

윤 석 준　현재 서강대학교 사회과학연구소 선임연구원이다. 서강대학교에서 정치학, 불문학, 경제학을, 이탈리아 볼로냐 대학에서 기호학을, 스위스 제네바 대학에서 유럽학을 공부한 뒤, 프랑스 파리정치대학(시앙스포)에서 정치학 박사학위를 받았다. 현대아산㈜ 기획실에서 현대그룹의 남북경협 전략기획 업무를 담당한 바 있으며, 파리정치대학 유럽학연구소(Sciences Po/CEE) 연구원, 미국 존스흡킨스 대학 국제대학원(SAIS) 방문연구원, 미국 캘리포니아주립대학(UCSD) 방문연구원을 역임했다. 주요 연구 주제는 유럽연합, 개발협력, 남북경협 등이며, 주요 논저로 "La Construction Européenne par la Culture selon Denis de Rougemont" (2012)", *The Palgrave Handbook of EU-Asia Relations* (공저, 2015), 『유럽을 만든 대학들』(공저, 2015), 「EU 경계를 넘어선 수평적 유럽화: 스웨덴 및 스위스의 대북정책 사례를 중심으로」(2015) 등이 있다.

주 상 영　현재 건국대학교 경제학과 교수이다. 서울대학교에서 경제학을 공부했고, 미국 위스콘신 대학에서 경제학 박사학위를 받았다. 대외경제정책연구원(KIEP) 연구위원, 세종대학교 경제무역학과 교수를 역임했으며, 정부혁신평가위원, 기금평가위원 등으로 활동한 바 있다. 주요 연구 주제는 거시경제, 화폐금융, 소득분배 등이며, 주요 논저로 「금융발전의 결정요인」(2006), 『화폐와 금융시스템』(공저, 2012), 「노동소득분배율의 변동이 내수에 미치는 영향」(2013), 『거시경제학』(2014), "Estimating New Keynesian Phillips Curve for Korea"(공동, 2014), 「피케티 이론으로 본 한국의 분배 문제」(2015) 등이 있다.

이 진 순　현재 숭실대학교 경제학과 교수이다. 서울대학교에서 무역학을 공부했고, 미국 위스콘신 대학에서 경제학 박사학위를 받았다. 숭실대학교 경제통상대학 학장, 한국개발연구원(KDI) 원장을 지냈다. 참여정부, 김대중 정부 시절 대통령자문 정책기획위원, 교육인적자원정책위원, 정부혁신·지방분권위원을 역임했으며, 한국 석유공사 비상임이사, 한국도로공사 비상임이사를 맡은 바 있다. 주요 연구 주제는 재정학, 경제질서론, 한국경제론 등이며, 주요 저서로 『경제개혁론』(1995), 『(관치에서 시장으로) 한국경제 위기와 개혁』(2003), 『지방분권 개혁을 통한 탈통제-관치집권으로부터 자치분권으로』(2010) 등이 있다.

한울아카데미 1795

피케티, 어떻게 읽을 것인가
『21세기 자본』과 한국 사회

기 획 | 지식협동조합 좋은나라
엮은이 | 유종일
지은이 | 유종일·윤석준·주상영·이진순
펴낸이 | 김종수
펴낸곳 | 도서출판 한울

편집책임 | 조인순
편   집 | 양혜영

초판 1쇄 인쇄 | 2015년 6월 25일
초판 1쇄 발행 | 2015년 7월 15일

주소 | 413-120 경기도 파주시 광인사길 153 한울시소빌딩 3층
전화 | 031-955-0655
팩스 | 031-955-0656
홈페이지 | www.hanulbooks.co.kr
등록번호 | 제406-2003-000051호

Printed in Korea.
ISBN 978-89-460-5795-1 03320(양장)
        978-89-460-6010-4 03320(학생판)